A música falada

Clóvis Marques

A música falada

Doze anos de concertos
no Rio de Janeiro e em São Paulo

Rio de Janeiro
2010

COPYRIGHT © 2010, Clóvis Marques

CAPA Elmo Rosa

PROJETO GRÁFICO E DIAGRAMAÇÃO DE MIOLO Regina Ferraz

CIP-BRASIL. CATALOGAÇÃO-NA-FONTE
SINDICATO NACIONAL DOS EDITORES DE LIVROS, RJ

M315m   Marques, Clóvis
          A música falada / Clóvis Marques. – Rio de Janeiro :
        Civilização Brasileira, 2010.

          Inclui bibliografia
          ISBN 978-85-200-0904-8

          1. Música – História e crítica. I. Título.

                                        CDD 780.9
10-3017   CDU 78(09)

Todos os direitos reservados. Proibida a reprodução, armazenamento
ou transmissão de partes deste livro, através de quaisquer meios,
sem prévia autorização por escrito.

Este livro foi revisado segundo o novo Acordo Ortográfico da Língua Portuguesa.

Direitos desta edição adquiridos pela
EDITORA CIVILIZAÇÃO BRASILEIRA
Um selo da
EDITORA JOSÉ OLYMPIO LTDA.
Rua Argentina 171 – 20921-380 Rio de Janeiro, RJ – Tel.: 2585-2000

Seja um leitor preferencial Record.
Cadastre-se e receba informações sobre nossos lançamentos e nossas promoções.

Atendimento e venda direta ao leitor:
mdireto@record.com.br ou (21) 2585-2002

Impresso no Brasil
2010

Aos que se espantam com essa música
e o lugar de onde ela vem

Para Ângela

Sumário

Apresentação   13
O Rio precisa de clássicos?   17

PIANISTAS

Piotr Anderszewski 21 • Daniel Barenboim 22, 24 • José Carlos Cocarelli 26, 27 • Arnaldo Cohen 28, 29, 31, 32 • Serguei Dorensky 34 • Duo Lugansky-Rudenko 35 • Abdel Rahman El Bacha 36 • Nelson Freire 38, 41, 42, 43, 45 • Nelson Goerner 47 • Ingrid Häbler 48 • Diana Kacso 50, 55 • Alicia de Larrocha 57, 59 • Radu Lupu 60 • Gabriela Montero 62 • Pavel Nersessian 64 • Cristina Ortiz 65 • Maria João Pires 66 • Vadim Rudenko 67 • Jean Louis Steuerman 69 • Os franceses em Beethoven 70 • Os franceses em Brahms 72 • Piano no Festival Villa-Lobos 74 • O piano russo 75

A ARTE DO PIANO EM DISCO

Martha Argerich 81, 82 • Antonio Guedes Barbosa 83 • Leif Ove Andsnes e Stephen Hough 84 • Guiomar Novaes 87 • Ivo Pogorelich 88 • Magdalena Tagliaferro 90

CRAVISTAS

Kenneth Gilbert 95 • Gustav Leonhardt 96, 101

VIOLINISTAS

Cláudio Cruz 105 • Augustin Dumay 106 • Ilya Gringolts 107 • Hilary Hahn 109 • Nigel Kennedy 110 • Domenico Nordio e Natalia Gutman 111 • Itzhak Perlman 113, 115, 116 • Vadim Repin 118 • Maxim Vengerov 119

VIOLONCELISTAS

Yo-Yo Ma 123 • Antonio Meneses 124, 125, 126, 128 • Mstislav Rostropovich 129, 131 • Pieter Wispelwey 132

MÚSICA DE CÂMARA

L'Archibudelli e Mozzafiato 137 • Quarteto Alban Berg 138 • Madeiras francesas 140 • Quarteto Bessler 142 • Quarteto Mandelring 143 • Trio Wanderer 144

BARROQUISTAS

Giovanni Antonini com Il Giardino Armonico 149, 151 • Philippe Herreweghe com o Collegium Vocale Gand 152, 156 • Marc Minkowski com Les Musiciens du Louvre 158 • Trevor Pinnock com The English Concert 159, 161

ORQUESTRAS

Filarmônica da Rádio França com Marek Janowski 165 • Filarmônica de Berlim com Claudio Abbado 166, 168, 169 • Filarmônica de Estrasburgo com Theodor Guschlbauer e Nelson Freire 171 • Filarmônica de Israel com Zubin Mehta 172, 173 • Filarmônica de Liège com Pierre Bartholomée e Boris Belkin 175 • Filarmônica de Nova York com Kurt Masur 176, 177 • Filarmônica de São Petersburgo com Yuri Temirkanov 179 • Filarmônica de Viena com Lorin Maazel 180, 183 • Orquestra de Filadélfia com Wolfgang Sawallisch 184, 188 • Orquestra de Câmara da Filarmônica Tcheca 189 • Orquestra de Câmara de Genebra com Thierry Fischer 190 • Orquestra de Câmara Inglesa com Pinchas Zukerman 191 • Orquestra do Festival de Budapeste com Iván Fischer 193 • Orquestra do Mozarteum de Salzburgo com Leopold Hager 194 • Orquestra do Mozarteum de Salzburgo com Martin Sieghart e Viviane Hagner 195 • Orquestra Nacional da Espanha com Rafael Frühbeck de Burgos 197 • Sinfônica Alemã de Berlim com Marek Janowski 198 • Sinfônica de Birmingham com Simon Rattle 200 • Sinfônica de Estado da Rússia com Ievgueni Svetlanov 201 • Sinfônica de Milão Giuseppe Verdi com Oleg Caetani e Nelson Freire 203

DOIS GIGANTES DA BATUTA EM DISCO

Sergiu Celibidache 209 • Nikolaus Harnoncourt 210, 212

ORQUESTRAS BRASILEIRAS

Orquestra Petrobras Pró-Música com Isaac Karabtchevsky 217 • Sinfônica Brasileira com Yeruham Scharovsky 218, 219 • Sinfônica Brasileira com Roberto Minczuk 221 • Sinfônica do Estado de São Paulo com John Neschling 222, 227, 228, 231 • Sinfônica do Teatro Municipal do Rio de Janeiro com Lionel Friend 233 • Sinfônica do Teatro Municipal do Rio de Janeiro com Silvio Barbato 234 • Sinfônica do Teatro Municipal do Rio de Janeiro com Fabio Mechetti 236

COMPOSITORES BRASILEIROS

Ernani Aguiar 241 • Silvio Barbato 242 • Edino Krieger 244 • José Maurício Nunes Garcia 245 • Ronaldo Miranda 246, 248 • Almeida Prado 249 • Criadores contemporâneos 251 • Música para a família real 254 • Bienal de música brasileira contemporânea 257 • Música para o papa 260

COMPOSITORES BRASILEIROS EM DISCO

Heitor Villa-Lobos e Oscar Lorenzo Fernandes 265 • Cravo contemporâneo 266 • Guilherme Bauer e Harry Crowl 267 • Francisco Mignone 268 • Camargo Guarnieri 270 • Marcelo Verzoni 272 • Heitor Villa-Lobos 273 • Música de câmara múltipla 274 • Heitor Villa-Lobos 277 • Cláudio Santoro 278

ÓPERA

I Capuletti ed I Montecchi 285 • *La Sonnambula* 286 • *Acis e Galateia* 288 • *Ifigênia em Táuris* 290 • *Orfeu* 291, 293 • *Così fan tutte* 294 • *A flauta mágica* 296 • *Um baile de máscaras* 297 • *Don Carlo* 298 • *Nabucco* 300 • *Tannhäuser* 301 • *Cavalleria Rusticana* e *Pagliacci* 305

DIVI

Hildegard Behrens 311 • Teresa Berganza 312 • Montserrat Caballé 313 • Eliane Coelho 314, 315, 318 • Gilda Ferrara 319 • Mirella Freni 321, 323 • Barbara Hendricks 325 • Felicity Lott 326 • Daniel Taylor 327 • Kiri Te Kanawa 328, 332 • José Van Dam 333

ALGUMAS VOZES EM DISCO

Cecilia Bartoli 337 • Sumi Jo 337 • Ian Bostridge 338 • Wolfgang Holzmair e Anne Sofie von Otter 340 • Jennifer Larmore e Vesselina Kasarova 341 • Magdalena Kozená 343

Índice onomástico 347

Apresentação

Este livro reúne críticas de concertos e resenhas de discos, mas também entrevistas e reportagens que configuram uma crônica pessoal de doze anos (1997/2008) da vida da música clássica no Rio de Janeiro, com algumas visitas a São Paulo.

O viés pessoal e andarilho já aparece na escolha dos temas. Entre um sarau de música renascentista e um concerto de obras românticas, eu não hesitaria: o leitor verá que a música do período anterior ao barroco não aparece — e mesmo a do barroco, pouco.

O deleite e a glória da música gerada e cultivada na Europa a partir da Idade Média e do Renascimento, que se espraiou pelo mundo em sucessivos apogeus ao longo de cerca de trezentos anos, até chegar aos múltiplos esmigalhamentos e refrações do século XX, sempre me deixaram com uma vontade irrefreável de compartilhar.

Como aceitar uma indiferença a essa arte em que o menino e o adolescente já identificavam um poder de fabulação poética, de prazer estético e transportamento que lhe parecia léguas acima do alcance de qualquer outra arte ou forma de expressão humana?

Desse mundo de beleza e elevação fazia parte a leitura. A palavra, seu poder de relatar, evocar, contextualizar e interpretar, de um lado; e de outro esse paradoxo que é a tentativa de apreensão de um tipo de experiência fugaz e irreproduzível por natureza, inefável e intransferível — sem medo das palavras: indizível, sublime.

Análise e descrição das obras, vida e gênio dos compositores, talento transcendental dos intérpretes, a magia do disco e da música eterna dentro de casa: tornei-me um devorador de textos sobre música. Eles proporcionavam desdobramentos mentais ao ambiente emocional e anímico, saciavam provisoriamente a sede de entendimento desse mistério.

Esses anos de cultivo e leituras deram um pouco de segurança e ousadia ao jornalista que, tendo passado por estudos de piano e teoria musical na primeira idade, resolveu um dia aceitar o convite para escrever crítica de música no *Jornal do Brasil*. Agradeço aqui a Regina Zappa, que me ajudou a encarar o desafio, renovando, em 1997, quando eu estava mais certo de poder opinar, um convite já feito três anos antes por Ronaldo Miranda — a quem não agradeço menos.

Os textos são organizados em feixes: os grandes intérpretes instrumentais, os cameristas e as orquestras ouvidos ao vivo; a música brasileira de concerto, no palco ou em gravações; montagens de ópera no Teatro

APRESENTAÇÃO

Municipal do Rio; grandes vozes em recital ou em disco; a arte de alguns luminares da batuta, do piano e do violino em CD; certos temas da vida musical, entre os quais ressalta a satisfação de ter acompanhado no nascedouro a grande aventura moderna da Osesp.

Entre esses temas de atualidade, destaca-se em sentido inverso a miséria relativa da música clássica no Rio de Janeiro. É uma história longa, em mais de um sentido. No cronológico, todo mundo sabe que as temporadas de ópera foram dignas do nome até mais ou menos os anos 1950, quando eram sustentadas por companhias ou iniciativas isoladas vindas da Europa.

Na música de concerto — não obstante a ação e o entusiasmo de tantos músicos e promotores —, uma impressão de empobrecimento do estado e massificação *para baixo* da sociedade do Rio, o envelhecimento das plateias, a mesmice e o medo (impossibilidade?) de apostar contrastam (apesar da proliferação quantitativa dos eventos registrados) com a relativa prosperidade, ousadia e imaginação do ambiente paulistano. No momento em que escrevo, virão a inauguração da Cidade da Música e a instalação da OSB numa casa própria mudar rumos e ativar algum perfume de felicidade?

Em panfleto publicado em 2004, no contexto de um debate sobre o papel da crítica, eu perguntava se o Rio quer ou precisa da música clássica. Ele é reproduzido aqui para começo de conversa, a título de provocação e também porque, como eu, muita gente lamenta que a vida musical da cidade não tenha mais brilho e palpitação. Hoje, a pergunta retórica do título parece-me mais uma certeza. São pequena minoria — e estão quase sempre pela casa dos 40, 50, 60 ou mais, como se vê nos concertos — os cariocas que puderam e quiseram cultivar o gosto e o conhecimento dessa música; e são minoria ainda mais acanhada os que, nas novas gerações e fora dos círculos de *habitués*, têm meios, vontade ou estímulos para investigar, desejar, demandar.

O que o leitor vai encontrar aqui é um apanhado pessoal, então, que pretende fixar momentos fugidios, suscitar a vontade de ouvir e dar uma ideia da vida musical que foi a dos cariocas num fim/início de século. E duas outras intenções: primeiro, tirar do esquecimento do papel de jornal ou revista, do éter da internet, um entusiasmo, um ardor, um devotamento que quer contagiar — especialmente quando se trata de homenagear a arte de grandes músicos brasileiros; depois, deixar registrado que, sim, é possível, desejável continuar falando de música clássica e de sua interpretação — que é uma arte de pleno direito — para os

APRESENTAÇÃO

públicos genéricos nos meios de comunicação. Despertar curiosidades, um eros, intrigar, chamar, mostrar, situar... Tantas formas de tentar apreender pela fala essa experiência única: a da música mais rica e enriquecedora, mais profunda, *resourceful*, gratificante e humanizante que se fez e se faz, a música culta de origem europeia.

Rio de Janeiro, março de 2009

O Rio precisa de clássicos?

A música clássica — que seria lógico chamar de europeia, por razões históricas e culturais óbvias — morre nas praias do Rio de Janeiro. Ela é uma arte cara: requer anos de investimento pessoal a um músico, para não falar do bem mais raro, o talento. Precisa, para ser feita e apreciada num nível de excelência sem o qual não se realiza, que uma comunidade queira pagar por ela. E é uma linguagem universal, logo, internacional, que se esteriliza no isolamento. A grande música também é uma questão de dólares (ou euros, para voltar às origens...).

No Rio, uma ilha de alguns milhares de apreciadores, a maioria na segunda metade da vida, está cercada por um oceano de indiferentes ou possíveis interessados que não têm muito onde se agarrar. As instituições de Estado tratam essa arte com horror: investem o mínimo necessário para cumprir um dever (?), cultivando só para constar uma forma de expressão e comunicação antiga e "elitista" que não faz muito sentido. Certamente têm prioridades muito mais importantes — o que é compreensível, sobretudo quando a parte da comunidade que poderia se mobilizar financeiramente (o capital privado) não o faz, como faz a de São Paulo.

A saída de Ronaldo Miranda da Sala Cecília Meireles nesta terça-feira — porque, para variar, não tinha dinheiro para fazer nada — é emblemática. Se o Teatro Municipal é uma vitrina chamativa demais para ser totalmente abandonada pelo governo do estado, a Sala — onde a música sai do silêncio mais prenhe de significação e a ele retorna, sem passar pelas urnas, os estádios, as ruas e quase sempre sequer os jornais — pode ser deixada para lá. Esse estojo precioso onde poucos milhares de cariocas (e visitantes) cultivam com intensa discrição sua própria riqueza anímica, e nada mais, está para completar 40 anos. Para quê? Para quem?

O ouvido da cidade não parece afinado com a música clássica. A música brasileira é rica demais e atende muito imediatamente, junto com as outras músicas populares, às necessidades musicais da maioria. Tenho a séria impressão de que os cariocas não são capazes, não querem ou não precisam sintonizar com a música dos clássicos, senão eventualmente: são extrovertidos e ruidosos, gostam da comunicação imediata e unívoca, ao passo que ela floresce numa cultura do mistério, da escuta pessoal e intransferível, quase solitária (é talvez a arte menos "social"), na introspecção e na sintonia fina com linguagens mais complexas. A própria miséria do comércio de discos clássicos na cidade parece dar conta da indiferença.

Uma generalização assim vale o que vale, mas ajuda a deixar de equacionar o paradoxo com panos quentes. Falando-se de crítica de uma arte, cabe perguntar a quem ela se dirige e quem a demanda. Desde a década de 1970 e o banimento da música dos currículos escolares, somado à crescente carência de investimento, os elementos necessários à formação de novos públicos estão em falta.

O crítico é um apaixonado, mas no Rio a frustração está mais perto de ser o seu pão cotidiano. Mesmo no nível da crítica jornalística, ele parece estar aqui para atender a uns *happy few* irrelevantes, como a arte que o apaixona. Resta-lhe informar, orientar a atenção para a excelência e tentar irradiar seu entusiasmo, que é um espelho de Alice: reflete na tentativa de chamar para dentro.

Pois a música europeia, a linguagem que ela fundou, vem do sentimento e da emoção e a eles se dirige, mas passa pela mediação das formas musicais mais ricas e "inteligentes" que o homem criou; com sua propagação universal, praticada com talento por tantos compositores brasileiros, ela é para muitos a experiência estética que mais se aproxima da transcendência, do sonho, que mais finamente mexe na fibra humana de cada um de nós. Aquela que, fazendo cada um melhor, pode contribuir para o bem-estar de todos.

Jornal do Brasil, 18 de março de 2004

PIANISTAS

Anderszewski, pianista lunar

Tocar as *Variações Diabelli* de Beethoven no mais alto patamar de apreensão intelectual e emocional já é uma proeza. Associá-las num recital ao *Humoreske* de Schumann é uma prova de imaginação que o polonês **Piotr Anderszewski** deu de maneira fulgurante, semana passada, na temporada da Sociedade de Cultura Artística, em São Paulo.

As duas obras não parecem ter muito em comum. Beethoven explora quase cientificamente, a partir do despretensioso tema de valsa de Diabelli, toda a gama de uma investigação musical chegada à plena maturidade. Schumann, apaixonado por Clara, oscila constantemente, no *Humoreske*, entre o riso nervoso e os soluços de uma alma exaltada no descontrole. O primeiro, muito senhor de si, cultiva a tensão e a distensão num lúcido mas denso projeto de superação da escrita pianística como teatro do mundo. O outro, tomado de comoção, se entrega aos devaneios do autodesdobramento em cada sentimento e seu contrário — exaltação e placidez, rompantes e agonia, humor e melancolia.

O pano de fundo e as linhas de continuidade são diferentes: de um lado, a transformação prodigiosa de um tema transcendido, esquecido e rebuscado com deliberação leonina; do outro, a sinuosidade, os altos e baixos de uma verdade psicológica que se busca, sofrendo. Um deixa para trás o ponto de partida, o outro não sabe onde encontrá-lo. Mas no rigor de Beethoven e no desvario poético de Schumann não encontramos a mesma vontade de síntese, o mesmo desejo de exploração e descoberta da unidade na diversidade?

Com o sorriso límpido ao cumprimentar o público e o perfil tenebroso ao sentar-se frente ao teclado, Anderszewski parecia já em sua pessoa condensar esses opostos complementares. Ele tem uma postura e uma expressão corporal que falam de crispação na determinação. A mão esquerda é poderosa e se faz muito presente; o matizamento das dinâmicas e o burilamento infinitesimal das nuanças é sempre *habitado*; a sonoridade pode variar do imponente sem dureza aos *pianissimos* mais melífluos, atacados *subito* e com um superfino acabamento; o *legato* é inconsútil apesar do uso parcimonioso do pedal.

O grau de concentração era ideal para as *Diabelli*, que se constroem aos poucos como uma suma do que o piano pode dizer, rememorar, cismar e cantar. Beethoven passou dois ou três anos glosando a valsinha de Diabelli a pedido de um editor, e parece que quis mostrar, soberbo, que todos os mundos visitados e descortinados em suas sonatas podiam caber nessas *transformações* de formato mais descontínuo. Depois, viriam apenas as *Bagatelas*, três das quais o pianista ofereceu em extra: a coerência é a polidez de um artista culto.

Abrindo espaço para poucas pausas entre as variações mas cultivando eloquentes silêncios em várias delas, Anderszewski era ágil na virilidade das mais animadas e interiorizado nas mais pousadas. Chegou à grande meditação mágica da antepenúltima, com seu famoso aceno a Bach imbricado nuns prenúncios de Chopin, com toda a calma do pianista-filósofo. Depois da fuga, atacada com magnífica clareza polifônica e o som majestoso de sempre, o minueto em que Beethoven se despede dizendo, antes de Verdi, que "tudo no mundo é burla", depois de construir um monumento de reflexão e sentimento, mostrou todo o senso cênico e da relatividade das coisas que anima a arte do pianista polonês.

Foram umas *Variações Diabelli* de grande intensidade, fixando a atenção na coerência das combinações internas sem prejuízo da diversidade de cada momento. O que me parece faltar — Anderszewski está com 38 anos — é um amadurecimento que permita a todo esse *constructo* fluir com mais naturalidade e algum espaço também para o inesperado e o espontâneo. Como se o excesso de reflexão tirasse um pouco da vida dessa enorme arquitetura aberta para tantas possibilidades.

No *Humoreske*, o lado bravio e esgazeado da arte de Anderszewski, seu jeito lunar e sonambúlico parecem particularmente propícios às perdidas paisagens emocionais schumanianas. Mas, uma vez mais, o caráter hiperestudado do pianismo e do fazer musical também deixa saudade de uma certa inocência, de umas flutuações mais soltas, de algum enlanguescer de vez em quando, de um pouco de ternura...

Opinião e Notícia, 21 de maio de 2007

Arte que não esconde que é arte

Cultura é a palavra que primeiro me ocorre para definir a arte de **Daniel Barenboim**. Ele não é o único de sua geração (1942) a representar a passagem de uma certa era de inocência pré-moderna e pré-industrial (no disco) para o tempo dos pianistas que dão a impressão de *pensar* e *deliberar*. Estão aí também Pollini, Argerich, Ashkenazy, Perahia e outros. Viriam depois Pogorelich e mais recentemente Kissin, para levar a outras fruições esse culto da deliberação e da interpretação como entidade quase autônoma aposta à música, ou, de preferência, a ela integrada.

Mas em Barenboim esse talento tem características muito claramente ligadas a sua história pessoal e a escolhas civilizatórias. Filho de imigrantes judeus russos, nascido na Argentina, transplantado para Israel e para a Europa, mergulhado num caldo cultural de matriz germânica, ele é um temperamento musical inato e brilhantemente dotado. Essas confluências se sintetizaram, na adolescência-prodígio, na dupla influência do hipersofisticado Furtwängler, que o despertou para a regência e para o ideal do "músico completo", e do límpido Edwin Fischer, arauto, na arte do piano, da simplicidade e do respeito ao espírito do que propunham os gênios do romantismo.

Seu repertório é essencialmente pré-romântico e romântico — e não muito extenso, não tivesse ele muito cedo, a partir dos 20 anos, passado a dividir seu tempo com a regência. No centro de tudo, Mozart, Beethoven, Schubert, Schumann e Brahms, menos Chopin, muito Liszt, com incursões de volta a Bach e até Bartók. Mas bases técnicas e estéticas muito sólidas foram assentadas numa exploração extensiva do essencial, nas primeiras décadas da carreira: todo Beethoven (duas gravações integrais das sonatas e duas dos concertos), todo Mozart (todas as sonatas e duas vezes os concertos).

Em sua diversidade e riqueza, os *Concertos* de Mozart são um *teatro do mundo* ideal para o cosmopolitismo saturado de Barenboim. Primeiro (depois de Fischer) a tocá-los regendo do piano, ele pode parecer menos estilista que Ashkenazy, mas a sensação de vivacidade e frescor recriativo se combina maravilhosamente com o que já foi definido como pura e simples incapacidade de produzir um som feio ou uma frase meramente casual — com a contrapartida eventual de um certo maneirismo, uma impressão de estar se ouvindo um pouco demais. Eterno assimilador/sintetizador, Barenboim se distancia da pureza de Fischer e tende a romantizar e embelezar, mas pode — como na segunda integral (Teldec) — imitar a sonoridade tangida do *pianoforte* da época de Mozart.

Em Beethoven, a combinação é de ardor juvenil e ponderação madura: gosto sem complexos pelos extremos e contrastes, mais senso de direcionamento e estruturação, mais capacidade de introspecção. Barenboim *sente* Beethoven provavelmente mais que qualquer outro compositor, aquele cujo vigor atlético preenche sua necessidade física de fazer música, aquele em que a sonoridade determina a direção e produz sentido. A espontaneidade na musicalidade decorre da supremacia técnica aliada à identificação com a linguagem — ao contrário do que pode vir de um Pogorelich (domínio total + afetação) ou de um Kissin (controle absoluto sem saber para onde ir). Há quem reclame, em seu Beethoven, de uma tendência a fugir ao *mainstream* e a frisar o detalhe, algo que também costuma ser criticado em seu trabalho como regente. Mas cabe perguntar se a heterodoxia não é o preço a pagar pela personalidade e a música viva.

Barenboim costuma dizer que começou muito cedo mas teve pais inteligentes que lhe deram uma educação séria mas descontraída: o futebol nas praças de Tel Aviv ajudava a concentração ao piano. A harmonia como supremo elemento integrador da música (Furtwängler) pode ter a ver com essa formação integral da personalidade. Ela é o que está por trás de tudo, e o que o pianista ressalta sabiamente nos momentos que escolhe — porque sabe e é capaz de fazer escolhas. Em Schubert e Liszt especialmente, o gênio das tensões e transições harmônicas como elemento narrativo e evocativo tem em Barenboim uma compreensão luminosa. Vale a pena prestar atenção nos episódios das *Années de pèlerinage* que ele tocará no Teatro Municipal do Rio de Janeiro — e ver se não vai exagerar um pouco no pedal.

O resto vem da sofisticação do seu toque de camurça, um certo jeito de atacar as notas suaves arredondadamente mas indo ao fundo, do espectro colorístico às vezes inacreditável, do controle da clareza nas passagens saturadas. A tristeza funda da música de Schubert e até sentimentos lisztianos mais *cênicos* podem dar a impressão de que são mais traduzidos que vivenciados. Barenboim ainda faz música de câmara em altíssimo nível (o terreno em que seu talento nunca é contestado), e em sua voracidade pode deixar cair o controle de qualidade. Menos poeta que exegeta cheio das grandezas e imperfeições humanas, ele talvez não esteja entre os grandes dos grandes. Mas existe para mim uma prova cabal de que essa arte que faz questão de mostrar que é arte pode redundar numa visão genial e verdadeiramente recriadora de uma obra do repertório: sua gravação das *Canções sem palavras* de Mendelssohn. Se um dia o que pode haver de mais cultivado transmutou a singeleza numa terceira e requintada entidade, foi nesses dois CDs preciosos da Deutsche Grammophon.

no.com, 7 de agosto de 2000

Liszt com carisma no Municipal

Daniel Barenboim mostrou de forma emocionante em seu recital no Teatro Municipal o que o verdadeiro carisma, não fabricado, pode fazer pela música. O deslumbramento de um certo público que capricha mais em ser visto do que em ouvir e promove concertos paralelos de celulares é sempre mortificante, no Rio. Mas o magnetismo de um intérprete como

Barenboim, se não justifica a confusão de estrelato com boa música, de certa forma explica *a posteriori* essa imantação superficial, alimentada pela mídia.

Ao contrário de Albéniz, ouvido na segunda parte do programa, Liszt é um dos compositores há muito tempo nos dedos de Barenboim. O convívio prolongado, uma base técnica por assim dizer visceral e o temperamento artístico multifacetado fizeram das quatro etapas italianas dos *Anos de peregrinação*, na primeira parte, uma experiência memorável. Certas imperfeições de acabamento, atribuíveis a uma agenda sobrecarregada de concertista e regente, soavam como espuma negligenciável num oceano de energia comunicativa.

A plenitude sonora e o *legato* cantante já se afirmavam nos primeiros compassos do *Soneto 47 de Petrarca*. À naturalidade da elocução somava-se o senso não só da frase, mas dos parágrafos, e um jeito sério de sonhar, em arabescos líquidos. O início do *Soneto 104*, um favorito, foi um modelo de capacidade de capturar a atenção logo de entrada, com a passagem sem queda de voltagem dos primeiros acordes abruptos à solenidade simples da cantilena. Aqui e no último *Soneto*, as hesitações eram milimetricamente exageradas: Liszt pode, mais que comportar, *pedir* essa intensidade estudada, que já então impunha o mais musical silêncio a um teatro lotado, e permitiu a finalização do *Soneto 123* num *morendo* abissal.

O acontecimento emocional da noite foi a *Sonata Dante*, demoníaca, fantasmagórica, monolítica em sua narrativa épica. O controle hipnótico de uma interpretação como esta desafia descrições e clama por adjetivos. A epopeia amorosa do poeta renascentista musicada pelo compositor hiper-romântico tem em Daniel Barenboim um leitor privilegiado. Se os carrilhões da parte final podem sair algo embrulhados, as evocações de bandolim transcendem a técnica com a convicção. Uma convicção também transmitida pelo pianista com um gestual e uma atitude de impregnação total que fazem parte de sua mensagem. É o carisma.

Programar dois dos cadernos da *Iberia* de Albéniz depois de Liszt pode ser lógico cronológica e estilisticamente, mas o discípulo sai esmagado da comparação. Aqui, além do mais, a sofisticação narrativa de Barenboim sobrecarrega uma música que, complexa e refinada, também requer certa graça simples e ingênua. Os segredos e surpresas harmônicos estavam lá, na *Evocação*, o ritmo e a escansão animavam a *Rondeña*, a malícia dos contrastes e retenções da *Triana* falava de temperamento latino. Mas a atenção, inevitavelmente, esmoreceu.

Jornal do Brasil, 15 de agosto de 2000

A força tranquila de Cocarelli

O Brasil se orgulha de um plantel admirável de pianistas, e os que vivem no exterior tendem a se aureolar de um prestígio ainda maior. Talvez seja ocioso perguntar se **José Carlos Cocarelli** seria um músico tão consumado se não tivesse deixado o país — e arrebatado primeiros prêmios em concursos importantes como o Busoni (1985) e o Marguerite Long-Jacques Thibault (1986). Ele vive na França há bem uns quinze anos e não é nenhum desconhecido por aqui, com suas vindas quase anuais à Sala Cecília Meireles e apresentações com a Orquestra Sinfônica Brasileira. Mas o recital com que encerrou no sábado a série Piano Solo da Sala foi, mais que uma confirmação, a revelação de uma nova maturidade — cheia, por sua vez, de promessas.

Cocarelli, que provavelmente ainda não chegou aos 40 anos, está naquele ponto do desenvolvimento de um pianista em que o domínio técnico e expressivo permite ir mais longe. No seu caso, transparece a especial química entre uma valorosa conquista física do instrumento e um temperamento capaz de se deter no fundo do que toca. Houve uma fração de segundo no retorno do bordão do *Scherzo* da *Sonata Pastoral*, de Beethoven, em que ele se perdeu, e o fantástico foi que o grau de engajamento e identificação do intérprete com a música — e do público com ambos — permitisse seguir sem solução de continuidade, com um natural senso improvisatório. A própria maneira como os motivos rítmicos repetitivos tão usados pelo compositor nessa sonata careciam, nos dedos de Cocarelli, de qualquer regularidade metronômica — como no *Andante* — era outra demonstração de um fazer musical que vem de dentro para fora.

A composição de um programa muitas vezes fala quase tanto quanto a interpretação. Cocarelli, um artista de sensibilidade facetada pela disciplina, escolheu música que evitava os transbordamentos, alternando interiorização sem apelo romântico fácil e a muscularidade *americana* da *Sonata* de Samuel Barber. Nesta, esteve plenamente à altura de desafios como o *tour de force* motorístico do *Allegro energico*, com o interregno de sua valsinha irônica, ou as transformações hercúleas do tema da *Fuga* conclusiva. O pianista havia começado com Fauré, tributo muito bem pago ao que há de francês em sua formação: o último dos treze *Noturnos* e a *Balada* em sua versão original para piano solo foram empolgantes em sua tão faureana mistura de bruma harmônica e poesia dos enunciados. Matizes, mais que cores, irisações, opulência sonora e ponderada calma narrativa: suspendia a respiração tão rematado casamento do controle instrumental com a atenção dada a cada momento, aliada ao senso do estilo.

Em Beethoven, a escolha recaiu na associação muito bem medida da *Pastoral*, que faz jus ao nome, à impressionante *Lá bemol maior opus 110*, a penúltima da série. Não obstante o magnífico controle e o frescor da expressão, os dois primeiros movimentos da *Pastoral* talvez tenham ficado a dever em matéria de imaginação figurativa ou diferenciação expressiva — por exemplo, na seção central daquele mesmo *Andante*. Mas na *Opus 110* Cocarelli transformou em revelação de cada instante uma música tão familiar em sua profundidade, da expressividade tranquila e viril do *Moderato cantabile* inicial e do bico de pena contrastado do *Allegro molto* aos abismos de perplexidade e superação do último movimento. É raro ouvir assim um Beethoven em que o senso do *dever* em face dessas altitudes desafiadoras dê tão naturalmente lugar ao *prazer* da redescoberta. Um feito nem tão frequente no pianismo brasileiro desde Jacques Klein.

Jornal do Brasil, 1º de dezembro de 1998

Mendelssohn revigorado

José Carlos Cocarelli, que a cada apresentação confirma seu *status* entre os belos pianistas que o país tem produzido, voltou a brindar o público do Rio — na primeira noite da série Concert Hall da Sala Cecília Meireles — com um de seus programas distantes dos caminhos muito percorridos. Em 1998, ele montou aqui, em torno de Beethoven, um recital que também explorava peças pouco ouvidas de Fauré e Barber. No último sábado, empenhado em mostrar o grau de requinte virtuosístico a que chegou, Cocarelli deu-se ao luxo de associar o *panache* à musicalidade e à introspecção.

A grande demonstração foi em Mendelssohn, músico injustamente relegado como superficial, que o pianista trata com evidente afeto. O *Rondo capriccioso*, em sua mistura de brilho pianístico e sentimentalismo ingênuo, é mera amenidade para os que não sintonizam com o ânimo feliz do compositor. Hipnoticamente identificado com a música, Cocarelli revigorava sua sofisticada riqueza prismática com lufadas de ar fresco, fraseado livre e imaginação dinâmica, na mais congenial interpretação desta peça que eu já ouvi, ao vivo ou em disco. Ainda menos comum nos programas — e menos perfeita —, a *Fantasia opus 28* de Mendelssohn também se beneficiou dessa sinceridade de caracterização que dá a impressão de que o intérprete, esquecido de si mesmo e da técnica, se faz um com a música.

Era a segunda parte do recital, encerrada em grau de altíssima realização (mais uma vez: virtuosismo E alma) com a turbilhonante paráfrase lisztiana da Valsa do *Fausto* de Gounod. Depois de um *Concerto italiano*, de Bach, intenso no *Andante* mas de controle menos que perfeito nos movimentos extremos, Liszt havia dominado a primeira parte, com os *Três Sonetos de Petrarca*. Aqui, ao contrário do que viria depois em Mendelssohn, Cocarelli ouvia-se o tempo todo, como que assombrado com a tarefa hercúlea que é dar expressividade fluente a esses intensos cantos de amor romântico, cheios de percalços e hesitações. No primeiro e no terceiro *Sonetos*, que falam de plenitude aplacada, a exacerbação dos contrastes parecia inadequadamente torturada. *Overkill*, diriam os ingleses. O *Soneto 104*, este sim torturado, foi apropriadamente arrebatador, esculpido em seus volumes, massas e cores no espírito de uma célebre gravação de Claudio Arrau — mas, ainda uma vez, sem a *sensação* de espontaneidade desejável: contravozes demais, tempos mortos, fragmentação, quase *desconstrução*.

Jornal do Brasil, 8 de maio de 2000

Maturidade de um pianista

Em tempos de recitais de artistas brilhantes para plateias de cinquenta pessoas e de orquestras fechando as portas, a série Os Pianistas da Orquestra Sinfônica Brasileira é um fenômeno salutar na vida musical do Rio de Janeiro: uma produção sinfônica inteiramente brasileira que superlota infalivelmente o Teatro Municipal, um público que compensa um gosto conservador (é pelo menos o que presumem os programadores) com uma cultura musical arraigada, e que sabe o que quer.

Tanto melhor quando a OSB, embalada no calor do *seu* público (que outra orquestra o tem no Brasil, tão fiel?), está num bom dia, como na tarde de sábado na *Rapsódia sobre um tema de Paganini*, de Rachmaninov. A orquestra pode ter seus problemas, mas gosta tanto de acompanhar um solista — no caso, um **Arnaldo Cohen** no auge da maturidade — quanto o público gosta de se identificar com ele, e tem audivelmente um fraco pelo idioma de Rachmaninov. Sob a regência incisiva de Roberto Tibiriçá, chegou-se às últimas variações sem sombra dos arroubos bandísticos que podem acometer esta música, mais sofisticada que parece. Em etapas anteriores, delicadas ou impressionistas, não faltaram precisão rítmica, graça e acabamento burilado. As madeiras ressaltavam, disciplinadas, flexíveis, como já haviam feito no *Concerto em lá maior* de Mozart. Será interessante ouvir na segunda-feira, dia 25, a estreia brasileira das deslumbrantes *Danças sinfônicas* do compositor russo, num programa todo dedicado a ele no encerramento da série noturna da OSB.

A tarde foi uma merecida consagração para Cohen. Uma nova calma e domínio de si tornam coisa do passado os ressaibos de rigidez ou fria determinação que às vezes distanciavam suas interpretações da poesia, na luta pela transcendência técnica, que é há muito admirável. O concerto começara com outras variações, as que Brahms compôs sobre um tema de Händel, fascinante mistura de inocência barroca com cores, texturas e muscularidade tipicamente brahmsianas. Cohen tocou com depurada clareza e contido senso de proporção nos volumes, como na siciliana da décima nona variação. O mesmo equilíbrio foi ouvido nas linhas cheias do grave, na transparência dos emaranhados harmônicos da vigésima segunda variação e mesmo nos momentos de maior projeção dinâmica. Os episódios vigorosos antes da fuga mostraram a fenomenal posse do instrumento e a plena força expressiva, sem nunca ir ao fundo do teclado, como se Brahms não devesse afastar-se demais do antepassado barroco que o inspirou.

No *Concerto nº 23* de Mozart, Cohen, que não seria há alguns anos esperado nesse repertório, deu relevo ao fraseado sem se desviar da pureza expressiva. No *Adagio*, suavemente suspenso, o pianista brasileiro de Londres brindou os admiradores desse concerto tão ouvido e repetido com ornamentações próprias, encantadoramente *stylish*. Era mais uma mostra dessa espécie de estado de graça em que ele parece transitar atualmente, mais capaz que nunca de fazer música sobre a base de uma técnica transcendida. Como a tarde era sua, Cohen encerrou com uma deliciosa cereja sobre o bolo: as *Bagatelas* a ele dedicadas por Miklós Rósza, o compositor húngaro que se celebrizou no cinema hollywoodiano.

Jornal do Brasil, 18 de agosto de 1997

Seriam táteis as emoções?

Público cativo, plateia compacta, aplausos idem. **Arnaldo Cohen** pisa o palco da Sala Cecília Meireles com o ar calmo e o porte elegante de sempre, a gravata-borboleta vermelha favorita e uma data importante a comemorar na vida de um homem: 50 anos. A expectativa era tanto mais favorável por causa do aprofundamento notado ultimamente na arte deste que é um dos pianistas de que o Brasil se orgulha com razão. O atleta da técnica vinha nas últimas apresentações abrindo espaço para uma expressividade mais *relax*. O próprio Cohen, hoje mais solicitado que nunca no circuito internacional, fala nas entrevistas de um novo prazer de romper o casulo essencialmente instrumental para enveredar pelo território do risco.

O programa não falava propriamente de aventura, mas de consolidação: as mesmas *Variações Händel* de Brahms tocadas na série Os Pianistas da OSB no ano passado, e que já compunham seu triunfo inaugural no distante primeiro prêmio do Concurso Busoni, em 1972, a *Sonata* de Liszt há muito integrada a seu repertório (inclusive em disco), e que ele ofereceu aos cariocas em duas outras ocasiões nos últimos dez anos.

Depois do habitual momento de concentração, a primeira peça da noite, a *Chacona* organisticamente inflada por Busoni a partir do original de Bach, ofereceu terreno privilegiado às qualidades mais naturais ao pianista. Sua sonoridade é grande, cheia, esculpida e projetada com volúpia, mas o cinzel também apara e detalha com amor quando necessário — um recuo para *menos* que lhe sai tão fluente quanto seria difícil para a maioria dos pianistas percorrer o caminho inverso. Mãos grandes, dedos poderosos, Cohen usa judiciosamente o pedal e toca no fundo do teclado sem machucar a superfície. A beleza marmórea da peça e seu perfil heroico não poderiam ser mais valorizados.

A mesma sensação de que a música era tocada da única maneira possível honrou umas *Variações Händel* desenhadas em arco nítido e unitário. Como Cohen gosta de encher uma sala com os carrilhões *staccato* da sétima variação! E como é bom ouvi-las assim jubilosamente tocadas! Mas há também a proporção nos volumes e a plasticidade livre, a clareza dos contornos no *sostenuto* da quinta variação (a mesma arte sábia do pedal), o senso brahmsiano dos *ritardandi* nas passagens *moderato*. O mármore ganha veios próprios às texturas românticas com que Brahms colore o inspirador barroco.

Pode ser marmórea, também, a italianidade germanizada de Liszt? O *Soneto de Petrarca nº 104* é uma história de *dolcezza* indizível pela qual passamos na quinta-feira rápido demais. Na *Sonata*, Cohen continua entusiasmando com o fenomenal domínio pianístico e expressivo, episódio a episódio. Mas correu e *demonstrou* demais, olimpicamente impermeável à compaixão e à dor, à dúvida e ao desvario sem os quais esse monumento contrastado e cabeludamente romântico tende a dar razão aos que só veem em Liszt o dandismo pianístico. Pode ter sido por causa da ocasião festiva, mas foi um Liszt exterior, sem êxtase nem real âmbito emocional. Aos 50 anos, cabe perguntar se Cohen tocaria a *Sonata* diferentemente para si mesmo e mais ninguém.

Jornal do Brasil, 8 de agosto de 1998

Colagens brasileiras

A história de amor dos compositores brasileiros com o piano começou cedo. Já no século XVIII um certo Luiz Álvares Pinto (1719-1789), mestre de capela em Salvador, publicava *Lições de solfejo* de inspiração bachiana que são tidas como a mais antiga música para teclado conhecida no país. Duas dessas peças são as composições mais recuadas no tempo incluídas no delicioso CD — *Brasiliana* — que **Arnaldo Cohen** gravou na Suécia. O objetivo era pôr em circulação no mercado internacional um apanhado abrangente e representativo daquela história de amor, vindo até o meado do século XX, e o desafio é belamente vencido.

Arnaldo Estrella, Cláudio de Britto, Marcelo Verzoni e tantos outros pianistas brasileiros registraram em disco coletâneas como esta, em que influências europeias se refletem em formas e ritmos brasileiros, envoltos no lirismo bem nacional que no fim das contas é o que ressalta de mais original nesse verdadeiro panteão da nossa música de piano. Com efeito, que grande compositor brasileiro deixou de afagar o rei dos instrumentos e fazê-lo confidente ou plataforma, de Luiz Levy e seu nacionalismo novecentista ainda meio incipiente a Villa-Lobos, Camargo Guarnieri ou Francisco Mignone e os batuques, congadas e estripulias tipicamente tropicais do século seguinte?

Cohen, como sempre, é no entanto quem dá o *show* para o mundo ver, em matéria de escolha da vitrina mais polida, variada e *éclatante*. Seu próprio estilo de tocar está cada vez mais sofisticado na paleta sonora e se confirma no poder digital e técnico. Faltam aqui e ali um molejo mais espontâneo (em Nazareth, tocado como que para ser "transcendido" do alto, como Teresa Berganza *desacanalhando* a *Carmen*), um toque de sentimentalismo vindo *de dentro* (na *Valsa de esquina nº 1* de Mignone), umas demoras e retenções em certos fraseados que parecem buscar o semáforo; sobra esse tensionamento para a frente que faz, por exemplo, o *Ponteio nº 49* de Camargo Guarnieri parecer menos emotivo do que verdadeiramente é ou pode ser.

Mas o pianismo é de alta categoria e o interesse principal está no passeio e nas paisagens, bem escolhidas e dispostas. Podemos arregalar os olhos com a exaltação da *Congada* de Mignone ou da *Paulistana nº 4* de Santoro, saborear as dissonâncias sumarentas da *Dança negra* de Camargo Guarnieri, contemplar o descritivismo de Oswald em *Il neige* ou de Octavio Pinto em suas peças infantis, comparar o schumanismo de Alexandre Levy (*Coeur blessé*) com a nostalgia bem nacional da *Valsa lenta* de seu irmão Luiz, pinçar as diferentes influências ou citações (Scarlatti em Leopoldo Miguez, Bach na *Ária* de Nepomuceno). Cohen está melhor que nunca na ciclotimia afetiva do Villa-Lobos da *Valsa da dor*, nos volteios de salão de boa parte dessas peças, na clareza nunca desmentida da elocução. E ainda nos revela um compositor ignorado — Eduardo Dutra (1908?-1963?) —, de quem descobriu nos guardados de Jacques Klein um delicioso *Prelúdio* de inspiração algo rachmaninoviana.

Arnaldo Cohen também presta serviço ao registro do patrimônio musical brasileiro com sua gravação do buliçoso e raso *Concerto em formas brasileiras* para piano e orquestra de Hekel Tavares, que há tempos estava ausente do catálogo. No mesmo CD gravado ao vivo no Teatro Municipal do Rio de Janeiro, a Orquestra Petrobras Pró-Música, regida por Roberto Tibiriçá, registra uma versão alegre do "Trenzinho do caipira" de Villa-Lobos e aquela que é apresentada — e pode ser realmente — como uma primeira gravação do seu *Choros nº 6*, um dos mais conhecidos e caóticos em sua profusão de ideias apostas em *collage*.

Veredas, 3 de janeiro de 2003

Uma arte apolínea

A arte de **Arnaldo Cohen** dá vontade de manifestar admiração e gratidão. Não que ela busque o aplauso fácil, concentrada e substantiva que é. Mas a técnica fenomenal e a aptidão natural do pianista, unidas a um amadurecimento que se ouve no burilamento dos detalhes, na concepção geral de uma interpretação e também no sentimento, levaram muito justificadamente o público do Teatro Municipal do Rio de Janeiro ao delírio, neste sábado.

Houve tempo em que o grande músico brasileiro expatriado — primeiro em Londres e há alguns anos na Universidade de Indiana — dava a impressão de interpor na relação com a audiência uma vontade de distanciamento olímpico. Lembro que, há dez e vinte anos, minha já então grata mas às vezes perplexa percepção parecia captar um certo medo da entrega, com todo o foco na fatura artesanal e no rigor musical.

Outra ideia ligada aos grandes equilíbrios gregos me socorre, na tentativa de entender o elo que Cohen busca estabelecer: ele é um artista apolíneo, com sua ênfase num controle que pode ser marmóreo (no melhor sentido ou não), contraposto, na conceituação de Umberto Eco, às efusões mais hedonistas e expansivas do temperamento dionisíaco.

Mais mente que coração, resumia outro fã.

Mas Cohen, chegando agora aos 60 anos, está num apogeu em que as certezas se amainam, a adrenalina da busca da perfeição se dilui em maior disponibilidade, a possibilidade de apreender e viver o momento tempera a ansiedade de chegar a algum lugar.

Esses equilíbrios contribuíram para uma interpretação portentosa e clara, dias atrás, do *Concerto nº 3* de Rachmaninov, acompanhado com fervor e acuidade por Roberto Tibiriçá à frente da Orquestra Sinfônica Brasileira.

Foi interessante que a OSB programasse os dois concertos juntos. Cohen está para gravar os quatro *Concertos para piano* de Rachmaninov com a Osesp, e terá sido este o móvel principal — além, claro, da popularidade dessas obras perenes, que nada têm de "menores".

O *Concerto nº 2* é um transbordamento infindável de generosidade melódica e arte da sedução. Limpidamente emocional. O *Terceiro*, misterioso, parecendo mais tosco e solicitando a contribuição do ouvinte, como um torso de Michelangelo convida a imaginação do espectador, está para o antecessor mais famoso como os excessos do rococó para o barroco, como a saturação de certa música tardo ou pós-romântica centro-europeia para o romantismo.

Há nele o mesmo risco de deformação ou congelamento "coisificado" de um impulso vital, um certo excesso de notas, de episódios, de elã. Fosse ao vivo, com Nelson Freire ou Bruno Leonardo Gelber, até onde me leva a memória, ou em disco, com Martha Argerich, sempre oscilei, diante do *nº 3*, entre o fascínio e uma certa impressão de estar sendo "enganado" por um mamute generosamente disforme.

A interpretação de Arnaldo Cohen foi uma dádiva neste sentido: pude perceber, talvez pela primeira vez, o arco desse concerto sendo desenhado, seu direcionamento e coesão, a sucessão necessária dos episódios. A aparente ausência de hesitação, dúvida ou questionamento, em Cohen, suscita esse *thrust*, esse empuxo afirmativo que permitiu a descoberta.

Ele é feito, além disso, de mesmerizante perfeição do acabamento, de uma siderante volúpia sonora da mão esquerda (houve momentos em que quase achei que os seus graves provinham dos contrabaixos!), associada à clareza diamantina da direita. Menos *flou* artístico, menos bruma poética, mais relevo na dicção, mais clareza nos enunciados e sobretudo um propósito global mais nítido dentro do referido (e valorizado) mistério.

Já é um prazer simplesmente ver as mãos longas e fortes (grandes como as de Rachmaninov?) do pianista, domando com vigor o teclado ou percorrendo-o com velocidade mais delicada.

É possível que falte a Cohen uma poesia da verdadeira entrega, como ficou evidente, ao ter início o concerto, nos momentos em que a sonata *Patética*, de Beethoven, pede um pouco mais de liberdade imaginativa, menos escrúpulo pós-clássico e mais soltura numa conversa entre iguais — o compositor e o público, intermediados pelo intérprete.

Mas a musicalidade viril de Arnaldo Cohen já não monologa voltada para a própria e narcísica perfeição. É pura comunicação.

Opinião e Notícia, 7 de abril de 2008

Chopin desconcertante

Alto, corpulento, passadas largas, gestos amplos, o veterano **Serguei Dorensky**, com seu físico de magnata do petróleo ou chefe de guarda pessoal, ofereceu no sábado uma curiosa variação em torno do universo chopiniano. No encerramento da série Concert Hall, não foi o Chopin das terminações nervosas, das carícias sedosas ou das colorações decadentes que se ouviu, mas um compositor que também se beneficia com uma abordagem mais muscular, de uma certa *nonchalance* viril e de relevos mais pronunciados.

Dorensky escolheu um dos pianos de sonoridade mais saturada da Sala Cecília Meireles, e o início não foi auspicioso, com três *Noturnos*. As mãos grandes e os dedos poderosos do eminente pedagogo do Conservatório Tchaikovsky desciam sem enlevo sobre certas notas que, duras e secas do médio para o agudo, traíam o estado deficiente do instrumento. A naturalidade cursiva do pianista parecia indiferença ao mundo de evocações sonhadoras dessas peças.

Duas *Polonaises*, em seguida, trouxeram ao primeiro plano as melhores qualidades sonoras, os graves profundos, uma generosa percepção da respiração épica. Mas a impressão de desembaraço algo descuidado persistia, a muscularidade não se traduzia em verdadeiro temperamento figurativo.

Só na segunda parte do programa, toda dedicada a um apanhado de *Mazurkas*, a franqueza e a robustez souberam moldar-se, inesperadamente, em imaginação narrativa e recolhimento íntimo. A sonoridade continuava cheia, grande, redonda; faltou aqui e ali — como na *Opus 24 nº 2* — uma indispensável delicadeza; mas se percebia o senhor do idioma, nos recitativos enfeitiçantes da mão direita, no *rubato* bem calibrado, o estilo casual perfeitamente adaptado ao mundo mais conversador das *Mazurkas*.

A série das *Mazurkas* foi escolhida com inspirada alternância de climas e sugestões, e Dorensky, muito à vontade, também soube ser lírico e cantante — além de mais seguro, como nos ritmos febris e nas vozes sincopadas da *Opus 24 nº 4*. Depois de uma *Valsa*, em extra, que rodopiou com todo o brilho, a *Dança ritual do fogo* de Manuel de Falla, espetacularmente bravateada, deixou dúvida sobre o gosto do pianista ou a opinião que tinha do público e de suas expectativas.

Um crítico americano sugeriu que a música de Chopin fosse envolvida em silêncio de um ano como melhor maneira de renovar a escuta do autor dos *Noturnos* neste seu sesquicentenário de nascimento. Uma abordagem diferente como a de Dorensky também pode ter um efeito renovador. Mas no sábado pareceu apenas em parte convincente.

Jornal do Brasil, 7 de setembro de 1999

Torvelinho de sonoridades

Rachmaninov detinha, em seu domínio multifacetado do piano, o segredo capaz de reconciliar mesmo os refratários ao valsar de mais que duas mãos pelo teclado. Onde até um Schubert ameaça ser percussivo e abusar dos enchimentos harmônicos e rítmicos do grave na sustentação dos enunciados dos registros superiores, o mestre russo já podia, um século depois, trabalhar a música para dois pianos em espectro de formas e cores capaz de transformá-los não em orquestra *ratée*, mas em festival de sonoridades que faz parecer rebarbativa uma orquestra.

Foram de Rachmaninov — as duas *Suítes para dois pianos* — os momentos privilegiados do recital, sábado, no Teatro Municipal, de **Nikolai Lugansky** e **Vadim Rudenko**, jovens e miríficos foguetes dessas constelações de fogos de artifício regularmente produzidas pelos conservatórios russos. Eles têm um pouco dos objetos bem propulsionados que zunem radiosos, a incapacidade de se preocupar com o que vai ficando para trás. Assim foi que a *Valsa* de Ravel passou sem muito das desejáveis hesitações melífluas nem dos repuxos de turbilhão, e mesmo — já agora olhando para a frente — sem uma dose apreciável dos empuxos inacreditavelmente felinos que uma dupla como Martha Argerich e Nelson Freire lhe confere em disco famoso. Faltaram momentos de suspense e o melhor grau de clareza nas vozes internas, a peroração final quase apenas muscular.

Na *Fantaisie-tableaux*, a suíte composta por Rachmaninov aos 20 anos, inspirando-se em poemas de Lermontov, Byron, Tiutchev e Khomiakov, o clima foi apropriadamente poético e repousado. Nosso duo mostrou do que é capaz em matéria de evocação descritiva delicada, com a liquidez cristalina das águas na *Barcarola*, os pássaros e perfumes, as juras e súplicas de *A Noite... O Amor*, bem traçado arco com culminância seguida de quietação. A *Suíte nº 2* — posterior, oito anos mais tarde, à crise de confiança que calou o compositor, e coincidindo audivelmente com o *Concerto nº 2* que o resgatou para a música — é talvez onde a literatura para dois pianos alça voo mais alto de independência tímbrica e formal. O valsante turbilhão raveliano refina-se no segundo movimento num torvelinho de semicolcheias, em rajadas de acordes e arpejos e *staccatos* que os dois artistas trataram com estonteante digitalidade e um requinte sonoro que podia incluir notas peroladas em chuva. A *Tarantela* final voltou a ser muscular, mas com propriedade, vertiginosa também nos sombreados e na leveza, como na definição das linhas.

As duas peças pertenciam claramente ao território de cultivo íntimo e perfeito de Lugansky e Rudenko. Mas eles também souberam desenhar com simplicidade o lirismo *bon enfant* da *Sonata* de Poulenc, composta em 1953 e tão cheia de lembranças melodiosas de suas obras para teclado e orquestra.

Jornal do Brasil, 27 de maio de 1997

Pureza

O pianista franco-libanês **Abdel Rahman El Bacha** surpreende e maravilha com uma arte em que rompe a barreira do som no sentido inverso ao habitual. Ao contrário de muitos de seus pares, El Bacha oferece mais no aparentemente menos, fazendo recuarem as fronteiras de nossa percepção para deixá-la ir mais longe.

Nos três memoráveis recitais que ofereceu na Rio Folle Journée, a vontade de impressionar com a velocidade, o volume, os efeitos ou alguma outra forma de "interpretação" estava ausente. O gesto, o som, a retórica e o estilo, vindos de um ponto de verdade lá dentro, eram um convite a refinar a escuta de novo em Beethoven.

El Bacha, que fez nome na Europa com uma integral Chopin para o selo Forlane, percorreu no Rio nove sonatas do período intermediário, concluindo, no entanto, com a última de todas, a famosa *Opus 11* — uma dessas pensatas em que Beethoven dialogava no fim da vida tanto com o público quanto consigo mesmo.

Nas sonatas anteriores, no entanto, é ainda um compositor ligado à tradição do classicismo vienense, de seu mestre Haydn e de Mozart, que se expressa. Equilíbrio da expressão, relativa clareza dos sentimentos, harmonia interna das partes — tudo ainda fala de um certo comedimento, numa arte que já se expande em direções inovadoras.

El Bacha, por fidelidade ao espírito da música que tocava, mas também por temperamento, mostrou-se um intérprete ideal, com uma intensidade suave que valoriza o relevo (e a essência) na ausência da ênfase. Seus enunciados, de encadeamento perfeitamente natural, inclusive nas transições e mudanças de andamento, preservam o frescor e o valor de cada instante.

E que dizer do peso exato conferido a cada frase em sua relação com as circundantes, a cada parágrafo no desenho do arco da forma? Foi, por exemplo, o que ressaltou desde a exposição no *Scherzo* da *Pastoral*. E do *legato* fluido respeitando a individualidade das notas, numa respiração que parecia a única possível, como no *Andante* da mesma sonata? E dos acabamentos e fins de frase?

Com uma postura de *gentleman* introspectivo, um pouco sereno demais talvez na aparência, ao pisar o palco, ao agradecer os aplausos, El Bacha dá mostra na verdade de uma concentração fluida, de uma economia de movimentos, de uma arte que, sem ansiedade, na agógica, nas pausas, torna pleno o momento.

Não é, contudo, uma arte "mole": ataques precisos, sonoridade vívida, agilidade nos andamentos rápidos. Havia talvez um pouco de arredondamento demais na graça brincalhona e no humor quase paródico do *Allegro vivace* da *pequena* e inocente *Sonata opus 31 n° 1* — como se, em meio a tanto senso das proporções, se perdesse um pouco da malícia na vivacidade.

No *Allegretto* da *Sonata ao luar*, uma sombra de afetação, em uma ou outra retenção mais estudada, em certa maneira de ressaltar uma base harmônica, era mesmo apenas uma sombra: ou seja, ideal. O célebre *Adagio sostenuto* inicial banhara numa clareza propriamente lunar desprovida de *intenções*, mas sem frieza.

A arte de El Bacha é uma arte de convicção íntima, necessária, nas decisões interpretativas. Autoridade, intensidade simples. Os ingleses diriam: *He's a natural* — a música corre em suas veias.

Opinião e Notícia, 23 de junho de 2008

De volta ao seminal casulo

Embora não tenha deixado de se apresentar no Rio nos últimos anos, em concertos com orquestra e em dois recitais na Sala Cecília Meireles, **Nelson Freire** interrompeu em 1994 o ritual dos recitais anuais no Teatro Municipal, observado religiosamente durante vinte anos. Esse contato privilegiado com o *seu* público e com a primeira casa importante de sua consagração parece essencial para ele, como testemunham os amigos. A empatia com as plateias brasileiras recicla tanto Nelson Freire quanto a intensidade silenciosa das japonesas e o conhecimento de causa das alemãs o estimulam como músico. Uma crítica menos que ditirâmbica aqui dói mais que qualquer outra.

Pois o ritual será retomado no dia 26 de junho em condições especiais. Nelson decidiu, no ano do sesquicentenário da morte de Chopin, dar um recital inteiramente dedicado ao compositor polonês, incluindo a *Sonata opus 35* e o quarto *Scherzo*. Com diferença de uns poucos dias, estará marcando simultaneamente o quadragésimo aniversário do recital com que se despediu do Brasil no mesmo Municipal, em junho de 1959, para iniciar em Viena estudos de aperfeiçoamento com Bruno Seidlhofer — uma das recompensas de sua histórica premiação, aos 12 anos, no I Concurso Internacional do Rio de Janeiro em 1957. Outra data redonda: este ano é também o cinquentenário de sua primeira apresentação em público, no Cine-Teatro Esperança de sua Boa Esperança natal, em Minas Gerais.

Cinquenta anos de carreira, portanto ("Mas eu tinha só quatro", frisa ele), banhados em mais outra consagração, e não das menores. Nelson está entre os setenta pianistas que uma iniciativa da gravadora Philips, associada a todas as outras *majors* e a algumas *minors* também, reuniu numa coleção intitulada simplesmente Grandes Pianistas do Século XX. Nesse concerto universal da era do gramofone, ele é o único brasileiro, o que não surpreende — embora coubesse estranhar a ausência de sua querida Guiomar Novaes. Para fechar outro círculo, a Universal Music (antiga Polygram) está relançando, pela primeira vez em CD, a gravação do recital que ele deu no mesmo Municipal em setembro de 1980. Uma gravação recente, com Martha Argerich, do raro *Concerto patético* de Liszt para dois pianos sem orquestra também será comercializada este ano pela EMI.

Tanto disco de uma vez tira o fã-clube de um jejum a que já se acostumou, dada a conhecida resistência do pianista a entrar em estúdios. Um outro tipo de resistência, a falar de si mesmo, é encontrado intacto pelo repórter em sua bela casa da Barra da Tijuca, com os três pianos Steinway (um deles herdado de Novaes), os retratos autografados da grande pianista brasileira, de Artur Rubinstein e Vladimir Horowitz, os cães, o telefone e o cafezinho que o distraem da obrigação maçante. Nelson chegou há dias ao Rio para preparar uma série de apresentações em São Paulo, Buenos Aires e Montevidéu antes do recital do Municipal. Brincando com o terror que sabe infundir no entrevistador que não disponha de muitas horas para puxar os fios de meada, ele enumera de bom grado os outros compromissos da temporada, dando discreta ênfase à estreia com a única orquestra americana dentre as cinco grandes que ainda faltava em seu currículo (Boston, no Festival de Tanglewood, com Charles Dutoit); evoca a colaboração frequente no momento com o Quarteto Prazak; diz-se feliz com a inclusão no duplo CD da Philips de gravações inéditas em *compact*, como a *Sonata opus 5* de Brahms, registrada em 1967 para a antiga CBS; fala vagamente de um projeto de gravar os *Choros* de Villa-Lobos para piano e orquestra (nº 11) e dois pianos e orquestra (nº 8, quem sabe com Argerich); enumera entre as *gavetas* disponíveis para as gravadoras que as quiserem comercializar um *Concerto nº 3* de Rachmaninov captado pela rádio holandesa com a Filarmônica de Rotterdam e David Zinman, no Concertgebouw, em 1979, além de uma *Petruschka* de Stravinsky de 1985 e de doze *Estudos* de Chopin de 1980, sempre na mesma cidade.

Embora seja um artista curioso e avesso a rotinas, Nelson parece preferir o aprofundamento à expansão de seu repertório, centrado em áreas que ele engrandece e revitaliza como poucos: os grandes românticos temperamentais (Schumann, Chopin, Liszt, mas também Brahms), os coloristas franceses e russos... De Beethoven, além dos cinco concertos, ele conta uma a uma até somar dez sonatas. E por que tão pouco ou quase nenhum Schubert? "Schubert tem muito a ver com morte", explica, lacônico mas dizendo tudo.

Numa das primeiras críticas publicadas a seu respeito nos Estados Unidos, Allen Hughes, do *New York Times*, perguntava em janeiro de 1971, referindo-se à estreia de Nelson em recital na cidade: "É impossível afirmar se o sr. Freire é tímido ou apenas introspectivo, mas parece certo que nesta apresentação ele se mostrou muito reservado e projetou pouco de sua própria personalidade para o público. Ele estava ali, tocou maravilhosamente e isto foi tudo." O piano é para Nelson Freire um fato simples, vital. Ele toca desde muito pequeno, está sempre tocando em casa e onde quer que esteja, como quem respira. A maneira como toca e como, nisto, revela uma imensa riqueza musical deve ser suficiente para nós, que hoje, 28 anos depois de Hughes, já nos acostumamos a ler sua personalidade através da música e só dela.

A quintessência e algo mais

A melhor surpresa do duplo CD dedicado a **Nelson Freire** na coleção Grandes Pianistas do Século XX é a *Sonata em fá maior* de Mozart, compositor não muito frequente em seus dedos. Gravada em recital em Toronto em 1984, é um Mozart ágil e flexível, afável no primeiro movimento mas com uma espécie de paixão percussiva latejando sob o toque aveludado e uma elegância dos torneios de transição, um prazer de renovar o discurso, uma vivacidade de todo instante. O *Adagio* é canto natural e enternecido, cheio de matizes harmônicos discretamente colorísticos e — como no *Allegro* — uns saltos pré-percussivos que tiram Mozart da caixinha de música empoada (que também é ouvida aqui). Os acompanhamentos dos baixos de Alberti repetidos têm a graça de uma piscadela de olhos. O *Allegro assai* final, esfuziante e *físico*, deixa um pouco a sensação de pressa superficial, mas a impressão global é indelével, de um Mozart extremamente pessoal, visto a certa distância, com finura irônica apesar da vivacidade juvenil.

O resto é puro Nelson Freire, oscilando entre as bases de seu repertório — Schumann, Chopin, Liszt — e alguns fogos de artifício que falam altíssimo de sua proverbial fluência e de sua sonoridade sedutora. As *Metamorfoses sobre temas do Morcego* de Johann Strauss/Godowsky (1972) são vertiginosas em suas montanhas-russas banhadas em chuvas de notas peroladas; *Ständchen*, de Richard Strauss/Godowsky (idem), é prazer de aflorar sem cerimônia o teclado, de fazer-lhe amor, mas as cascatas sonoras não têm desperdício nem respingos demais. Na *Rapsódia húngara nº 10*, de Liszt (1969), o piano começa por ser mesmo deflorado, mas sem brutalidade, com um arredondado ondulante na expressão, a honestidade do toque, a transparência e a limpeza das vozes, e a enfeitiçante agógica, uma das marcas registradas de Nelson.

Sempre e sempre, essa impressão de facilidade submetida ao domínio de uma inteligência musical superior e instintiva. A *Fantasia* de Schumann é, naturalmente, um dos pontos altos: essência dos contrastes schumanianos, da meditação às torturadas deflagrações. O fundo do teclado é alcançado como poucos conseguem, nas grandes cavalgadas arpejadas do primeiro movimento, do grave dos carrilhões de bronze aos cristais tilintantes do agudo. O gosto pelo contraste, também nos andamentos, dá essa impressão de que o "tempo" nunca é o dos compassos que se seguem, mas de uma respiração única e livre da música. Nelson é um desses pianistas que *ouvem* a música antes de tocá-la, e nos arrastam para o mundo fantástico de Florestan e Eusebius sem nos dar a mão, indo à frente, com a velocidade, o volume e as precipitações desempenhando um papel importante e desbravador para o ouvinte. Também no terceiro movimento, a mesma evidência de uma voz que *diz* a música em vez de lê-la ou interpretá-la, e o luxo de sonoridades *legato* sempre mais generosamente banhadas no pedal que em outros pianistas, mas sem sombra de borrão.

Um grupo Chopin dominado pela *Sonata em si menor*, em registros de datas diferentes, a *Sonata em fá menor* de Brahms que foi uma de suas primeiras gravações (1967) e a espantosa *Totentanz* de Liszt com a Filarmônica de Munique e Rudolf Kempe (1969), de que Nelson justificadamente se orgulha, completam os dois CDs.

Jornal do Brasil, 27 de maio de 1999

Concentrada depuração chopiniana

Depois de cinco anos de ausência, **Nelson Freire** trouxe de volta a um Teatro Municipal lotado o seu domínio senhoril do piano e o seu estilo inconfundível. Quando ele toca, o público também é reconhecível, e ao mesmo tempo diferente, feito de músicos e amigos (e celebridades), um grande número de *habitués* (todos, provavelmente) e muita gente que sem a atração já lendária de seu nome não sairia de casa.

O ímã era reforçado, no sábado, pelo programa exclusivamente Chopin. Surpresa: predominava na seleção um Chopin mais temperado que brilhante. A conversa casual do *Improviso em fá sustenido maior* e do *Noturno em si maior,* a sutileza pouco virtuosística dos *Três novos estudos,* o sinuoso trabalho de autoevocação da *Barcarola* e o indeciso diálogo da monotonia com o feitiço na terceira *Mazurka* do Opus 50: era antes o compositor exigente, que solicita a atenção mais entregue e desarmada, do que o Chopin das melodias cantaroláveis ou dos torneios cintilantes de pianismo.

Com sua natural fluência, sua *união* com o instrumento, Nelson parecia tocar para trinta pessoas num salão, como o compositor em seu tempo. A dinâmica nunca chegava ao fortíssimo, raramente ao forte. O *Improviso* saiu tranquilo, algo que passa, mesmo a firmeza da marcha central chegando sem alarde. No primeiro *Estudo,* um teste para a independência rítmica das mãos, as semínimas da direita ondulavam quase esquecidas das colcheias arpejantes da esquerda. A *Barcarola*, com sua fina estrutura reiterativa, e a grande *Mazurka*, dando voz ao contraponto, foram o sereno apogeu desse Chopin que a cada passo se detém num pedaço de melodia, num achado harmônico.

O *Scherzo nº 4*, tumultuário mas claro, e compreensivelmente uma das peças mais aplaudidas, pareceu reinstaurar uma riqueza colorística que é atributo essencial nessa música e virtude consagrada de Nelson Freire. Sua relativa ausência até então podia ser atribuída à abordagem mais contemplativa do programa, mas também terá sido explicada pela insatisfação depois manifestada pelo pianista com o estado do instrumento.

Capitosamente encerrado com a *Polonaise opus 53*, o recital não teria sido o reencontro consagrador que foi — mesmo atipicamente *subdued* — sem a *Sonata nº 2*. Schumann dizia que suas quatro partes não somavam uma unidade, assim como achava, inversamente, que os *Improvisos* de Schubert formavam uma sonata *secreta*. Nelson Freire abarcou-a num mesmo movimento emocional e estético, concentradamente interrogativo em sua ausência de ênfase ou derramamento. Diferenciando bem as etapas da abertura, depurando o *Scherzo*, ele foi memorável na *Marcha fúnebre*, tocada como que para si mesmo, irreal e liberada do tempo no trio, impressionante na fantasmagoria dos carrilhões no retorno do tema.

Jornal do Brasil, 29 de junho de 1999

A reinvenção do Steinway

Diante do público compacto e cativo de sempre (com cadeiras extras no palco), **Nelson Freire** não fez por menos, quarta-feira, no Teatro Municipal, escalando duas culminâncias que resumem o romantismo de seus compositores favoritos. Schumann em sua *Fantasia* e Chopin nos *Prelúdios* chegaram à perfeição, o primeiro se superando na expressão multifacetada dos tumultos da paixão, o segundo contradizendo a fama de sentimentalismo em miniaturas que dizem com meias palavras mundos inteiros da experiência humana.

Será que o pianista "se acostumou" aos dilaceramentos schumanianos, ou somos nós que já damos por descontado seu romantismo impetuoso? O fato é que, no torturado primeiro movimento da *Fantasia*, Nelson, com sua respiração livre e o controle de sempre, pareceu menos propenso aos contrastes e à exaltação que em sua gravação ao vivo de vinte anos atrás, no Canadá. Havia mais fluidez e menos elã recriador na tensão sobre-humana desse Schumann que sofre com a separação de Clara.

Já o triunfo da vontade de superação, na segunda parte, não teve ambiguidade: com seu jeito único de acumular forças e fazer suspense, o pianista tinha nas veias o sangue de Florestan, o alter-ego positivo de Schumann. Poeta-ourives das explorações harmônicas, num teclado como sempre tão timbrado e colorido na declamação heroica quanto nos *pianissimi* à beira do silêncio, foi em clima de decantação mágica que ele chegou ao êxtase apaziguado do final.

Em Nelson, as gradações sonoras são uma segunda natureza (a primeira é provavelmente a simbiose física e espiritual com a música de piano). Já nos poucos segundos improvisatórios do primeiro *Prelúdio* de Chopin ele simplesmente reinventa o Steinway, provando que percutir é cantar e alargando como poucos a sensual gama de harmônicos do rei dos pianos, o mistério de suas luxuosas tonalidades.

A fúria e a depressão, a ternura e a alegria, a chuva que oprimia o compositor em Majorca ou a revolta ante a ocupação de Varsóvia vão-se alternando, nos dedos de Nelson, com coesão, apesar da variedade nervosa das emoções. As dificuldades pianísticas — volubilidade numa das mãos *versus* regularidade na outra, *legato* enunciado num polegar, requebros impossíveis nos pulsos — palpitam o tempo todo em milionária simplicidade poética.

Nelson Freire é desses pianistas que ouvem a música antes de tocá-la, e a tocam como quem quer transcender sua materialidade, para retornar ao ideal pressentido. Nesse processo, tem um claro papel o gosto pela precipitação das oscilações de volume e velocidade, como se a música se projetasse fora das barras de compasso. Desconfio que reside aí seu senso muito próprio do tempo e do ritmo, raramente enfatizado e possivelmente pouco identificado com Beethoven.

Mais melos e menos escansão rítmica — logo, menos regularidade narrativa e vigor épico — foi o que ouvimos em sua interpretação da sonata *Les Adieux*, de Beethoven. Um Beethoven peculiar, mas é o Beethoven de Nelson Freire.

Jornal do Brasil, 9 de abril de 2004

Nelson

Entra ano, sai ano, cada recital de **Nelson Freire** no Rio de Janeiro é um acontecimento da ordem dos fenômenos de adoração de massa. Ele toca como um semideus, e é como se a gente soubesse — ao diabo o despropósito desse tipo de categorização — que nunca houve no Brasil um artista do clássico dessa dimensão.

O gênio de Nelson tem a ver com o mistério das possibilidades humanas, mas dá para tentar descrevê-lo. Uma vez ele disse em entrevista que o que pode parecer facilidade, em sua arte, é na realidade naturalidade. Eu diria: impregnação. Nelson deve ter nascido com a música em suas fibras, e o convívio com ela em mais de cinquenta anos (ele está com 62) permitiu desenvolver níveis quase absurdos de aperfeiçoamento e requinte.

Como sempre, tratando-se de arte — e de uma arte da performance —, o gênio é o estilo. Este, na minha experiência, está ligado em seu caso, à parte as qualidades mais óbvias de transcendência digital e sensibilidade expressiva, a um engajamento febril feito de gosto do risco, precipitação dos andamentos e uma arte felina da agógica.

São poucos os pianistas capazes, como ele, de se lançar com essa elasticidade e uma espécie de vigor arisco sobre as dinâmicas e acentuações da frase musical, conferindo-lhes súbito e hipnótico relevo, em deflagrações de graça e *panache* que arrepiam de exultação.

Outra característica — que o difere por exemplo da amiga Martha Argerich, igualmente uma pianista de garra leonina e energia apaixonada e febricitante — é a delicadeza, um jeito único, pessoal e intransferível de produzir sonoridades vaporosas e melífluas. O que também o faz cantar uma melodia como poucos.

Essas qualidades não têm igual nas músicas do alto romantismo e do impressionismo/modernismo que constituem o cerne do repertório do pianista. Nesta segunda-feira, no Teatro Municipal, duas peças de Debussy e duas de Albéniz saíram como sempre com os perfumes, cores e refrações, a volubilidade e as ondulações — e também, nos momentos certos, a majestade orquestral — que fazem reconhecer de olhos fechados que é Nelson Freire que está tocando.

O melhor foi um *Prelúdio, coral e fuga* de César Franck em que a ambientação *flou* alternava com a pureza contida da declamação. Apesar dos arpejos vertiginosos e dos arrebatadores redemoinhos harmônicos, Nelson tocou essa obra-prima da beleza na tristeza menos interessado em seu *pathos* romântico que em sua filiação bachiana. Era um fascinante contraponto com a contrição de confessionário e a beleza marmórea das camadas sonoras em que banhara antes três dessas transcrições de Bach com que gosta de entrar na conversa com seu público carioca.

O recital era um pouco pretexto para o lançamento de seu novo disco, todo dedicado a sonatas de Beethoven (Decca). Tivemos a *Waldstein*, grande favorita na comunicação beethoveniana de qualquer pianista.

Eu chegava um pouco com o pé atrás por ter ouvido antes a gravação, cujo *Allegro con brio* inicial me deixou perplexo. Aqui, o caráter mercurial da interpretação, a atenção voltada para o fazer em detrimento do estar/ser e, pura e simplesmente, a velocidade (2'04" até a repetição do tema inicial, contra 2'26" na gravação de Gilels, 2'30" na de Kempff e 2'35" na de Arrau) ficam parecendo afobação juvenil ou ansiedade neurótica, em música de afirmação viril e plenitude de convicção.

No recital, não houve impressão de correria, mas Nelson parecia estar aquecendo ainda. A introdução lenta do *Rondò* teve um *timing* certeiro, na esfera do *cantabile* meditativo que lhe convém mais, e os *couplets* do *Rondò* propriamente mostraram relevo plástico e muscularidade; e ninguém, como ele, faz o piano soar como uma harpa, como na coda. Mas saí mais uma vez com a sensação de que as ideias de drama, vontade, conquista e superação essenciais em Beethoven não são o *cup of tea* de Nelson Freire.

Opinião e Notícia, 6 de novembro de 2006

Nelson titânico

Flexibilidade felina, calma leonina: **Nelson Freire** mostrou sábado com a Orquestra Petrobras Sinfônica e Isaac Karabtchevsky, no Teatro Municipal do Rio, a têmpera fenomenal do seu Brahms.

Foi nas alturas que a Opes e Karabtchevsky encerraram seu ciclo deste ano com o grande pianista brasileiro, numa obra que, nascida da experiência formadora de Brahms com Robert e Clara Schumann, configura um condensado emocionante de sua arte, entre o heroísmo herculeo e uma melancolia serenamente viril reconhecível a quilômetros de distância.

Gestado a partir de 1854, quando Brahms tinha apenas 21 anos, na forma de um precoce projeto de sinfonia em escrita para dois pianos, o *Concerto nº 1* guarda essa duplicidade da origem: tem fôlego e arcabouço sinfônicos e pouco espaço para o individualismo do solista. O pianista é mais um poeta que medita, sonha e declama, ouvindo na orquestra os sons da escura floresta norte-alemã, do que um virtuose se expressando sozinho ou apenas acompanhado: ele está em diálogo com o mundo.

A época era aquela em que o compositor se afirmava em sonatas para piano de força titânica e muitas vezes percussiva, e nas quais o mesmo Schumann viu "sinfonias veladas". No *Concerto*, é a escrita dos arpejos altissonantes, da sonoridade pesada e da elegia grave, menos voltada para o brilho do momento, mais para a eloquência da continuidade. Era, já, o confronto cheio de autoquestionamentos com o legado de Beethoven: a música como expressão do eu feita arquitetura formal.

O *Concerto n° 1*, que costuma ser comparado ao *Imperador* do mestre de Bonn, tem mesmo a força intelectual que justifica esta aproximação. Mas sua grande beleza é puramente brahmsiana, com a inigualável mistura de mente clara e sentimento taciturno em ambiente de prodigiosa variedade de expressão e emoção — do ardor muito sério e robusto do *Maestoso* inicial à multiplicidade de climas, dançantes ou líricos, do *Allegro ma non troppo* conclusivo, passando pelo canto melancólico ou serenado do *Adagio*.

Nelson Freire colheu louros internacionais com a gravação deste e do *Concerto n° 2* de Brahms, captada ao vivo, em 2006, com a Orquestra do Gewandhaus de Leipzig regida por Riccardo Chailly. Não vou aqui estabelecer paralelos, senão para dizer que, apesar da arrebatadora combinação de pulso coerente e delicada modulação da regência de Chailly — vazada em prodigiosa luminosidade e transparência da imagem sonora da gravação (Decca) —, a Opes não deixou nada a desejar (senão em raros momentos de metalicidade das cordas), numa *entente* de todos os momentos entre pianista e maestro.

Nelson não teria transmitido a força de sua concepção sem a sensibilidade e o cuidado de Karabtchevsky. O grande *maelstrom* brahmsiano mas também toda a riqueza de seus veios e nervuras deixaram o público compacto do Municipal mergulhado em silêncio estupefato — perceptível, por exemplo, nos trinados que antecedem a *coda* do segundo movimento.

É raro ouvir Nelson Freire em Brahms, e foi com uma mistura de entrega emocional, clareza arquitetônica e perfeição sonora que ele nos conduziu pelo mundo do ogro de Hamburgo, com sua tristeza outonal matizada de uma ternura que quase dói e tenta se aprumar no heroísmo "banal" do homem culto, consciente do mundo e de seu estar problemático nele.

Esses equilíbrios *nelsonianos* talvez possam ser resumidos na capacidade de afirmar, mais que simplesmente enunciar, uma frase ou um tema de maneira inequívoca: eis aqui esta música não apenas interessante ou genial, mas desejável — melhor, incontornável. Ela não poderia ser dita de outra forma.

A mesma experiência me apanhara pelo gasganete semanas antes, no carro. Comecei a ouvir já iniciado, na Rádio MEC, o *Concerto n° 2* de Saint-Saëns, música de perfeição tão francesa mas nada distante, um dos favoritos inabaláveis do repertório do piano com orquestra, há muitos anos nos meus ouvidos e fibras. E no entanto...

Parecia que eu nunca a tinha ouvido, apesar das três gravações diferentes em casa, das várias versões ao vivo. Logo de entrada, a elocução e o balanceado dos arpejos no recitativo inicial no piano, a pousada variedade dos acentos na continuidade, a mesma maleabilidade no vigor diziam: aqui está, ouçam. O andamento era deliberadamente lento, com um peso inusitadamente brahmsiano, retendo a atenção pela modelagem e a convicção imperiosa: esta música merece ser saboreada.

Onírico na delicadeza ou cumulativo nos *crescendos*, sem medo do gesto grandiloquente, turbilhonando em escalas vertiginosas e carrilhões tempestuosos ou cantando lírico e apaixonado, Nelson — era ele, só podia ser — lança nessa gravação ao vivo de 1986, com a Orquestra da Rádio de Colônia regida por Jan Krenz, um repto que tem algo de antifaustiano: dá-me o gosto inebriante e juvenil do risco que eu te mostro como manter, nele, o prumo.

Nessa gravação do Saint-Saëns, esse desafio do perigo como ética estonteante chega à beira da ostentação vã ou do atropelo, no empuxo infernal e na muscularidade espetacular do terceiro movimento. No Brahms do outro dia, com a seriedade do *honnête homme*, do homem comum cultivado e autoconsciente, o equilíbrio foi de perfeição apolínea.

Opinião e Notícia, 22 de setembro de 2008

Toda a alma romântica num teclado

Schumann e Liszt lado a lado, o coração doído e exultante do piano romântico. O primeiro com seus anseios tentando em vão se projetar para fora: tão cheia de arroubos, essa música, dizia Marcel Beaufils (*La Musique pour piano de Schumann*), é na realidade toda interioridade e dificuldade de *tocar* o mundo exterior, por isto falando menos diretamente que a de um Chopin a nós, hoje. O segundo, alçando voo aparentemente longe de si mesmo, muito alto na estratosfera do virtuosismo, mas de lá sabendo olhar para dentro de novo, e com isto para a condição humana.

Programa sob medida para a sensibilidade extraordinária e o magnífico engajamento de **Nelson Goerner**. O pianista argentino, hoje com 29 anos, deu na série Piano Solo, sábado, um recital de plenitude, fazendo alguém exclamar que o novo Steinway da Sala Cecília Meireles vinha finalmente de ser inaugurado. Goerner toca como um sensitivo. Jeito de menino, mãos pequenas, todo debruçado sobre o teclado, a alma saindo pelo rosto, quem diria que toda a projeção tumultuária e lírica da *Sonata em fá sustenido menor*, de Schumann, menos ainda os desafios

INGRID HÄBLER

técnicos mas sobretudo musicais dos *Estudos de execução transcendental* de Liszt estariam tão confortavelmente abarcados em seu abraço?

Começamos com umas *Variações Abbeg* de delicadeza de salão estilisticamente respeitada, devidamente pagos os preitos a Hummel ou Weber por um Schumann ainda por se inventar, aos 20 anos. A *Sonata* é, já mais tarde, um esforço conturbado mas vertiginosamente atraente, e difícil de projetar com coesão. Schumann ambiciona a construção formal ampla mas trabalha com motivos abruptos, oscilações constantes, recapitulações intempestivas. Teria faltado na interpretação de Goerner o toque de desvario esperado no primeiro movimento? Os impulsos, a muscularidade, os nervos e o risco (especialmente rítmico) estavam acaso presentes, apesar da lealdade das formulações e da fantasia realmente inquieta das acentuações? Goerner responderia em altura elevadíssima num *Finale* arrebatador — depois de uma *Aria* contida, densa e lírica e de um *Scherzo* em que o *rubato* schumaniano era soberano. O último movimento, com sua desorganização genial, ameaça às vezes perder-se em reiterações e recomeços que põem à prova o fôlego do intérprete. Pois Goerner não só apanhou num só gesto todo o percurso como o banhou em verdadeira dor de perdição.

Nos sete *Estudos* escolhidos na coletânea lisztiana, a tensão visível na expressão corporal do pianista resultou em execução efetivamente transcendental. O virtuose é aquele que deslumbra por superar as impossibilidades humanas. Tanto mais emocionante foi, por exemplo, a liberdade com que Goerner traduziu arroubo e enlevo nas *Harmonies du soir*, perfeitamente declamadas e intensamente sentidas, no momento mais mágico da noite. E que dizer da cavalgada de *Mazeppa*, sob infernal controle? Raras vezes técnica e musicalidade se uniram com tanta felicidade num recital de obras de Liszt, em memória carioca. Como extras, o recato outonal de um *Intermezzo* de Brahms e o *melos* mais aflorado de Chopin acabaram de demonstrar a sintonia do pianista com os diferentes desvãos da alma romântica.

Jornal do Brasil, 9 de junho de 1998

O classicismo como verdade adquirida

Apesar do nome, em voga na época entre os editores de partituras, os *Improvisos* de Schubert não têm aquela vontade de se espraiar perdidamente tão comum nas sonatas. Sua concisão e densidade expressiva levaram Schumann a enxergar na sucessão dos quatro "movimentos" um projeto de sonata que na realidade não existiu. Schubert compôs no espírito das peças avulsas para entretenimento e ilustração do amador; a força de seu lirismo doído está presente, mas sem a autocomiseração de peregrino desolado e os surtos violentos das obras para piano mais ambiciosas daquele último ano de vida (1828). Essa convivência da forma mais enxuta com um subtexto expressivo sempre permeado de claros-escuros requer uma concentração que é parte integrante da arte de **Ingrid Häbler**.

Foi com uma interpretação pura e intensa do segundo caderno dos *Improvisos* que a pianista austríaca concluiu seu programa de anteontem na Sala Cecília Meireles. Ingrid Häbler parece ter, além do convívio de muito tempo com essa música, uma inclinação especial para seu clima de felicidade inocente tingida de melancolia — como para o olhar desprovido de complacência que Schumann lançou à idade da inocência em suas *Cenas infantis*, que haviam encerrado a primeira parte do recital. Sua paleta de cores e pureza de toque, a ciência dos planos sonoros, das proporções e das hesitações harmônicas, o senso da duração e da condução da frase maravilham a cada instante. Mas se esposa passo a passo o veio narrativo dessas perambulações, a pianista parece recusar quase que doutrinariamente qualquer relançamento do discurso, a menor ideia de ruptura, numa visão redutora do mesmerizante *continuum* schubertiano. Os ataques são *iguais*, o *rubato* se equilibra disciplinado num fio de navalha, o desconsolo nunca é véspera de desespero.

Se Schubert parece um adolescente perdido no mundo adulto, Schumann recusa o prisma do pitoresco ao evocar a fantasia infantil, banhando-a nos equívocos e perspectivas da experiência madura. A interpretação das *Kinderszenen* transmitiu mais pacificado desvelo que agilidade fantasista, mas a pianista envolveu os episódios finais — a criança dorme, o poeta fala — num clima de estranha e quase sufocante imobilidade que falou alto de seus próprios dons de poeta-intérprete.

Frau Häbler tocou para uma plateia de fãs e pianistas. O silêncio, mais que de reverência, era, justificadamente, de fruição. Sua arte parece de uma outra era, compenetrada e admiravelmente imbuída de uma certa concepção da tradição, mas excessivamente apaziguada e voltada sobre a própria sabedoria e hedonismo, incuriosa das entrelinhas e avessa aos riscos e abismos da riquíssima literatura que percorre (donde, em Mozart sobretudo, as transições *brancas*, quase mecânicas). Paradoxo maior: mozartiana aclamada, Häbler pôde decepcionar sobretudo na *Fantasia* e na *Sonata em dó menor* do grande conterrâneo, que percorreu com graça, veneração e a profundidade possível onde não há interrogação — mas sem a verdadeira intimidade de quem também contradiz e duvida.

Jornal do Brasil, 8 de maio de 1999

DIANA KACSO

O retorno

Quem viu e ouviu não esqueceu. **Diana Kacso** iluminou a vida musical brasileira nos anos 1980 como um cometa de trajetória rápida e intensa, e depois sumiu. Mas ela está voltando a se apresentar, com seu pianismo vibrante, depois de uma ausência de duas décadas.

Certas coisas a gente nunca esquece mesmo. Para mim, os *Estudos de execução transcendental* de Liszt estão indelevelmente ligados ao nome e à arte de Diana Kacso: foi num recital seu, em setembro de 1980, que ouvi pela primeira vez na íntegra, ao vivo, esta maravilha da expressão romântica, vazada em técnica pianística de virtuosismo... transcendental.

Diana tinha um jeito elétrico, uma intensidade e uma força de comunicação impressionantes. Transcrevo aqui os comentários então publicados por Ronaldo Miranda no *Jornal do Brasil*, em crítica na qual falava da "inteligência musical verdadeiramente superior" da pianista: "Para tocar os *Estudos transcendentais* de Liszt não basta apenas uma boa técnica. É necessária — ou melhor, indispensável — a capacidade de extrair toda a música que há dentro (e em volta) do turbilhão de notas e testes de virtuosismo, bem como o dom de criar atmosferas com os elementos expressivos que os textos sugerem. É preciso saber transmitir a cor, o envolvimento e a emoção contida em cada um deles. Para tocar a série dos doze *Estudos* num único recital, deve-se acrescentar à lista de requisitos para o intérprete coragem, autocontrole, preparo físico e nervos bem resistentes. Pois essa proeza é algo que exige uma disposição — atlética e emocional — incomum. Diana Kacso, na juventude dos seus 27 anos, possui todos esses requisitos e mostrou, em seu recital de quarta-feira, na Sala Cecília Meireles, que já é capaz dessa empreitada que poucos pianistas podem realizar."

O nível de interesse despertado por Kacso transparecia também na lista de pianistas presentes no recital, conforme arrolava ainda Miranda em sua coluna: Nelson Freire, José Carlos Cocarelli, Heitor Alimonda, Miguel Proença, Salomea Gandelman, Clélia Iruzun. "Uma plateia de astros aplaude a estrela", dizia o título da matéria que encabeçava a crítica, por sua vez intitulada "Diana, intérprete fulgurante de Liszt".

Do silêncio que se seguiu àqueles anos de abertura de caminhos, dos quais fizeram parte uma magnífica gravação da *Sonata* de Liszt para a Deutsche Grammophon, Diana não fala muito hoje. Foram decisões de vida pessoal, ligadas ao casamento, limita-se ela a indicar em conversa num bar do Rio, dias depois de um recital privado em que se apresentou, na casa de amigos, com seu filho Gabriel Pany, que aos 14 anos desponta como excepcional talento no violoncelo.

Diana apresentou-se neste mês de junho em concertos com a Orquestra Sinfônica de Campinas; tem recitais e concertos agendados para o Rio e São Paulo em agosto e setembro, sozinha e com Gabriel. Em entrevista por *e-mail*, ela rememora um pouco de sua trajetória:

— *Fale um pouco da volta: o momento, as circunstâncias, a decisão...*

— Como nunca imaginei que minha paixão pelo violoncelo, o instrumento pelo qual prontamente trocaria o piano na próxima encarnação, me traria de volta para a grande paixão de minha vida anterior, cá estou eu abismada com o que pode haver de imprevisível nos caminhos da vida. Como sempre achei que a voz do violoncelo me falava como nenhuma outra, sugeri a meu filho Gabriel, então com 10 anos, que começasse a estudar o instrumento. Gabriel atacou pela primeira vez as cordas de um *cello* há quatro anos e meio, usando um instrumento alugado, e em questão de duas semanas estava evidente para todo mundo que nascera para tocar violoncelo, que se transformou na maior paixão de sua vida. Caso estejam se perguntando o que isto pode ter a ver com minha volta ao circuito profissional de concertos, posso garantir-lhes que, na medida em que exista alguma certeza na vida, se Gabriel nunca tivesse tocado um violoncelo eu não estaria aqui dando esta entrevista. Foi quando Gabriel começou a procurar um instrumento melhor, no ano passado, que conheci Henrique Autran Dourado, contrabaixista e educador *par excellence*, músico incrível e autêntico *Mensch*. Henrique é, não tenho a menor dúvida, a motivação, a energia e a razão do meu retorno à carreira de concertista. Posso afirmar sem hesitação que, não fossem as forças do destino e a "alma de um *cello*" que me aproximaram de Henrique, eu não estaria voltando a tocar profissionalmente nesta vida... Talvez na próxima, como violoncelista!

— *E as contingências que a levaram a interromper a carreira de concertista?*

— Foi mesmo uma longa interrupção. Minha última apresentação pública num concerto no Brasil havia sido em Campos do Jordão em 1986, e, no resto deste vasto mundo, em Savannah, Geórgia, EUA, em 1992. Os motivos desse "longo descanso" podem ser encontrados numa extensa lista de fatos e fatores, que no entanto também não deixam de ser intrigantes, inexplicáveis e já agora até mesmo absurdos para mim mesma. Não vou, portanto, expô-los aqui, pois correria o risco de desinteressar e mesmo de não conseguir fazer sentido para mim mesma nem para os leitores.

— *Como você descreveria a "primeira parte" da sua carreira? Como veria hoje aquele tempo, do ponto de vista pessoal e artístico? Quais os momentos culminantes que ficaram na lembrança?*

— Acho que os primeiros tempos de minha carreira foram mesmo "tempos iniciais" em que eu passava de "momento a momento", sem nunca ter pensado profundamente e, portanto, entendido que minha vida seria dedicada a comunicar através dos dedos o que sinto no coração. Fazia o que me parecia natural, nunca pensava muito a respeito, ficava feliz com o reconhecimento, e ainda mais quando alegrava o coração das pessoas com a música. Nesse período de aproximadamente quinze anos de minha carreira profissional mundo afora, houve dois momentos muito tocantes do ponto de vista pessoal, ambos envolvendo Artur Rubinstein. Da primeira vez, depois de ouvir minha interpretação da *Sonata nº 7* de Prokofiev, ele disse, com seu jeito sempre tão intenso: "Se Prokofiev estivesse vivo, teria beijado você por essa interpretação da *Sonata*, mas, como não está, eu é que vou beijá-la." A segunda ocasião foi quando ele comentou que minha franja estava longa demais, e disse: "Seu cabelo está muito comprido e esconde seus olhos tão lindos..." Tirou então um pente do bolso e penteou minha franja, afastando-a dos olhos. Conheci pessoas realmente maravilhosas nesses anos, mas não poderia destacar determinado lugar ou *performance* como o mais memorável ou emocionante, pois todos ofereceram alguma satisfação ou recompensa. Foram publicadas algumas críticas muito favoráveis, mas nunca fui de correr para comprar os jornais no dia seguinte e procurar resenhas ou artigos a meu respeito. Por mais que goste e me sinta bem com uma crítica favorável, sempre darei valor sobretudo aos comentários e cumprimentos simples e sentidos de algum membro do público. E se no fim de uma apresentação consegui que pelo menos uma pessoa achasse que valeu a pena estar ali, sentada por duas horas, e que o faria de novo, acho que minha "missão" foi cumprida. Nada mais importa.

— *Fale um pouco da sua formação como pianista: o impulso inicial, os primeiros rumos pedagógicos e professores, os caminhos tomados pelo repertório...*

— Comecei minha jornada com o piano aos 6 anos, com minha avó, Lea Araguari, e embora as lembranças daqueles anos sejam meio vagas, lembro que me divertia com as aulas, pois não se pareciam tanto com aulas, mas com uma espécie de recreio, momentos em que ela tocava piano e eu ouvia. Também passei bons momentos na Escola de Música da Lapa, aos 4 ou 5 anos, e lembro que caminhava muito depressa, e mesmo corria, por aqueles longos corredores e maravilhosas escadas.

Houve também momentos divertidos, como aquele em que, segurando uma enorme cartolina recortada em forma de semibreve ou semínima, caminhávamos pela sala de aula marcando o tempo. Mas devo confessar que gostava sobretudo da parte em que tínhamos de correr marcando o tempo de uma semicolcheia!

Aos 8 anos, comecei a estudar piano com Celina Pimenta de Mello, professora de grande sabedoria mas discreta, influência indelével em meu período de formação, não só como pianista, mas também como ser humano. Ela era tranquila, compreensiva e estava sempre pronta a aceitar, o que na época me parecia difícil entender, mas hoje considero algo muito importante na vida quotidiana. Estudei com ela durante cerca de cinco anos e comecei meu percurso pelo mundo dos concursos de piano, vencendo e perdendo alguns em nível local e do conservatório. Matriculei-me então no Conservatório Brasileiro de Música do Rio de Janeiro, e por volta dos 14 anos comecei a estudar com Elzira Amabile, cuja fama de mestra inspiradora e exigente era mil vezes maior que sua figurinha *mignone*, com sua *sotto voce*. Ela acreditou em mim, exigiu muito de mim e me levou a estudar piano com verdadeiro amor e dedicação, o que até então não me dava realmente prazer! Mas é claro que eu devia estudar, pois milagres não existem, certo?

Aos 18 anos, ganhei uma bolsa para estudar na Juilliard School em Nova York, na classe de Sascha Gorodnitzski, que seria meu último professor de piano. Mais uma vez, tive muita sorte na parceria aluna/professor. Gorodnitzski era considerado nos corredores da Juilliard School uma espécie de Deus, um grande mestre procurado por alunos do mundo inteiro. A primeira vez em que entrei em sua sala, um enorme estúdio na Juilliard, com dois pianos Steinway Grand e a vista da Lincoln Center Plaza à esquerda, foi um momento decisivo na minha vida. Ele recebeu aquela menina brasileira com os braços mais abertos que os do Cristo Redentor e um abraço de urso russo. Comecei então a tocar a *Sonata em si menor opus 58*, de Chopin, com toda a confiança e o orgulho de que era capaz, para descobrir em seguida que minhas próximas aulas consistiriam em aprender a tocar... os primeiros oito compassos da *Sonata* — não as primeiras oito páginas, mas os primeiros oito compassos! A lição, no caso, era: "Diana, minha querida, você precisa prender a atenção do público nas cinco primeiras notas da mão direita..."

Gorodnitzski viria a se tornar a mais forte influência musical para mim, como concertista. Sempre dava ênfase à necessidade de comunicar os sentimentos através de uma técnica fenomenal e do controle de cada aspecto do pianismo. O controle que ele próprio demonstrava era a perfeita combinação da mente mostrando ascendência sobre o coração. Seu coração estava sempre à frente de sua arte, a sonoridade do piano sempre — e quero dizer sempre, mesmo — bela, e quando ele tocava, era para fazer música. Devo dizer que, nos seis anos em que aprendi com ele, não posso imaginar que ele fosse para casa depois de um dia inteiro de ensino e prática... E no entanto, como era sempre capaz de tocar um *Scherzo* de Chopin ou a *Sonata* de Liszt nas aulas, simplesmente para nos mostrar como devia ser? Um mistério que até hoje não pude esclarecer...

Entre 1973 e 1980, participei de vários concursos de piano, nos Estados Unidos e em outros países, vencendo uns e perdendo outros. Alguns foram divertidos, outros, nem tão gratificantes. Globalmente, contudo, aprendi muito sobre minha arte e sobre mim mesma — como sempre, coisas boas e nem tão boas. Comecei a dar concertos pelo mundo afora, e embora sempre tivesse a sorte de ser bem recebida e apreciada, as lembranças mais queridas que ficaram foram as dos poloneses.

— *Qual o lugar de Liszt na sua arte e na sua experiência? Ele tem uma importância maior que outros compositores para você? A "hungaridade" da sua ascendência tem algo a ver com isto?*

— Sinceramente, não sei se minha afinidade com Liszt decorre dos cinquenta por cento de sangue húngaro que correm em minhas veias. Há quem o diga. Sinto Liszt como qualquer outro compositor que me disponho a tocar. Será que me saio melhor quando se trata de comunicar a música de Liszt? Não sou a mais indicada para avaliar. Minhas interpretações das grandes obras de Liszt, como a *Sonata* e os *Estudos de execução transcendental*, sempre foram bem recebidas pelo público e a crítica, de modo que pode ser mesmo o caso.

Tendo acabado de tocar dois concertos da primeira fase de Mozart, os *Concertos K 238 e K 271*, com a Sinfônica de Campinas, eu diria que hoje também posso me considerar mais apta a tocar Mozart que em qualquer outro momento. Gostaria de poder ainda nesta vida tocar todas as obras de Beethoven. Brahms e Schumann também têm um lugar especial em meu coração. Como toquei os dois *Concertos* de Brahms em várias oportunidades, posso dizer que são obras-primas em matéria de comunicação de todo um leque de sentimentos.

— *Conte um pouco a história da conquista desse monumento da literatura do piano que são os* Estudos de execução transcendental.

— Abordei esses *Estudos* pela primeira vez ainda na Juilliard. Todo mundo lá tinha uma espécie de "atração fatal" por *Feux-Follets*, e era quase uma questão de honra ser capaz de tocá-lo, e tocá-lo depressa. Eu nunca consegui tocar *Feux-Follets* tão rápido quanto meus colegas na Juilliard, e com o tempo vim a aprender que é uma questão de disposição física, e não de capacidade de tocar esta peça. Dou o melhor de mim, o que nem sempre significa que é o melhor que se pode alcançar.

Meus dois *Estudos* favoritos são *Harmonies du soir* e *Chasse-neige*, duas obras-primas, e embora apresentem certas exigências extremamente difíceis para as mãos de um pianista (claro que Liszt não estava nem aí para essas dificuldades! Qual a dificuldade de cantar três vozes com uma das mãos apenas, como em *Chasse-Neige*?), a melhor maneira de descrever a execução desses *Estudos* é que na verdade o elemento "transcendental" está na necessidade incontornável que sentimos de transmitir o que eles têm a dizer. Sinto que é preciso ir além e acima das notas, muito além do que os dedos são ou não capazes de fazer, deixando de lado quaisquer ideias preconcebidas, para talvez então chegar perto do que Liszt pretendia. Ou talvez nunca chegar lá...

Opinião e Notícia, 2 de julho de 2007

Fulgurante Diana

Diana Kacso é uma pianista fulgurante, uma mulher de energia fenomenal e um ser humano corajoso. Ou seria orgulhoso?

Semana passada, a grande pianista brasileira ausente há mais de vinte anos deu um recital de *come back* na Sala Cecília Meireles, e, como parece ser do seu temperamento, botou a barra a ser alcançada no patamar mais elevado possível.

Que pianista, com efeito, daria num recital a integral dos *Estudos de execução transcendental* de Liszt precedidos dos *Estudos sinfônicos* de Schumann?

Parece inacreditável, mas foi o que vimos e ouvimos.

Diana tinha as partituras sempre à frente. Caso contrário, como sustentar, além dos desafios a serem enfrentados no teclado, o esforço sobre-humano de concentração e memória?

A sensação — para um público que entrou na Sala às 20h30 (havia inicialmente a apresentação da talentosa jovem pianista Juliana d'Agostini, em *Venezia e Napoli*, de Liszt) e saiu depois das 23h — era de estar sendo arrastado num daqueles acontecimentos épicos e de absoluta falta de medidas que só tinham lugar no século XIX do romantismo mais descabelado.

Claro que o aspecto *maratona* cobrava um preço. Primeiro — e outros membros do público tiveram a mesma reação —, os *Estudos* de Liszt não foram compostos necessariamente para a execução integral. Com a degustação moderada, ganham em beleza e riqueza. Depois, o alcance do empreendimento maciço, a necessidade de referência à partitura e a própria dificuldade desses textos ao mesmo tempo sublimes e carregados parecia comprometer aqui e ali não só a concentração ou os nervos da pianista (nunca seu preparo técnico e mesmo físico), mas a própria delicadeza dos equilíbrios musicais. Inevitável.

Mas o inevitável não está na esfera de preocupações de Diana Kacso. Se perguntei no início se sua coragem não seria orgulho, foi pelos motivos óbvios que os comentários acima já apontam (dificuldade heroica a ser vencida), mas também porque os *Estudos* de Liszt, obra a que a arte de Diana está indelevelmente ligada na memória dos cariocas e dos fãs em geral, formavam o repertório de um recital hoje célebre dado por ela na mesma Sala em 1980 (já então antecedidos de outra obra, se não me engano uma sonata de Beethoven...).

Foi, portanto, há exatos 27 anos, idade que Diana tinha então. Essa duplicação do número, coincidência (?) que fica parecendo meio cabalística no caso das artes algo demoníacas de Liszt e Diana, pode explicar também o aparente desejo da pianista de acertar contas... com quê? Com quem?

Não importa muito.

O que fica é o resultado impressionante, como é da própria natureza do virtuosismo lisztiano: transcender, superar, sublimar.

Voltando ao capítulo "preço a pagar", o fato é que, na plateia, ficamos acaso mais atentos (que seria de desejar) à performance do que à música propriamente. Torço agora para que não demore de novo, no Rio, um recital em que Diana Kacso toque, por exemplo, Beethoven, sim — para ver como se coadunam duas personalidades em que a energia é fator predominante —, mas também Mozart, Haydn, ou Janáček, por exemplo, para ouvir como ela lida com texturas mais esparsas e a delicadeza expressiva.

Não que não houvesse delicadeza outro dia, na Sala. Embora a sonoridade orquestral e as oitavas ribombantes no grave sejam trunfos inalienáveis de Diana — e exigências das duas obras apresentadas —, foi, por exemplo, na *Variação póstuma nº 4* dos *Estudos sinfônicos* de Schumann que ela me pareceu começar a tomar plena posse do discurso: espaços alargados, presença calma, um *con espressione* realmente saboreado. Em outro estudo com esta mesma indicação expressiva (o penúltimo), a grande Diana Kacso novamente se afirmava inequivocamente na modulação de um *cantabile crescendo* de mestre.

O Liszt deu a impressão de fechamento de um ciclo e abertura de outro, na carreira de Diana. Aquela coisa do acerto de contas. Claro que o feito em si já é digno de nota, ainda mais nesse nível de *accomplishment*, raro em qualquer latitude: Schumann falava, a propósito, de "estudos abrasadores, tempestuosos e apavorantes, feitos para dez ou doze pianistas no máximo".

As maravilhas vinham em cavalgada frenética: senso da peroração e da declamação, liquidez do *cantabile* e fulgor dos trinados, as escalas cromáticas em oitavas de *Mazeppa* ou os breves contratempos da *Eroica*, para não estender-me em exemplos. E a musicalidade visceral, o senso da frase, íntegro, espontâneo.

Diana encarou seu reencontro com o público do Rio como um desafio, admiravelmente enfrentado e vencido. Da próxima vez, quem sabe, a corrente de força do querer e poder ficará em segundo plano. E poderemos ver e ouvir uma Diana Kacso mais *relax*, em sua fascinante dimensão humana.

Opinião e Notícia, 12 de novembro de 2007

Piano clássico com sotaque espanhol

A pianista **Alicia de Larrocha**, uma das mais competentes intérpretes do repertório clássico espanhol e integrante da galeria dos grandes pianistas do século, volta ao Brasil para se apresentar hoje, às 20h, no Teatro Municipal do Rio de Janeiro. No programa, obras de Schumann, Turina e Albéniz. Alicia apresenta-se no lugar do pianista Ievgueni Kissin, que cancelou sua vinda ao Brasil por razões pessoais. Formada por Frank Marshall, discípulo de Granados e então diretor da Academia Marshall de Barcelona, Alicia não acredita que seja a continuadora do apostolado de Marshall na interpretação da música espanhola. "Não acho que exista apostolado de Marshall." Natural de Barcelona, Alicia de Larrocha apresentou seu primeiro concerto aos 6 anos, em 1929, e foi incentivada, à época, pelo pianista Artur Rubinstein. Aos 12 anos, estreava em um concerto apresentando Mozart com a Orquestra Sinfônica de Madri, conduzida por Fernandez Arbós.

— *Como se modificou sua interpretação ao longo do tempo? Houve uma evolução?*

— Não sei ao certo se podemos chamar de evolução, mas é certo que toco hoje de uma forma completamente diferente de antes e tocarei amanhã distintamente de hoje. Isto acontece com todo mundo, mas comigo acho que um pouco mais. Não sei se ficou melhor ou pior, mas ficou diferente, com certeza. Sou uma pessoa muito maleável. Isto também se reflete nas minhas interpretações.

— *O que acha dessa autoridade que existe na maneira de se interpretar os compositores espanhóis, essa espécie de apostolado que Marshall passou para a senhora?*

— Por favor, não acho que exista isso de apostolado de Marshall. O que acontece é que minha mãe e minha tia eram alunas de Granados, como Marshall também, então a gente acaba tocando e ouvindo música espanhola como se fosse o leite que tomamos no café da manhã. É uma coisa natural, que fez parte da minha educação, não é nada de tão especial assim.

— *Tem-se uma noção exata hoje em dia da importância de Marshall para o piano espanhol?*

— Marshall foi muito importante para a Espanha, porque continuou um trabalho iniciado por Granados, foi um de seus melhores alunos e dirigiu depois a Academia Granados. É um trabalho muito importante o de manter a escola de Granados, fundada em 1901. Quando Marshall, que era meu professor, morreu, continuei o trabalho.

— *Pode-se dizer que existe muita influência da música moura cantada nas composições espanholas?*

— Depende muito de que música. Por exemplo, há muitas músicas que têm um *centro*, que se chama *copla*, que é inspirado nisso, tendo uma parte cantada. Mas não é uma regra. Agora, é claro que o sensualismo da música espanhola tem muito a ver com a voz, a dança, o erotismo espanhol.

— *Acha que existe influência na música de Granados e Albéniz de outros compositores como Schumman e Liszt?*

— Granados é romântico por excelência, portanto, tem tudo a ver com Schumann, principalmente, e com algo de Liszt e Schubert. Albéniz, por outro lado, é o que se chama de impressionista. *Iberia* é uma obra impressionista por excelência.

— *Chopin parece não estar tão presente em seu repertório como Schumann. Por quê?*

— Gosto muito de Chopin e tenho muita coisa dele em meu repertório sim. Tem um disco saindo agora só com obras de Chopin e Mendelssohn. O que acontece é que tenho uma enorme afinidade com Schumann. Ambos somos geminianos, as explosões, o intimismo no momento seguinte, o forte aqui e o *pianissimo* ali, momentos depois, tudo isso faz parte desse caráter temperamental da gente, com muita fantasia, muito arrebatamento, e um pouco de loucura também, porque você sabe, nós, gêmeos, somos um pouco loucos, todos...

— *Qual a importância de Mozart em sua carreira?*

— O que acontece é que quando comecei a tocar piano, aos 3 anos, comecei a tocar Mozart. Então, é claro que toda a minha vida tenho contato com Mozart. É uma música maravilhosa que pode ser tocada por instrumentistas em todas as idades. Ela me formou e forma qualquer um. Toco Mozart praticamente toda a minha vida e então não sinto qualquer tipo de afastamento do compositor, é como se a música tivesse sido feita por mim mesma. Isto, por exemplo, é diferente com relação à música espanhola, que só comecei a tocar aos 16, 17 anos. Ela não é feita para crianças, é muito sensual, erótica e requer uma pessoa adulta para interpretá-la.

Jornal do Brasil, 13 de julho de 1998

Juventude sublimada, iberismo decantado

A *Fantasia em dó maior* estava anunciada, mas **Alicia de Larrocha** tocou o *Carnaval*. Recuando um ano apenas, de 1836 para 1835, trocamos um Schumann genialmente torturado, no amor contrariado por Clara Wieck, pelo compositor (de 25 anos) que ainda flertava com Ernestine von Fricken e se expandia em miniaturas de inspiração dançante, inquietas como sempre mas ainda sem contemplar os abismos da alma. Este Schumann sem feridas muito fundas em sua aspiração favoreceu a coerência do programa, pois em seguida passaríamos ao mundo do piano espanhol, parente próximo do *éthos* schumaniano mais extrovertido.

Foi um *Carnaval* pouco fantástico ou extravagante, longe das ruas de Veneza, num teatro de câmara mais propício à conversa que à declamação, mais afeito ao riso que à risada. Aos 75 anos, Alicia de Larrocha associa maravilhosamente a autoridade pianística àquela capacidade de decantação expressiva que não tem preço e que enche os teatros onde quer que passe um artista do seu calibre. A volatilidade de *Papillons* ou o turbilhão da *Pausa* que antecede a marcha-hino final não saem tão vertiginosos quanto se espera, e numa música que é festa de impressões e sentimentos juvenis também caberiam mais febre e contraste. Mas não mais ardor, um ardor que vem de dentro, sem ademanes, água fluindo da fonte, nos andamentos sempre naturais e proporcionados; nas fanfarras imperiosas mas não percutidas do *Preâmbulo* ou nas diferentes gradações de *rubato* das valsas mais ou menos chopinianas que vão e voltam; nas oitavas que descem cantando na *Confissão* como no *legato* amoroso em *Chiarina* ou *Chopin*.

Na segunda parte, Joaquín Turina antecedeu Isaac Albéniz, ambos filhos de Schumann no cultivo da forma breve e da fantasia estilizada, da clareza rítmica associada aos temas breves envolvidos em tecidos hipnóticos de contraponto e harmonia. Nas *Danças fantásticas* do andaluz Turina — cujo movimento intermediário, *Ensueño*, é uma deliciosa cena de enlevo e perfume mediterrâneos —, Alicia de Larrocha deu à *Orgia* final uma convicção tranquila que transformou seu iberismo mais obviamente ostentado num autêntico carnaval, dança na acepção da palavra. A clareza dos contornos, o envolvimento do ritmo, o calor e a magia da expressão chegariam a um ápice — sempre naturalmente decantado — em três momentos escolhidos da obra máxima do catalão Albéniz, a suíte *Iberia*. Com seu domínio senhoril do grande gesto e a prodigalidade de cores, requebros e arroubos, a pianista celebrou aqui, em sua árvore genealógica, a festa que em Schumann apenas contemplara por trás da pátina da sabedoria.

Jornal do Brasil, 15 de julho de 1998

Piano nas esferas

Plantado solidamente numa cadeira com encosto, o tronco e a cabeça quase imóveis, as pernas relaxadas, uma ausência de *gestos* e de pose que não é coqueteria, mas entrega de quem trabalha, **Radu Lupu**, a calva coroando a cabeleira e a barba bastas, evoca irresistivelmente Brahms contando para si mesmo as suas próprias *Fantasias opus 116*. Era o começo do recital de anteontem no Teatro Cultura Artística, um acontecimento na vida de ouvidos cansados de desejar música de piano nua em sua essencialidade, sem confusão de beleza com enfeite, de grandeza com espetáculo, de sonoridade com digitalidade. A escolha do repertório já era um recado: o Brahms do outono interiorizado, o Beethoven do heroísmo espiritualizado da penúltima sonata, a *Lá bemol maior opus 110*, e o derradeiro Schubert dos anseios revoltados e das lágrimas que tentam sorrir na sublime e inesgotável *Sonata em si bemol maior*. Programa de capital europeia no alto inverno, capaz de chegar ao outono elegante da Pauliceia, mas aparentemente nunca ao irrevogável verão da Guanabara. Há quem se lembre da *D 960* nos dedos de Rudolf Firkusny no Rio de Janeiro, lá se vão décadas. Parece que se passaram eras desde que um programa de piano como este foi proposto a uma plateia aqui. Vão-se passar outras até que o seja de novo neste nível.

A concentração de Radu Lupu, alucinante, é o que primeiro chama a atenção, mais admirável por não ser um distanciamento, mas comunicação. Quem conhecia e esperava, dos discos, o som opulento e maduro aliado ao engajamento pessoal e à força intelectual encontrou mais, incrédulo: uma perfeição na realização que quase soava como dádiva em distraído acréscimo — talvez por ser em outros o começo e o fim de tudo, sem a outra doação, a de si. Sua arte das transições é fenomenal, seja numa mudança de clima ou ritmo, na naturalidade orgânica conferida a um acelerando no *Molto moderato* do Schubert ou no desembocar em alguma de suas consoladoras clareiras harmônicas — ou ainda, mais desarmante revelação, na *necessidade* com que surge dos abismos de sofrimento a fuga que será afirmativa no *Allegro ma non troppo* de Beethoven. Lupu *entra* com facilidades de narrador machadiano numa recapitulação alegre de Schubert ou na magia sonambúlica do enésimo enunciado do tema mesmerizante de sua sonata. É capaz de tornar ainda mais irreal a fantasmagoria do *Andante con grazia ed intimissimo sentimento* do *Intermezzo em mi menor* de Brahms. Só a espontaneidade do longo caminho percorrido e vivido com as partituras dá resultados assim, mas esse respeito ao texto não é uma sovinice de literalista, é o apagar-se de quem se afirma.

Haveria prodígios infindáveis a enumerar: o controle diabólico dos planos sonoros, da clareza das vozes, das gradações de dinâmica; a independência conivente das mãos; o senso de acumulação de forças e mesmo de *construção* apesar de breve o trio do *Capriccio* em sol menor de Brahms, logo seguido das projeções orquestrais, com vozes graves insuspeitadas, no retorno do tema inicial; o recolhimento do *Intermezzo* em mi maior, e em tantos momentos do Brahms a calma profunda e a serenidade quase imóvel com que os limites do silêncio e da ausência de ouvintes sugerida pelo compositor são alcançados; no Beethoven, a inacreditável convivência da leveza com a materialidade dos arpejos iniciais do *Moderato cantabile* e a beleza pura do canto *Arioso dolente* do *Adagio*; no Schubert, os trinados graves que são como terremotos introjetados, depois de uma entrada decididamente tumultuada no *Moldo moderato* inaugural, correndo para o abismo e mesmo trotando sobre a morte.

Acima de tudo, havia a conversação, o passo, o *decorrer* evidente e inevitável da música, brotando da fonte, expondo essências sem forçar sentimentos. Uma arte intelectualizada de gênio modesto, que terá meia dúzia de pares no mundo, se tanto.

Esse recital miraculoso culminou uma maratona de três noites de concertos com a Orquestra de Câmara Orpheus em São Paulo, antecedidos de um outro, domingo passado, no Rio, onde as mesmas qualidades de intensidade, plenitude e ausência de exteriorização inútil não bastaram para deixar completamente feliz no *Concerto nº 4* de Beethoven. O recital de São Paulo confirmou que aquele *détaché* e a sonoridade algo seca ouvida pelo público do Municipal do Rio não foram integralmente de concepção do pianista — usando moderadamente os pedais e lembrando-se do *pianoforte* —, mas também culpa do piano.

Jornal do Brasil, 7 de junho de 1997

Uma lufada de frescor

A venezuelana **Gabriela Montero** é essa ave rara: uma pianista clássica que improvisa. Semana passada, passou pela Sala São Paulo com um programa romântico que culminou com o convite para que o público lançasse temas musicais. Sobre eles, ela teceu devaneios com estonteante naturalidade, entrando muitas vezes pelo terreno do jazz, dos ritmos latinos ou, francamente, do piano-bar.

Nada contra. A vitalidade da arte do improviso, hoje tão difícil de encontrar (quando foi a última vez: Friedrich Gulda?), pode parecer perigosamente próxima de um fundo sonoro de papel de parede musical quando exercida num dos discos de Montero; mas ao vivo, no calor do momento, diante de um público fascinado com essa penetração tão visceral nas pretas e brancas, é um prazer ouvir essas "composições espontâneas", como ela as chama.

Gabriela Montero praticamente toca piano desde que nasceu (com meses de idade, num instrumento de brinquedo), e muito cedo a inclinação para improvisar foi surgindo, estimulada por fitas-cassete em que a mãe capturava a imaginação da menina.

Não quero dar a impressão de estar mais impressionado que o necessário por esse *background* hoje inusitado no ramo clássico; e por sinal não lhe faltam referências convencionais, como um bronze no Concurso

Chopin de Varsóvia em 1995, entre outros prêmios e títulos de distinção numa carreira de mais de vinte anos (ela tem 38).

Mas o fato é que, no Schumann da *Sonata nº 1*, com sua tumultuada e proliferante inquietação, a pianista não se empenhou num esforço arquitetural que seria, ele sim, um desafio, preferindo fruir a poesia de cada momento. De qualquer maneira, o compositor também é, aqui, menos senhor da forma que inventor de estados de espírito.

Não foi a interpretação mais cabeludamente romântica já ouvida, e o primeiro movimento, sobretudo, pareceu pouco disposto a colher num gesto único a unidade na tensão. Mas a *rêverie* pé ante pé do segundo, misteriosa, como congelada, falava da delicadeza da intérprete, e foi bom ouvir seu ímpeto libertário no terceiro.

Montero não é desses pianistas hiperburiladores que exageram nas premonições e efeitos cumulativos. Mas, embora pareça mesmo deixar-se ir às vezes ao sabor do momento, por exemplo em certas oscilações ou surpresas de tempo e andamento, tampouco carece dessa capacidade de capturar um gesto global, uma forma total — como ficou deslumbrantemente claro num dos *Noturnos* (o *Opus 48 nº 1, em dó menor*) mais redondos e orgânicos que já ouvimos no cânone chopiniano, com o caminhar modesto do início dolorido, a calma dos arpejos feéricos, a movimentação imaginosa da mão esquerda e a pitada exata de langor.

Depois de uma *Valsa Mefisto*, de Liszt, de conquistador virtuosismo, La Montero pega o microfone, explica que se dedica a essa arte do improviso que era comum nos tempos de Mozart ou Beethoven e pede temas, para ficar bem claro que não trazia preparadas as improvisações.

Um tema de Chopin começa então a ser tratado à maneira de Bach, sem ser enunciado muito claramente logo de entrada. Depois, alguém entoa a *Ode à Alegria* da *Nona* de Beethoven, que é exposta com clareza no piano; de repente, nos vemos em requebros de *boogie-woogie* e síncopes de jazz-quase-maxixe.

Quando vejo, estou vociferando da plateia o *La ci darem la mano* de Zerlina e Don Giovanni. Gabriela Montero reproduz o tema, para um pouco, para disparar algum mecanismo misterioso da imaginação lógica, e estamos num cabaré, como se Pedrinho Mattar ou Luiz Eça se tivessem apoderado de Mozart num fim de noite. Mais um pouco, e é Thelonius Monk ou Errol Garner que viaja pelo universo gershwiniano com o mesmo tema.

Viriam ainda uma melodia de Milton Nascimento evoluindo do balanço de uma barcarola para umas deflagrações de balada; e o *Gracias a la vida* de Violeta Parra oscilando entre um *ostinato-quase-tocata* e um fandango puxado para o corta-jaca!...

Ninguém prestou muita atenção em certas repetições ou hesitações (muito raras), em algum acabamento menos redondo. Gabriela Montero é uma artista privilegiada que transmite vida. Causaria sensação com o público do Rio de Janeiro.

Opinião e Notícia, 12 de março de 2007

Os sortilégios da escola russa

Aos 37 anos, **Pavel Nersessian** é um desses fenômenos do pianismo eslavo que Myrian Dauelsberg volta e meia traz ao Rio de Janeiro, para felicidade do nosso público, que tanto aprecia as qualidades de muscularidade, colorismo e espetacular projeção do som dos sucessores dos Rubinstein, Rachmaninov e Lhévinne. Foi com um recital de arrebatadora tonicidade que ele abriu nesta terça-feira a série Os Novos do Terceiro Milênio: Pianistas Premiados, que semanalmente levará ao Centro Cultural Banco do Brasil talentos emergentes que vêm brilhando em concursos brasileiros e internacionais.

A atitude olímpica, o controle fenomenal de cada aspecto da execução, sem aparente esforço, o gosto pela extroversão quase ferreamente controlada — Nersessian lembra muito seu colega Nikolai Lugansky. A escola russa, aliás, é pródiga em fazer convergirem temperamentos sob os paradigmas de sua tradição: beleza tonal levada às últimas consequências, mesmo nos extremos de dinâmica, rebuscamento das vozes internas e da polifonia no grave, *rubato* enxuto.

Começando com o *Noturno em dó sustenido maior* de Chopin, o clima de lirismo avesso a qualquer sentimentalismo fluiu em admirável desenho agógico no *Improviso em lá bemol maior* e desembocou com calma magistral nas duas últimas *Baladas*. Nersessian é um possuído, mas cabia perguntar às vezes se o senso narrativo e a caracterização musical das diferentes etapas dessas *Baladas* não ficavam meio enevoados por trás do show sonoro. O recital deixou globalmente a impressão de um algo mais de abandono e entrega pessoal que ainda pode estar por vir, para temperar uma certa uniformidade expressiva.

Se em Chopin brilharam o *legato* firme e o *cantabile* másculo, a *Suíte Holberg* concebida por Grieg como homenagem ao clavecinismo antigo e só depois celebrizada em sua versão orquestral permitiu a Nersessian mostrar nitidez e agilidade do toque — mesmo na leveza e na velocidade, o *staccato* e a nuança *piano* nunca perdem o corpo. A *Valsa* de Ravel que encerrou as duas apresentações foi uma apoteose do prazer físico de tocar e ouvir piano: redemoinhos vertiginosos, precipitações e retenções de arrogante ousadia, explosão sonora multifacetada, mas também uma suspeita de brutalidade.

VivaMúsica!, 9 de abril de 2003

Energia contra sintonia

Cristina Ortiz deixou-se trair por suas melhores qualidades no recital de retorno à Sala Cecília Meireles. Vigor, motricidade e reações rápidas fazem dela uma das pianistas brasileiras com personalidade de longe reconhecível e estimável, telúrica e eletrizante como Nelson Freire pode ser felino ou Arnaldo Cohen, penetrante. Mas na terça-feira essas virtudes, em vez de lhe atapetarem o caminho para uma decantação de maturidade, acabaram por engolfar a elocução, a expressão e a própria vontade.

Certo, os dois eixos ciclópicos do programa requeriam enorme concentração de energia, além da técnica profusa e vigorosa que a pianista brasileira de Londres tem em reserva. Sua própria escolha já era uma declaração de intenções, e pode ter sido um equívoco. A *Sonata em fá menor* de Brahms, que está nos dedos de Cristina há décadas, começou sem a majestade e a *gravitas* esperadas, sem fôlego épico, estranhamente sem concentração no ímpeto. A partir do segundo movimento, a pulsação brahmsiana, o lirismo grave e mesmo a sonoridade hercúlea típica da música para piano do compositor aos 20 anos iam sendo valorosamente assediados, embora não plenamente conquistados. Mesmo faltando a profundidade e o gabarito puramente pianístico de um Radu Lupu nesse repertório, era bom ouvir o enunciado *espressivo* do *Andante*, os rompantes rítmicos do *Scherzo*, a declamação intransigente de um *Intermezzo* em que não faltavam presságios do *Finale*.

Mas ficou registrado um déficit filosófico e temperamental: os contrastes e aspirações da *Sonata*, feitos para queimar a alma e inflamar o espírito, haviam sobretudo chamuscado os dedos. A decepção maior viria, entretanto, na *Sonata em si menor* de Chopin, em que a expectativa era mais fundamentada pelas afinidades conhecidas na artista. A camerista lépida e amorosa dos duos com Boris Belkin ou Antonio Meneses, a pianista de formidável *aisance* nos diferentes romantismos, que dera pouco antes *Peças líricas* de Grieg combinando idealmente singela interiorização e volubilidade expressiva, mergulhou de cabeça num vórtice de memorável antichopinismo. A terceira sonata é uma afirmação de vitalidade quase sinfônica, longe da silhueta frágil do Chopin putativo, mas não precisa ser tratada com atletismo agressivo e precipitação irrefletida. Nem fluxo lírico, nem envolvimento mágico, e quando o piano cantava, as teclas não pareciam acreditar mais que nós outros. Numa artista de sua musicalidade, só pode ser um *turning point*.

Jornal do Brasil, 30 de abril de 1998

A orgulhosa humildade de fazer música

Pequena, o gesto ágil, o corpo inteiro mobilizado na produção de um som de límpida firmeza, **Maria João Pires** fez sua tardia estreia brasileira — à parte uma apresentação camerística há alguns anos em Campos do Jordão — na abertura da sempre popular série Os Pianistas da Orquestra Sinfônica Brasileira.

Com seu jeito intenso e todo voltado para a música, a aura da pianista portuguesa contrastava com a disposição aclamatória (antes mesmo de percutida a primeira nota) do público que lotou a casa. Recolhimento e efusividade coabitavam sem parecer propriamente conviver ou dialogar.

O programa não podia ser mais *óbvio*, mas teve sua lógica e suas surpresas. O *Concerto nº 3* de Beethoven e o *Ré menor nº 20 (K 466)* de Mozart são obras de consumação e inflexão, para a maturidade independente do instrumento solista no primeiro caso, no segundo para um dramatismo quase pré-romântico. Maria João Pires preludiou o Beethoven, sem intervalo, com as 32 *Variações em dó menor* do mestre de Bonn, que apesar do número são relativamente breves, e voltadas para uma exercitação pianística e formal que pode parecer musicalmente rala; quase se haveria de dizer que a nobreza e o concentrado vigor de seu toque extraíam aqui leite de pedra.

A surpresa veio no convite a dois músicos excepcionais da OSB para solar sobre seu acompanhamento nos bis. Já notado com sua bem modulada clarineta no diálogo com a pianista no *Rondò* final do concerto de Beethoven, Cristiano Alves percorreu com graça uma das três *Romanças* originalmente compostas por Schumann para o oboé. Um pouco nervoso, talvez, pela estreia como *spalla* dos violoncelos da OSB, Fábio Presgrave não demonstrou menos domínio do *cantabile* e da expressão no *Adagio* de uma cantata de Bach transcrito por Pau Casals.

Encerrávamos em clima camerístico condizente com o temperamento da estrela da noite. À orquestra terá faltado, de modo geral, a leveza que os dois concertos pedem, embora nem sempre propiciem. O maestro Scharovsky parece que encontra dificuldades, na atual fase de entusiasmo e retomada, para convencer certo número de professores a não subir ao palco — não teria sido mau um contingente mais delicado de cordas, mesmo se o polimento dos violinos está melhor que nunca em memória recente.

Mas a noite foi da pianista, artista *à velha maneira*: vibração e conteúdo vindos de dentro para fora, vividez e imaginação discretamente destiladas sem enfeites exteriores, calma e convicção. Nessa música do alto classicismo e do primeiro romantismo, parecem uma lição de verdade e humildade a predominância do toque *délié* sobre o *legato*, a ressonância curta com uso esmerado do pedal, as texturas translúcidas, uma fantasia sem imposição de "personalidade" nas raras e inspiradas variações de andamento, o microtrabalho das nuanças e a precisão rítmica. Maria João Pires se apaga diante da música, comentou alguém, com razão. Mas como se impõe, nesse repertório, com a inigualável autoridade do amor e da atenção intransigente à música!

VivaMúsica!, 14 de abril de 2003

Um gesto parado no ar

Vadim Rudenko é um desses fenômenos do pianismo russo que impressionam pela técnica e o controle, inclusive os jurados de concursos — alguns dos mais importantes dos quais ele venceu: o Tchaikovsky de Moscou, o Rainha Elisabeth da Bélgica, para citar apenas dois. É um músico de solidez a toda prova, que passeia pelo teclado com calma olimpiana e força hercúlea, investindo a massa sonora com vigor e digitalidade assombrosos. Mas dá a impressão de burilar a música de maneira programada, varia ataques e dinâmicas de forma estudada, pouco além disso vai em matéria expressiva e deixa no ar uma pergunta amarga: como é possível tocar tanto dizendo tão pouco?

Ele se apresentou duas vezes estes dias no Rio, diante de públicos justificadamente siderados com suas performances. No último sábado, no Municipal, preencheu uma tarde da série Os Pianistas, da Orquestra Sinfônica Brasileira, com leituras decepcionantes do *Concerto nº 1* de Tchaikovsky e do *Concerto nº 2* de Saint-Saëns. Neste, o desapontamento não podia ser maior. Rudenko despachou essa música de elegância diáfana, de apelo melódico envolvente e fanfarronada matizada de ironia com um *aplomb* que beirava a indiferença e a dureza. Preocupado em vencer distâncias e faturar efeitos, sem se demorar na expressão, ele arriscava passagens intermediárias "comidas" e uma incoerência flagrante de andamentos. O entendimento epidérmico com a orquestra não ajudou.

A busca dos resultados de impacto imediato poderia parecer mais apropriada no Tchaikovsky, e aqui a linguagem mais vigorosa e a expressividade mais direta casavam melhor com o temperamento do pianista. Mas a impressão persistia: frieza apesar da revelação às vezes inusitada das vozes internas, uma certa dureza do *martelato*, ausência de alma, de dúvidas...

A postura de aparente impassibilidade do jovem cavalheiro poderia estar enganando nosso ouvido? Rudenko tem um físico robusto e uma máscara imperturbável que contribuem para a impressão de força inconfundivelmente exalada por sua arte.

Na segunda-feira, na Sala Cecília Meireles, o programa já indicava certas preferências: a *Partita nº 2* de Bach, com suas excelentes oportunidades mecânicas, uma *Sonata* do primeiro Mozart — a *K 311 em ré maior* — que não passa pela tristeza, as brilhantes transcrições de danças do *Quebra-nozes* de Tchaikovsky, os fenomenais *Momentos musicais* de Rachmaninov...

Nestes, o público carioca tem na memória a maleabilidade argêntea de Nikolai Lugansky há quatro ou cinco anos e o luxo tonal de Lilya Zilberstein no ano passado. É uma música arrebatadora que não teme fazer confluírem as emoções quase até as tripas, e Rudenko apoderou-se dela com galhardia e vertiginoso conhecimento das implicações pianísticas. Mas não havia surpresa nem expectativa, o êxtase era sonegado em sonoridades uniformemente saturadas.

Para não dizer que não falei de flores, Rudenko soube ir com maleabilidade ao fundo das teclas no Bach, sem medo das variações de dinâmica, cantando a plenos pulmões na *Courante*, matizado e leve na *Sarabande*. O *Quebra-nozes*, em transcrição de Mikhail Pletnev, dava espaço para as virtudes do pianista e as resumia: brilho, pirotecnia, enfim uma variedade maior de cores. Houve também um *Improviso* de Schubert (o *Si bemol maior* do opus 142), mas aqui é melhor esquecer a falta de continuidade, a ausência de sentimento íntimo. O mesmo quanto a um Mozart sem particular graça, apesar da espetacular organização plástica do *Rondò* final.

Jornal do Brasil, 14 de julho de 2004

Espanto do pianista ante as *Goldberg*

Há pianistas que passam a maior parte de uma vida esperando o momento de abordar em público uma peça como as *Variações Goldberg*, em que Bach resume um mundo de ciência do teclado e do contraponto em tom de conversa mundana e filosófica. Outros, como **Jean Louis Steuerman**, chegam cedo a essas paisagens de meditação e exultação e passeiam por elas com naturalidade, mas atentos ao que têm de enigmático e portentoso. Foi o que se viu no recital do pianista brasileiro na quarta-feira, na Sala Cecília Meireles, já em si um acontecimento na vida musical do Rio — que não registrava em memória recente uma versão integral das *Goldberg*.

Em uma hora e quinze, Steuerman percorreu as primeiras variações sem as repetições tradicionais mas opcionais. A ornamentação era discreta: o pianista se diz convencido de que basta a que o próprio Bach deixou anotada. Era como se quisesse entrar no assunto sem muitos rodeios nem ênfase que intimidasse o público, ou até com certa pressa. Longe da articulação maníaca e da precisão mecânica do estilo Glenn Gould — embora todo pianista hoje deva ao seu gesto fundador a possibilidade de tocar Bach sem um cravo —, o toque e o *legato* trabalhados em todas as suas possibilidades é que conduziam o discurso. Mais ainda, sem uso do pedal.

A interpretação foi ganhando corpo e densidade (e as repetições afinal necessárias ao equilíbrio da caminhada) a partir da dança, uma giga, da sétima variação, que culminou a fase do *contato* inicial parecendo abrupta, senão rígida. Sem todo o controle digital e nervoso nas cascatas de notas ou nas interpolações das mãos das variações rápidas, Steuerman tampouco é o rei dos fins de frase calmamente fruídos. Mas, sempre alerta no ritmo, e com um pousado senso de progressão improvisatória nas variações lentas, conversava com um Bach físico e terreno, sonoro. Isto lhe permitiu, por exemplo, dar realmente a impressão de uma pequena orquestra relançando o discurso na variação 16, que marca nova etapa do percurso em estilo de solene abertura francesa.

Havia também a contrapartida de alguma uniformidade no *mezzo-forte* nas tocatas. Mas ela era compensada por um jeito de contar segredos e formular convites nas variações canônicas e nas de tonalidade menor — a primeira das quais foi um modelo de inspiração interiorizada. Outro desses momentos, maravilha de discrição improvisatória e simplicidade, foi a variação 25, a de maior recolhimento. Com pureza e clareza do som, calma e fluidez nos sinuosos passeios das melodias e arpejos de uma mão a outra, Steuerman buscava sem forçar o sentimento íntimo.

Essa naturalidade não pareceu tão evidente nos momentos de virtuosismo. Sempre teremos na memória auditiva os prodígios de agilidade e leveza de que pode ser capaz um cravista em variações como a 28 e a 29, que também evocam o órgão em suas ondulações vertiginosas e acordes marcados. Steuerman não se intimida diante dos carrilhões em velocidade, dos trinados portentosos, mas suas *Variações*, com todo o vigor pianístico, são menos de um grande técnico que de um músico, pura e simplesmente. O *rubato* entregue e o sussurro meio onírico do retorno à ária, no encerramento, deram uma outra dimensão à familiaridade do início, falando de espantada admiração diante da obra-prima.

Jornal do Brasil, 2 de junho de 2000

Beethoven de primeira para multidões

Se fosse para começar de novo, não sei não. No último dia, eu já estava menos impressionado com as virtudes do meu pianista favorito e incomodado por não ser capaz da melhor escuta para o aleijão interessante mas intratável que é a *Hammerklavier*. Além do mais, é claro, as 32 *Sonatas* de Beethoven foram compostas ao longo de 27 anos. Como condensar sua apreciação em quatro dias? E por que essa nossa mania contemporânea da "completude", de abarcar tudo? Como manter o ouvido e a sensibilidade afinados em clima de maratona?

Mas a integral das *Sonatas* apresentada este fim de semana na Sala Cecília Meireles — com seis pianistas franceses reunidos pelo gênio da vulgarização dos clássicos na França, René Martin, e importados por Helena Floresta de Miranda num gesto de paixão — foi uma bênção para o Rio. À parte o padrão de primeiríssima dos músicos que se apresentavam, todos entre os 30 e os 50 anos, o ciclo fez a Sala pulsar com um público numeroso, heterogêneo e interessado. Faz bem ver vida fervilhando em torno de música que tem de ser (e foi) ouvida em perfeito silêncio, ainda mais agora que a Sala — apesar de seus entornos (a pauperização deprimente das imediações na Lapa, o baixo nível de investimento do governo do estado) — tem uma nova chance com a recém-inaugurada gestão, que se vai revelando dinâmica, de João Guilherme Ripper.

Mas a festa foi sobretudo musical. Se as *Sonatas* foram motivo de estranheza na época de sua criação, o espanto que causam hoje é outro: o da genialidade criadora em ação e, particularmente, em extraordinário, rico e variado processo de comunicação. Beethoven foi o primeiro compositor a voltar as costas para o público e a se entender sobretudo consigo mesmo. Mas, pianista e improvisador superdotado, deixou para trás o piano tratado com delicadezas de cinzel pelos antecessores (inclusive Haydn e Mozart) para se aprofundar em suas sonoridades orquestrais e violentá-lo.

E no entanto, o que levou os contemporâneos a clamar contra a aberração é exatamente o que hoje soa fresco como se fosse inventado diante de nós: o vigor expressivo, na alternância do princípio feminino/lírico com o masculino/heroico (Beethoven *dixit*), os contrastes de estado de ânimo e de dinâmica, o sentido de busca e a inventividade permanente sobre materiais temáticos estruturantes, a invenção do *gesto* pianístico moderno e de um prazer digital muito próprio, a densidade dos movimentos lentos, a eloquência dos silêncios.

Foi fascinante ver essa retórica, que explorava as possibilidades do moderno instrumento de teclado em sua infância, trabalhada sucessivamente por pianistas diferentes, mas de uma mesma família musical. No início, era a inevitável comparação das sonoridades: profunda em Nicholas Angelich, cintilante em Jean-Eflam Bavouzet, cantante em Claire Désert, incisiva em Frank Braley, ricamente timbrada em Emmanuel Strosser, apolínea em François-Frédéric Guy.

Mas cada *Sonata* brilha pela personalidade própria e inconfundível, outro toque do gênio de Beethoven. E o segundo interesse do ciclo foi acompanhar, pelos meandros da distribuição entre os pianistas, como cada um se investia nas *suas* sonatas, ou por elas se deixava impregnar. Quem melhor que Bavouzet refletiria a vivacidade impetuosa da haydniana *Sonata nº 3* e a motricidade rítmica da *nº 22*? Quem poderia, já no *Largo appassionato* da segunda *Sonata*, como na *Marcha fúnebre* da *nº 12*, dar conta do Beethoven grave e meditativo com tanto senso da introspecção, senão Angelich? E não foi Braley o pianista ideal para os arrebatamentos atléticos da *Appassionata* e da *Ao luar*? Ou Désert a melhor mensageira do *legato cantabile* do primeiro movimento da *nº 24*? Alguém extrairia mais bela paleta de cores que Strosser da antepenúltima, a *nº 30*, ou daria mais matizes de preto, branco e cinza que Guy ao solilóquio da *Hammerklavier*?

Os pianistas franceses da série (Angelich é americano formado na França) têm em comum, além da técnica transcendente, uma elegância do gesto (musical e corporal), uma clareza do enunciado que enquadra os derramamentos "da alma" num fervor mais estético, um certo amor latino do controle na eloquência. Uma espectadora acostumada às escolas germânicas torceu o nariz para esse Beethoven "gálico". Uma eminente pianista brasileira achou em dado momento que os *pianissimi* eram exagerados. Houve quem ouvisse volume em dose superior ao desejável. Mas esse saudável (e moderno) despudor no trato do caráter percussivo do instrumento, perfeitamente natural em se tratando de Beethoven, nunca (ou raramente) desmentia a propriedade estilística e a garra musical.

Resta saudar a iniciativa, provando que programação inteligente tem público, que a Sala Cecília Meireles tem tudo para voltar a ser um polo privilegiado e sobretudo que os patrocinadores não têm por que continuar se abstendo, no Rio, depois de brilhar pela ausência em eventos como este e as recentes apresentações de Martha Argerich e Nelson Freire, igualmente peitadas na raça e na coragem por Myrian Dauelsberg.

Jornal do Brasil, 19 de outubro de 2004

Brahms à francesa

A obra para piano de Brahms foi percorrida na íntegra, neste fim de semana, na Sala Cecília Meireles, nas mãos de três pianistas franceses de escola e brilho. Ainda mais que na maratona Beethoven de dois anos atrás (com os mesmos pianistas e três outros), ficou a sensação de que a escuta de joias como essas se ressente do efeito desgastante do esforço de longa distância — por meritório e mesmo necessário que seja um empreendimento como este na vida cultural da cidade.

Excelente pianista, Brahms se afirmou cedo, aos 20 anos, com três grandes *Sonatas* que aprofundavam o legado de Beethoven com uma marca já muito pessoal: uma escrita épica, escarpada e combativa que logo de entrada impunha uma voz própria. Simplificando um pouco, temos em seguida um período intermediário dedicado essencialmente a variações de monumental complexidade e riqueza e, mais para o fim da vida, as peças de fundo contemplativo em que o compositor parece entregue a uma conversa íntima.

A fascinante variedade-na-fidelidade-a-si-mesmo que encontramos nesse universo teve um herói, no ciclo da Sala, na figura de François-Frédéric Guy, pianista de estatura intelectual, excepcional concentração de ideias e portentosa excelência técnica, capaz de abarcar com admirável senso da construção monumentos como a proliferante e desmesurada *Sonata em fá menor* e as *Variações sobre um tema de Händel*.

Deliberação e controle são as palavras-chave na arte de Guy, o que rendeu dividendos esplêndidos, fosse na declamação autoritária ou na delicadeza infinitesimal, mas também fazia muitas vezes desejar mais abandono, especialmente nas *Fantasias opus 116* ou nos *Klavierstücke opus 119*.

As imbricações rítmicas e a pluralidade orquestral das vozes da segunda das quatro *Baladas*, outra obra da juventude de Brahms; o empenho de extrair o máximo da expressão na quarta *Balada*, de um jeito algo afetado que no entanto não desvirtua a mensagem; a plenitude dos *pianissimi* e a igualdade das notas repetidas, a força espetacular das deflagrações e a calma e a convicção das mudanças de andamento na *Sonata n° 3*: tudo, em Guy, fala de domínio e lealdade minuciosa à escrita do compositor.

Essa lealdade pode não ser, o tempo todo, verdade. O lado melancólico de Brahms, expresso tardiamente num deixar-se ir mergulhado em desolação, não encontrava espaço nessa arte filigranada do pormenor. Mas foi Guy, nesses cinco recitais, a voz mais forte.

Os ingleses diriam que sua acuidade onipotente já é da esfera do *overkill* ("mais quantidade de determinada coisa do que seria necessário ou desejável", segundo o dicionário *Longman*); os franceses devem gostar muito do que há, na arte de Guy, de preito pago ao *second dégré*, aquele nível de expressão que envolve o conteúdo estético e emocional numa aura hiperculta do intérprete dizendo "eu": vejam como me apodero da obra e a ilustro com minha soberana cultura.

Emmanuel Strosser é um pianista mais espontâneo, com aparente facilidade de extrair do instrumento uma sonoridade maior e mais densa, que logo de cara parece mais brahmsiana. Era ele, no início do ciclo, o meu favorito. Sua *Sonata n° 1*, aquela em que Brahms parte em conquista do mundo, saiu do fundo do teclado com volúpia, solidez, tranquilidade no relevo e profundidade na nitidez. Nas *Rapsódias opus 79*, ele mostrou todo o seu fluxo e refluxo com opulência harmônica e uma sonoridade escultural.

Strosser não se recusa a recordar, meditar e entregar-se com Brahms, embora nunca deixe de haver, tampouco nele ou em Claire Désert, a terceira das maratonistas, uma pontinha de reserva e *second dégré*. Pode também privilegiar aqui e ali a força. E foi pena que tivesse de tocar algumas vezes com a partitura na frente, o que tirou um pouco da espontaneidade das *Variações sobre um tema de Paganini* e dos *Klavierstücke opus 119*.

Claire Désert (que não pude ouvir no segundo caderno das *Variações Paganini* e no *Scherzo opus 4*) deu uma bela versão das *Variações sobre um tema de Schumann*. Ela sabe entrar num tema com elegância e saboreá-lo, e percorreu com desvelo os *Klavierstücke opus 76*, nos quais cultivou sem languidez os desvãos de mistério e intimismo, assim como o jeito brahmsiano de balançar e arpejar com rica impregnação harmônica. Na *Sonata nº 2*, pareceu-me menos convincente. Talvez uma questão de sonoridade, que em seu caso fica mais na superfície do teclado ou precisa endurecer os ataques para tentar chegar ao fundo. Lembrei-me de que Maria João Pires afirma não tocar Brahms porque é música para homens. Bobagem, claro...

Opinião e Notícia, 13 de novembro de 2006

Decantação em forma de despedida

Poucas coisas dão tanto prazer em música quanto a impregnação completa, a sensação de cristalina evidência de uma interpretação. Anna Stella Schic demonstrou-o quinta-feira, na Sala Cecília Meireles, com o recital que pode ser considerado o coroamento do 35º Festival Villa-Lobos. A pianista brasileira radicada na França não precisa mais demonstrar domínio do instrumento. É a música que a possui, e no caso de Villa-Lobos, uma música para a qual seu talento — que tem uma vertente analítica poderosa — foi potencializado pelo trabalho direto com o compositor. Os frutos estão registrados num livro de reminiscências — *Villa-Lobos, o índio branco* — que é ao mesmo tempo um pequeno mas valioso compêndio de interpretação. E se derramaram do Steinway da Sala com ressonâncias que nada tinham de professorais, eram pura sabedoria.

Foi uma noite de naturalidade sem aparência de esforço (e em Villa-Lobos ele é um componente incontornável) ou preocupação de mostrar uma concepção, que simplesmente fluía. Anna Stella começou por um prelúdio das *Bachianas brasileiras nº 4* com inesperado senso de urgência, sem languidez. E cantou sem talvez toda a expressão esperada, mas com determinação mais intelectual, duas admiráveis transcrições de *Prelúdios* para violão feitas por José Vieira Brandão. Da *Alma brasileira* em diante, passando por sete peças do *Guia prático* e o *Ciclo brasileiro*, os sortilégios das sonoridades em canto e contracanto, os jogos de dinâmica, a multiplicidade do ritmo — tudo estava lá com a força do inevitável. Na plateia, que parecia um *quem é quem* do mundo musical carioca e do villa-lobismo, falava-se de "autoridade". Ela é isto: a felicidade de transcender técnica e digitalidade num repertório que perderia tanto se ficasse preso a elas.

Anna Stella Schic anunciou que estava ali se despedindo do público. Na sexta-feira, sucederam-na no mesmo palco duas jovens pianistas brasileiras que, como Shic, mergulham fundo em Villa-Lobos. Débora Halasz, que vive na Alemanha e grava na Suécia a integral (BIS), impressionou com um pianismo orgulhoso, de projeção orquestral. A impregnação natural dava lugar à dedicação absoluta, mais palpavelmente instrumental, muito firme no prumo e no direcionamento. Seus momentos mais mágicos terão sido um *Nesta rua, nesta rua* (das *Cirandas*) de estranha ameaça, uma *Dança* das mesmas *Bachianas nº 4* em que foram enfrentados todos os desafios da selvageria. Uma pianista e tanto. Na segunda parte, Sônia Rubinsky, que vive em Nova York e grava na Califórnia (Marco Polo), esteve plenamente à altura do brutalismo espantoso do *Rudepoema* e da variedade de climas da primeira *Prole do bebê*, com uma *Mulatinha* cheia de cores e um *Polichinelo* de olhos arregalados.

As duas noites serviram acima de tudo para confirmar a impressionante riqueza da música para piano do mestre carioca e universal. Não surpreende que o Museu Villa-Lobos seja uma das instituições musicais firmes e ativas do país. Pode não ter muita verba, mas não lhe falta capital.

Jornal do Brasil, 23 de novembro de 1997

O piano russo

O pianismo mirífico dos russos passa mais uma vez em revoada pelo Rio de Janeiro, graças a Myrian Dauelsberg, incansável promotora por aqui dessa arte altamente desejável. Desta vez, o excelente pretexto é o cinquentenário do segundo prêmio obtido por Serguei Dorensky (que completa 75 de idade) no Concurso Internacional do Rio de Janeiro em 1957.

Foi nesse mesmo ano que Dorensky, deslanchando em sua carreira internacional, começou também a lecionar no Conservatório de Moscou. Em três ou quatro outras oportunidades já — desde pelo menos 1997, nos meus registros —, alunos seus e ele próprio vieram tocar no Rio por iniciativa da diretora da série de concertos Dell'Arte.

Nesta série, os pianistas Andrei Pisarev, Pavel Nersessian, Nikolai Lugansky e Vadim Rudenko voltarão a se apresentar nesta quinta-feira, 10, no Teatro Municipal, num programa Ravel-Rachmaninov-Dukas. Juntamente com outra das ex-alunas de Dorensky, Katya Mechetina, os quatro deram três recitais no último fim de semana na Sala Cecília Meireles.

Não pude ouvir Pisarev nem renovei o contato com Rudenko (senão a dois pianos, com Lugansky) — que, apesar de sua escola e de seu brilhantismo, não impressionou pela inspiração e a delicadeza no recital e no concerto que deu no Rio em 2004.

Cabe uma observação sobre a repetição dos repertórios apresentados por esses artistas toda vez que vêm ao Rio. Não só a preferência um pouco monocórdia por Chopin, mas a reiteração de peças como a *Sonata para dois pianos* de Poulenc e as *Suítes para dois pianos* e os *Momentos musicais* de Rachmaninov, a *Valsa* de Ravel...

A série da Sala Cecília Meireles começou na sexta-feira com alguns momentos mágicos, mas infelizmente breves, a cargo de Katya Mechetina. Na transcrição para piano da canção *Dedicatória* (*Widmung*) de Schumann, feita por Liszt, e no *Noturno em ré bemol maior* do opus 27 de Chopin, ela demonstrou qualidades de elocução, fraseado e poesia que faziam esperar grandes coisas.

Com uma sonoridade clara, Mechetina passeou pelas duas peças livre e desimpedida, em imaginoso ambiente de arrebatamento romântico, sonhador o gesto, nítido o propósito retórico — "compensando" plenamente a ausência da voz, por exemplo, no Schumann-Liszt. No *Noturno*, era envolvente seu jeito de ir conquistando a fala e ganhando animação para em seguida recair na contemplação.

O que se seguiu, no entanto, decepcionou. A jovem pianista mostrou-se perdida e prosaica em dois *Estudos* de Chopin, e mesmo apressada ou brutal na *Valsa* de Ravel. Deu, mais de uma vez, a impressão de compensar a falta de profundidade, sonora ou musical, com fortíssimos martelados e um exibicionismo algo mecânico.

A ela se seguiu nosso já conhecido Pavel Nersessian — que em seu pendor para fazer o emocional passar pelo mental me lembra o estilo de seu colega francês François-Frédéric Guy.

Nersessian já demonstrou deliberação na escolha de um repertório exclusivamente chopiniano que privilegiava recantos mais exteriormente brilhantes ou menos maduros e saturados da arte do criador das *Mazurkas*.

Cultivando essas pérolas menos prestigiosas, no Chopin dos volteios sonoros hipnóticos e dos ritmos cadenciados, em valsas, mazurkas ou polonaises, Nersessian dá a impressão de desfrutar dos prazeres do que os franceses chamam de leitura "no segundo grau" — mostrando a partitura por um prisma próprio. Que, no seu caso, tem o bom gosto da discrição, mas pode parecer um pouco recuado em seu absoluto *no nonsense*.

Contido, sem desvios nem devaneios, pousado e pausado, ele parecia mais entregue a um desencanto vesperal do que a divagações notívagas no *Noturno em si maior* do opus 62, com uma elocução em preto e branco e gradações de cinza que contrastavam com o azul profundo do *Noturno* de Mechetina pouco antes.

Se Nersessian é o poeta intelectualizado do grupo, Nikolai Lugansky é o príncipe senhoril. Seu controle digital é o mais fenomenalmente olimpiano, sem prejuízo de uma estonteante capacidade de matizamento.

O *Gaspard de la nuit* que ofereceu numa bandeja de prata reluzente tinha toda a melifluidade da ondina, no primeiro episódio, e, mais que a malícia, a malignidade do gnomo, no último, passando por um *Cadafalso* intermediário quase cinematograficamente sombrio.

Lugansky pode soar marmóreo e mesmo pétreo, como em certos momentos da cabeluda e rara, por aqui, *Sonata nº 2* de Rachmaninov, que no entanto percorreu com peremptório *aplomb*, mas também senso do canto e arrebatadora clareza dos volumes e estruturas.

Nas duas peças, o espírito analítico primou sobre a entrega, numa outra versão — mais portentosa, no mesmo registro calculista — da deliberação demonstrada por Nersessian.

Opinião e Notícia, 7 de maio de 2007

A ARTE DO PIANO EM DISCO

Corpo, alma e vida do piano

Lá se vão 37 anos que **Martha Argerich** gravou seu primeiro disco, mas há quase vinte ela não dá nem grava recitais solo. Tanto mais preciosa é a caixa de onze CDs com que a Deutsche Grammophon a homenageia, numa viagem pelo tempo que induz reavaliações. Conclusão nº 1: mais que interpretativo, o gênio *recriativo* de Argerich pode ter amadurecido, mas não perdeu o vigor e o frescor. Nº 2: a garra que às vezes parecia quase brutal, o elã que podia ser vertiginoso demais situam-se retrospectivamente numa perspectiva diferente, orgânica: não são senões, mas partes integrantes de um arsenal expressivo único, inestimável — evidente, diriam os franceses.

A principal novidade em CD é o raro (para Argerich) programa Bach gravado em 1979, num estojo de três CDs muito apropriadamente reunindo também as grandes gravações Chopin. Num dos excelentes ensaios de apreciação da arte da pianista constantes dos folhetos, Jeremy Siepmann lembra a afinidade do mestre polonês do teclado com o precursor alemão. O Bach de Argerich (*Tocata em dó menor, Partita nº 2, Suíte inglesa nº 2*) é enxuto sem ser seco, claro na textura e na polifonia sem privar-se das colorações tímbricas e do peso sonoro do piano, com uma vivacidade — não, uma vida! — a quilômetros do academismo. Ela usa o pedal com mais discernimento que Maria João Pires em sua gravação recente, e também desfruta de uma acústica mais transparente. Chopin é o caso típico das supostas brutalidades a serem revistas, porque integradas à visão de conjunto de uma Argerich que não seria tão fascinante sem seu lado sanguíneo e excessivo. Aos *Prelúdios* ela dá como poucos um movimento unificador. As *Sonatas* têm estofo e paixão sem maneirismos — nunca um *ritardando* ou um *rubato* afetado, mas eles estão lá, dando corpo, caráter e movimento à música.

O outro estojo não concertante (quatro CDs) é dominado por Liszt e Schumann. Por um lado, uma *Sonata em si menor* que pode ser a favorita de muito lisztiano convicto, com sua aliança fenomenal de temperamento, perfeição pianística e inteligência arquitetônica. Por outro, um grupo Schumann essencial: *Cenas infantis* com real senso de inocência e deslumbramento, mais amorosas que as de um Lupu, um Brendel ou um Horowitz; uma *Kreisleriana* declamada num fluxo e refluxo de siderante espontaneidade, com fins de frase e arrebatamentos de Schumann improvisando, cheia de forças em reserva e de aspiração para o alto; e uma *Sonata em sol menor* não menos impressionante — mas, na gravação, uma ponta de clangor metálico que se repete em alguns outros (raros) itens desta série (as *Valsas nobres e sentimentais* de Ravel, o *Concerto* de Schumann). Este estojo reúne ainda a famosa gravação da *Sonata para dois pianos e percussão* de Bartók e as adaptações da *Rapsódia espanhola* e de *Ma Mère l'Oye* de Ravel com Nelson Freire e percussionistas; os fascinantes caleidoscópios das transcrições para quatro mãos do *Quebra-nozes* e das *Danças sinfônicas* de Rachmaninov (com Nicolas Economou); o não menos célebre Ravel de Argerich sozinha (*Gaspard de la nuit, Jeux d'eaux*, a *Sonatina*); e as *Rapsódias opus* 79 de Brahms das primeiras sessões de estúdio da pianista (quando, dizem, levava Freire de companhia por sentir-se insegura!).

O estojo de concertos (quatro CDs) é um apanhado das mesmas e de outras qualidades argerichianas: camerismo e capacidade de diálogo, sem prejuízo da liderança evidente em face a orquestra e do *frisson* de um concerto ao vivo levado ao estúdio. Temos Beethoven 1 e 2 (Philharmonia, Sinopoli), Ravel em sol maior e o *Terceiro* de Prokofiev (Berlim, Abbado), o *Primeiro* de Liszt (Sinfônica de Londres, Abbado). O Schumann (com Rostropovich e a National Symphony) e o *Primeiro* de Tchaikovsky (Dutoit e Philharmonia) equivalem em romantismo leonino a gravações posteriores de Argerich, mas com acompanhantes menos à altura que um Harnoncourt mais tarde (Teldec), no primeiro caso, um Kondrashin (Philips) ou um Abbado (DG), no de Tchaikovsky. Os dois *Concertos* de Chopin (Abbado e Rostropovich) são um concentrado das maravilhas argerichianas mais sublimes: acima da transcendência desconcertante das escalas em velocidade, da clareza nota a nota dos torvelinhos rodopiantes, das precipitações em estonteante e perfumado multicolorismo ou dos requebros de sereia e flutuações de alga dos dois *Larghettos* — feitos técnicos que bastariam para situá-la à parte dos pianistas da sua época —, é sempre e sempre uma artista presente em cada nota, em cada frase, dando vida a cada episódio e visão ao conjunto. Incontornável, por onde quer que se comece.

Jornal do Brasil, 16 de setembro de 1997

Martha, recriadora de concertos

Se você ainda não tem o seu *Concerto para piano e orquestra n° 1* de Tchaikovsky, não precisa procurar mais. A Polygram está importando o CD do concerto que **Martha Argerich** deu em dezembro de 1994 na Filarmônica de Berlim, com Claudio Abbado regendo. É uma festa, pura vida palpitando em sons. Argerich, que nunca foi de contar compassos passando, um igual ao outro, depois dos 50 ficou ainda melhor: *super* sem ser *over*, com a mesma garra leonina e o mesmo ímpeto felino, a inspiração de quem parece estar improvisando, um senso camerístico do diálogo, mas sem certos excessos de outros tempos. Não que até os excessos, nela, não fossem admiráveis, vindos de uma pianista para quem nada é rotina, cujas frases nunca terminam "como se poderia esperar". Mas está ficando mais impressionante a maneira como pode por exemplo ser hercúlea sem brutalidade, em acordes fortíssimos ou na montanha-russa das escalas oitavadas do primeiro e do terceiro movimentos; ou como dá materialidade ao volátil turbilhão do *Prestissimo* intermediário do movimento lento, ao mesmo tempo menos desencarnado e com mais alma que o de um Lazar Berman (com Karajan, DG). O ímpeto dançante e o arrebatamento rapsódico com que deslancham os requebros cossacos do *Allegro con fuoco* são outro milagre de retórica, com suas acentuações e microacelerações inesperadas e no entanto tão familiarmente argerichianas. "Se a música pudesse falar, pediria: 'Interpreta-me!'", diz o velho adágio. No caso de Argerich, o desafio (aceito) é: "Recria-me!"

A Filarmônica de Berlim e Abbado dão resposta à altura e o som é bom, ligeiramente carente de reverberação. Lástima que os aplausos tenham sido apagados no fim. O complemento é *diferente*: a transcrição para dois pianos da *Suíte Quebra-nozes*, com ela gravada em estúdio, em 1983, pelo pianista grego Nicolas Economou, prematuramente morto há três anos e autor da transcrição. É uma curiosidade agradável, executada em nível transcendental de imitação tímbrica da orquestra e leveza e imaginação rítmicas.

Jornal do Brasil, 18 de fevereiro de 1997

Um Chopin de sonoridade profunda

As *Mazurkas* são a ponte lançada por Chopin da inspiração nacional à expressão romântica dos sentimentos no piano. Entre a introspecção melancólica dos *Noturnos* e o heroísmo das *Polonaises*, elas são muito mais variadas que as *Valsas*, com as quais compartilham a origem dançante e um certo ar de salão — no qual não ficam entretanto confinadas, como as *Valsas*. Contêm algumas das melodias que qualquer um identifica como chopinianas, mas são também um monumento intelectual, transformando o compasso e certas constantes tonais da dança polonesa em poemas de incrível riqueza expressiva. As 51 *Mazurkas*, compostas por

Chopin ao longo da vida, não têm todas a mesma grandeza. Mas é um deleite poder percorrê-las em casa, e espantoso que um pianista as tenha gravado duas vezes em sua integralidade.

Esse pianista foi o brasileiro **Antonio Guedes Barbosa**, morto aos 49 anos em 1993. Ele já havia registrado as *Mazurkas* numa gravação privada em 1983 e voltou ao estúdio em Nova York, em 1988. Esta segunda série é agora relançada pela Kuarup, junto com as *Valsas* e um disco Liszt contendo a *Sonata Dante*, a terceira das *Consolações* e várias das transcri-. ções de *Lieder* de Schubert.

As *Mazurkas* de Barbosa costumam ser comparadas às de Artur Rubinstein, até por serem raras as integrais (saiu há poucos anos uma do franco-tunisino Jean-Marc Luisada). Rubinstein é todo recato, elegância simples, expressão pura e direta; uma versão de classicismo comparável ao de um Kempff em Beethoven. Também do ponto de vista da engenharia de gravação, sua integral (RCA), de 1965-1966, tem um caráter mais íntimo: é como se ele tocasse ao pé de nosso ouvido, e Chopin insistia na importância de em certos momentos mal aflorar as teclas — embora esta não seja nem de longe uma arte univocamente delicada.

Barbosa enche mais os ouvidos — e seu piano foi captado com mais generosa vibração espacial (e um tico de excesso na reverberação). Temperamento que se adivinhava torturado, por sua *composure* ao piano, ele conviveu e aprendeu com Vladimir Horowitz e Claudio Arrau; tem um pouco, do primeiro, a neurose e o senso do risco malabarístico dentro da perfeição técnica; do segundo, a sonoridade profunda. E interpreta esse caleidoscópio com o mais arrojado senso da declamação e dos contrastes, além de admirável desempenho pianístico. Uma referência.

O disco das *Valsas* é de um pianista de 26 anos, que percorre essas miniaturas adocicadas com mais desembaraço e rapidez digital que atenção inspirada. A gravação aqui é algo ingrata do ponto de vista técnico.

Jornal do Brasil, 24 de dezembro de 1996

Liszt plástico ou ardente?

Será mesmo que Liszt não dispensa temperamento e visão, além de audácia e *éclat*, para conquistar e fazer sentido? E até que ponto o arrebatamento romântico comporta um controle instrumental muito refletido e burilado? São perguntas incontornáveis depois de ouvir os CDs de dois pianistas não da novíssima, mas da nova geração, integralmente dedicados ao bruxo máximo do piano. Quem acostumou os ouvidos e entregou a alma aos sortilégios e às viagens de longa distância com Arrau, Argerich, Berman ou Richter nesse repertório pode encontrar menos que o máximo nas interpretações de **Leif Ove Andsnes** e **Stephen Hough**.

São artistas de horizontes diferentes, e nem tão próximos assim na idade. O inglês Hough (que toca em dezembro com a Sinfônica de São Paulo) chegou aos 41 com fama de mago da digitalidade prodigiosa, consagrada em dois discos de miniaturas virtuosísticas (*The Piano Album I* e *II*, Virgin) com música de especialistas centro-europeus da estética dos *encores*: Paderewski, Gabrilowitsch, Friedman, Godowsky, Rosenthal, Levitzki, Moszkowski. O norueguês Andsnes, 31, é há três ou quatro anos o *darling* dos circuitos onde pianismo não significa apenas dedos de ouro, mas coração aberto e cabeça musicalmente ventilada.

Musicalmente correta? Seria uma simplificação tola, aliás implícita numa certa aura *chique* que grudou na reputação de Andsnes (ouvido este ano no Rio num belo *Concerto nº 1* de Brahms com a Sinfônica da BBC), dando a impressão de que ele milita no terreno da "grande arte" enquanto Hough se perde nos desvãos meio embolorados do exibicionismo de pouco conteúdo. Não é o caso: se Andsnes tem uma técnica talvez apenas um pouco menos portentosa que a de Hough, mas ainda assim esplêndida, Hough tampouco é um desmiolado, como já demonstrou não só na dedicação à música contemporânea como em repertório romântico de peso — inclusive num anterior CD Liszt.

Hough lançou agora um CD que além de resumir idealmente algumas das principais vertentes do piano de Liszt é um primor em matéria de organização de programa. Começa com o chopinismo mais leve de duas *Polonaises*, entra em duas *Baladas* pelo terreno propriamente lisztiano da aspiração ao sublime contrastada com abismos de dor, tudo em forma luxuriante, para culminar na consumação da *Sonata em si menor*, que é sublime até casualmente.

Com a disciplina e a luminosidade de seu toque, Hough dá inicialmente a impressão de aplicar um metodismo meio britânico à música que é constitutivamente excessiva. O início do *Allegro energico* da *Sonata*, por exemplo, parece trair uma certa precaução, mostrar as costuras da busca da expressividade — embora logo depois ele deslanche com estupendo domínio e musicalidade. No retorno do tema principal, seu *cantabile* não estaria um pouco sob controle demais? E a passagem do *Presto* ao *Prestissimo*: levada ou dissecada?

Precavido, Stephen Hough? Não propriamente. Essas reservas tornam-se irrelevantes ao longo da escuta. Vai ficando evidente que a relativa contenção é magnificamente integrada numa opção estética que dá primazia ao trabalho plástico e à opulência tonal. Nada errado, nem recusável, em Liszt. Sua técnica transcendente e mesmo fenomenal não é vitrina nem escudo, mas veículo: as escalas em velocidade, com timbres diferenciados e individualidade nas pétalas em chuva, o *panache* e o colorido são, aqui, da essência.

A *Balada nº 2*, melodramática súmula da retórica lisztiana de alternância sombra/luz, está nos dois discos. Não vou esconder minha preferência por Hough. Andsnes é mais febril e impetuoso, confere *necessidade* aos excessos retóricos, sem policiá-los com a busca da beleza sonora (um pouco escassa e menos favorecida pela gravação); mas tem mais sucesso no arrebatamento que na calma — e, portanto, integra menos evidentemente as partes, impressão que Hough, com um *sweep* mais controlado, transmite com irresistível facilidade.

Na escolha do programa, em vez da progressão até o cume da *Sonata em si*, Andsnes começa com este outro choque que é a *Sonata Dante* e alterna três *Valsas Mephisto* com a *Balada nº 2* e três peças contemplativas (*Valse oubliée nº 4*, *Die Zelle in Nonnenwerth* e o *Andante lagrimoso das Harmonias poéticas e religiosas*). Também aqui a busca de congenialidade lisztiana fica a meio caminho. Não resisti à comparação com Arrau, Berman e Barenboim na *Dante*. A gravação de Barenboim (Teldec, 1994) é bruta e desigual. Mas se Arrau é o gigante lutando terrivelmente com os elementos para galgar a montanha, Andsnes é apenas o superdotado que pensa com clareza e executa com mestria. Toda a exposição do tema/conflito traduz pressa e velocidade onde se espera perplexidade e hesitações misteriosas. A eficiência vira muleta da retórica: ao contrário dos mais velhos, Andsnes ganha velocidade nas escalas e turbilhões da segunda parte como quem vai milimetricamente correndo mais, e não como quem se precipita ansioso. Dedos poderosos, cérebro alerta, alma aprendiz. O controle pianístico (como em Barenboim) aparece como tal, e não como resultado da musicalidade, ainda que ao preço de menor perfeição, como em Arrau e Berman. Embora desfavorecido por uma técnica de gravação algo clangorosa (DG, 1977), Berman é o mais mágico e *evidente* na agógica, na respiração, nas transições, na imaginação sonora e poética, na opulência tonal — o mais, ouso dizer, lisztiano.

Conclusão: é difícil esquecer a maneira como certos grandes lisztianos extraem o máximo dessa música como se conversassem com ela, mas Andsnes e Hough são dois magníficos pianistas. O programa de Hough é mais representativo do Liszt que todo mundo devia conhecer: piano maravilhosamente dramático e cantante, patético e brilhante, e ele seduz mais imediatamente com a sonoridade e a integração dos meios e dos resultados. Andsnes, menos maduro, com uma seleção mais *marginal* de peças, oferece um pouco mais amor de perdição, que é a outra e indispensável face de Liszt.

Jornal do Brasil, 6 de agosto de 2001

A pureza pré-moderna de Novaes

Não é por nada que Nelson Freire admira tanto **Guiomar Novaes**. Ambos têm um jeito fluente de tocar, uma mesma elegante facilidade do toque. Quem costuma ver Nelson ao piano sabe o que é essa sensação do teclado como plástica continuação dos braços e das mãos. Nunca pude ir a um recital de Guiomar Novaes, e tanto pior para mim. Novaes (1896-1979) deixou um nome de lenda no piano do século XX, e um de seus últimos recitais brasileiros, gravado na Sala Cecília Meireles em agosto de 1969, foi lançado em CD pela Master Class, na série Grandes Pianistas Brasileiros — em gravação comprovadamente autêntica, ao contrário dos CDs dedicados a outros pianistas na mesma coleção.

Fui ouvi-lo depois de conviver por algum tempo com a caixa de três CDs que a não menos lendária gravadora Vox Box acaba de lançar, contendo a integral dos *Noturnos* e dos *Estudos* de Chopin, mais a *Sonata nº 2*, a da *Marcha fúnebre*, em captações de estúdio do apogeu da artista no início dos anos 1950. Quem ouviu Guiomar ao vivo no auge de seus recursos garante que seu pianismo espontâneo não era o mesmo diante de microfones num espaço fechado. Mas o que a escuta desses dois lançamentos revela é que o charme e a arte tão femininamente aristocrática da pianista brasileira têm limitações que às vezes parecem estranhamente pré-modernas.

O recital da Cecília Meireles contém a mesma *Sonata* de Chopin da caixa Vox, com as mesmas qualidades e alguns defeitos agravados — para não falar da perda sensível do controle pianístico. Menos atenta à estrutura e ao direcionamento, mais entregue à modelagem amorosa da frase e do *cantabile*, Novaes toca com uma inocência que vai direto à alma da música, uma ausência de artifício que às vezes pode passar por falta de imaginação, mas fala de uma personalidade íntegra fazendo música numa época em que o compositor não devia ser violentado, mas servido.

Mas é necessário ressintonizar nossos ouvidos desabituados de tanta humildade. Lembro-me da mesma *Sonata* por Nelson Freire no Teatro

Municipal há dois ou três anos: havia mais presença emocional, uma clara diferenciação das etapas e uma efetiva interrogação da partitura. Mais plácida, Guiomar deixa mais as coisas por conta da música e da límpida magia sonora, interferindo com excessivo pudor, esquecida de efeitos baratos mas também do desenho do arcabouço e, numa palavra, do decorrer dramático.

O melhor do CD Master Class está nas peças curtas (um *Capriccio* de Saint-Saëns, uma adaptação da famosa melodia para flauta do *Orfeu e Eurídice* de Gluck), cheias de cores, timbres liquefeitos e *legato* miraculoso; e também num *Carnaval* de Schumann (que não deixa de ser uma sucessão de miniaturas) em que a alma poética da pianista se libera, feliz por poder mudar de clima a toda hora. É uma fantasia sempre delicadamente proposta, classicamente sonhadora, sem contrastes abruptos nem violência aural. Aqui, a arte feiticeira da miniatura, o instinto da conversa pianística, a capacidade de devanear — tudo soma na direção da liberdade civilizada e contida nos parâmetros do bom gosto.

Os *Noturnos* e os *Estudos* dos CDs Vox Box estão cheios de belezas e achados. Nos primeiros, sobretudo, quantas vezes o halo de encantamento da música se impõe como que por si mesmo, água límpida deixando-se ir. Mas quantas outras o pulso parece muito igual, a pureza se confunde com abstenção? Nos *Estudos*, soa inicialmente com todo o frescor a despreocupação com a velocidade, a economia de pedal ou de *comentários*, mas também fazem falta um pouco de delírio, uns *Vivaces* que o sejam realmente, a capacidade de compactar e tornar perceptível a forma. Na comparação com pianistas mais modernos (mesmo que contemporâneos seus, como Claudio Arrau), Novaes pode parecer pálida, sem malícia, ousadia ou uma paleta dinâmica e rítmica mais variada. É menos uma coleção para quem busca uma primeira integral do que para aqueles que já conhecem o seu Chopin e querem fruir alternativamente a rarefeita pureza de uma arte ao mesmo tempo datada e atemporal. A reprodução sonora varia do perfeitamente aceitável ao estranho, com o piano às vezes *enorme*, captado muito de perto.

Jornal do Brasil, 11 de setembro de 2001

Pogorelich em suas tintas

Os *Quadros de uma exposição* de Mussorgsky merecem um intérprete como **Ivo Pogorelich**. São música evocativa, fantástica, excessiva e quase visual — um pouco música para quem não gosta de música... Pogorelich é um pianista para quem *a-do-ra* pianistas, sem se importar que eles se interponham muito ostensivamente na frente da música ou mesmo preferindo que o façam. O casamento da obra com o artista pelo qual parecia esperar — num CD Deutsche Grammophon gravado meses antes do recital em que Pogorelich *pintou* a sua versão dos *Quadros* no Municipal do Rio, em maio do ano passado — é sensacional para dizer o mínimo e *over* em todos os sentidos. Uma gravação que precisava ser feita e cuja audição deslumbra, intriga e estimula; mas a magistral e provavelmente inigualada demonstração de técnica pianística e sobretudo gênio interpretativo/recriativo deixa um forte ressaibo de artificialismo.

Na combinação de frio cálculo de senhor absoluto do teclado com exploração absurdamente radical das possibilidades expressivas, Pogorelich teve um antecessor que parecia menos estar exibindo que deixando do fluir essas virtudes: Vladimir Horowitz. É a mesma estética dos extremos buscados e ultrapassados com fenomenal controle de dinâmicas, de volume e volumes, timbres e nuanças. O carro de boi de *Bydlo* nunca se arrastou tão pesadamente, com implacável determinação de ir aos limites sonoro-percussivos do instrumento; os carrilhões do *Portão de Kiev* parecem ter sido feitos para ressoar sob os dedos de Pogorelich antes de passar à orquestra de Ravel; a *Cabana com patas de galinha* olha nos olhos o grotesco, sem piscar.

Os movimentos lentos são em geral muito lentos, mas *habitados*, embora a certa altura de *tours de force* como *Bydlo* e especialmente o *Velho castelo* o ouvinte acabe forçosamente perdendo de vista o fardo pesado dos animais ou o ambiente lúgubre, para sentir apenas a presença de um pianista atracado orgulhosamente com seu instrumento. Deseja então, distraindo-se de tão deliberada intensidade, que a obra musical retome sua primazia e... prossiga! O que melhor surpreende é a inventividade sonora e a construção do significado nos momentos leves e ligeiros e nos intermédios, as *Promenades* que evocam o caminhar do compositor pela galeria onde contempla os quadros de seu amigo Victor Alexandrovich Hartmann. A *Dança dos pintinhos na casca* é um milagre, com vivacidade tanto maior por não precipitar o andamento, trunfo de pianistas menos originais. As *Promenades* são genialmente diferenciadas, um resumo do patamar elevadíssimo de que Pogorelich descortina suas paisagens; a maneira como ele retém o impulso inicial da terceira com um *ralentando* nem tão súbito, para respeitar o *pesante* pedido por Mussorgsky, é apenas uma das demonstrações de que, apesar de puxada ao extremo a corda da expressividade, os andamentos e sobretudo a lógica da peça são engrandecidos, mais que respeitados.

Há ainda os prodígios de desdobramento e retardamento harmônicos no trabalho dos pedais (*Catacumbas*), de riqueza colorística (*Tulherias; O mercado de Limoges*), de equilíbrio *legato/détaché* nas escalas rápidas (*Gnomos*) e em geral na imaginação com que são interpretadas indicações como *capriccioso* (*Tulherias*), *moderato comodo e con delicatezza* (a segunda *Promenade*) ou *vivo, leggiero* (os *Pintos*). Um passeio inesquecível, apesar de autorreferencial demais.

As *Valsas nobres e sentimentais* de Ravel potencializam ainda mais o extremismo pogorelichiano. Não seria uma versão ideal para quem está travando conhecimento com a peça. Mas é magistral em sua ousadia. Também aqui o piano passa à frente da música. O *lento* da segunda e da terceira valsas é *devagar*, dissecado, invertebrante; outra vez, os momentos vivos ou ligeiros parecem mais vitais e *sinceros*, do ponto de vista do ouvinte. A impressão geral é de um preciosismo fantasmagórico e exibicionista empenhado em desnudar, por trás do dandismo mundano das *Valsas* ravelianas, a modernidade radical da reelaboração de um gênero de salão. Puro e assumido (e gelado) artifício. Mas justamente por ser o pianista que mais *peso* dá a cada momento, comparado a uma Argerich ou a Pascal Rogé, Pogorelich é o que melhor traduz o esfacelamento das ideias das valsas anteriores quando retornam, em farrapos temáticos, na derradeira e mais radicalmente *moderna*.

Jornal do Brasil, 29 de julho de 1997

Novos tesouros de Magda

Depois da Philips, que há dois anos lançou em sua prestigiosa coleção Early Classics um álbum duplo com gravações de **Magdalena Tagliaferro** (1893-1986), é agora a vez da EMI. Coincidindo com o décimo aniversário de morte de Magda, a filial francesa põe no mercado internacional novos tesouros da mais parisiense das pianistas brasileiras — ou da mais brasileira das pianistas francesas, como dá a entender o fato de os discos integrarem uma série dedicada ao *piano français* dos anos 1950, com artistas como Yvonne Lefébure, Jeanne-Marie Darré, Jean Casadesus (filho de Robert e Gaby), Yves Nat e Jacques Février. É também um caprichado álbum duplo a preço econômico (lá fora...), com texto escrito com conhecimento de causa por Jean-Charles Hoffelé.

Ele lembra que Magda Tagliaferro, aluna de Marmontel e Cortot, íntima de Fauré e Hahn, ganhou fama de representante do pianismo francês, mas ressalva que a técnica do *délié* à francesa (sonoridade perolada, quase toda a responsabilidade confiada aos dedos, sem peso dos ombros, pulso quebrado) não seria o seu forte. O que nós sabemos também pelas memórias da artista (*Quase tudo*, Nova Fronteira), que nelas se detém na necessidade de arrancar a expressão do fraseado ao jogo dos pulsos, sem quebrá-los, como pregavam seus mestres.

Também fiquem nas gavetas as lembranças que acaso tenhamos de uma Magdalena frágil e octogenária em suas últimas apresentações no Brasil. Gravado em Paris e no Rio em 1960 e 1972, o primeiro disco começa com uma vigorosa e colorida interpretação da *Dança espanhola* que Manuel de Falla transcreveu para o piano pensando em Magdalena. Na mesma veia de brilho e *panache*, seguem-se miniaturas de Granados, Albéniz e toda uma série Villa-Lobos com peças esparsas do *Ciclo brasileiro*, da *Prole do bebê*, do *Guia prático*, do *Carnaval das crianças*. Destaque para uma *Donzela e o rouxinol* — das *Goyescas* que Granados também lhe dedicou — que emociona pela sutileza do trabalho escultural e do esplendor sonoro, em contraste com interpretações mais modernas — como a de Jean-Marc Luisada — nas quais o pianista diz *eu* de maneira mais intervencionista.

O segundo disco, com gravações também transatlânticas de 1951 e 1954, abre com o *Momoprecoce* para piano e orquestra, oferecido a Magda por Villa-Lobos, que está aqui à frente da orquestra da Radiodifusão Francesa. Seguem-se, entre outros, um *Clair de lune* (Debussy) requintado, o *Andante spianato & grande polonaise brillante* de Chopin. A festa termina com a *Sonata nº 1* de Schumann, numa versão tida em alta estima pela crítica francesa, mas cujas doloridas interrogações e agoniados anseios podem ganhar com os contornos mais afirmados e intervencionistas, justamente, de um Pollini.

Jornal do Brasil, 26 de novembro de 1996

CRAVISTAS

Um cravo magistral. Demais?

Num cravo do discípulo Marcelo Fagerlande — uma cópia de Blanchet de registro médio franco, graves plenos e agudos e um médio-alto dulcíssimos —, **Kenneth Gilbert** voltou ontem ao Centro Cultural Banco do Brasil para sua segunda *aula* de música em menos de quatro anos no mesmo espaço. Foi o dia dos Couperin, Louis e François, na deliciosa série das dinastias musicais bolada por Fagerlande e Laura Rónai.

Gilbert é uma sumidade mundial do instrumento, e não há quem, amando a sonoridade das cordas pinçadas da velha aristocracia europeia, não lhe seja grato por tantas gravações, que incluem a integral da obra para teclado de Bach — de quem tocou aqui, em 1993, um muito lembrado *Concerto italiano*. Mas talvez não seja ele o intérprete dos sonhos de todos no repertório francês. Havia lugar para se lembrar de alguns de seus discípulos, como Christophe Rousset, diante dessa abordagem intelectualmente séria de uma música que é capricho e devaneio, e que em sua delicadeza perfumada convida mesmo a delírios de fantasia. Os alicerces rítmicos, o fraseado e suas articulações também pareciam às vezes pedir dose mais generosa de um certo empuxo — ou *ressort*, diriam na terra dos Couperin — próprio para os feitiços do maneirismo latino.

As qualidades de Kenneth Gilbert, à parte o domínio técnico magistral, são as da solidez e da seriedade, da límpida honestidade e da erudição. Mas não foi um recital carrancudo. O mestre apresentou uma primeira parte de Couperin o Velho toda plácida e nuançada em claros e sombras, com seus *Prelúdios* sem barra de compasso nem duração fixa das notas, serenamente improvisatórios. Veio também o famoso *Tombeau de Mr. Blancrocher*, de suave alternância nos estados de espírito, e uma dessas *Chaconnes* que são das peças sempre favoritas da produção de Louis Couperin.

Meditativo na primeira parte, o cravista fez-se galante e mais saltitante na segunda, com Couperin o Jovem. Aqui a imaginação tímbrica do compositor (uma das peças da 17ª Ordem chama-se precisamente *Les Timbres*), suas evocações descritivas, nos *Petits moulins à vent*, ou suas pinturas atmosféricas (*Les Barricades mystérieuses*) fizeram as delícias infinitesimais de todos os ouvidos. O recital terminou com o *tour de force* dos *Fastes de la grande et ancienne Ménestrandise*, com Gilbert garantindo elegância e *aplomb* nos torneios de virtuosidade.

Jornal do Brasil, 21 de maio de 1997

GUSTAV LEONHARDT

O passado fala

Ouvir **Gustav Leonhardt** descrever a transição da música clássica para a romântica, levando a mão à boca, ao falar da primeira, para degustar a importância da articulação das notas e frases, afastando-a numa linha vaga e distante para indicar que depois veio o *legato* indiferenciado, é tão fascinante quanto entender num recital seu a revolução que ele ajudou a operar na interpretação da música barroca. Ao lado de músicos como Nikolaus Harnoncourt, Alfred Deller ou Anner Bylsma, Leonhardt foi dos primeiros a investigar e recriar maneiras mais adequadas de interpretar essa música, numa época — o início dos anos 1950 — em que Maria Callas encarnava sozinha igual ressurreição do *bel canto* do primeiro romantismo. Callas, única, não deixou sucessores, mas os *barroquistas* que consideram Leonhardt como o Pai em quase quarenta anos mudaram a face da música: não ouvimos mais como antes Monteverdi, Bach, Haydn e já hoje sequer Beethoven, Berlioz ou até Schumann, descobrimos que o repertório é vasto e variado, e aparentemente superamos o risco de um fundamentalismo do "som de época" e da partitura como bíblia, que ameaçou sufocar esta revivescência. Filho calvinista da Holanda, 69 anos, Leonhardt, com seu ar aristocrático, a fala mansa quase inaudível, a figura esguia e os olhos de um azul ameno como o lago da montanha que seu país não tem, é um paradoxo vivo. Prega a humildade diante do compositor, e no recital que deu no sábado na Sala Cecília Meireles demonstrou-a com uma naturalidade quase mineral. Mas essa humildade é um orgulho, de um homem que revive preciosíssimas músicas antigas a que se dedica com exclusividade, imbuído de valores chamados germanismo, protestantismo e passado. Em conversa na varanda de um hotel em Copacabana, Leonhardt mal disfarça o desprezo pelas músicas meridionais, católicas e novas — o que, para ele, significa posteriores a Mozart. Excitante perspectiva de convicções firmes numa época de cópia e modismo.

— *O senhor é considerado um dos fundadores da renovação da interpretação da música barroca e do primeiro classicismo. Tem uma lembrança mais viva, um episódio mais marcante a relatar daquele início heroico?*
— Sobretudo meu amor por Bach. Tive a sorte de ter pais que faziam música e amavam Bach. Ouvi muito Bach. Meu pai pertencia à "venerável" Sociedade Bach da Holanda, e todo ano eu ia em sua companhia ouvir com enorme emoção as *Paixões* e a *Missa em si*. Comecei portanto com Bach a amar lentamente a música e a música dos outros compositores. Até hoje, talvez, estamos sempre descobrindo coisas que havía-

96

mos esquecido ou para as quais não tínhamos ouvidos. Não estou dizendo que encontramos a verdade, pois ela não existe em música. O que queremos é estar tão próximos quanto possível.

— *Que balanço fazer do movimento de interpretação dita "de época", hoje que grande parte do público está conquistada?*

— São tantos os intérpretes! Não gosto, aliás, desta palavra. Não se pretende interpretar, mas *falar* a língua do compositor. São tantas personalidades diferentes, não podemos dizer que se chegou a um certo nível, depende de cada um. Chegamos, sim, à mesma vontade de conhecer a vontade do compositor, se é que isto é possível — é a coisa positiva que nos une, e que é diferente da situação há quarenta ou cinquenta anos. Ainda é enorme o público que ouve sem se dar conta, pianistas e violinistas que tocam Bach sem esse tipo de preocupação estilística. Mas o movimento cresceu muito, é maravilhoso, pois esta música assim feita, com esses instrumentos, com uma preocupação musicológica, é mais interessante, mais bela. A simples curiosidade pelo que era exótico, diferente, uma curiosidade inicialmente normal, felizmente já passou também. Há trinta anos, quando meu pequeno conjunto [o Leonhardt Consort, hoje dissolvido] tocava com violinos barrocos e cordas de tripas, os organizadores indicavam no programa: violinos barrocos. Agora não se faz mais esse tipo de ressalva.

— *Evolui-se de um certo literalismo filológico, no início, para um tratamento mais vivo e imaginativo da música dentro dos parâmetros estilísticos novamente respeitados.*

— Felizmente. A cada descoberta, exclamamos: Ah!, isto é muito importante — e com isto podemos ser extremistas. Talvez fosse necessário esse extremismo para voltar ao justo meio-termo. Com a ampliação de nosso conhecimento histórico, vemos também, hoje, que há na interpretação enormes e diferentes possibilidades, e portanto movimentamo-nos muito mais à vontade nesse terreno do estilo dos séculos XVII e XVIII.

— *Essas aquisições se estenderam também a músicos e conjuntos que não compartilham tão profundamente esse empenho de pesquisa e renovação...*

— Sim, lentamente. Nas grandes orquestras, por exemplo. Penso em Harnoncourt, que realmente mudou muito com as orquestras modernas.

— *Outro dado relativamente novo é uma espécie de entrada triunfal de músicos e conjuntos italianos nesse movimento.*

— Felizmente — e finalmente, pois eles eram inexistentes, porque a educação musical na Itália continua sendo terrível. Os conservatórios são impossíveis nesse terreno. A maioria dos italianos que se interessam —

porque há um grande interesse, um enorme público — tem de estudar no exterior.

— *Há uma contribuição própria dos intérpretes italianos?*

— Claro, eles são italianos, portanto diferentes dos outros. Na música italiana, por natureza já têm algo em comum — na música italiana que é quase sempre extrovertida, às vezes fácil demais, primitiva.

— *Na música de cravo, como caracterizar as escolas nacionais — alemã, francesa, italiana?*

— Sim, há diferenças, que esperamos ser capazes de distinguir. Observa-se sobretudo que na Alemanha, nos séculos XVII e XVIII, havia muita influência da França e imitação do que se fazia na Itália — Schütz foi à Itália etc. —, mais na composição provavelmente do que na maneira extrovertida de tocar. É muito difícil falar de um estilo alemão, há sobretudo combinações ou imitação. Por esta influência talvez é que é mais fácil tocar a música alemã, que tem um pouco de tudo, se dispersa em várias direções — enfim, estou exagerando um pouco. Mas realmente, a música italiana, quando não se é italiano, a música francesa, quando não se é francês...

— *É possível rastrear numa partitura as intenções de um compositor?*

— Gostaria muito de saber, é o que se quer saber, mas devemos confessar que nunca saberemos. É o objetivo, o grande objetivo, tentar entrar no espírito do compositor, que escreveu algo vagamente, usando para isto toda a informação de sua época, comparando com outras obras, os instrumentos etc. Tentamos capturar o espírito, a ideia do compositor. É tudo.

— *Mas na hora de tocar não se deve mais pensar nisso...*

— Não, aí já não tem mais sentido. Quando tocamos, tocamos, é apenas a música. Já estudamos o que tínhamos de estudar, talvez não o suficiente, nunca se sabe... Mas quando tocamos, não pensamos mais.

— *Por que o senhor costuma enfatizar a dificuldade da música de Bach para teclado? Em que ela é tão particularmente difícil?*

— Tecnicamente, e também para a cabeça. É quase sempre muito complicada, rica, realmente terrível do ponto de vista técnico. E mesmo peças que parecem fáceis nunca são lógicas para os dedos, ele pouco estava ligando, pois creio que não compunha para um instrumento, embora o conhecesse perfeitamente. Bach não estava preocupado em compor para o violino ou o oboé. Utilizava o instrumento para exprimir certas ideias, e pouco estava ligando para as dificuldades — não para as possibilidades, mas para as dificuldades.

— *Na imensa série de gravações da integral, que o senhor compartilhou com Nikolaus Harnoncourt, houve alguma lógica na escolha das* Cantatas *que cada um regeria?*

— Oh, não me lembro muito bem. Muitas vezes nos telefonávamos, uma vez por ano: que você gostaria de fazer? Eu gostaria disto etc...

— *Há quem tenha notado que sua preferência recaiu nas* Cantatas *mais pastorais...*

— Não, absolutamente. Talvez no começo Harnoncourt, que dispunha de trompetistas que não tínhamos na Holanda, tenha gravado *Cantatas* mais brilhantes. Mas bem no começo. Por isto se pensou que eu queria fazer coisas pastorais. Depois não, era a mesma coisa.

— *As* Cantatas *são uma mensagem de um Deus terrível ou de consolação e esperança?*

— Depende do texto. Mas Bach era totalmente crente. Vemos, ouvimos que mesmo quando os textos são poeticamente algo banais, o conteúdo para ele é realmente verdadeiro. Nesse luteranismo há de tudo — a esperança, claro, que é a grande coisa, mas também os problemas, eles fazem parte da vida, e os aceitamos — é o que propõe teoricamente o luteranismo. Hoje, mesmo no luteranismo não se quer aceitar isto, mas para Bach era absolutamente uma unidade, o que se vê em seus textos. Ele estava convencido e compunha expressando tudo que o texto indicava. Há nessas composições uma enorme variedade, sobretudo por causa do texto, mas também porque ele tinha essa extrema capacidade de exprimir musicalmente, com uma força realmente incrível.

— *Bach seria o compositor que elevou à maior altura esse casamento do verbo com a música?*

— Eu sou protestante, portanto a mim ele fala diretamente. Para os católicos talvez seja um pouco diferente. Eu diria que a música católica nunca me parece intensa, é de uma expressão um pouco generalizada. Mas em Schütz, Bruhns, às vezes mesmo em Purcell, encontramos coisas em que o texto fala realmente, aqui e agora, diretamente: isto!

— *O senhor costuma externar uma visão pessimista da música contemporânea e de sua relação com o público.*

— Confesso que não a conheço suficientemente. Estou tão envolvido afinal na *minha* música, a música antiga (que me basta, devo reconhecer), que tenho poucas possibilidades — não diria vontade, mas possibilidades — de ouvir a música moderna, que é tão variada. Mas na maioria das vezes não compreendo, portanto fico parecendo um pouco pessimista, quando na realidade estou convencido de que hoje também há gênios, como em todas as outras épocas. Mas eu não sou capaz de

GUSTAV LEONHARDT

identificá-los, é um pouco trágico isto. Por outro lado, também acredito que com essa falta de estilo, que não permite julgar — aqui há uma nota errada etc. —, o charlatanismo fica muito fácil. Parece-me portanto, quando ouço certas peças modernas, que a maior parte é charlatanismo, construído sem real imaginação nem a base de uma língua comum. Mas há também os outros, sinto um pouco que têm algo a dizer, mas sinto vagamente, não compreendo. Lamentável.

— *Por este problema de comunicação, também, é que a música antiga voltou com tanta força, especialmente através do disco?*

— O disco sim, mas acho que há mais que isso. Todo mundo entende a música, e se há uma nota errada todo mundo identifica, mesmo sem ser músico. O mesmo na música pop, que usa a mais primitiva harmonia do século XVIII, nada mais.

— *Como se deu a grande ruptura na passagem da música antiga para a moderna, através do romantismo? Que aconteceu desde os filhos de Bach?*

— A ruptura parece-me que não é aí. A música deles fala, ainda é coerente. É apenas, creio, entre Mozart e Beethoven que há uma ruptura, enorme, que se mostra também nos instrumentos, sobretudo de teclado, que mudam completamente a cada dez anos. Há então uma explosão da fabricação de pianos. Compare-se um piano de 1790, da época de Mozart, com um *pianoforte* de quarenta anos depois: era um outro mundo, não dava para acreditar. E também todo o ideal do que a música deveria fazer primitivamente. A música antiga que *fala*, que articula, que fala realmente com palavras, dá lugar a uma música que canta, com uma longa linha, mais empenhada em criar um clima do que em ser expressiva nos detalhes. Todos os ideais são bons, mas são opostos, e tudo acontecia tão rápido... Vê-se também isto muito claramente na notação: Mozart por exemplo notava só articulações, nunca frases; Beethoven não escreve mais articulações, só frases.

— *A música perdeu?*

— Não, ela simplesmente mudou.

— *Que música o senhor ouve em casa ou no concerto?*

— Ouço muito pouca música. Dou quase cem recitais por ano, estou sempre muito ocupado, quando em casa estou um pouco cansado, não vou ao concerto — exceto quando há algo muito interessante ou por razões *humanitárias*: quando um ex-aluno toca, interessa-me ouvi-lo.

— *Onde está o maior prazer, no cravo ou na regência?*

— Reger é tão fácil... Tenho até vergonha. Não há técnica, qualquer um pode reger. Mas poucos podem tocar o cravo.

— *O público nem perceberia se não houvesse um maestro à frente da orquestra?*

— Não, não sabem nada. Por isto é que se paga mais aos maestros que aos cravistas... (*risos*)

O pai, o filho e o porta-voz

Uma calma de filósofo didático, um gesto que, quando vem, raro, não é excessivo, uma *Fantasia em lá menor* (a famosa *BWV 922* de Bach) com relevo e drama orgânicos, nunca *colados* à partitura. **Gustav Leonhardt** tocou sábado na Sala Cecília Meireles — numa Série Concert Hall que decididamente é das boas coisas da vida musical do Rio — para um público atento e de ouvidos afinados. Uma das maravilhas da música de cravo é a educação da escuta a que ela obriga, um burilamento da sensibilidade, uma redução do espectro sonoro que é em si todo um programa — e que os aficionados constatam *a contrario* no nível exageradamente elevado de gravação da maioria dos discos de cravistas. Pois num teatro — e o espaço da Cecília Meireles pode não ser o ideal mas *cabe* perfeitamente — retornamos àquela dimensão desejável e original, e retornar com a severidade grácil de Leonhardt foi um privilégio.

O recital começou com um *Prelúdio* e uma *Suíte* de Georg Böhm, influência importante em Bach e exemplo da mistura de estilos — sobretudo franceses — que Leonhardt identifica na música alemã para cravo do alto barroco. O austero e substantivo corpo imanente da noite foi Johann Sebastian Bach, o princípio e o fim de quase tudo para Leonhardt. O que se aprende, ouvindo-o, é uma sobriedade do som e da música que permite alcançar a grandeza sem ostentação, e que se reflete na discreta naturalidade da ornamentação. Quando a música é árdua para a lógica dos dedos ou ingrata para a percepção — o que alguns cravistas pensam do *Prelúdio em mi bemol maior* seguido de *Fuga e Allegro* —, o mestre pode ter dificuldade para tirá-la do chão instrumental e alçar o voo do espírito. A atenção pode devanear diante dessa muito despersonalizada "rendição do artista a algo muito mais valioso", a Tradição descrita por T.S. Eliot. Mas logo adiante, depois da *Fuga*, no *Allegro* Leonhardt exibia toda a sua franqueza rítmica e as famosas artes de articulação que são o pão quotidiano (por ele refermentado para nossa época) da música barroca.

Bach, o Pai, ainda, na segunda parte do recital: uma *Sonata em lá menor BWV 967* de vigor e clareza, uma *Suíte BWV 996* com as elegantes hesitações dos arpejos na *Allemande*, a majestade da *Sarabanda* e, na

Giga, a rapidez de grande senhor na articulação *forte*. Mas foi do Filho mais velho, Wilhelm Friedemann Bach, a transcendente alma perfumada da noite: três das *Polonaises* em que a impressão de devaneio e liberdade, contidos nos limites da *bienséance*, resume a passagem de uma época — e desafia o cravista-espelho a sair um pouco de sua reserva. Leonhardt foi um guia delicadamente melancólico nessa conversa da música com o silêncio intermediada pelo afeto.

Jornal do Brasil, 7 de outubro de 1997

VIOLINISTAS

Habemus violinista

O Brasil é um país de grandes pianistas, mas — não se sabe muito bem por que — são raros por aqui os grandes violinistas. Quantas vezes você já pôde acompanhar em recitais sucessivos a série completa das *Sonatas para violino e piano* de Beethoven, interpretadas em nível de alta excelência por um violinista brasileiro de categoria internacional?

Provavelmente nenhuma, se vive no Rio de Janeiro... O problema foi resolvido neste último fim de semana, quando **Cláudio Cruz** repetiu a proeza que já realizara em São Paulo, dando as dez *Sonatas*, acompanhado do pianista Ilam Rechtman, em três recitais revigorantes na Sala Cecília Meireles.

Cruz é muito conhecido na pauliceia como recitalista, camerista (Quarteto Amazônia), concertista e como *spalla* da Orquestra Sinfônica do Estado de São Paulo (Osesp), além de desenvolver carreira como regente, à frente da Orquestra de Câmara Villa-Lobos, da Sinfônica de Campinas e já agora da Sinfônica de Ribeirão Preto.

Um músico completo, como se vê. Sua arte é feita de seriedade e confiabilidade. Dos elementos que fazem um grande concertista, está tudo lá: entonação firme, sonoridade sedutora e bem projetada (com a ajuda de um belo instrumento feito em 1760 por Pietro Guarneri), fraseado sensível e cuidado com o detalhe, expressividade e estilo.

Cruz tem um físico robusto, embora não seja muito alto, e empunha o instrumento com firmeza. Em seu rosto arredondado e na calva pronunciada, lembra curiosamente o grande e genial colega russo David Oistrakh (1908-1974). A semelhança se estende ao tônus de gravidade viril que se desprende de sua presença no palco.

As *Sonatas* de Beethoven foram compostas em sua maioria na entrada da maturidade, no limiar dos 30 anos de idade, perto da passagem do século XVIII para o XIX. São em geral música menos conflituada que estamos acostumados a ouvir nas obras sinfônicas ou pianísticas do apogeu do compositor. Delineando elementos já bem firmes de romantismo, ainda conduzem — com inovações importantes para a época — uma linguagem essencialmente clássica.

Pergunto-me se terá sido a adequação ao estilo dessa música que manteve Cláudio Cruz num diapasão que pareceu muito contido. Ele deu nos dois primeiros recitais (não estive no terceiro) a impressão de que é pouco amigo do risco e de que poderia ousar mais no relevo, o que faz parecer que teme os voos da imaginação. Sua agógica, por exemplo, poderia ser mais aventurosa. Faltaria ao nosso belo violinista uma centelha de gênio?

O fato é que abundaram nesses recitais os exemplos dessa felicidade interpretativa que lava a alma de um melômano: o senso de mistério e acúmulo gradual de reservas no *Adagio espressivo* da mais tardia das *Sonatas*, a *Opus 96 em sol maior*, com a inteireza do timbre na dinâmica *piano*; o *sotto voce* pleno, a linha eloquente e a respiração intensa no movimento equivalente da *Opus 12 nº 3*; a fluidez andarilha no *Scherzo* da *Primavera* e o respeito das nuanças do fraseado mesmo no enunciado vigoroso do *Allegro* inicial.

Ilam Rechtman é um pianista de mão cheia, e seria bom ouvi-lo em recital sozinho. Mais de uma vez ele deu a impressão de conduzir o diálogo, na ênfase como na delicadeza.

Vamos esperar a volta de Cláudio Cruz em outros repertórios. Parabéns ao tino de João Guilherme Ripper, o diretor da Sala, por ter trazido a dupla. Bola preta para o silêncio absurdo de que os recitais de um duo dessa categoria foram cercados nos jornais da cidade.

Opinião e Notícia, 22 de maio de 2006

Augustin Dumay, *grand seigneur*

A música de Mozart contém tanta verdade e está tão entranhada em nosso espírito que, paradoxo terrível, arrisca às vezes parecer "previsível" ou familiar demais, se tocada sem alma. Ainda mais no caso de favoritos como o *Concerto em lá maior* para violino e orquestra, o último e mais completo da série de cinco, e a *Sinfonia nº 40*, de *éthos* pré-romântico — música que há muito fizemos nossa, indelevelmente.

No último sábado, essas duas obras-primas ganharam uma exaltante vida nova nas mãos do violinista francês **Augustin Dumay**, um músico excepcional da velha e melhor cepa. Ele já mostrara ano passado, com a mesma Orquestra Petrobras Sinfônica, em programa culminando com o *Concerto* de Mendelssohn, o que a decantação da maturidade e a sabedoria de uma arte voltada para a essência podem render. Sua arcada é longa (como sua silhueta), sua música não tem pressa nem necessidade de notas iguais e precisão mecânica, o discurso é sempre vivo e renovado. E ele toca com um prazer brincalhão que fala de intimidade com a música.

Regendo enquanto tocava, Dumay modelou o *Concerto* de Mozart com esse jeito tão francês de conferir relevo e contrastes sem sair da trilha das proporções e do equilíbrio. Talvez modelar não seja uma boa palavra, pois a arte de Dumay é feita de uma convicção tão simples e arraigada, de uma entrega tão tranquila e evidente, que seria melhor dizer: recriar. Com emoção, uma emoção que arrepiou as fileiras de cordas e sopros da Petrobras Sinfônica como raramente.

Entre as infindáveis pequenas/grandes felicidades do percurso, a calma com plenitude do *Allegro* do *Concerto*, o permanente relançamento da mensagem em seu *Rondò*, o andamento urgente que, no *Minueto* da *Sinfonia*, com toda evidência era uma opção pessoal, mas nos levava, sem lugar para hesitação.

Uma noite em que Mozart, inocente ou mundano (as duas coisas parecem conviver no *Rondò em dó maior K 373*), grave ou agitado, melodioso ou dançante, reencontrou a emoção.

Opinião e Notícia, 12 de junho de 2006

Enxugar o oceano

Ilya Gringolts convive há anos com as *Sonatas* e *Partitas* de Bach para violino solo e as gravou há quatro para a Deutsche Grammophon. Mas dá a impressão, aos 24, de que ainda não desvendou sua intimidade ou não quer expô-la. No recital que deu sexta-feira na Sala Cecília Meireles, o solilóquio tinha toda a força da concentração e da dedicação, mas a grandeza multifacetada dessa música, paradoxalmente, ficou parecendo meio igual e sem vibração.

O ar frágil e muito sério, ou um pouco triste, Gringolts trabalha em seu violino antigo (Rugeri) modernamente equipado (cordas e arco) uma sonoridade informada pela autenticidade barroca, com valores de pudor, privacidade e ausência de brilho inútil, já que se trata de Bach. Logo de entrada, no *Adagio* da *Sonata em sol menor*, a pressão do arco é mínima, o *vibrato*, de tão controlado, dir-se-ia ausente, o volume e a projeção são os que o compositor teria adotado para tocar para si mesmo.

Sensação de despojamento quase desencarnação. Ausência total de vontade de sedução. Na *Fuga* que se segue na mesma sonata, o *legato*, solto num sopro, não se diferencia muito do *détaché* — como no resto do recital. Mais um pouco, e a *Allemande* da *Partita em si menor* nada tem de pousadamente majestosa, parecendo esquivar-se em sua corporeidade seca e sem halo, que dá ao seu *Double* um ar de medo de ir adiante.

É verdade que por trás da sisudez se insinua uma alma de improvisador. No segundo movimento dessa mesma primeira *Partita*, as cordas mal afloradas dão à *Courante* e seu *Double* uma leveza agógica que faz todo sentido, e que também foi uma bela marca da noite toda. Mas onde ficavam a força e a organicidade dos acordes da *Sarabanda*, sem elã, quase tísicos? Seria o preço de uma estética que repudia a ênfase e vê nessa conversa a dois um privilégio em que qualquer escuta terceira é intrusão?

A partir da segunda *Sonata*, começando o ouvido a se acostumar e a alma a se conformar com a economia de meios e de pura e simples presença/comunicação, foi possível perceber que, nesse ambiente minimalista, era na densa depuração da retórica que estava o recado do artista, moldando a mensagem em contato muito estreito com cada frase e articulação.

Mas essa obstinação parecia muito voltada sobre si mesma. Os movimentos lentos em geral tendiam ao descarnamento, embora a sobrenatural distância dessa leveza pudesse atrair, em momentos como a *Bourrée* da primeira *Partita*. Nos mais rápidos, Gringolts mostra sua variedade de golpes de arco e dinâmica, mais energia e expressividade; ressalta o senso arquitetônico e alguma vertebração rítmica, quase sempre ausente nas danças vagarosas, com suas pausas exageradas e desabitadas.

Será então que a pureza da música de Bach impõe evacuação do relevo, da expressividade e mesmo da personalidade? É possível chegar ao espírito pela forma se ela não é apreendida e comunicada, se a paleta sonora é modulada com avareza, se a tensão é policiada, se os contornos se esmaecem, se os valores não são hierarquizados? Onde ficam a febre e o vigor que moram em Bach, a energia de afirmação, pertinácia, busca e assombro desses monólogos?

A humildade dispensa de viver? Até que ponto se justifica uma noite inteira nessas paisagens se uma visão pessoal é negada ou ainda buscada?

A seriedade do trabalho de Gringolts merece o benefício de uma dúvida: haveria nesse *rendez-vous manqué* uma liberdade inaudita se procurando ou uma frouxidão eticamente deliberada? Falta de fibra e espinha dorsal ou vontade férrea de impor uma opção? Desejo de ir até o fim na delicadeza barroca ou fragmentação do querer e do estar?

Uma resposta pode ter sido vislumbrada no momento mais célebre desse monumento bachiano, a *Chacona* da *Partita em ré menor*, na qual Gringolts mostrou buscar, em seu registro próprio, nesse estilo algo branco, a vertigem e o sentimento épico. Também houve sensação de liberdade na fidelidade durante as fugas. Eu só não soube em tudo isso onde encontrar o sentimento poético.

Opinião e Notícia, 23 de outubro de 2006

Um Bach quase maduro aos 17 anos

A jovem **Hilary Hahn** é um prazer de ver e ouvir, abraçada a seu violino Vuillaume del Gesù. No recital que deu em Nova York em outubro, com a pianista Nathalie Zhu, ela exalava uma seriedade e uma concentração que estão na base de um domínio do instrumento e de um poder expressivo fenomenais, ainda mais aos 17 anos de idade. O programa combinava música de fôlego e de brilho: uma sonata de Beethoven, uma de Prokofiev (a primeira, a menos imediatamente comunicativa das duas), peças de Albéniz, Debussy e Wieniawski e a terceira *Sonata* de Bach.

Esta última consta do CD que a Sony está importando. Todo dedicado a Bach, o disco contém ainda a *Segunda* e a *Terceira Partitas*, totalizando a metade das seis obras por ele dedicadas ao violino solo. É música de profunda humanidade e abissais exigências técnicas e musicais. Bach faz cantar o violino como se fosse múltipla fonte sonora, com vozes dialogando e uma retórica multifacetada que abrange uma infinidade de sentimentos. Música para meditar mas também para exultar e espantar-se.

Nada disso assusta a pequena Hilary, que desde o Prelúdio da *Partita nº 3*, lançado com firmeza e desembaraço, mostra extraordinária acuidade rítmica, facilidade espantosa nas cordas duplas, variedade discreta dos acentos. A pureza sonora alia-se à entonação imaculada, a firmeza da elocução, à flexibilidade do fraseado, a impulsividade perfeitamente controlada dos movimentos rápidos, à pousada sensibilidade dos lentos. Esta soberania técnico-expressiva pareceria contradizer a sua idade, não fosse um certo déficit de variedade de climas nos testes supremos que são, na segunda *Partita*, a célebre e longa *Chacona*; na *Sonata*, a monumental *Fuga*. Nesses dois casos, *Miss* Hahn não abarca com a maturidade dos grandes toda a complexa arquitetura bachiana, mais senhora do controle técnico e expressivo de cada etapa do que do alcance filosófico e humano do movimento como um todo. Mas não é por isto que alguém deve privar-se do extraordinário frescor e do magnífico *accomplishment* de sua musicalidade. Um senhor disco de estreia.

Jornal do Brasil, 19 de maio de 1998

Um Kreisler diferente, por Kennedy

O charme vienense do violino de Fritz Kreisler (1875-1962) é estranhamente mas instigantemente revisto no CD que lhe dedica o inglês **Nigel Kennedy**. Ambos são artistas acostumados às fronteiras entre o *high brow* e o *pop*. Kreisler foi o último dos grandes violinistas-compositores e o maior fenômeno de massa do seu instrumento desde Paganini. Passou à posteridade pelo som inconfundível, refinado e de *vibrato* radioso, pela elegância da expressão e especialmente — embora fosse grande intérprete dos clássicos — pela música ligeira que compôs para o instrumento. Kennedy é um dos maiores vendedores de disco do mercado clássico mas também um cultor da música pop, e uma figura idiossincrática, saudavelmente avessa a conformismos. O retrato que aqui apresenta do grande precursor artístico foge ao habitual sob vários aspectos.

Para começar, a seleção das peças é reveladora, não se limitando aos famosos *bombons* vienenses compostos por Kreisler no âmbito da música de salão. Ela inclui o *Quarteto de cordas* escrito durante a Primeira Guerra Mundial em linguagem tonal intensamente cromática. Música velha no espírito, em roupagem (então) da moda, mas atraente, em particular na beleza suavemente inquietante do episódio lento do movimento inicial, *Fantasia*. Kennedy, no primeiro violino, é muito bem acompanhado por Rosemary Furniss (segundo violino), Bill Hawkes (viola) e Caroline Dale (*cello*), numa obra que seu avô Lauri Kennedy, cellista, costumava tocar ao lado do autor.

O *Quarteto* é a única obra gravada em condições habituais de estúdio. As demais foram registradas "ao vivo de verdade, sem truques", informa o folheto, sem esclarecer onde nem quando. Mas a ambientação sonora fala mesmo de limpeza e fidedignidade: uma acústica realista, sem *beneficiar* o violino nem o piano (John Lenehan), verídicos na dimensão, no posicionamento e no timbre — e mesmo algo carentes de reverberação. Kennedy extrai de seu instrumento uma rouquidão que é quase de viola. Dá, para começar, uma visão rascante da *Dança espanhola* adaptada de Falla (as adaptações — também de Granados, Rimsky-Korsakov, Heuberger, Scott e do folclore irlandês — são seis das nove peças do disco). No célebre *Liebesleid*, o timbre nasal e a expressão franca e sem afetação, a linha quase sem polimento parecem dizer que a naturalidade e a música devem primar sobre o acabamento. No não menos popular *Tambourin chinois*, com sua vivacidade rítmica e os arabescos virtuosísticos, o exotismo oriental das escalas pentatônicas é ressaltado, longe da elegância alada e quase imaterial de um Maxim Vengerov — e do próprio Kreisler. Esse estilo direto, exuberante e nada arredondado, surpreendente nesse repertório, culmina na interpretação emocionada, *coração na boca*, do *Londonderry Air*, adaptação de uma canção irlandesa anônima. Para fechar este recital estimulante, depois das peças de ocasião e da grande forma do quarteto, um pastiche barroco — o *Prelúdio e allegro* confeccionado por Kreisler como se fosse uma peça do italiano Gaetano Pugnani, e que nessa condição frequentou muitos palcos até ser desmascarada nos anos 1930 pelo musicólogo inglês Olin Downes.

Jornal do Brasil, 14 de julho de 1998

Misticismo e sentimento íntimo

Com seus estilos arcaizantes de fundo mais ou menos religioso, um italiano sensual da primeira metade do século XX e um estoniano austero da segunda convergiram em instigante concerto da Petrobras Sinfônica regido por Silvio Barbato no último sábado, no Teatro Municipal do Rio. Salvo erro, eram inéditas na cidade as obras de Arvo Pärt e Ottorino Respighi reunidas pelo violinista italiano **Domenico Nordio** e seu Guarneri del Gesù, ambos exaltando, excelentes, o prazer da descoberta. Mas foi no contato com o Brahms da cellista russa **Natalia Gutman**, dias antes, na Sala Cecília Meireles, que a experiência do íntimo e do transcendente brotou mais necessária e plena.

Encontramos na música do eslavo Pärt (nascido em 1935) e do meridional Respighi (1879-1936) o mesmo fascínio pelos modos antigos. O primeiro se formou num país ocupado pelos soviéticos, passou pelo serialismo numa época em que as músicas contemporâneas mal chegavam à Estônia e acabou se encontrando na severidade de uma estética da economia de meios, condizente com um temperamento místico. O segundo foi o rei do luxo orquestral numa Itália que se descobria capaz de sair da esfera exclusiva do canto, e gostava de buscar inspiração na música italiana medieval e barroca, e especialmente no canto gregoriano.

Seu *Concerto gregoriano* para violino e orquestra tem menos do gregoriano que do modalismo que também marca, por exemplo, a música do inglês Vaughan-Williams. Evoca muito, por sinal, o poema sinfônico com solista *The Lark Ascending*, deste último, na linha infinita do violino sobrepairando, serena, o efetivo orquestral. O concerto parece algo invertebrado na forma, apesar do fascínio das acomodações harmônicas tipicamente pós-românticas, e pode dar a impressão de carecer de substância para seus 35 minutos.

Em sua seriedade melancólica, parece que estamos contemplando o século por trás das grades da janela de um mosteiro, visitado por um homem do mundo que guarda reverência pelas tradições espirituais. Mas Respighi gostaria de estar lá nesse mundo exterior, quer manter-se conciliado com ele e trata de fasciná-lo com o luxo de sua orquestração.

Com Pärt a conversa é outra. Ele encontrou num idioma musical minimalista e inspirado no sequenciamento barroco a maneira de expressar uma queda para a contemplação em que o silêncio, o recolhimento e a repetição, como numa ladainha, desempenham papel estruturante. Composto em 1977, *Fratres* é uma das obras fundadoras desse estilo, hoje um clássico da música recente. Criada para execução com os mais diversos efetivos, como a *Arte da fuga*, de Bach, ela foi apresentada na instrumentação para orquestra de cordas e discreta percussão com violino solista.

O título fala de frades e pode evocá-los em procissão. É música para se ouvir de olhos fechados, conduzindo para longe, a paisagens e ambientação às vezes hipnóticas em sua plácida tristeza e ensimesmamento. Aqui, o lamento deixa claro que a experiência do mundo é sentida no interior da cela do mosteiro, e que os olhos fechados não buscam atravessar as grades da janela, embora o conflito e a agonia não estejam ausentes.

Domenico Nordio tocou com vibração e uma sonoridade grande, cheia e translúcida que também cativaram, em outra dimensão estilística, no *Concerto em ré maior* (o quarto) de Mozart. Neste, o *panache* e a elegância no primeiro movimento faziam contraponto à graça clara e aos ornamentos *racés* do *Rondò* final e à delicadeza do *Andante cantabile*. Um belo violinista, um excelente programa que confirma o papel da Orquestra Petrobras Sinfônica no enriquecimento da experiência do público do Rio.

* * *

Das lonjuras russas nos havia chegado na véspera a hoje lendária Natalia Gutman, de quem já se disse que não faz, mas *é* música. Confere. *Madame* Gutman senta-se com seu violoncelo num vestido negro despojado, a franja reta sobre o rosto sem maquilagem, a expressão facial parecendo neutra e o olhar voltado para o instrumento, só raramente se perdendo na distância do devaneio ou da busca.

Ela é toda concentração, toca tudo de cor, e desse estar brotam tesouros que têm nome experiência, verdade, necessidade. O programa era alentado: a terceira das *Sonatas para cello e piano* de Beethoven, a

Primeira de Brahms, as *Cinco peças em estilo popular* de Schumann e a *Sonata* de Chostakovich. Houve gana ainda para um extra de Schumann e outro de Britten, alucinante de virtuosismo distraído.

Gutman era acompanhada pelo pianista Viacheslav Poprugin, que não oferecia um contraste apenas na diferença de idade. Era a convivência profícua e iluminadora do brilho, da variedade e da animação com uma seriedade e uma solidez que não são destituídas de vida, pelo contrário, e convidam a rebuscar nos recantos mais íntimos da música. O conceito de fraseado perde o sentido com Natalia Gutman. Ela apenas gera música.

Desde os primeiros compassos do Beethoven, pousada, substanciosa e culta, ela dá aquela impressão de que grandes coisas virão. Tudo flui da fonte natural, acima da técnica e do esforço, os silêncios e pausas têm intensidade e convicção, nada é meramente exterior ou instrumental. Seria de esperar que seu Chostakovich fosse o ponto alto, mas, embora aqui todas as facetas do humor, da agilidade e da meditação tenham sido visitadas, parecia que o piano mirífico de Poprugin tomava a frente.

Foi na verdade para um Brahms de suavidade e densidade absorventes que as musas se haviam reunido. Tanto a *Sonata* de Beethoven quanto a de Brahms privilegiam o registro grave do violoncelo, mas foi na sentida rememoração outonal deste último que a impregnação funda da intérprete mais emocionou, com aquela emoção das coisas incontornáveis que não precisam de retórica nem enfeite.

É curioso que as gradações da quietude para o ardor fossem tão naturais e perfeitamente dosadas entre o piano e o *cello*, que uma chama ardesse na calma e uma paz chamasse do fundo da exaltação. Brahms falava, e as coisas imemoriais, gravadas na carne do sentimento e cheias de interrogação que ele diz há mais de um século voltavam a nos tocar. Esse tipo de experiência da exaltação só se renova nesse diapasão quando a magia está presente, e não decorre necessariamente da vontade mística explicitada por um compositor.

Opinião e Notícia, 9 de outubro de 2006

O violino mais voluptuoso

A arte de **Itzhak Perlman** dá vontade de redigir tratados ou talvez, melhor, calar completamente. Entre os grandes violinistas que deixaram sua marca em disco, ele pode não ser o de temperamento mais individual, o mais espontaneamente vibrante, o mais sutil ou estilista, mas sua sonoridade dourada e caramelada não tem igual, assim como a perfeição técnica e do acabamento e o instinto musical. É o violino de Perlman que está no centro deste novo lançamento da Teldec, com a segunda gravação que ele faz do *Concerto duplo* de Brahms (depois de juntar-se a Rostropovich e Haitink na EMI) e a terceira desta maravilha de eterna juventude e exaltação romântica que é o *Concerto em mi maior* de Mendelssohn.

Perlman está no centro, no Brahms, porque o parceiro Yo-Yo Ma, ao violoncelo, embora esteja à altura em técnica e no tratamento amoroso da música, não se projeta com a mesma naturalidade. A comparação com o clássico disco de Josef Suk e André Navarra com Karel Ancerl e a Filarmônica Tcheca (Supraphon) mostra que neste caso a balança do peso sonoro/expressivo pendia para o *cello* do espanhol, irresistível em suas texturas granuladas-quase-roucas e no *rubato* senhoril. Gravado no início dos anos 1960 com um som muitíssimo bom e uma dinâmica mais sinfônica, o disco Supraphon dá saudades dos tempos em que a grandeza do gesto solista e o *caractère* puro e simples (mais em Navarra que em Suk) eram moeda mais corrente.

Acompanhados pela suntuosa Sinfônica de Chicago regida por Daniel Barenboim (curiosas *puxadas* nos sopros), Perlman e Ma conversam mais filigranada e civilmente, com uma deleitável facilidade, nesta obra dramática mas também melancólica, como todas as peças concertantes de Brahms. Tudo é perfeição arredondada, com a extrema delicadeza e a suavidade dos arabescos dialogados no *Andante*, e sempre o *legato* inconsútil de Perlman. O requintado acabamento parece mais trabalhado na matéria sonora do que na expressão original, mas para quem busca seu primeiro *Duplo* de Brahms este concerto ao vivo é uma escolha excelente.

O Mendelssohn reedita sem igualar plenamente a beleza alucinante da gravação anterior, com Haitink e a Orquestra do Concertgebouw de Amsterdam, num disco EMI acoplado da última vez ao *Concerto nº 1* de Bruch. Sem resvalar no gosto, Perlman potencializa com sua voluptuosa musicalidade a elegância concertante desta obra que na invenção caprichosa e na riqueza melódica perene é irmã do *Concerto para piano* de Schumann. O som, gravado ao vivo, é mais muscular e tem no violino uma suspeita de nasalidade, logo esquecida. Pois a pureza tonal, o *vibrato* intenso sem ser protuberante de Perlman e a plenitude de seu canto — seja no *Andante* ou em plenos fogos de artifício do *Allegretto non troppo* final —, os *glissandi* incomparáveis e as cordas duplas vertiginosas são uma festa para o ouvido e a alma.

Jornal do Brasil, 8 de julho de 1997

ITZHAK PERLMAN

Um violino acima de qualquer técnica

O violinista **Itzhak Perlman** apresenta-se hoje no Teatro Municipal pela segunda vez em três anos. Acompanhado do pianista Samuel Sanders, seu parceiro há cerca de trinta anos, ele vai tocar a muscular e tonificante *Sonata Kreutzer* de Beethoven e a *Sonata* de César Franck, culminância da arte francesa da nuança e do fervor contido nos limites da elegância. Perlman é justificadamente considerado um dos maiores violinistas do século, conhecido por muitos discos e por um estilo majestoso e uma sonoridade rica, ambos inconfundíveis. Nessa conversa por fax com o JB, ele fala de técnica, musicalidade e repertório.

— *O senhor está perto de ter todos ou quase todos os concertos e sonatas importantes ou favoritos em seu repertório. O que tem explorado de novo ultimamente?*

— Estou para gravar uma série de obras que costumo chamar de *Baby Concertos*, aqueles concertos que todos os estudantes de violino tocam no início de seus estudos. São tidos como concertos fáceis, mas sabemos que nada é realmente fácil quando se quer tocar bem... Estou estudando todos eles e vou gravar com a orquestra da Juilliard School de Nova York. Assim, os estudantes poderão ter a ajuda de um disco para seus estudos.

— *Que obras e compositores continuam a apaixoná-lo? Quais levaria para a ilha deserta?*

— É uma pergunta difícil. Gosto de tantas coisas que é difícil escolher entre todas as joias desse repertório... Mas vou citar dois concertos que logo me vêm à mente, sem que isto implique preferência sobre outros: o *Concerto* de Mendelssohn e o segundo *Concerto* de Bach.

— *O que há de especial no ensino de violino da Juilliard School, onde o senhor estudou com Ivan Galamian e Dorothy Delay?*

— Hoje em dia, com o fenômeno da globalização, a informação se dissemina em todas as direções o tempo todo. Com isto, as maneiras de estudar e aprender música se espalharam pelo mundo e tendem a ser muito semelhantes. Mas o que em minha opinião realmente continua fazendo alguma diferença na Juilliard é que eles trabalham arduamente, e isto é muito importante no início. Os alunos recebem informação extensiva sobre música, história e tudo mais. É muito puxado, mas esse tipo de preparação acadêmica é muito importante para a interpretação, no futuro, para permitir que os violinistas se tornem artistas.

— *Que é mais importante quando toca: a beleza do som, a adequação estilística, a fidelidade ao compositor, a liberdade dentro de certos limites?... Ou tudo isto e algo mais?*

— Nunca penso nesses termos, de aspectos diferentes. Considero que o mais importante é fazer música, em seu sentido mais profundo. E o violino ajuda, pois vibramos com ele, o instrumento e o músico são uma coisa só.

— *Houve um momento em sua evolução em que sentiu que a música pura passou a transcender a simples técnica?*

— Isso tem a ver com a pergunta anterior. Não poderia traçar uma fronteira exata sobre um momento em que me tenha transformado de violinista em artista. Não creio que alguém possa, pois não se trata de um processo que ocorra num momento dado da vida, é uma evolução. Mas posso lhe assegurar que comigo aconteceu há muito tempo.

— *Existem públicos que recompensam melhor sua dedicação? Certos músicos falam por exemplo da excepcional concentração do público japonês...*

— Sei que isso acontece com muitos colegas, e realmente posso identificar certas diferenças entre as reações dos diferentes públicos, alguns mais entusiásticos que outros, mas não em seu sentimento em relação ao que foi tocado. É mais uma questão de diferentes maneiras de se expressar em diferentes povos. Tenho um poder de concentração enorme quando toco, realmente me interiorizo completamente, é como se entrasse num estado diferente, e raramente tenho minha atenção desviada para o que está acontecendo durante a performance.

— *Que poderiam os violinistas estar tocando pelo mundo daqui a cem anos? Os compositores de hoje estão renovando o repertório de uma forma que atraia os músicos e o público?*

— Acredito que estaremos sempre tocando as mesmas joias. Há certas obras que simplesmente têm de continuar sendo oferecidas geração após geração. Infelizmente, o repertório não está sendo ampliado como poderia, não temos em nossa época muitos compositores dignos de nota.

— *Que instrumento vai tocar em seu recital no Rio?*

— Tocarei num Bergonzi de 1735, um dos meus favoritos, com sonoridade muito forte e profunda, e muito bom em climas quentes. Gosto muito dele.

Jornal do Brasil, 17 de maio de 1998

Música com o violino do céu

A música se derramava com uma opulência que só atendia uma expectativa para desarmar outra. Era **Itzhak Perlman** inundando o Teatro Municipal, no domingo, com o mel espesso e dourado e a prata fina e reluzente de seu Bergonzi de 1735. Violinista do céu capaz também do trilo do diabo, como demonstrou nos extras levanta-plateia, ele toca com a generosidade dos *naturais*; a força comunicativa de sua técnica transcendida evoca aquelas gerações de grandes vozes do passado que não voltam mais. Tudo na tarde nos conduzia ao infinito, em percurso de tensão e abandono ao mesmo tempo: a vitalidade do fazer musical, a naturalidade com que ele ataca e fraseia, a plenitude da voz, a riqueza e homogeneidade do timbre em toda a extensão, o alcance aparentemente infinito do arco, a honradez dos enunciados, a conversa consigo mesmo e com o parceiro — um pianista, Samuel Sanders, que se revelou mais que o acompanhador ilustre de uma estrela com a qual está afinado há muitos anos.

Foram duas sonatas de peso, em interpretações de incontornável solidez banhada em frescor e sentimento. A *Kreutzer* de Beethoven é um monumento do classicismo que esboça no ar o gesto romântico sem deixar de olhar para os lados (Haydn, Mozart). Nos movimentos extremos, dois *Prestos*, os parceiros, dialogando, imitando ou perseguindo um ao outro, deram aula de equilíbrio dentro dos novos elãs de um Beethoven da época da *Eroica*. Mas a grande maravilha desta sonata é o *Andante* central com variações. E aqui quase coube duvidar que tanta perfeição e dedicação pudessem sustentar a emoção. Mas esta nascia precisamente daquelas. E todo o movimento, até a *coda*, abarcou mundos inteiros num espaço dinâmico entre *pianissimo* e *mezzo forte*. É isto música de câmara.

César Franck aguardava na segunda parte. Será que o virtuose é capaz de se *reduzir* às proporções, ao fervor contido do romantismo tardio francês numa de suas obras-primas? Mas já no *Allegretto* inicial Perlman e Sanders cativavam com a liberdade amorosa das frases e acentos o fluxo e refluxo da paixão que demora a se declarar, nos limites (reinventados) da pré-emoção em que evolui o *moderato*. Calma e delicadeza acima e além de qualquer noção de estilo recriado ali, no ato. E sempre, no violino, a linha melódica longa mas pudica, a pureza inconsútil do fio sonoro, o *legato* de sonho. No piano, uma compreensão surpreendente e reveladora dos mistérios harmônicos e da retórica franckiana.

Quem temia que o violino fosse por demais imperial para os *dégradés* de César Franck ouviu, mudo, o apreço com que os temas cíclicos eram retrabalhados a cada retorno, a respiração infinitesimal das nuanças, a carícia no vigor. Perlman demonstrou que o estrelato tem seus porquês mas perde direito de cidadania quando a música precisa reinar. Foi, nesta sonata, uma das mais equilibradas leituras de que se tem notícia. E no entanto, que têm a ver ideias como equilíbrio e "leitura" com tanta vida feita música? Obrigado, Itzhak, volte sempre. Se demorar outra vez, a lembrança já é indelével.

Jornal do Brasil, 19 de maio de 1998

Repin *in Rio*

Vadim Repin estreou este domingo no Rio de Janeiro num *Concerto para violino* de Mendelssohn talhado com elegância estilística e intensa mas recatada plenitude melódica, em noite de auspiciosa estreia do ciclo dedicado ao compositor pela Sala Cecília Meireles.

Acompanhado pela Orquestra Petrobras Sinfônica (Opes), sob a regência de Silvio Barbato, Repin — um dos virtuoses mais finos do circuito internacional — extraiu de seu Stradivarius (o *Rubi*, de 1708) uma sonoridade de mel lustroso e açucarado, de uma seda multicor a que também soube conferir discretas rouquidões — como nos graves da cadência do movimento inicial ou no entusiasmo do *Molto vivace* final.

O *Concerto em mi menor* de Mendelssohn é (felizmente) um dos concertos mais tocados: lembro-me, nos palcos do Rio, de Renaud Capuçon e Augustin Dumay em anos recentes. Entre o romantismo vigoroso do primeiro e a maturidade extremamente plástica do segundo, Repin, contido, se mostra senhor de uma elegância expressiva que pode fazer esta joia de sentimento equilibrado estender a mão sem alcançar alguns de seus efeitos mais arrebatadores emocionalmente.

O violinista russo evita, por exemplo, qualquer *portamento* mais chamativo, embora cultive uns *ralentandi* eloquentes, umas micro-hesitações carregadas de promessa. Com um *vibrato* sedutor e intenso mas curto, ele afirma os enunciados e fins de frase sem se demorar, e percorreu todo o *Allegro molto appassionato* inicial sem resvalar para a languidez em momento algum — parecendo mesmo, às vezes, quase distraído em seu rigor.

Na cantilena do *Andante* central, Vadim Repin destilou um *legato* longo, fraseado redondo, pureza de tom (e capacidade de variar as colorações) e, mais uma vez, uma *stylishness* que podia parecer reserva ou distanciamento. Mas, sempre mostrando inventividade e presença em pequenos toques como o *détaché* do fim da exposição e discretos *sforzandi* aqui e ali, chegou ao fim do movimento revelando como a pureza de intenções e meios pode também derreter um coração nessa música tão destituída de artifício.

O último movimento foi trabalhado numa velocidade dos diabos que — ao contrário do que acontecera no primeiro — não ameaçou deixar a Opes para trás. Manhoso nas súbitas microacentuações imprimidas a certas passagens da exposição, Repin concluiu ágil e sempre aristocrático, mesmo na velocidade.

Em bis, ele apreendeu com *panache*, num magnífico gesto unitário, uma dessas peças para violino solo em que o belga Eugène Ysaÿe explorava no início do século XX todas as possibilidades expressivas do instrumento, evidenciando mais uma vez uma bela capacidade de suster o fluxo (e o gosto) em todo um percurso de variedade expressiva e constante reorientação das inflexões.

Barbato e a orquestra deram em seguida uma *Sinfonia Italiana* entusiástica sem exageros — mas os regentes deviam transformar todo fortíssimo em mero forte, e todo forte em *mezzo forte*, quando tocam música sinfônica com mais de cinquenta instrumentistas e presença de percussão na Sala Cecília Meireles. O *Andante con moto* pareceu um pouco expedito, sem expectação ou tensão interna, em seu passo lesto, mas o *Saltarello* final foi puro *fun*.

Opinião e Notícia, 11 de junho de 2007

Vengerov, absoluto na simplicidade

Maxim Vengerov tem um jeito de tocar violino que desarma a tradicional questão: os violinistas de hoje têm estilo e personalidade? Podem ser reconhecidos de olhos fechados e ombrear-se, nisto, com um Heifetz, um Oistrakh, um Kreisler?

Como um bom músico moderno (pós-moderno?), seu estilo é antes de tudo o da música que toca. O que não quer dizer impessoalidade. No recital fulgurante que deu domingo no Teatro Municipal, na Série Dell'Arte, a afirmação começou na escolha do repertório, sem lugar para a facilidade: Mozart e Beethoven, tocados com sobriedade e classicismo irretocável, em total imersão na mensagem; Prokofiev e Chostakovich, que tampouco pagam preito às expectativas mais óbvias do público de um virtuose do violino.

A espinha dorsal era a épica *Sonata em fá menor* de Prokofiev. Concluída em 1946, ela não pode deixar de evocar o horror da guerra, em sua aspereza às vezes intratável. Vengerov percorreu-a com essa intensidade que fala por si mesma, sem efeitos exteriores: a perplexidade e os calafrios vinham da própria música, evocando a desumanidade do homem numa escrita de rupturas métricas ou tonais em que o violino é levado a soar *feio*. A interpelar.

A paleta sonora se espraiou mais em dez dos *Prelúdios opus 34* de Chostakovich, aforismos de sarcasmo, paródia e fingida ternura em que o controle da arcada e a firmeza da entonação de Vengerov tinham expressão mais lúdica.

Sempre num tom de aristocrática dignidade, só nos números extras o público retomou contato com o fascínio mais tradicional do violino, inclusive numa *Meditação* de Massenet que vai ficar na memória pela pureza da linha, o mel opulento e reluzente da sonoridade e a emoção contida.

O pianista Igor Levit foi um acompanhador brilhante, exaltado no Prokofiev, irônico no Chostakovich, capaz de uma conversa quase sussurrada no *Adagio* da *Sonata opus 30 nº 2* de Beethoven.

Opinião e Notícia, 29 de maio de 2006

VIOLONCELISTAS

Ma, o mago

Abraçado a seu violoncelo num palco, **Yo-Yo Ma** tem um carisma que certamente está na origem de sua condição de *star* global. Mas o charme cão do arrebatamento e da entrega que ele destilou em recital com a pianista Kathryn Stott no Teatro Municipal do Rio de Janeiro nem de longe pôs em risco os equilíbrios delicados da arte ali servida — muito pelo contrário.

Sim, porque na música dita "séria", ou "clássica", ou "erudita", ou "de concerto", como quiserem, existe — por motivos como riqueza da linguagem e das formas, profundidade da expressão e do sentimento, tradições interpretativas — uma espécie de ética: primeiro a música, depois o intérprete. Limiares muito sutis são respeitados e explorados nesse diálogo da mensagem original com a expressão individual.

Ma observa o princípio, com sua sensibilidade finíssima. Ele tem a imagem de artista aventuroso, busca repertórios novos, atravessa sem problemas as fronteiras de gêneros, envereda pelas músicas étnicas e locais, descobre compositores. Essa gana do *crossover* também contribui para a irradiação mundial de sua arte.

Nada contra, embora um programa como o do outro dia fique um pouco desequilibrado — para a sintonia e a sensibilidade de uma parte do público, reconheço — com a combinação de três grandes sonatas do repertório clássico com duas obras de compositores mais próximos do gosto popular.

Não há por que torcer o nariz. Muita gente certamente é assim atraída para duas horas de escuta de um violoncelo finíssimo e de um piano de maravilhosa fluência. Todas as músicas ali ouvidas são o contrário do que há de massacrante e massificante no panorama atual. Além do mais, as *Bodas de prata* e os *Quatro cantos* de Egberto Gismonti são modelados com volúpia e sentimento íntimo, e o *Grand Tango* de Astor Piazzolla, tocado com essa classe, cativa — apesar da impressão de que as melodias e o *milonguismo* nunca vão muito longe das mesmas fórmulas.

Com sua sonoridade dourada, lírica e tendente ao suave, Ma acariciou a *Sonata Arpeggione* de Schubert com uma nitidez de traços, um gosto da diferenciação dos episódios e um prazer de se deter em calibragens infinitesimais da frase que parecem cavar fundo na música e extrair todo o seu suco sem brutalizar as formas delicadas.

Sentado muito próximo de Kathryn Stott, auscultando-a o tempo todo, Ma deixava fluir com a dela a sua volubilidade. Essa reverberação recíproca dos elãs dos dois músicos, na imersão total, foi uma das maravilhas do recital. Os volumes do piano de Stott se regulavam ao mesmo tempo física e mediunicamente com o fio quase sem granulação da voz de Ma.

Se na *Arpeggione* a leveza dançante e o ligeiro langor mostravam um Schubert capaz de espairecer na melancolia, esse mesmo cultivo do gesto cênico no fazer musical, o deter-se hedonista na beleza do momento — talvez a principal característica da arte de Ma — pareceram menos a propósito nas oscilações de humor da *Sonata* composta por Chostakovich em 1934. Mas o canto fúnebre do *Largo* saiu extremamente concentrado; os *pianissimi* do cellista são uma de suas formas de sedução.

Na *Sonata para violino e piano* de César Franck — transposta para o violoncelo logo depois de composta em 1886 —, o desvelo de cada momento não impediu que a palpitação ofegante da inspiração do compositor fosse empolgada em ondas de romantismo irresistível desde o início. Ma, por sinal, tem um jeito de entrar num enunciado e de variar as exposições com súbitos influxos dinâmicos que é outro prazer para o ouvinte.

Opinião e Notícia, 25 de junho de 2007

Um violoncelo com alma em Tchaikovsky

Foi em estado de graça que **Antonio Meneses** apresentou sábado na Sala Cecília Meireles a versão original das *Variações Rococó* de Tchaikovsky. Não se ouvia um suspiro na plateia: eram todos jogados para dentro, pois tinham de ser dados de alguma forma. O cellista brasileiro ofereceu cerca de quatro minutos mais de música que a versão habitualmente ouvida, com a recuperação da oitava e última variação, eliminada na edição comumente usada para concluir com a quarta, a mais espetacularmente virtuosística. Fitzenhagen, o autor da manipulação, sabia o que estava fazendo, mas o músico no palco da Sala dispensava *grands finales*.

Meneses estava sem o último grau de *aisance* na modelagem de certas tiradas muito rápidas e na entonação no superagudo. Mas não tem igual a maneira como, escorada em alicerce técnico impressionante, a música vem das entranhas e se faz espírito em suas interpretações, passando pelas cordas, a caixa de ressonância e a alma inteira. Na terceira variação, dialogando com a flauta, comovia a plenitude do canto no repouso. Na seguinte (a que foi jogada para o fim por Fitzenhagen), agitada, nervosa, a firmeza alada na velocidade se aliava a um trabalho de relevo dinâmico que, sendo simultâneo, parecia desafiar leis naturais. Tudo proposto com respiração de mestre e a expressividade dos grandes músicos naturais e instintivos que transcendem a técnica. O que culminou no *Andante cantabile* adaptado pelo próprio Tchaikovsky do segundo movimento do *Quarteto de cordas n° 1*, cantilena que leva dos campos russos ao céu da consolação triste nos limites do silêncio, sobre os quais Antonio Meneses oscilava com sonoridades inconsúteis e um *rubato* de anjo.

Jesús López Cobos e sua Orquestra de Câmara de Lausanne haviam começado com uma peça contemporânea do suíço Michael Jarrel, encomendada para esta turnê, e concluíram com uma *Sinfonia Júpiter*, de Mozart, anunciada num *Allegro vivace* que pareceria incomodamente *standard* se não fosse seguido de três outros movimentos trabalhados com amor, senão com imaginação fora do comum. O movimento lento pulsou com caprichado lirismo, muito bonito, e o enérgico *Molto allegro* final esteve à altura dos desafios contrapontísticos e dramáticos do compositor, sem explorar novos horizontes interpretativos.

Jornal do Brasil, 26 de maio de 1997

Um Bach de pureza de intenções

Violoncelista romântico bem conhecido nosso, com sua arte feita em grande medida de ímpeto e intuição, **Antonio Meneses** ofereceu anteontem na Sala Cecília Meireles interpretações de puro equilíbrio *clássico* das *Suítes* n°s 4 e 5 de Bach, equidistante dos contrastes barrocos e da visão que hoje tenhamos deles.

As *Suítes*, além de constituírem a pedra fundamental da literatura para o instrumento — ao qual deram a palavra na história da música —, encerram esse mistério intraduzível de uma voz individual e interiorizada se expressando na linguagem da dança de corte: uma conversa com a espiritualidade sob capa galante. Sóbrio na atitude e na dicção, atento ao que a música tem a dizer sem excitação ou busca do efeito, Meneses pôde parecer tímido no equacionamento desse paradoxo. Sua leitura se distancia da liberdade que os cellistas — especialmente os que trabalham com instrumentos antigos e técnicas de reconstituição estilística, mas não só eles — ampliam hoje em dia nesse repertório. A maneira como ele entra nos *Prelúdios*, por exemplo, parece indiferente a qualquer obrigação de logo demarcar muito nitidamente o território interpretativo. Mais empenhado em comunicar que em monologar, Meneses simplesmente começa a tocar. Mas a intimidade com a música cresceu maravilhosamente com a progressão do concerto e a impregnação desse contato franco com o público. Os *Prelúdios*, que são, com as *Sarabandas*, o terreno da interrogação nas *Suítes*, comportam mais perplexidade contemplativa, a diferenciação entre o caráter de cada dança pode ser mais ressaltada, as *Allemandes* já foram ouvidas com mais alada graciosidade. Mas o diapasão era o da perfeita calma, e ela recompensa: gravidade simples das *Sarabandas*, equilíbrio entre os alicerces sonoros, a liberdade da frase e a leveza do arco, naturalidade dos andamentos e ritmos. Crescendo nesse clima de confiança, Meneses chegou à *Giga* final da quinta *Suíte* mais livre que nunca, esculpindo sua eloquência e dando todo o tempo à música — e sentido ao que vinha fazendo antes.

A ideia de associar duas *Suítes* às três *Sonatas* de Bach para viola da gamba e cravo, na transcrição habitual para o *cello*, foi das mais felizes. Antecessora do violoncelo, a viola da gamba tem uma sonoridade mais suave e *passiva*, e essas peças transitam por uma tessitura em geral mais aguda que não deixa tão confortável a entonação do sucessor. Seu caráter também é mais ameno, sem prejuízo de uma expressividade encantadoramente maneirista que tem seus momentos de *pathos*. O contraste com o maior alcance e variedade das *Suítes* foi explorado com jovialidade e senso de estilo por Meneses e **Rosana Lanzelotte**, ágeis e brilhantes nos movimentos rápidos e alertas no diálogo e na exploração das texturas.

Jornal do Brasil, 19 de junho de 1999

Patrimônio nacional

Com todo respeito pelos direitos dos outros povos, uma quota mínima de permanência no Brasil, por temporada, devia ser exigida de **Antonio Meneses** com seu violoncelo. O concerto que ele deu na quarta-feira no Teatro Municipal, com a Orquestra Petrobras Pró-Música (OPPM), foi como sempre, uma ou outra vez por ano apenas, essa conjugação rara na expectativa constante do melômano: alma musical desabrida com fibra instrumental de alto coturno.

O repertório escolhido, sem ser difícil, não era exatamente popular. Meneses chegou ao ponto — único cellista-estrela nas paragens, exceto quando um raro Rostropovich aparece — em que pode propor sem assustar. Tivemos então *Kol Nidrei*, a serena oração sobre temas judaicos composta em 1881 pelo austero Max Bruch, que no entanto sabia inventar e sustentar uma melodia, e o *Concerto em lá menor* de um Schumann dos últimos anos de transtorno mental e depressão.

Nada esfuziante, portanto. Mas foi uma festa. O Bruch passou com dignidade cantante e a dose necessária de expressividade na interiorização. É, de qualquer forma, um canto feito para passar. Mas o Schumann surpreendeu quem identifica apenas, nesse concerto, uma estação intermediária e meio esquecida entre a animação permanente do *Concerto para piano* e a tristeza funda e impressionante do *Concerto para violino*. Na sinceridade fluente do cellista pernambucano, ganhou uma coesão de grande obra injustamente relegada.

Regida por Roberto Tibiriçá e audivelmente estimulada pelo solista, a Pró-Música já no primeiro movimento sabia ser febril na vibração, judiciosa num contracanto dos *celli*, vívida na cor da trompa. E iria até o fim alerta e expressiva. Mas o foco estava no centro do palco, tão justificadamente como poucas vezes.

Meneses não tem o formidável rigor intelectual de um Janos Starker ou o imperial romantismo de Rostropovich; mas não resvala para as sentimentalizações de um Mischa Maisky nem se detém em burilamentos afetados como às vezes Yo-Yo Ma. Seu som não é propriamente suntuoso, a entonação pode vacilar, as *volatas* deslizam mais firmes com o arco pressionado, menos quando pousado... O instrumentista pode dar a impressão de perder momentaneamente o controle para a vitalidade do músico.

Mas eis, justamente, a virtude na aparente limitação. Sua arte é de convergência para a música, com a técnica a serviço. Se há menos volume e acabamento que modelagem intuitiva e nervosa muscularidade, a frase e o andamento brotam evidentes, o canto tem relevo, a intensidade e o lirismo são de todos os momentos. Ao mesmo tempo mágico e natural, seu Schumann ficará nas memórias pela eloquência no casamento de dois temperamentos românticos, de compositor e intérprete. No extra — a *Bourrée* da *Suíte em dó maior* de Bach — Meneses lembrou, com fina classe de professor e jovialidade de menino, que também é dono da linha pura e do ritmo dançante.

Na segunda parte a OPPM não deu mais que uma leitura da *Sinfonia Pastoral* de Beethoven, grudada na partitura como um pássaro no chão. Todo mundo conhece essa dicotomia da maioria das orquestras brasileiras: garra e valor no acompanhamento de um solista em repertório romântico, dura realidade da insuficiência de cultura instrumental e orquestral nas obras tecnicamente mais expostas do classicismo ou do primeiro romantismo. Em música tão familiar aos ouvidos e tão arraigada na imaginação, é difícil dizer presente e mostrar intenção e propósito sem uma rotina de ensaios que remexam fundo. O Rio precisa se orgulhar de uma orquestra sua, e os músicos de suas orquestras não merecem ser tratados com condescendência.

Jornal do Brasil, 17 de agosto de 2001

Milagre de sintonia na Sala

Com **Antonio Meneses** e **Menahem Pressler**, a Sala Cecília Meireles retomou segunda-feira suas noites de *star quality*, depois de um longo e moroso inverno. Casa cheia e heterogênea, o Rio musical presente, eletricidade no ar. O fato de ter sido o primeiro de dois recitais com a obra integral para violoncelo e piano de Beethoven — um esforço de seriedade melômana raro na cidade — contribuía para a sensação de ocasião especial.

Reunidos em duo, o lendário fundador (em 1955) do Trio Beaux Arts, que completará 80 anos em dezembro, e o cellista brasileiro que o integra há cinco anos mostraram uma sintonia miraculosa da escuta mútua e da réplica ágil. Meneses parece hoje, aos 45, no pique da maturidade; a elegância e o arroubo conhecidos ganharam um equilíbrio que prestava homenagem comovente — especialmente no acabamento da elocução e dos fins de frase — ao Beethoven *feliz* da terceira e da quarta décadas de vida, quando ainda não fizera entrar a cólera na música, no dizer de um filósofo. Pressler pode ter perdido no teclado o último grau de imaculada perfeição na agilidade, mas continua o bruxo de sempre nas artes da imaginação e do colorido.

Marco inaugural do violoncelo como instrumento expressivo em igualdade de condições com o piano, as cinco *Sonatas* abarcam os três grandes períodos criativos do compositor. É um fascinante percurso da inocente glosa do classicismo às experimentações rugosas e quase abstratas, passando pelo lirismo adulto da terceira *Sonata*, em lá maior.

Foi nela, já mais aquecidos na segunda metade do programa, que Meneses e Pressler levaram sua ultra-apurada alquimia ao estado de graça. A acústica da Sala Cecília Meireles, ante a qual não cansamos de nos maravilhar, envolvia num estojo de luxo as dosagens hipnóticas de massas e volumes, timbres e cores que Beethoven tentou adivinhar. Misteriosa ondulação do quase-silêncio à declamação cantante no primeiro movimento; precisão dos contratempos do *Scherzo*; perfeição despreocupada, no *Allegro vivace* final, da música que fala livre da gravidade, e apesar disso ostentação de dinâmicas, texturas e equilíbrios mutantes.

A mesma tensão amena entre o esforço e a naturalidade foi construída na *Sonata em sol menor*, a segunda, uma daquelas em que o compositor inaugurava — entre tantas outras coisas — a prática do início em movimento lento. No pé ante pé desse *Adagio sostenuto ed espressivo*, os dois comparsas burilavam o suspense parecendo não querer chegar ao fim; mas o eletrizante *Rondò* me pareceu sem sustentação no frenesi.

Além das *Variações sobre um tema do Judas Macabeus de Händel* e sobre a área de Papageno na *Flauta mágica* de Mozart, estas cheias de graça sem langor, dois movimentos tranquilos e sonhadores da *Sonata* de Debussy e da *Primeira* de Brahms encerraram a noite em diapasão de vida e animação plenas, mesmo em música retraída e discreta.

Jornal do Brasil, 3 de setembro de 2003

Coração na ponta do arco

Rostropovich volta ao Teatro Municipal

Slava, uma lenda viva do século, está de volta ao Rio. Muita gente irá ao Teatro Municipal neste sábado para ouvi-lo, e ponto. Perfeitamente natural: **Mstislav Rostropovich** é desses intérpretes que estão além da música que tocam. A começar porque ela encarna nele de uma forma que o torna muitos: violoncelista como poucos, mas também pianista, regente, compositor nos primeiros tempos — e homem do seu tempo, movido pela busca de uma verdade que, constante para ele na música, não poderia escamotear na vida. E é único — como uma Callas, um Heifetz, um Rubinstein — porque não se detém nas notas, transcende tudo que toca. Como são poucas as vezes que podemos ouvi-lo, talvez não importe o que vai tocar. Para uma parcela do público que não tem muita chance na programação do Rio — aquela para a qual a música não é uma questão de repetição *ad infinitum* dos favoritos —, seria bom se tocasse, como chegou a ser anunciado, o *Concerto nº 1* de Chostakovich, uma das dezenas de obras que lhe foram dedicadas por compositores contemporâneos. É uma de suas facetas fascinantes: Rostropovich alargou o repertório do *cello* como ninguém. Em vez disso, teremos o belo *Concerto* de Dvořák. Em vez do presente, um olhar para o passado, e quem sabe Slava não chegou, aos 72 anos, à idade em que a reflexão prima sobre a ação. Há três anos deixou a direção da Orquestra Nacional de Washington para ter mais liberdade. Ouviremos, então, uma interpretação outonal e sábia do grande lirismo dvorakiano, tão tendente aos derramamentos emotivos que são o temperamento de Rostropovich? Uma coisa é certa: ninguém se sentirá lesado tendo no palco um "dínamo de amor", como o definiu um jornal inglês. É entregar-se.

— *Que mensagem o* Concerto *de Dvořák ainda lhe passa, depois de tantos anos?*
— É uma das peças mais fantásticas compostas para o *cello*. Eu ainda me emociono toda vez que a toco, principalmente em público. A meu ver, o timbre do *cello* é perfeito para toda a linha melódica do concerto. A mensagem é a mesma de sempre: o belo, a perfeição podem existir aqui e agora.
— *O público ficaria decepcionado se tocasse uma obra de compositor contemporâneo?*
— Não sei. Esta questão de repertório é uma decisão sempre muito discutida entre promotores, maestros etc. Na verdade, parece que o gosto do público brasileiro para peças mais clássicas e românticas influenciou na decisão. Para mim, na verdade, não faz diferença.
— *Os franceses dizem que "a música suaviza os costumes". Está aí a origem da energia que o faz tão ativamente um homem do seu tempo?*
— É mais que isso. É meu modo de dizer algo para a humanidade, meu meio de expressão. Minha vida não seria completa sem a música. Para mim é a maior das artes, a mais direta e ao mesmo tempo a mais misteriosa, inesgotável.
— *Qual o futuro da música?*
— Sempre haverá lugar para a música boa. Hoje o mundo é muito rápido, tudo se interliga. É fácil divulgar o nosso trabalho. Existem milhares de compositores que têm seu trabalho divulgado, mesmo sem o devido merecimento. Mas sempre, no meio de uma enorme mediocridade, existe alguém especial. São os grandes compositores, que talvez sejam compreendidos só no próximo século.
— *Como encara as tendências atuais da música?*
— Há muita experiência, muita pesquisa e menos talento vindo dos deuses. Não importa o estilo de uma peça. Se tem verdade, inspiração, a gente é tocada por ela. E isto é raro acontecer.
— *Tem compositores favoritos?*
— Tenho uma relação muito afetiva com alguns dos compositores russos, como não poderia deixar de ser, mas sinceramente amo o que estou tocando no momento.
— *Se tivesse de escolher como músico, ficaria com Chostakovich ou Prokofiev?*

— Ficaria com os dois, não dá para escolher, amo tudo que toco dos dois. Escolher alguma coisa me faria um péssimo pai!

— *Como resumiria sua experiência com as* Suítes *para* cello solo *de Bach, e o fato de ter demorado tanto para gravá-las?*

— Bach é o mestre dos mestres. Suas *Suítes* são uma obra vinda diretamente dos deuses de que falei. Mas precisamos superar definitivamente suas dificuldades técnicas, e só quando tudo parece natural — e isto demora muito — podemos começar a explorar todas as possibilidades de vozes que Bach oferece. É uma experiência quase mística poder integrar-se com o compositor durante a execução. Tive que esperar até ter certeza de que estava totalmente seguro do que queria fazer com as *Suítes*. Mas a demora é na realidade um amadurecimento.

Jornal do Brasil, 16 de abril de 1999

Paixões temperadas

Um **Mstislav Rostropovich** de contida emoção passou sábado por um Teatro Municipal lotado e esquecido das aclamações *exteriores* geralmente reservadas às estrelas da Série Dell'Arte. Embora estivesse nas estantes o dramático e majestoso *Concerto* de Dvořák, prevaleceu todo o tempo um clima de musical introspecção. Não que o solista se negasse em sua dicção soberana aos grandes gestos de afirmação dos dois *Allegros* extremos. Rostropovich era ele mesmo, o de sempre, na plenitude nobre e viril da linha, no canto profundo, na naturalidade com que um arpejo conquista seu espaço, mas dando a impressão de guardar reservas sonoras. Mas o jorro de mel espesso do Montagnana nunca chegou a ser lava incandescente, como pede várias vezes esse concerto. A Orquestra Sinfônica de Budapeste e Tamás Vásáry seguiam o mestre sem se aventurar em réplicas mais teatrais ou impetuosas. Houve momentos de relançamento do discurso em que o próprio solista cuidou de exortar os comparsas para esferas mais animadas, ainda que nunca exaltadas.

Essa serenidade mergulharia a casa em halo de espantado mistério num *Adagio* rematado em coda propriamente miraculosa, como que perdida no tempo. *Slava* entregou-se aqui, também, àquelas demoras esquecidas, a uns ralentandíssimos e umas mudanças de tempo de grande senhor, que só obedece à pauta para mostrar quem tem a última palavra. Foi igualmente no movimento lento que pudemos apreciar melhor as virtudes puramente instrumentais que já entraram para a lenda, entre elas os *pianissimi* presentes mesmo no limite do desfalecimento, os trinados cristalinos, os agudos longamente desfiados de uma Caballé dos melhores tempos, junto com o *vibrato* mais enxuto e intensamente *sugerido* de que se tem notícia.

Um Dvořák menos de temperamento que de sentimento, que chegou ao sentimentalismo declarado no último bis, a *Modinha* das *Bachianas brasileiras nº 1*. Rostropovich não conteve as lágrimas ao beijar a partitura de Villa-Lobos, tocando para o público nacional do compositor amigo. Mas se eximira de maiores efusões numa *Sarabanda* e numa *Bourrée* das *Suítes* de Bach, também apresentadas em extra. O concerto começara com as coloridas *Danças de Galanta* de Kodály, tocadas sem excessos espetaculares por seus compatriotas, em *mood* quase camerístico. O regente, que é também um pianista mozartiano fino, deu, para encerrar, uma versão de apaixonado classicismo da esfuziante *Sinfonia Italiana* de Mendelssohn, amorosamente atento ao *cantabile* e aos suspenses harmônicos e dinâmicos, mas deixando uniformemente prevalecerem as cordas sobre as madeiras, e sem a mesma convicção no repouso elísio do *Con moto moderato*. A Sinfônica de Budapeste, que não é um instrumento de luxo, exultou e se enterneceu sem atentar para o que também há de atração pelo risco na incontrastada felicidade mendelssohniana.

Jornal do Brasil, 19 de abril de 1999

Na fibra íntima da música

O violoncelista **Pieter Wispelwey** chegou na última sexta-feira à Sala Cecília Meireles precedido da fama de um dos grandes do seu instrumento há pelo menos dez anos — e também da reputação de artista imaginoso na exploração do repertório, mas algo idiossincrático e mesmo maneirista na expressividade.

O fato de ter centrado em Chopin sua apresentação com o belíssimo pianista que é o croata Dejan Lazic — fino acompanhador e concertista de pleno direito — já era marca de originalidade. O violoncelo, com sua vocalidade acentuada, foi o instrumento mais cultivado por Chopin depois do piano em que tanto cantou. Mas se a *Sonata opus 65* do fim da vida é capaz de medir forças com qualquer monumento da música de câmara novecentista, as adaptações para *cello* de peças originalmente compostas para piano — um *Prelúdio*, um *Noturno* e uma *Valsa*, no programa da dupla — podem ser apenas curiosidades.

Não nos dedos de Wispelwey. O músico holandês domina seu instrumento com a graça etérea facultada pela técnica quase absoluta. Com agilidade de violinista, o arco sempre muito próximo das cordas, o *vibrato* enxuto, ele exerce um controle fenomenal da sonoridade, passeando com distraído virtuosismo por microdinâmicas, colorações infinitesimais, sombreados e clarões inesperados. O efeito fácil nunca é buscado, mas essa arte de tocar como se o instrumento não tivesse uma materialidade mecânica impressiona a cada momento.

Mesmo em diapasão de constante musicalidade, uma tal riqueza de nuanças podia parecer emocionalmente carente em Chopin. A encantadora bagatela que é a *Introdução e Polonaise brilhante* da juventude do compositor saiu com brio e ardor, derramando da caixa de ressonância do *cello* um mel mais reluzente que o ouro velho do colete envergado pelo instrumentista, sobre mangas brancas bufantes.

Mas na *Sonata* seria possível desejar mais arrebatamento, mais solta entrega em tão refinados contornos. E no entanto, quem diria que tão natural precisão não rende dividendos comoventes, como no sustentado *vibrato* mais amplo da última frase do *Largo*, todo ele magnificamente modulado pelos dois músicos?

A *Sonata* composta por Benjamin Britten nos anos 1960 para Mstislav Rostropovich é ideal para o temperamento de Wispelwey. Música de estofo intelectual e forte poder de evocação figurativa, em sua eufonia dissonante, ela convida ao gesto nervoso. Wispelwey e Lazic foram milagrosos na retórica de intensa contenção do elegante pessimismo britteniano. Quando dois artistas chegam a esse grau de maleabilidade e imaginação recriadora — na vibração quase alucinatória dos arpejos, como na misteriosa timbragem da surdina na *Elegia* —, as fibras mais íntimas de uma obra são tocadas.

Jornal do Brasil, 9 de agosto de 2004

MÚSICA DE CÂMARA

Um divertimento dramatizado

A interpretação musical com instrumentos e cuidados estilísticos condizentes com a época em que a obra foi composta já está na segunda geração, quase terceira. Os conjuntos que a praticam atingiram um deleitável domínio técnico e mais maduro equilíbrio entre as preocupações acadêmicas, antes muito demonstrativas, e a naturalidade de fazer música. É o caso dos instrumentistas de cordas de **L'Archibudelli** e dos de sopro de **Mozzafiato**, os dois grupos de reputação internacional e discografia numerosa reunidos pela Sony numa nova gravação do *Octeto* de Schubert. Eles abordam esta obra de beleza primaveril mas às vezes melancólica — um sorriso molhado de lágrimas, disse alguém —, e que é a mais extensa do repertório de câmara do compositor, com um luxo de intenções e de burilamento sonoro que honra mas sob certos aspectos tangencia o espírito de divertimento que a inspirou.

O *Octeto* (clarineta, trompa, fagote, dois violinos, viola, *cello* e contrabaixo) foi encomendado por um aristocrata artista (clarinetista) para se entreter em casa — seria fácil imaginar que ao ar livre — fazendo música com os amigos. O violino e a clarineta dominam os trabalhos. Schubert calculou a estrutura em seis movimentos, o esquema tonal e instrumental nos do *Septeto* de Beethoven, muito popular então nesses salões — ou jardins: um *Allegro* para começar e outro para encerrar, ambos com breves introduções lentas, quase sombrias; um *Adagio* e um *Andante* com variações, alternando com um *Scherzo* e um *Minueto* de espontaneidade dançante. Leveza descompromissada e bucólica, entremeada de anseios só meio-ditos e da nunca desmentida tendência de Schubert para matizar de ambivalência emocional e introspecção até mesmo uma serenata como esta, na qual predomina apesar de tudo a claridade das tonalidades maiores.

O Octeto de Viena, numa gravação Decca de 1957, brindava-nos com uma poesia toda natural, andamentos vívidos sem pressa e aquele *rubato* infinitesimal que dá relevo ao fraseado sem parecer que foi programado. A interpretação de L'Archibudelli e Mozzafiato é estudada. Transparece claramente a vontade de dar um sentido à música, sem prejuízo da espontaneidade nos movimentos rápidos e no delicioso *Andante* com variações. O *Adagio* é o ponto alto dessa concepção, impregnado de beleza misteriosa e de claro-escuro, Schubert aparteando a serenata com o comentário sublimado de seu coração doído: os contrastes dinâmicos são acentuados, o andamento é pousado — drama no salão. Drama também, artisticamente frisado, nas introduções lentas dos movimentos extremos.

Vejam como nosso Schubert é rico de significados e rebuscado em todos os seus meandros, parecem dizer nossos músicos. Esse projeto é hipotecado em grau absolutamente irrelevante por microproblemas de afinação vacilante, articulação retardada e instabilidade rítmica ainda decorrentes do instrumentário à antiga, apesar do grau de transcendência técnica alcançado pelos intérpretes. Um disco com admiráveis virtudes de imaginação, mas lembrando irresistivelmente que os criadores do início do século XIX sonhavam com aperfeiçoamentos instrumentais de que hoje dispomos, mas nem sempre usamos...

Jornal do Brasil, 15 de abril de 1997

Bye, bye, Berg!

Despedindo-se ao longo de 2008 do público internacional que seduziu durante quase quarenta anos, o **Quarteto Alban Berg** tocou músicas outonais, sexta-feira passada, na programação da Sala Cecília Meireles.

Conjunto lendário do último quartel do século XX, os Berg surgiram em Viena, em 1970, num momento peculiar. Era uma fase de recentramento de valores e práticas numa arte, a música de câmara, em que a sintonia fina e o trabalho de longo curso, sendo da essência, precisavam se acomodar às contingências da globalização e da reprodução eletrônica.

Os especialistas, os muito idosos e os de memória longa (ou discoteca vetusta) não se cansam de falar da era de ouro que foi a primeira metade do século passado. Um tempo em que vários fatores conspiravam em favor dos valores mencionados: as condições de vida mais tranquilas, o acesso fácil à prática musical nas classes favorecidas, a maturação longa das capacitações e carreiras musicais...

Quartetos célebres como o Rosé (Viena e Londres, 1882-1945), o Busch (Viena e depois EUA, 1913-1952), os parisienses Capet (1893-1928) e Calvet (1919-1950), o de Budapeste (1917-1967), o Tcheco (1892-1934) e o belga Pro Arte (1912-1944) estavam entre os expoentes de qualidades como desenvolvimento orgânico da musicalidade e primazia da expressão sobre a técnica, com certas características de liberdade textual e estilística (*ralentandi*, oscilação dos andamentos) que hoje não vigoram mais.

Tudo seria diferente depois da Segunda Guerra Mundial: mais som e fúria na política internacional e na vida quotidiana, o advento do disco e do culto do brilho virtuosístico e da exatidão nota a nota, a internacionalização das carreiras...

A chama seria mantida acesa por conjuntos de projeção internacional como os quartetos Italiano (1945-1981), o austro-britânico Amadeus (1947-1987), o russo Borodin (1946), os americanos Hollywood (1948-1961), Juilliard (1946) e LaSalle (1946-1988), os tchecos Smetana (1940-1989), Janáček (1947) e Praga (1956), o húngaro Végh (1940-1980), para citar alguns dos mais reputados.

Todos ganharam fama mundial através do disco, transcendendo o novo culto do belo som e da perfeição técnica com o respeito da partitura e o cuidado de enriquecer a precisão com os recursos da imaginação.

Nessa *movida* é que surgiriam nas décadas de 1960 e 1970 os quartetos da geração dos Berg, com a chance de popularizar ainda mais, através do CD, a música de câmara mais exigente que existe: formações como os britânicos Lindsay (1966-2005), Chilingirian (1971) e Brodsky (1972), os americanos Guarneri (1964), Cleveland (1969-1995) e Emerson (1976), o alemão Melos (1965-2005), o tcheco Talich (1962), os húngaros Kodály (1966) e Takács (1975), o Quarteto de Tóquio (1969) — destacando-se o inglês Arditti (1974) e o americano Kronos (1973) pela especialização na música contemporânea.

Nesse contexto, o Quarteto Alban Berg ganhou vulto, em parte, pelo prestígio da origem austríaca, próxima do repertório fundador da música de câmara. Mas as virtudes mais valorizadas nas décadas do seu florescimento — que podem ser resumidas no trabalho da inventiva e da coerência na apreensão da forma e do estilo — casavam-se idealmente, nele, com a sonoridade suculenta e arredondada, de vocação quase orquestral, o domínio intelectual e a sofisticação do acabamento.

O programa apresentado no Rio, também oferecido em outras cidades da turnê de despedida, comportava o penúltimo dos quartetos de Haydn, o *Opus 77 nº 1*, o *Primeiro* (1910) de Alban Berg, com sua lúgubre despedida do século XIX, e o *Lá menor opus 132*, um dos cinco últimos de Beethoven — tendo em seu centro a famosa meditação do "Canto de gratidão à divindade por um convalescente", composta após a primeira experiência dos problemas de saúde que, dois anos depois, levariam o compositor à morte.

Já no ataque do Haydn se revelava a importância do peso do corpo sonoro e da força da projeção na arte dos Berg, não obstante pequenas falhas de entonação do líder, Günter Pichler. Perfeição dos pianos saindo do silêncio ou apontando para ele no *Adagio*, unanimidade do enunciado e do fraseado, hombridade rugosa do violoncelo de Valentin Erben

MADEIRAS FRANCESAS

— ao lado de Pichler, o outro remanescente do grupo fundador do conjunto. Mas, no *Presto* final, uma certa deficiência de vivacidade e leveza podia ser sentida.

Composto sob a supervisão de Schönberg, dando as costas à tonalidade e invocando o dodecafonismo, o *Quarteto opus 3* de Berg é uma música de fim de era mergulhada num mundo de calafrios e pressentimentos sombrios, numa fantasmagoria da alma torturada, como se intuísse os horrores que se aproximavam na Europa. Ela fascina por sua beleza fria e estudada, seu halo de mistério pânico, mas raramente nos lembramos de querer ouvi-la. Foi com áspera calma que os Berg sondaram esses agouros, em texturas carregadas ou aracnídeas, nas sonoridades rangentes e macabras, beirando o precipício.

A sensação de agouro também predomina no *Assai sostenuto* inicial do *Opus 132* de Beethoven, onde mais uma vez, já no sussurro do motivo lento de quatro mínimas, o corpo compacto da sonoridade dos Berg atraía irresistivelmente, assim como nas refrações harmônicas que eles foram rebuscar no coral de "ação de graças" do *Molto adagio* intermediário.

Mas a devoção intensa e o sentimento de perdição desse movimento ficaram ausentes, apesar do clima de expectação e da unanimidade expressiva dentro da individuação das vozes e timbres. E não pareceu algo mortinho o passo de dança do segundo movimento, como se os músicos não se permitissem esquecer o drama de fundo do anterior?

O *Allegro appassionato* final, partindo de uma melodia anelante em direção a esferas sempre mais contrastadas de alegria vital, tinha um quê de mecânico em sua imaculada afirmação. Talvez falte mais que nunca ao Quarteto que se despede um certo elã da vida vivida no momento. O fato de terem dado como extra o *Adagio molto espressivo* da *Cavatina do Quarteto em si bemol maior opus 130*, do mesmo Beethoven, com sua melodiosidade comovente e lírica, parecia falar, até o fim, de nostalgia e resignação.

Opinião e Notícia, 7 de julho de 2008

Felicidade das madeiras na Sala

Que a acústica da Sala Cecília Meireles é perfeita para a música de câmara já virou um truísmo, embora sempre seja bom frisar sua importância para a vida musical do Rio de Janeiro. Diamantinamente clara e recortada, imediata, mais que apenas presente, enxuta sem ser seca, ela tem

MADEIRAS FRANCESAS

ao mesmo tempo aquele *glow*, uma espécie de resplandecência que, somada às qualidades anteriores, explica esse cenário ideal de individuação e fusão que favorece a conversa dos instrumentos — e em contrapartida rejeita um pouco as grandes massas orquestrais.

Neste sábado tivemos uma oportunidade rara de banhar nessa felicidade auditiva. Primeiro porque não foi dia de cordas, mais habituais, mas de sopros. Depois, porque a estrela da noite era Francis Poulenc, compositor ele mesmo feliz por vocação, um músico do século XX com um idioma próprio e inconfundível mas imediatamente acessível. Para completar, sua música estava confiada a músicos — franceses — que não só têm esse idioma correndo nas veias como o elevam a um grau entusiasmante de vigor e acabamento.

Pouco afeito às abstrações etéreas do quarteto de cordas, poeta da voz e do humor, da sensualidade e do sentimento, Poulenc foi um dos grandes inventores de música para sopros, tão próximos da respiração humana e do seu calor. Na *Sonata para flauta* ou na *Sonata para clarineta*, obras da maturidade em perfeito equilíbrio entre concisão e plenitude expressiva, essa intimidade eloquente com a fala reflete-se na brevidade das frases, na flexibilidade e até na inconstância da modulação e articulação. A *Sonata para clarineta*, com sua típica alternância de melodiosidade e *espièglerie*, de langor meditativo e verdor extrovertido, mereceu de **Paul Meyer** e **Eric Le Sage** uma interpretação à altura da antológica gravação que registraram há alguns anos — a clarineta saltando virtuosisticamente por todos os registros dinâmicos e alternando o veludo e a acidez penetrante, o baixo profundo e a *voix de tête*. Na brilhante *Sonata para flauta*, com todas aquelas melodias de contornos e perfumes inigualavelmente poulenquianos, **Mathieu Dufour** deu uma siderante demonstração: ardor e agilidade, trinados e *frulatos* de clareza meridiana, velocidade, ritmo e saltos *na mosca*, estabilidade da emissão e *vibrato* etéreo, tudo a serviço da índole encantadora da música.

As outras obras de Poulenc no programa, compostas na juventude, eram talvez menos perfeitas, a começar pelo *Sexteto*, com seus mil estratagemas para cada um dos instrumentos brilharem juntos ou separados, mas menor coesão nos temas proliferantes. Na *Romanza* central da *Sonata para clarineta e fagote* e no *Andante* do *Trio para piano, oboé e fagote*, **Gilbert Audin** pôde mostrar como este último instrumento também é capaz de cantar.

Eric Le Sage foi o tempo todo parceiro lépido e coinventor imaginoso de sonoridades. **François Meyer** no oboé e **Michael Cliquennois** na trompa completaram no mesmo nível de excelência o quinteto, unidos num

Divertimento de Albert Roussel já prenunciando, em precoce *opus 6*, os ritmos motorísticos que celebrizariam suas obras sinfônicas, mas com a leveza saltitante do neoclassicismo francês dos anos 1920. Fechando o círculo, o sempre revigorante *Quinteto para piano e sopros* de Beethoven, tocado com vigor juvenil e uma decupagem franca de texturas que podem ter privilegiado a pertinácia beethoveniana, mas sem prejuízo, em seus momentos, da brandura sumarenta e da flexibilidade expansiva.

Jornal do Brasil, 14 de junho de 1999

Quarteto Bessler

Da sua cadeira de líder do **Quarteto Bessler**, Bernardo Bessler esboçou alguns comentários sobre Prokofiev e Debussy. A plateia do Instituto Brasileiro de Administração Municipal (Ibam) estava quase lotada, com presença forte de jovens — muitos deles estudantes de música. Era, nesta terça-feira dia 6, uma noite de quarteto de cordas, coisa rara no Rio. A comunicação, neste caso da música mais íntima e exigente que existe, prescinde do verbo. E o entendimento dos músicos do Quarteto Bessler com o público foi intenso, num programa breve mas interessante pela aproximação de dois compositores contemporâneos, embora de gerações diferentes, mas tão distantes no temperamento.

Debussy compôs seu único quarteto aos 30 anos, em 1892, quando começava a firmar um estilo inconfundível de renovação da linguagem harmônica e formal; Prokofiev atacou o primeiro dos seus dois quartetos, o *Si menor opus 50* (e não *Ré maior*, como constava do programa), quando chegava aos 40, em 1930, e já era um compositor versado nas artes da adaptação modernista de suas preferências formais eminentemente clássicas.

Trabalhando já então na esfera da intensidade cromática, o francês dá a impressão de tirar muita música de pouco, com seus motivos e subtemas sucintos girando em torno de um tema cíclico predominante; envereda por regiões harmônicas especiosas e cultiva um clima de exaltação refreada que não sem razão passa por impressionista. Em linguagem mais claramente diatônica, embora apimentada de dissonâncias, o russo capta a atenção antes de tudo pela pulsação e os contornos bem marcados, as melodias projetadas com vigor em intervalos muito próprios e reconhecíveis — mas não, no caso deste *Quarteto*, seu famoso humor sarcástico: a peça é eminentemente grave em sua agoniada expressividade e na raivosa acidez de seu lirismo.

Vou ficar devendo uma impressão mais clara sobre os Bessler, em meu primeiro contato com este que é justificadamente considerado um dos grandes quartetos de cordas das Américas, a julgar por seus discos — entre eles a integral dos *Quartetos de cordas* de Villa-Lobos. A acústica fosca e achatada do Ibam não ajudava. O problema não era apenas a porção módica demais de brilho e cores, o empecilho à transparência — logo em Debussy! A própria definição rítmica e do contraponto parecia às vezes prejudicada.

Não vou negar que por certos momentos de menor lepidez nas trocas e de ausência de um último grau de degustação no fraseado a acústica não podia ser responsabilizada. Os Bessler pareceram mais afeitos aos *marcatos* e à nitidez dos contornos do Prokofiev que à leveza febricitante do Debussy. Mas o tempo todo magnetizaram o interesse, pela regularidade do elã, a plenitude sonora e a coesão do trabalho das vozes. Acima de tudo, foi um encontro privilegiado com música requintada feita no mais alto nível — o que pode estar para acabar mais uma vez no Largo do Ibam, se os patrocinadores não forem convencidos de que ali se cultiva algo que enriquece a vida dos indivíduos e dá feições humanas a uma cidade.

VivaMúsica!, 7 de maio de 2003

Vinde, músicas "degeneradas"

Trazido pelo Instituto Goethe, o jovem e excelente **Quarteto Mandelring**, da Alemanha, deu terça-feira no Ibam um recital *útil*. Música desconhecida ou inabitual, interpretada em nível alto. O mote eram compositores que em vida ou depois dela não passaram no crivo de aprovação do regime nazista ou dele fugiram antes de mais nada.

Foi o caso de Berthold Goldschmidt (1903-1996), que os discófilos passaram a conhecer nos últimos anos graças em especial à série "Música degenerada" (para Hitler), da gravadora Decca, e em óperas como *O Magnífico cornudo* e *Beatrice Cenci*. Para o compositor — que tampouco se encaixou nos ditames modernistas dos anos 1940 e 1950 e chegou a parar de compor, esquecido no exílio londrino —, essa série inaugurou uma glória tardia nos últimos anos de vida.

Seu *Quarteto nº 2* de 1936, ouvido no Ibam, teria provavelmente indisposto os ouvidos de Goebbels e Cia. Num contexto tonal falsamente tranquilizador, é música de marcada neurose, já a partir do tema descendente de quatro notas que domina insistente, nos violinos, o *Allegro molto*

TRIO WANDERER

e con fuoco inicial. No *Scherzo*, as vozes se somam e se perseguem ainda mais agoniadas. A ideia mais original é o movimento lento, intitulado *Folia*, de longas frases sustidas mas aparentemente sem rumo, como se a calma só pudesse ser delírio. O *Presto* final desmente a inclinação para as cores escuras dos movimentos anteriores mas confirma a inquietação pós-freudiana (ou protonazista) em seu sarcasmo à Chostakovich, com temas dançantes sobre *pizzicatti* ritmados ou fortemente marcados.

Os Mandelring tocaram com precisão rítmica o tempo todo e fôlego em arco no *Andante*, sem fazer força para encontrar "beleza" onde ela não se oferecia. Esse esforço já teve de ser feito, mas não foi muito recompensado, nas *Nove peças* para quarteto de cordas de Adolf Busch, o líder do célebre quarteto que levava seu nome. Entramos aqui na esfera de um epigonismo em que fazia francamente falta a mesma memorabilidade melódica desprezada por Goldschmidt. Os modelos claros são Brahms e Mendelssohn (em 1936!), este último especialmente em movimentos de leveza e presteza aracnídeas, dois deles com surdina.

Foi bom, na segunda parte, deixar para trás as receitas e o *métier* composicional para reencontrar o gênio feliz de Felix Mendelssohn, em seu *Quarteto em ré maior* de 1838. Do tema estuante do *Molto allegro vivace* à buliçosa despreocupação do *Presto con brio* conclusivo, os quatro arcos alemães mostraram plena identificação com a alegria de viver mendelssohniana, ágeis e precisos, firmes nos ataques e translúcidos apesar da acústica seca do auditório. Mas o líder poderia ter desenhado com mais *gourmandise* as frases do *Andante* e hesitado menos na entonação em vários episódios do *Minueto*, com sua maravilhosa independência convergente das vozes.

Jornal do Brasil, 14 de maio de 1998

Vigor francês no romantismo alemão

Atração pelo risco, mas com soberano controle dos meios. Conversação civilizada sem abafar os rompantes da imaginação. O recital do **Trio Wanderer** anteontem no Teatro Municipal foi o que se espera de uma hora ou duas de alta música de câmara. Os três instrumentistas franceses batizaram assim o seu conjunto, fundado em 1987 (com outro violinista), por amor ao romantismo alemão: *Wanderer* é o viandante em eterna busca do ideal romântico. Num programa Haydn, Mendelssohn e Brahms, eles vivificaram as divagações da alma germânica com uma vibração tipicamente francesa.

Alguns elos circunstanciais perdidos uniam as peças da noite. O *Trio em dó maior* XV/27 de Haydn fez Mendelssohn observar, depois de uma execução em 1838, o espanto do público: que "algo tão belo pudesse existir"; e a influência do *Trio em dó menor* do próprio Mendelssohn sobre um dos quartetos de Brahms era tão patente em sua época que "qualquer tolo" (grunhia Brahms) seria capaz de identificá-la.

Tecendo o fio da unidade na diversidade, os Wanderer traduziram instintivamente o clima de cada peça, em admirável demonstração — também gálica? — de inteligência dos sentimentos. O *Trio* de Haydn, impetuoso e filigranado, já mostrava o equilíbrio das vozes no contraponto do desenvolvimento do *Allegro* inicial, chegando num ritmo dos infernos à beethoveniana energia do *Presto* conclusivo; entre um e outro, o *Andante* foi pura *douceur de vivre*, equilíbrio e elegância, busca e jovialidade com calma fruição.

No Mendelssohn, a exaltação apaixonada pode ter saído um pouco *profissional*. É música ao mesmo tempo melancólica e afirmativa, começando com febril romantismo e passando por um *Scherzo* de leveza aracnídea antes de chegar a um coral de hínica afirmação protestante. *"Energico"*, *"con fuoco"*, *"appassionato"*, pedem os movimentos extremos. Os três músicos deram tudo, e um pouco mais. Já nos anelantes arpejos iniciais do piano, a velocidade parecia um átimo excessiva, e todo o movimento voou vertiginoso para a frente, quase *precipitato*. No *Scherzo*, aquele gosto do risco não permitiu saltitar na ponta dos pés, o *"quase presto"* esqueceu o advérbio, o equilíbrio instrumental e a clareza dos volumes perderam-se um pouco na revoada.

A esta altura o violoncelo de Raphaël Pidoux — que em Haydn apenas acompanhava a lepidez colorida do piano de Vincent Coq e o fio brilhante do violino de Jean-Marc Phillips-Varjabédian — já mostrava a sonoridade bem timbrada e o fraseado de personalidade que também ressaltaria na profusão temática do *Allegro con brio* do jovem Brahms, em meio à plenitude quase sinfônica de suas ideias. Foi o ponto alto da noite: fluência e intensidade, o lado rude do romantismo nórdico em miraculoso acabamento na expressividade, a projeção e a respiração unânimes. E a emoção da música vivida no momento.

Os Wanderer não resistiram a uma demonstração ainda mais espetacular de velocidade ao propor como extra o *Rondò à húngara* do *Trio em sol* de Haydn. Pedágio simpático mas supérfluo pago ao *show business* por três cameristas excepcionais. *Chapeau!*

Jornal do Brasil, 5 de setembro de 2001

BARROQUISTAS

Jardim barroco à italiana

Eles têm nomes que já soam como um miniconcerto: Sonatori della Gioiosa Marca, **Il Giardino Armonico**, L'Europa Galante. São os conjuntos italianos de música barroca que surgiram há pouco mais de dez anos, bem depois dos holandeses, belgas, alemães e ingleses que abriram caminho na recuperação dos estilos de interpretar Bach, Händel ou Vivaldi. Depois da Europa Galante de Fabio Biondi, um violinista, e do Concerto Italiano de Rinaldo Alessandrini, cravista, os cariocas conhecerão hoje o Giardino Armonico do flautista **Giovanni Antonini**, muito assíduo em efervescentes discos Teldec. Desta vez, o programa comporta também música vocal, a cargo da jovem e pura voz de Gemma Bertagnolli — lançada discograficamente ano passado nos *Stabat Mater* de Pergolesi e Alessandro Scarlatti com o Concerto Italiano. Em conversa por telefone de Curitiba, Antonini, instrumentista e diretor, fala das qualidades próprias da língua e do temperamento italianos que contribuem para a sonoridade vívida dos conjuntos da península. Mas não quer saber de uma "escola italiana" de tocar o barroco: seria engessar a liberdade que todos sentimos, embriagadora, na música que fazem os *sonatori*.

— *Como foi escolhido o programa do Rio?*

— Começamos com uma abertura de Veracini, violinista virtuoso da época de Vivaldi, que conclui num minueto com todos os instrumentos em uníssono, espécie de imitação da música árabe. Depois temos o salmo *Laudate pueri* de Vivaldi para soprano e orquestra, peça brilhante provavelmente escrita para uma das meninas do Ospedale della Pietà, onde ele ensinava; a *Sena festeggiante*, sinfonia de abertura de uma peça teatral escrita para Luís XV no estilo francês. Seguem-se um *Concerto para oboé* de Vivaldi e algumas árias de Händel, duas de *Agrippina*, primeira ópera importante escrita na Itália, e "*Piangerò la sorte mia*", de *Júlio César*.

— *Que diz do chamado estilo italiano de tocar o barroco? Há quem já fale até de cacoetes: vibração excessiva, violência nos ataques e na dinâmica...*

— Não creio que exista um estilo italiano, pois cada um dos principais grupos tem um som completamente diferente dos outros. O que há em todos é uma abordagem teatral da música, mais próxima do temperamento mediterrâneo. É o que nos diferencia dos holandeses e alemães, talvez mais cerebrais, mais analíticos. Mas uma escola italiana, não —

seria um perigo, uma cristalização, a repetição de clichês. O perigo maior para os músicos é tornar-se imitadores de si mesmos.

— *Que mais os diferencia dos nórdicos?*

— É também uma diferença linguística. Numa música em que a articulação, a maneira como se emite e produz o som, é tão importante, o próprio fato de falar italiano ou holandês influi incrivelmente. Considero por exemplo que a diferença entre o francês e o italiano pode ser sentida na maneira de tocar. Num momento em que se fala tanto de globalização, é importante conservar uma identidade.

— *O que mudou para o Giardino em dez anos de música?*

— No início era a ideia de enfrentar esse repertório, particularmente Vivaldi, acentuando e procurando aprofundar o aspecto dramático. Ou seja, um concerto de Vivaldi visto como uma apresentação teatral, com um solista que se contrapõe ao *tutti* quase sempre de maneira dramática. Se pensarmos que na palavra *concertare* estão ao mesmo tempo as ideias de convergência e luta... Começamos buscando os meios técnicos e musicais para essa dramatização, o colorido e a surpresa. Com os anos, veio a preocupação de refinar. No início o Giardino tinha um componente violento: foi um ponto de partida. Mas fomos nos refinando. O aspecto violento pode ter permanecido, mas como um menino que cuida mais da sua linguagem.

— *Um jardim mais suave?*

— Não mais suave, mas com a possibilidade de sê-lo, passando do suave ao rude, com a maior riqueza possível de meias-tintas e cores, os extremos mas também tudo que há no meio — o claro-escuro.

— *Como fazer a mesma música, delicada e colorida, num salão das proporções da época barroca, num enorme* hall *sinfônico moderno e num estúdio de gravação?*

— No estúdio os músicos não têm contato com o público; perde-se sobretudo a ideia da música como algo imediato, que é produzido e acaba num concerto. Na gravação, o músico sabe que aquilo ficará, o que pode ser um obstáculo, por medo dos erros — embora com os anos aprendamos a combater isto. Mas claramente uma sala de dimensões barrocas, não muito grande, continua sendo o ideal: quanto maior a sala, menor o impacto sonoro.

— *Como o Giardino enfrenta esse desafio?*

— Depende da qualidade da sala. Há salas grandes nas quais o som se projeta. Mas se além de grande for de acústica ruim... Há também salas pequenas nas quais o som não se projeta. Um *hall* de três mil lugares é algo penalizante com instrumentos barrocos. Mas também devo dizer que aos poucos o público, ante uma quantidade de som que não seja enorme, reduz o próprio limiar de escuta — o que é educativo numa civilização em que o barulho é tão presente. O silêncio absoluto não existe, mas entre a primeira parte e a segunda do concerto o ouvido se abre. E é bom forçá-lo a se abrir: é um sintoma de civilização.

— *Como é passar da flauta à regência?*

— Aprendi a música através da flauta doce, instrumento redescoberto há relativamente pouco tempo, depois da última guerra. A flauta doce tem algo de semelhante ao cravo, com a importância enorme da articulação clara das notas. Nenhum dos dois tem possibilidade de grande dinâmica: o recurso expressivo de que dispõem é a maneira como atacam o som, quase nunca soando forte. Os instrumentos de cordas têm maiores possibilidades dinâmicas, mas os instrumentistas de arco não aprofundaram tanto o aspecto da emissão, da variedade de articulação. O trabalho que tenho feito é aprofundar a variedade da gestualidade nas arcadas.

Jornal do Brasil, 25 de agosto de 2001

Barroco em versão suave

Líder do **Giardino Armonico**, **Giovanni Antonini** explicava dias atrás ao JB que seu conjunto vem moderando os calores e exaltações pelos quais ficou conhecido na interpretação da música barroca, e que para alguns parecem às vezes excessivos ou maneiristas. O concerto do grupo sábado, na Série Dell'Arte, foi uma mostra não só desse novo matizamento, mas de um magnífico controle das possibilidades sonoras e musicais do repertório escolhido.

A silhueta magra e nervosa de Antonini, movimentando e ondulando muito os braços ao reger, parecia um ícone do barroco *all'italiana* já no enérgico e alado *Allegro* inicial da *Abertura nº 6* de Veracini, um contemporâneo de Vivaldi. Logo adiante, no segundo *Allegro*, o tipo de inquietação agógica das camadas sonoras que faz as delícias da música seiscentista nada tinha de violento ou exibicionista; mais um pouco, e na segunda parte do programa aquelas artes vivaldianas de deslanchar um *tutti* com vivacidade, resvalando em fricções harmônicas cheias de nervuras, também passavam com fruição plena mas discreta das cores e dinâmicas.

Nada de excesso de ênfase, muita delicadeza expressiva e vitalidade rítmica também na abertura em estilo francês de *La Sena festeggiante*. Mas a obra mais interessante do concerto foi precisamente a que ofereceu à soprano Gemma Bertagnolli a oportunidade de se apresentar ao público do Rio envolta num sensual tomara que caia florido, num sorriso radiante e sobretudo numa vocalidade que também oferece esse artigo em permanente e raramente satisfeita demanda: impregnação artística total.

Vivaldi compôs várias partituras para o *Salmo 112*, *Laudate pueri*, e a escolhida aqui foi a que começa em tonalidade menor (*RV 600*), mas nem por isto perde a claridade mediterrânea nem parece menos variada, alternando momentos de interiorização com passagens brilhantes e dramáticas. Com sua voz delicada e o timbre límpido, Bertagnolli desliza com graça pelas figurações e negocia fluentemente a agilidade nos trilos, a nitidez da articulação sem prejuízo do *legato*, a firmeza dos ataques no agudo. Pode ser menos feita para o canto *di forza*, mas nunca deixa de imprimir vida à partitura, na maneira como sai do silêncio em direção ao alto do registro na terceira etapa do moteto, descrevendo o nascer do sol, no emocionante *agitato* do *Suscitans* ou na coloratura radiosa do *Amen* do *Gloria*, repetida no bis. O mesmo engajamento foi visto e ouvido nas áreas de Händel da segunda parte, embora lhe faltassem cores mais escuras para o "Piangerò la sorte mia" de *Giulio Cesare* ou a Morte de Dido da *Dido and Eneas* de Purcell, também oferecida em extra. Uma cantora a acompanhar.

Jornal do Brasil, 27 de agosto de 2001

Música de ontem, hoje

É curiosa em **Phillippe Herreweghe** a convivência do europeu tranquilo com o inquieto. Um dos maestros de ponta do movimento de revivescência estilística do repertório, é com o ar pausado e fluente de um professor que ele discorre sobre as conquistas de quase trinta anos, em seu caso pessoal (está com 49), de renovação da interpretação barroca e clássica. Mas a expressão mantém-se inalterada e afável quando aborda o tema que o apaixona no momento: a passagem, já encetada, para a revisão da música romântica também — evolução em que acompanha há quatro ou cinco anos pares como John Eliot Gardiner, Franz Brüggen, Roger Norrington e o *papa* Nikolaus Harnoncourt, e que em seu relato tem tantas ou quase tantas implicações políticas, econômicas, mercadológicas e polêmicas quanto musicais.

Herreweghe dedica hoje um terço de seu tempo à música barroca, especialmente com o **Collegium Vocale Gand** — que fundou como coro em

1970 na cidade belga onde nasceu, mas que já é hoje também uma orquestra; outro terço à música do século XIX, à frente da Orquestra dos Champs-Elysées de Paris, que é basicamente uma ampliação financiada por franceses do mesmo Collegium Vocale; e o outro ao trabalho como maestro convidado em formações tradicionais como a Orquestra do Concertgebouw de Amsterdam, em repertório que pode abarcar até Bruckner, Mahler, Stravinsky e contemporâneos. Mas é com um dos compositores fundamentais de suas origens, Johann Sebastian Bach, que ele e o Collegium aportam hoje à noite na Sala Cecília Meireles para um concerto que é um acontecimento na vida musical do Rio de Janeiro: a *Paixão segundo João*, um dos pilares da obra do Cantor, rarissimamente ouvida por aqui e muito menos em condições ideais como estas.

Herreweghe revela, sem dizer tudo, que estuda convite de uma grande orquestra tradicional para tornar-se seu diretor permanente. As condições que pretende apresentar resumem-se no desafio de reformular o conceito de conjunto sinfônico moderno, para adaptá-lo aos tempos em que a saturação e a curiosidade vão de par com o impasse da criação contemporânea. A seguir, o melhor de sua *aula* num intervalo entre as apresentações desta semana em São Paulo.

Por que um estilo de época?

"Nosso ponto de vista é que uma composição é mais forte quando não tentamos 'modernizá-la'. A música barroca tem características retóricas, de textura e articulação que não combinam com os instrumentos modernos e as orquestras muito grandes. No início do movimento barroco, houve contra os instrumentos antigos reações do tipo: é absurdo usar instrumentos barrocos porque os instrumentos ao longo da história se foram aperfeiçoando. O piano seria 'melhor' que o cravo, a flauta moderna tem 'vantagens', com mais chaves, o som é mais forte, ela é mais fácil de tocar. Mas isto é como dizer que a pintura progrediu desde o Renascimento — e eu acho que é antes o contrário, pois para cada avanço há também perdas."

A difícil adaptação

"Houve um período em que muitos músicos já estavam convencidos de que era preciso tocar em instrumentos barrocos, mas por outro lado, na Bélgica ou na Holanda, era uma oportunidade para os que não eram os melhores no Concurso Rainha Elisabeth, por exemplo. Mesmo os melhores — como o oboísta de nossa orquestra, um dos melhores da Europa — precisaram buscar seu equilíbrio durante alguns anos. Demorou para que os instrumentos ficassem no ponto."

A *passagem para a música romântica*

"Não, não é uma pesquisa mais fácil por ser um período mais próximo, é inclusive mais difícil, pois os instrumentos barrocos constituem um ponto de equilíbrio de uma longa evolução, ao passo que o século XIX conheceu — nos sopros, por exemplo — um período de busca no qual compositores como Beethoven queriam fazer recuar os limites — ideia perfeitamente romântica. Em consequência, certos instrumentos — o oboé, a flauta — têm nesse período pontos de equilíbrio muito frágeis. Dominar esses diferentes períodos do século XIX é a dificuldade, encontrar uma estética organológica. O que tentamos fazer atualmente é 're-construir' com a Orquestra dos Champs-Elysées a orquestra parisiense da década de 1840, pois a França nesse período estava à frente. Com a Revolução, fundou-se o Conservatório em 1790 e foram codificadas as ideias sobre a música para se dirigir a um grande número — antes a música era para a Igreja e a aristocracia. Surgia a escola francesa de violino, muito diferente da escola barroca italiana ou francesa. Viria depois a escola de 1830, aproximadamente, que continuou a evoluir durante um século. Mas a técnica moderna é na realidade a evolução russo-americana dessa escola, e a maneira como os grandes virtuoses tocam hoje em dia a música romântica nada tem a ver com o estilo romântico."

E veio o estilo pesado de tocar

"Um dos elementos foi certa predominância da ópera burguesa — Wagner, Verdi, Puccini —, com a primazia de uma certa subjetividade fácil de compreender. Havia também um problema comercial, pois a característica de certo tipo de ópera era seduzir multidões cada vez menos cultivadas. Beethoven e Bach faziam sua música num ambiente aristocrático, dirigindo-se a pessoas extremamente cultivadas, que não raro tocavam elas mesmas e não precisavam ser seduzidas para comprar entradas. Um compositor que precisa ter sucesso e salas cheias faz uma música de efeitos enormes, algo com que Bach não se preocupava, Mozart já um pouco. No século XIX, as salas de música e ópera tornaram-se cada vez maiores, os instrumentos tocando cada vez mais alto, as opções artísticas voltaram-se para o sentimento e mesmo o sentimentalismo. Essa estética pode ter coisas fantásticas, mas submeter a ela Mozart ou mais ainda Bach de certa forma mata a própria essência de sua música."

Descobrindo e mudando

"No movimento barroquizante o essencial era o uso de instrumentos históricos e uma certa maneira de articular, apoiando-se na retórica, o que fizemos há vinte anos. Uma das características iniciais do movimento foi que, tendo sido instaurado por instrumentistas, como Gustav

Leonhardt, chegou a haver excesso de preocupação com a articulação do fraseado, havia excesso de microarticulações. Digamos que as árvores escondiam a floresta. Por outro lado, pessoas como eu e René Jacobs trabalhávamos desde o início com o canto. E aos poucos eu voltei de novo a dar mais atenção ao *legato*, à linha. Mas o mais difícil e importante, o trabalho de todo músico, é encontrar a autêntica mensagem, o verdadeiro espírito de uma obra como a *Paixão segundo João*. O importante é instaurar uma autêntica emoção, no sentido mais nobre do termo, o que requer não só estilo apropriado como diálogo entre a música que fazemos, o espaço onde nos encontramos e o público. É impossível dar um bom concerto de cantatas de Bach se o público não dispõe do texto, sem uma acústica ao mesmo tempo ressonante e clara. Há na *Paixão segundo João* passagens inteiras com papel importante da flauta, um instrumento muito frágil. Duas flautas dialogam com o coro em passagens inteiras, e se o coro for de cem pessoas..."

A crise das orquestras tradicionais...

"Há trinta anos, as orquestras tradicionais tocavam todo o repertório — Bach, Vivaldi, Mozart, Beethoven. Hoje, com a presença das orquestras barrocas e românticas, as tradicionais não tocam mais Bach, evitam tocar Mozart. Por razões econômicas — mas não raro o motivo é também conservadorismo profundo — tampouco tocam música contemporânea: têm de encher as salas, e quando programam Ligeti enchem apenas um terço da sala. As direções de várias dessas orquestras, vendo o problema, convidam cada vez mais 'especialistas' a dirigi-las. Mas na maioria dos casos é uma *démarche* oportunista, com exceções como o Concertgebouw, onde já há uma cultura nesse sentido, fundamentada em quinze anos de trabalho com Harnoncourt. Não se trata de receitas. É um trabalho longo e artístico da parte dos músicos. Como no jazz. Mesmo para um excelente pianista tradicional, o jazz é diferente, há o suíngue etc. É preciso que o músico se interesse pelo jazz e o pratique."

... e o sucesso comercial dos barroquistas

"O sucesso da música antiga é complexo. Há várias razões, inclusive negativas, como o mal-estar da criação, com a música contemporânea em crise. Ao mesmo tempo, o público quer novidade, todo mundo quer descobrir novos escritores, novos pintores, novas sonoridades. Parte dessa curiosidade se volta para o passado. Muitas orquestras estavam mergulhadas na rotina, sem renovação do repertório, e a música que ressurgia — Monteverdi, Schütz, Lassus — não só parecia nova como era genial. Parte da estética tradicional era de mau gosto, na ópera ou no *Lied*, e a nova maneira de cantar a música antiga trazia vozes jovens, frescas. Além disso, as firmas de discos viram o potencial comercial e se atiraram sobre músicos como eu, que tocávamos por nada em comparação com os tradicionais, e vendíamos dez vezes mais discos. E uma razão negativa para explicar o sucesso da música antiga é um certo lado pós-modernista, pessoas que têm medo do presente, perdidas; a Europa vive uma crise em sua civilização, pela primeira vez as elites não produzem mais arte nova, fazem-se pastiches, há uma espécie de *no man's land*, um retorno ao passado que é ao mesmo tempo perigoso, sintoma da decadência. Até há pouco a burguesia era uma classe criadora de economia e de poder artístico, atualmente o que faz é consumir."

Que fazer?

"As orquestras tradicionais têm um repertório cada vez menor. E a economia na Europa não vai bem, as orquestras barrocas e românticas quase não têm subvenções, as óperas e as grandes orquestras tradicionais ficam com tudo. Já se fala de suprimir certas orquestras, como a da Rádio Belga. A alternativa é incitar os músicos dessas orquestras a se renovar, a se interessar pelo trabalho estilístico. Estou para ser nomeado regente permanente de uma orquestra importante. Mas a *démarche* que proporei será a longo prazo construir uma orquestra de geometria variável, em dez, quinze anos, ligada a conservatórios, com ação pedagógica. Uma espécie de boneca russa, com um núcleo de pessoas que também tenha uma experiência clássica e outro ainda maior para a música do fim do século XIX e moderna. Acho que haverá três tipos de orquestras: as hiperespecializadas e muito boas, barrocas por exemplo; outras — como a Filarmônica de Viena — especializadas no século XIX, fim do século XIX; e talvez um terceiro tipo, de geometria variável. Nos próximos anos, umas cinco ou seis orquestras especializadas no romantismo deverão estar atuando."

Jornal do Brasil, 17 de abril de 1997

Um Bach transcendental na Sala

"Cumpriu-se", canta o contralto depois da crucifixão, sobre figurações dolorosas da viola da gamba. Poucas centenas de avisados *happy few* comprovavam contritos e quase incrédulos na Sala Cecília Meireles, anteontem à noite, que o Rio de Janeiro não está totalmente fora do mapa da música coral barroca. No mesmo espaço acústico claro e favorável da Sala Cecília Meireles, ela deixara lembranças graças a Karl Richter e Helmut Rilling em décadas passadas, mas em nível tão elevado ainda não havia sido *reinaugurada* por aqui na roupagem nova dos barroquizantes filhos de Harnoncourt e Leonhardt. Está feito: a *Paixão segundo João* de Bach que **Philippe Herreweghe** e seu **Collegium Vocale** cinzelaram com amor, justiça e emoção transcendentes já é um dos concertos do ano e certamente será um marco da casa.

Concerto? Celebração. No teatro feito templo convergiam o verbo, o som e a contemplação nessa outra religião de que Herreweghe é pastor compenetrado mas não sem graças bem humanas: a do refazimento estilístico da música distante no tempo, que assim tratada revive até para os incrédulos. *São João* foi a obra que Herreweghe ouviu aos 6 anos. E disse: vou regê-la. Dez exatos anos atrás, em abril de 1987, ele a estava gravando com este mesmo conjunto que fundou em 1970. Como Pilatos, Peter Kooij, o baixo poderoso mas que não foi a voz mais interessante da noite de quinta-feira, já acompanhava o maestro no disco lançado pela Harmonia Mundi, assim como vários membros do coro e da orquestra.

Esta *Paixão* de Bach, menos portentosa nas dimensões e menos *excessiva* na pungência que a de *Mateus*, não deixa de ter os componentes de expressionismo e realismo descritivo com que a liturgia luterana acompanhava os passos do Grande Sacrifício. Mas serenidade é a palavra que a interpretação do Collegium Vocale evoca. Sem deixar de dar relevo ao drama, Herreweghe dosa, modela, suscita e induz sem proclamar. Sua *Paixão* é mais extática que escatológica, menos atenta ao sangue da flagelação que à luz da ressurreição.

Os músicos da orquestra já são da geração feliz dos especialistas em instrumentos antigos, a geração das cordas sem acidez em superoferta nem dureza na quase-ausência de *vibrato*, a das madeiras que cantam com segurança — embora a superação total ou quase dos deslizes e vacilações não seja deste mundo barroco. O coro é de uma homogeneidade e disciplina de tirar o fôlego (nosso), e chega a ser fútil, nesse nível, falar de precisão de ataques, agilidade rítmica nas difíceis seções da multidão mais agitada ou mesmo engajamento expressivo. É como se eles fossem uns inspirados, além dessas questões.

Os solistas também vão deixar lembrança indelével, talvez principalmente a soprano Vasiljka Jezovsek, puríssima em seu voo na ária *Zerfliesse, mein Herze*. Myra Kroese, o contralto, não ficou atrás em arte, embora sem a mesma projeção fácil, no decisivo "Cumpriu-se". Um Jesus bem trabalhado por Jonathan Brown e um Evangelista que foi a glória vocal da noite, Mark Padmore, justamente ovacionado: belo timbre claro, sem distinção especial, mas arte soberana da retórica e da frase.

O principal: todos formavam um conjunto engajado numa representação da Paixão de Cristo que *também* foi um concerto da música mais comoventemente grave que há.

Jornal do Brasil, 19 de abril de 1997

Marc Minkowski com Les Musiciens du Louvre

A temporada da Sociedade de Cultura Artística paulistana se encerrou em grande estilo, com a orquestra dos **Musiciens du Louvre**, de Grenoble, sob a regência do muito festejado **Marc Minkowski** em noite mozartiana, com as *Sinfonias em sol menor* (n° 40) e em *Dó maior* (n° 41, a *Júpiter*), além do balé final da ópera *Idomeneo*.

A excelente impressão causada pelo capricho da execução e o trabalho amoroso dos detalhes ficou entalada numa sensação de precisão fria e distante que podia conferir o necessário fausto à música extrovertida do balé, mas deixou com sede de afetos nas sinfonias.

Ideias e palavras como entomologia e dissecção rondavam a minha perplexidade enquanto eu admirava a perfeição quase distraída do ato musical, a ciência maneirista, a meticulosidade com que cada intenção ou respiração era discretamente (*goût parfait*) rebuscada, o artesanato de luxo do fraseado e das dinâmicas.

Foi esta, além disso, uma das vezes em que tive mais presente no espírito o quanto ouvir uma orquestra de instrumentário e procedimentos estilísticos à antiga pode ser uma experiência do *aquém* e da *falta*. É possível que a acústica seca e curta do Teatro Cultura Artística tenha contribuído, mas não me lembro de ter registrado alguma outra vez frustração tão clara e pertinaz com o lado acanhado e mesmo deliberadamente sem halo de um gesto/sonoridade orquestral.

Minkowski dá a impressão no pódio de ser um músico cerebrino e conceitual. As entradas — num enunciado, numa recapitulação, num movimento — parecem sistematicamente escoimadas de qualquer espontaneidade, carnação e alma, voltadas para a letra da pauta e infensas ao dizer do intérprete. As notas precisam ser iguais, deve ficar claro que absolutamente tudo está em seu devido lugar, que nada há a desejar. A música delibera ser interessante porque irretocável.

A máquina é perfeitamente azeitada, o ron-ron e o molejo, impecáveis, e nessa dinâmica só brotou um momento surpreendente de vida e respiração relaxada. Foi um deslumbrante *Andante cantabile* para a *Sinfonia n° 41*, sonhador, deixando emanar o mistério doído e sem dar a impressão de ter sido programado ou de que só as articulações do discurso são portadoras de mensagem.

Para encerrar, em bis, um *Andante* da *Sinfonia 101* de Haydn, *O Relógio*, que saiu fascinante, vivo e humorado, justamente, em sua relojoaria. Seria o elemento do maestro?

Opinião e Notícia, 30 de outubro de 2006

Um Bach à moda inglesa

A Inglaterra é um viveiro de grandes músicos especializados no repertório barroco, e **Trevor Pinnock** é um dos mais conhecidos em todo o mundo — especialmente por seus quase oitenta discos para o selo Archiv, da Deutsche Grammophon, com o conjunto **English Concert**, que fundou há 27 anos e que costuma reger do cravo. Pinnock e sua pequena orquestra estão chegando ao Brasil pela primeira vez, e no próximo domingo, dia 21, se apresentarão na Série Dell'Arte, no Teatro Municipal, com um programa todo dedicado aos seis *Concertos de Brandeburgo* — homenagem, claro, aos 250 anos da morte de Bach. Depois do grande rival amistoso Christopher Hogwood com sua Academy of Ancient Music, há alguns anos, no mesmo Municipal, será bom entrar em contato de novo com o charme cão e o entusiasmo elegante do barroco *british*. Pinnock falou por telefone ao JB.

— *Por que um programa com os seis* Concertos de Brandeburgo? *Não é muito uniforme?*

— Em absoluto, o conjunto é muito variado, cada concerto tem uma formação orquestral completamente diferente.

— *O senhor estará regendo do cravo?*

— Sim, claro, é o meu papel. E é algo muito gostoso, comum no século XVIII, esquecido e relegado no XIX, mas que os músicos do século XX souberam retomar.

— *A acústica do Teatro Municipal do Rio não é necessariamente para música barroca...*

— Nesses casos, sempre temos que adaptar, na medida do possível. Essa música é de certa forma tanto música de câmara quanto orquestral, mas sempre temos esperança de encher o teatro com nossas sonoridades. Há grandes salas de concerto modernas nas quais o resultado pode ser muito bom, como o Chicago Symphony Hall, onde tocamos recentemente os *Brandeburgo*.

— *Em que a interpretação da música barroca é diferente, hoje, do que era nos tempos heroicos do movimento historicizante, há trinta anos ou mais?*

— Há maior facilidade no estilo e no uso dos instrumentos, os músicos tocam mais à vontade, sabendo que os instrumentos antigos são absolutamente naturais para essa música. Há uma liberdade maior. Você sabe, o manejo dos instrumentos antigos é difícil, eles parecem ter todo tipo de segredos, mas já hoje nem tantos. É difícil descrever técnica ou estilisticamente, mas é algo que fica óbvio quando se ouve. Digamos que antes tentávamos ler algumas palavras numa língua estrangeira, e hoje sentimos que conhecemos muito bem, de dentro, essa língua. É claro que a música se torna, assim, mais rica.

— *É evidente o progresso na sonoridade que os músicos extraem dos instrumentos.*

— Sim, desenvolveu-se a sonoridade, os músicos tocam com mais facilidade e, sobretudo, cada um tem mais clara noção da sonoridade que pretende e pode obter. O English Concert tem um tipo de som muito particular; embora toquemos há 25 anos, temos um temperamento básico que costuma ser reconhecido.

— *Como descrevê-lo?*

— Ah, é muito difícil, só em música. As pessoas, quando ouvem no rádio ou em disco, dizem: isto é do Christopher...

— *E que diferenças enxerga nos estilos e sonoridades de conjuntos ingleses, holandeses, alemães, franceses e italianos na música barroca?*

— As pessoas gostam de aplicar etiquetas em pacotes prontinhos, mas nem sempre os pacotes são muito evidentes, pois encontramos num mesmo país enormes diferenças na maneira como se toca. É também uma questão de estilos diferentes dos regentes ou solistas. Mas é inevitável que em cada país os músicos sejam influenciados pelo que aconteceu antes, mesmo coisas que não tenham a ver diretamente com a interpretação historicamente informada. Na Inglaterra, tem um peso muito específico toda uma tradição de orquestras de câmara, anterior ao movimento dos barroquistas modernos.

— *O senhor continua regendo paralelamente orquestras modernas?*

— Um pouco, mas menos, pois hoje toco muito mais o cravo, e às vezes piano. Acabo de fazer uma série de apresentações com o violinista Maxim Vengerov: Bach, Händel e Corelli na primeira parte, eu ao cravo e ele com um violino barroco, e na segunda, Mozart e Beethoven, passando ao piano e ao violino moderno. Acabei de gravar também as *Partitas* de Bach para a edição completa da Bach Akademie na gravadora Hänssler. E também gravei este ano as *Sonatas para violino e cravo* de Bach com Rachel Podger, a *spalla* do English Concert — vocês verão no Rio que esplêndida violinista ela é.

— *Como funciona o English Concert? De onde vem o financiamento?*

— É um milagre que continuemos atuando depois de tanto tempo. Não há financiamento constante ou fixo; ele vem, na maior parte, das entradas vendidas, mas também de patrocínios. Estamos sempre pedindo dinheiro a todo mundo, e às vezes recebemos algo do British Council ou do Arts Council, para projetos especiais.

— *Tem notado uma tendência das grandes orquestras sinfônicas modernas a voltar a tocar música do classicismo e do barroco, incorporando certas conquistas dos músicos especializados nesse repertório?*

— O sinal mais marcante de mudança é que alguém como Vengerov queira fazer recitais com violino barroco. Ele levou a ideia muito a sério, falamos a respeito durante anos, e vejo que músicos muito bons estão muito interessados em tudo isso. Entre as orquestras, a maior mudança é que algumas das menores, mais apropriadas para a música barroca, também contam com músicos de espírito aberto e curiosos. Em geral, a orquestra sinfônica tende a ser mais conservadora, o que é compreensível, pois a maior parte de seu repertório é música muito difícil, que exige maneiras próprias de tocar. Mas efetivamente vejo mais abertura hoje.

Jornal do Brasil, 14 de maio de 2000

Bach em interpretação refinada

Não é à toa que os *Concertos de Brandeburgo* são a obra mais popular de Bach. Em meio à variedade da expressão e da instrumentação — no espírito dos concertos *con molti strumenti* da época de Vivaldi que o próprio Bach começava a deixar para trás —, eles representam uma fascinante encruzilhada, não só de tradições alemãs, francesas e italianas, como do início da passagem da música europeia antiga para a moderna. **Trevor Pinnock** e seu **English Concert**, autores de uma das gravações mais merecidamente difundidas dessas obras, deram no domingo, no Teatro Municipal, uma interpretação refinada e amorosamente modulada, como era de esperar, mas além disso banhada num maravilhoso halo poético, que rapidamente neutralizou o vácuo inicial do espaço acústico muito grande para esta música. O silêncio do público foi perfeito, e ajudou. Pinnock alterou a ordem para tornar ainda mais atraente o conjunto, concluindo a primeira parte com o n° 5, em que pôde brilhar no cravo, e a segunda com o n° 2, em que Mark Benett saiu-se mais que honrosamente nos dificílimos solos do trompete antigo sem válvulas.

O estilo inglês de tratar a música barroca é uma espécie de meio-termo entre uma certa indiferenciação anterior à corrente de recuperação da retórica de época e a expressividade quase violenta de um Harnoncourt, de um Goebel ou dos conjuntos italianos. Elasticidade sem perda para o corpo sonoro, *crescendi* que não buscam o volume, mas a plenitude, senso das proporções, das cores e da improvisação na ornamentação, diálogo feliz da dinâmica com a articulação, transparência das vozes e unanimidade do fraseado: tudo converge para uma expressão cheia de relevo e calor, mas delicada e sem se afastar muito do *understatement*.

Pinnock e seus músicos nem por isso fogem de um ou outro *excesso*, desses que dão vida a um ato musical: as nervuras acentuadamente aracnídeas dos violinos no *Allegro* de andamento mais que lépido do n° 3, o rasqueado vigoroso do violino de Rachel Podger nas fusas vertiginosas do *Presto* do n° 4.

Com sua impetuosidade controlada, Podger foi a solista mais constantemente destacada, mas Pamela Thorby e Lisa Beznosiuk na flauta também brilharam. Os movimentos lentos tinham afeto sem perder o elã — e como soou misteriosamente suave e expectante o *Adagio* do n° 1, com a fusão perfeita dos sopros e cordas. A exceção terá sido o n° 6, dedicado às cordas graves, e que poderia, em seu espírito mais *antigo*, ganhar com um tratamento ligeiramente mais vívido, apesar da bela sonoridade de cobre das violas de Trevor Jones e Jane Rogers.

Jornal do Brasil, 23 de maio de 2000

ORQUESTRAS

O infinito escamoteado debaixo da laje

O hedonismo sonoro é um dado fundamental na arte de Henri Dutilleux, compositor francês nascido em 1916 que em obras como a *Sinfonia n° 2 (O duplo)* ou o concerto para violino *A árvore dos sonhos* se insere numa tradição nacional de rutilância orquestral (Berlioz, Chabrier, Debussy, Ravel, Messiaen) e ao mesmo tempo, como um Lutosławski ou um Ligeti, renova a linguagem contemporânea sem deixar de se comunicar.

Métaboles, sua peça de 1964 que a **Orquestra Filarmônica da Rádio França** estreou no Rio de Janeiro sob a regência de **Marek Janowski**, é um labirinto de *metabolizações* temáticas, rítmicas e tímbricas em cinco movimentos que privilegiam sucessivamente as madeiras, as cordas, os metais e a percussão, para convergir numa formidável síntese de energias acumuladas. Os títulos de cada movimento — *Encantatório, Linear, Obsessivo, Tórpido, Flamejante* — falam mais da evocação de climas que de descrição ou programa, embora um elemento significativo da formação do compositor tenha sido seu trabalho como diretor de "ilustrações musicais" da rádio francesa.

É música de fantasia improvisatória e multiplicidade prismática de cores, de envolvimento misterioso e horizontes abertos para "mundos distantes" (presentes no título de outra de suas obras). O princípio das variações está embutido nos procedimentos, mas a continuidade *podada* contrasta, por exemplo, com o fascínio mais imediato da fluidez de *O duplo*.

A percepção musical e a acústica têm mistérios que a música não pode ignorar. Conhecendo cada recanto do Teatro Municipal, eu sempre evitei instintivamente as últimas fileiras da plateia, sob a laje que sustenta as cadeiras do balcão nobre, onde dificilmente poderiam ter livre circulação as expansões sinfônicas. No concerto de sexta-feira, cheio da expectativa de ouvir o hipnótico caleidoscópio de *Métaboles* — e, melhor ainda, sucedido da grande sinfonia francesa que é *La Mer*, de Debussy —, fui traído pelas circunstâncias e caí no *buraco negro*.

Ressonância passiva, dinâmica fazendo-se de rogada, silêncios surdos, timbres enfezados, polifonia escamoteada. Onde a magia das cores instrumentais e o fio de Ariadne que ela representa no universo sonoro do compositor? Frustração, ainda, na obra-prima de Debussy, que se recusava a sair das estantes, sem coesão nem empuxo marítimo de espécie alguma. Foi preciso esperar a luz ofuscante do pleno meio-dia no fim do primeiro movimento, tirada a prova do puro e simples volume orquestral, para concluir definitivamente que a briga era ingrata e sem esperança.

Intervalo, mudança de lugar. Sim, o grão das cordas da Rádio França estava lá, formidavelmente presente no Prelúdio de *Parsifal*, assim como as superposições acolchoadas das vozes. Janowski, reputado nesse repertório, conseguia agora fazer chegar a mim toda a gradação ondulante dos cromatismos wagnerianos. No *Encantamento da sexta-feira santa*, os perfumes harmônicos e os sombreados alongavam-se em ampla respiração contemplativa. Logo depois, a febre pulsional de *Tristão*, plena, envolvente, onde pouco antes o gelo abrasivo de Dutilleux não chegara a arder. *Chapeau*, de qualquer forma, para a vocação germanizante dessa orquestra francesa — e para a confecção fina do programa, passando da dispersão de motivos curtos nos dois compositores da primeira parte para as melodias infinitas do bruxo da segunda.

Jornal do Brasil, 3 de agosto de 1999

A celebração da música

O maestro **Claudio Abbado**, que deixará em 2002 a direção musical da **Filarmônica de Berlim** mas continuará a regê-la periodicamente, deu esta entrevista ao JB por escrito, no avião entre São Paulo e Rio.

— *Em que o senhor mudou basicamente o repertório da Filarmônica?*

— Nestes dez anos, introduzimos nos programas da Filarmônica de Berlim muito mais música moderna e próxima do repertório clássico, muita música barroca, e sobretudo apresentamos ciclos de obras ligadas a poetas e escritores famosos, como Hölderin (de Brahms a Wolfgang Rihm) ou Shakespeare, além de ciclos ligados ao mito de Prometeu (Beethoven, Liszt, Scriabin, Nono), ao tema de Fausto (Schumann, Liszt, Mahler, Berlioz), ciclos sobre o tema do Amor e da Morte (o *Tristão* de Wagner, *Pélleas et Mélisande* de Debussy e de Schönberg, *Romeu e Julieta*, de Tchaikovsky, de Berlioz, de Prokofiev) etc. E com esses ciclos, lentamente e todo ano fomos cada vez mais ocupando os teatros de ópera e museus da cidade de Berlim com mostras especiais, projeções de filmes (ligados a temas musicais), leituras com os melhores atores e diretores e naturalmente muita música de câmara, especialmente com *Lieder*.

— *Em que se pode dizer que mudaram sob sua orientação a sonoridade e o estilo da orquestra?*

— A orquestra tem hoje uma sonoridade muito mais definida para cada estilo, cada época musical; mesmo mantendo-se próxima do som quente e cheio para a música romântica, ela tem um som muito mais definido para a música moderna e uma forma de tocar a música barroca mais próxima da sonoridade da época, e com uma articulação e um fraseado mais claros. Quase todos os músicos tocam em conjuntos de câmara, e por isto criamos no Festival de Páscoa de Salzburgo a série dos concertos Kontrapunkte, que contribuiu muito para aperfeiçoar a maneira como eles se ouvem uns aos outros.

— *Como a orquestra se adapta aos novos públicos e às exigências de uma vida de concertos que não é mais a que era há trinta ou quarenta anos?*

— Criamos também ciclos para os jovens, os ensaios gerais são abertos aos estudantes e promovemos encontros com os compositores contemporâneos, sobretudo quando fazemos estreias mundiais de suas obras. O número de assinantes aumentou e os concertos são sempre dados numa sala com 2.400 lugares. Esses ciclos trouxeram um público novo, com interesse também pelo teatro de prosa e pelas exposições de pintura. E até mesmo as tardes de música barroca, com compositores como Monteverdi, executada com instrumentos da época — como alaúdes, violas da gamba, violas d'amore, violones ou violinos com arcos barrocos — têm o seu público. Este ano, além da música contemporânea, faremos um concerto sobre a influência do jazz na música moderna. Com composições de Stravinsky, Chostakovich, Gershwin até Duke Ellington e Wynton Marsalis, que participará do concerto.

— *O senhor é conhecido como um regente que dá ênfase ao trabalho de clareza na estruturação das obras.*

— Tenho procurado, com todas as orquestras com as quais trabalho, fazer música como se fosse música de câmara, tendo ideias claras sobre a estrutura das obras durante os ensaios. Se existem ideias musicais que ajudam a música e podem fazer nascer ideias novas, é importante contar com a colaboração musical também dos músicos.

— *O senhor acha que é a ausência de vibrato que determina o andamento diferente, mais rápido, da música barroca nas orquestras ditas de época?*

— Não creio que a razão dos andamentos na música barroca dependa da ausência de *vibrato*, mas sim da relação entre os *tempi*. A ideia de um *andante*, a própria palavra transmite: é um andamento que flui, que caminha, e um *adagio* na música barroca é um pouco mais lento que um *andante* na música posterior.

Jornal do Brasil, 26 de maio de 2000

FILARMÔNICA DE BERLIM COM CLAUDIO ABBADO

Esplendor de todos os naipes no palco

A *Sinfonia n° 9* de Mahler é uma das obras mais complexas e de mais difícil abordagem do repertório. O ouvinte que a seguir passo a passo, atento apenas às belezas e desafios de cada momento, perde o essencial. Mas a visão de conjunto é dificultada pela fragmentação e mesmo dispersão de sua linguagem, pelo acúmulo vertiginoso dos contrastes e a sobrecarga de sentimentos expressos.

No fim da vida e querendo mais que nunca resumir o mundo numa sinfonia, entre o desespero, a revolta e uma busca da paz com sabor amargo, Mahler não facilitou a vida para os músicos nem para ninguém. Pois foi com essa hora e meia de rude introspecção que a **Filarmônica de Berlim** abriu sua primeira turnê no Brasil, anteontem, no Teatro Municipal de São Paulo, para uma casa lotada e vibrando de expectativa.

A fama da orquestra moldada para os tempos modernos por Herbert von Karajan e há dez anos nas mãos de **Claudio Abbado** não podia ter um *faire valoir* mais completo. Pensata dilacerante com o coração na boca, a *Nona* é também um concerto para orquestra e em muitos momentos música de câmara — lembrando aliás o que Chostakovich viria a fazer no mesmo terreno. As prodigiosas qualidades dos *Philharmoniker* foram exibidas em nível de demonstração sob a batuta não propriamente analítica do maestro, mas com um controle apolíneo distante do tratamento descabeladamente atormentado que a música de Mahler pode solicitar.

Regendo de memória, com a disposição oposta dos violinos prescrita pelo compositor, Abbado parecia reunir forças calmamente no primeiro movimento, que cava um poço de angústia em torno de um simples motivo tristonho de duas notas descendentes. Sua abordagem estudada soava mais convincente nos momentos de concentrada espera. No segundo e no terceiro movimentos, que descem da contemplação desorientada para paisagens mais terrenas, o escárnio das valsas e *Ländler* e a feiura intratável com que Mahler cria e desfaz expectativas pareciam mais organizados que sentidos.

Uma interpretação até aqui comparável à da *Quinta* que outro italiano, Riccardo Chailly, regeu no Municipal do Rio com a Orquestra do Concertgebouw de Amsterdam há duas temporadas — com a diferença de que a *Quinta*, menos moderna em matéria de desintegração formal, comporta melhor essa combinação de contenção e detalhamento. Mas no último movimento, um hino querendo redenção e dando espaço privilegiado às cordas, a concentração mantida ao longo do percurso fez todo sentido. Em torno de um clímax inesquecível, seguido de silêncio que é pergunta perplexa, Abbado mostrou retrospectivamente a força de sua ponderação filosófica, deixando a música falar por si.

O que ficará sobretudo na memória, entretanto, não é a marca do maestro, mas a força da corporação reunida no palco — esplendor de todos os naipes, controle dos volumes e massas, unanimidade dos ataques, virtuosismo coletivo. De todo modo, é claro que sem Abbado a algaravia no limite do compreensível e mesmo do audível que forma o terceiro movimento não teria passado. E que orquestra poderia, sem mão firme, dar esses saltos dos *tutti* fortíssimo para o grunhido *pianissimi* do contrafagote e de volta, ou fazer os mesmos percursos numa única frase, como em *messa di voce*? Que orquestra demonstraria essa capacidade de ritmo unificado e de escuta individual na confusão e no acúmulo, ou manteria tão timbrados e eloquentes os murmúrios e pulsações quase *morendo*?

Depois de mais dois concertos em São Paulo, ontem e hoje, a Filarmônica de Berlim apresenta-se na sexta-feira no Municipal do Rio, com a *Sinfonia Novo Mundo* de Dvořák, dois *Noturnos* de Debussy e a *Valsa* de Ravel.

Jornal do Brasil, 24 de maio de 2000

Luxo, calma e volúpia sob controle

O que há de errado com a **Filarmônica de Berlim**? Nada, a julgar pelo concerto que marcou sexta-feira seu único contato com o público do Rio, no Teatro Municipal, encerrando uma turnê sul-americana que foi fruto da persistência e da diplomacia de Sabine Lovatelli no Mozarteum Brasileiro. Há quem considere que o *rolls-royce* polido por Herbert von Karajan já não é o mesmo, mas ficou evidente que, para os berlinenses, na mudança existe permanência.

Distante hoje do som uniformemente voluptuoso do maestro que a celebrizou na era do disco — e que podia sufocar o dinamismo do ritmo ou a clareza das articulações —, a Filarmônica mostrou uma robustez que é só sua, nunca pesada, sempre musicalmente calibrada. À parte a unidade e coesão do conjunto e a excelência individual dos instrumentistas, é esta materialidade sonora inconfundível que mais impressiona: dinâmica poderosa e confortável nas reviravoltas mais súbitas do *forte* para o *piano* e vice-versa, amplitude dos alicerces graves, as cordas como corpo uno, espesso ou tênue, capaz de força, maleabilidade, suavidade e brilho, as madeiras com aquela untuosidade larga e quente que é típica da escola alemã.

Mas a conjunção de um maestro apolíneo e controlado como **Claudio Abbado** com a *Sinfonia Novo Mundo* de Dvořák, obra de dramatismo excitante e frescor ingênuo, deixou uma impressão estranha de casamento de conveniência. Músico intelectual, Abbado é amoroso através da compreensão. Com sua figura de sábio musicalmente correto no limiar da terceira idade, um gestual flexível e a elegância italiana meio distante, ele suscita simpatia e adesão com a maneira como burila as ondulações da massa orquestral, individualiza as vozes e sobretudo atenta para detalhes de instrumentação e fraseado que podem soar como revelações. Mas não se permitiu a menor dose de sentimentalismo eslavo — para não falar de uma chama visceralmente romântica pela qual esta sinfonia clama.

O saudoso aceno de Dvořák em Nova York para os compatriotas boêmios pareceu mais distante que nunca. No movimento lento, seu momento de maior nostalgia, o solo de corne-inglês que desmancha corações há mais de um século flutuava num colchão de cordas propriamente indescritível — mas ternura e emoção não brotavam organicamente da beleza plástica. Na seção central do mesmo *Largo*, quem haveria de julgar possível ouvir, nos *pizzicatti* dos contrabaixos, cada nota, como se ouviu, e não apenas a vibração grave? Mas e o ardor? Mesmo no ímpeto heroico do primeiro e sobretudo do último movimento, Abbado — com todas as gradações perfeitas, o calculado senso do drama sinfônico e da exultação instrumental — manteve uma reserva que falava de falta de identificação profunda com a música.

Debussy e Ravel foram mais do seu elemento — embora, aqui, o luxo berlinense (com seu mencionado *corpo*) deixasse escapar infinitesimal *inadequação* no fio nem tão galicamente puro e fino das cordas agudas, nas etéreas *nuvens* debussianas. Mas o cinza reluzia, o algodão era de maciez impalpável. Nas *Festas*, com o maravilhoso ímpeto da harpa no início, um solo de trompete foi buscado em confins insuspeitados da partitura — e, mais uma vez, como acreditar que se pudesse assim ouvir *tudo* em pleno estrépito do cortejo central? A *Valsa* de Ravel foi o *show* esperado: frêmito de cada entrada sucessiva (harpa, violas), violinos de pureza alucinante no enunciado do tema, os suspenses finos da agógica, o controle das deflagrações e dos fins de frase, nunca jamais um desfalecimento nas transições. Turbilhão, como queria o compositor. Mas sem vertigem.

Abbado e os *Philharmoniker* encerraram com uma homenagem ao público: a *Ária* das *Bachianas brasileiras nº 5*, de Villa-Lobos, com os violoncelos dando sustentação sem goma no *vibrato* (nem nó na garganta) ao soprano redondo e delicado de Claudia Riccitelli.

Jornal do Brasil, 29 de maio de 2000

Ravel alsaciano e um Nelson que demorou

O aperitivo foi um *Aprendiz de feiticeiro*, de Paul Dukas, menos narrado que desenrolado como um concerto para orquestra, e nisto interessante — especialmente por estar no palco uma orquestra francesa, com características preservadas de clareza das cordas e maciez das madeiras. Depois, só música que requer engajamento total e calibragem perfeita, no concerto, anteontem, da **Orquestra Filarmônica de Estrasburgo**. Um bloco Ravel *temático*, o Ravel fascinado pela Espanha e pela dança, e o Bartók mais *acessível* mas não menos anguloso e fracionado do *Concerto para piano nº 3*. Não foi, infelizmente, uma noite de almirante — e o público do Municipal absteve-se da habitual ovação.

A Filarmônica é uma bela orquestra de nível europeu médio, mas **Theodor Guschlbauer**, seu regente titular há quatorze anos, ainda não chegara ao melhor grau de preparação, unanimidade e sobretudo calma, neste que foi o primeiro concerto de uma turnê sul-americana. Mais que azeitamento, é de hedonismo que se trata, na mistura de delicadezas entomológicas, deflagrações colorísticas e embalos de gigantesco violão rasqueado dessa música de Ravel. Terá sido por ser a orquestra alsaciana e o maestro, austríaco, que seus calores bascos não emanaram propriamente? A *Alborada del gracioso* passou espantosamente rápida, sem *caractère* ou sensualidade. Na *Rapsódia espanhola*, também prejudicada por um passo rápido e falta de mais saborosa modelagem, os mistérios e perfumes das noites ibéricas afloraram melhor, sem embriagar. Planos sonoros às vezes confusos, mas instrumentistas que confirmariam do que são capazes nas acumulações do *Bolero*, sem langores, bem conduzido em seu *crescendo* obsessivo.

E tivemos **Nelson Freire** no Bartók, que está em seu repertório há não poucos lustros. Terão sido as turbinas ainda não bem aquecidas para a turnê? O *Allegretto* inicial, com seu tema magiar e suas complexidades rítmicas, pareceu estranhamente hesitante e desarticulado; numa música de dificílimo equilíbrio, os enunciados não eram calmamente postos em relevo, o diálogo com a orquestra desengrenava. A lendária digitalidade do pianista brasileiro não o socorria todo o tempo. No *Adagio religioso* que é uma das grandes inspirações do compositor, Nelson relaxou: *cantabile* feliz e pousado, palpitações mozartianas, miraculosas sonoridades de celesta em certas escalas. A tactilidade rica e variada do movimento intermediário preparou-o bem para um *Allegro vivace* de brilhante combinação entre o percussionismo e as prerrogativas tímbricas, que nem todos podem cultivar em Bartók. Finalmente a adrenalina subia

FILARMÔNICA DE ISRAEL COM ZUBIN MEHTA

pelas veias na fusão com a orquestra, com aqueles arroubos lisztianos e caprichos rapsódicos que conhecemos do melhor Nelson Freire romântico. Pianista lúdico mas intenso ao mesmo tempo, ele jamais daria a impressão de estar tocando *para a galeria* para chegar a esse fecho tão plenamente satisfatório do *Terceiro* de Bartók. Mas foi pena que a relativa confusão do primeiro movimento tenha privado o concerto do desenho unitário e coerente que ajudaria a conquistar um público ainda hoje desafeito a este clássico do século XX.

Jornal do Brasil, 12 de novembro de 1997

Liberdade diante do drama

Chegados ao Teatro Municipal na terça-feira com sinais de cansaço da turnê sul-americana, **Zubin Mehta** e a **Filarmônica de Israel** deixaram-no na quarta cobertos de glória. Foi no romantismo denso da *Sinfonia em dó menor* de Brahms que maestro e orquestra voaram mais alto, numa desembaraçada eloquência do meio caminho, longe da verticalidade tenebrosa de uma certa tradição germânica (mas também das especiais gratificações do visionarismo nesse repertório) e do cauteloso comedimento que Brahms inspira a regentes menos sanguíneos ou mais acadêmicos.

Mehta é o antiacadêmico por excelência. Não submeteu a *Sinfonia* a um pulso estrito demais, sem medo das oscilações de andamento que desafogam a angustiada exaltação das frases curtas e *staccato* no primeiro movimento e dão alma ao anelante fluxo e refluxo do último *Allegro*. Essas discretas suspensões da respiração, para deixar cantar uma voz secundária ou abrir espaço para um solo, já mostravam nos passos anteriores que o maestro busca a liberdade expressiva antes do rigor arquitetônico. Mas não minaram a firmeza do ritmo nem impediram o avanço entusiasmante do final, que é um coroamento como poucos na história da música sinfônica.

A Filarmônica seguiu seu diretor arrebatada, sem quedas de tensão. O quarteto de cordas, solicitado o tempo todo a liderar, ilustrou-se especialmente na rouquidão espessa das violas e na confiabilidade perene dos *cellos*, como para compensar a contribuição menos brilhante dos violinos. Estes é que haviam dado na véspera o sinal de alarme do *jet lag*. Foi no terrível quarteto *A Morte e a donzela* de Schubert, transformado por Mahler em gentil serenata para cordas. Privados do adstringente confronto de vozes do original, confrontados ao que parecia um escolar exercício de massas sonoras escalando arduamente o contraponto, os professores de

Tel Aviv viram-se cruelmente expostos a uma impossível busca da unanimidade — no fraseado, na homogeneidade e até na entonação do agudo.

Com Brahms, a *Sinfonia nº 40* de Mozart e as *Alegres travessuras de Till Eulespiegel* de Strauss, os israelenses fizeram suceder uma noite de afirmação vital — através do drama ou da comédia — a uma outra em que o *fatum* tchaikosvskiano compunha um programa de cores pessimistas ao lado do lirismo trágico de Schubert banalizado por Mahler. Se a morte como feia intrusa em Schubert virou dama enchapelada vindo buscar a donzela para o chá, a melancolia da *Sinfonia nº 5* de Tchaikovsky foi percorrida com cores claras e texturas leves por opção perfeitamente defensável. Grande animação e tônus, a mesma preferência pelas ligeiras acelerações/retardamentos do pulso para dinamizar o discurso e, no *Allegro vivace* conclusivo, uma vitória sobre o destino não menos categórica por ser conquistada sem grandes dramas. Mozart também foi vivo e fluido sem perda da intensidade e com robusta mobilização das vozes secundárias no *Molto allegro*, mas tanto no seu *Andante* quanto no de Tchaikovsky a intensidade mais localizada que estrutural cultivada pelo maestro permitiu aos músicos resvalar, no primeiro caso, para o tédio, nas figurações repetidas de acompanhamento, e, no segundo, para momentos de flagrante déficit poético (e de homogeneidade, mais uma vez, nos violinos).

O Strauss e os extras das duas noites (Prelúdio de *Khovanchina* de Mussorgsky e *Morte de Tebaldo* de *Romeu e Julieta* de Prokofiev na terça, abertura de *A força do destino* de Verdi e duas polcas de Strauss filho na quarta) abriram espaço para os atributos de disciplina e virtuosismo do conjunto, sem confirmar necessariamente a opinião pré-fabricada de que Mehta é um regente exclusivamente extrovertido. Seu Brahms está maduro.

Jornal do Brasil, 15 de agosto de 1997

Mahler sem ferir o nervo

A *Sinfonia nº 5* é uma das mais claras e afirmativas (se isto é possível) de Mahler, mas ainda assim uma experiência neurótica. Terá sido a familiaridade gerada por suas audições frequentes no Rio ou o temperamento do maestro? O fato é que a versão apresentada no Teatro Municipal anteontem por **Zubin Mehta**, com a **Filarmônica de Israel**, mal aflorou as angústias meio fabricadas que podem torná-la tão *over*. Se Marek Janowski no mesmo teatro foi terrível em sua força catastrófica em 1997 e Simon Rattle mais dionisíaco em sua entrega visceral dois meses depois, e se em 1998 Riccardo Chailly fascinou os não mahlerianos com um show de suntuosidade apolínea, Mehta deu-nos o curioso paradoxo: uma vivência despreocupada, para não dizer exterior, dessa torturada pensata sinfônica.

É significativo que o tom tenha sido encontrado no *Scherzo* central, que adota ritmos dançantes e tonalidade maior. Pouco houve aqui do sarcasmo *moderno* que transforma valsas e danças camponesas austríacas em caricaturas de picadeiro; nem pesaram — mal foram percebidos — os silêncios que reforçam as segundas intenções. A música corria desembaraçada, sem indiferença ou mero profissionalismo mas tampouco perscrutando. Contraponto afiado nas cordas, bela calma dos instrumentos individualmente caracolando no episódio central, integração fluida das mudanças de clima e andamento.

Mehta havia começado sem convicção na *Marcha fúnebre* e no movimento que a glosa e remastiga tortuosamente em seguida — ambos em tom menor. A primeira costuma ser uma declaração de intenções em lasso negrume, mas passou longe do muitíssimo dolente e pesado, venceu a inércia mais facilmente que o imaginável. Seus ecos foram romantizados no *Atormentado, agitado*, no qual de novo uma certa afetação das tiradas instrumentais ocupava o lugar de um verdadeiro *caractère*, ou pelo menos de uma concepção mais casada com a música — ou de uma concepção pura e simplesmente.

Do *Scherzo* em diante o já mencionado e aqui presente não mahleriano, algo agradavelmente surpreso com o esvaziamento do conteúdo conflituoso muito ostensivo e factício, tentou curtir a inocência da leitura *au premier dégré*, mas teve de constatar seu ingrato absurdo. A *Quinta* de Mehta deixou mais claro que nunca por que esta se tornou uma música de multidões. Mas com um preço. Mesmo quem a aborda pela primeira vez, tendo a impressão de mergulhar num caos proliferante e ameaçador, intui a força de um argumento sinfônico avançando, da dor entorpecida para a exultação, num ambiente de visionarismo quase pictórico. O segundo movimento rememora o primeiro, o quinto e último recapitula o quarto, nos dois casos para ao mesmo tempo celebrar e comentar à luz de novas impressões.

Seguramente olhando em frente, Zubin Mehta não se lembrava no *Rondò* final do tema anelante do *Adagietto*, embora o tivesse cantado pouco antes com magnífica naturalidade, sem forçar, mágico nas retenções; a reverberação triunfante do coral tampouco remetia a seu prenúncio no segundo movimento, onde fora abordado e declinado com facilidade, e não duramente conquistado. O prazer do mahleriano — achar que toda essa agitação é profunda porque abundante e voltada sobre si mesma — esbarrou perplexo na simples satisfação orquestral.

Não faltou coesão sonora, mas a jornada pareceu muito garantida e o empenho expressivo, inconstante, com as arcadas livres de gravidade saindo do nada no *Adagietto*, mas sem os *rubatos* congênitos que dariam convicção às valsas irônicas do *Scherzo* nem a perversidade toda deste universo. Até a ausência de excessos seria louvável, se tivesse um propósito. O fascínio dessa música é precisamente atrair repelindo (ou vice-versa): o mahleriano não quer singrar tão lisamente, e o não mahleriano gosta de detestar — quando lhe são dados motivos. Se a *Quinta* de Riccardo Chailly no Rio foi um pouco Mahler para quem não gosta de Mahler, esculturalmente intelectualizado e meridionalmente desneurotizado, a de Mehta ensinou que a evacuação do sentido tem limites.

A Filarmônica confirmou suas qualidades de disciplina e expressividade sem gênio, e a impressão — deixada nos dois concertos de 1997 — de uma estranha carência de luz nos violinos. A noite começara com a *Sinfonia nº 1* de Beethoven, para oferecer um contraste de limpidez clássica com a outra parte do programa — como Rattle fizera, conceitualmente muitos furos acima, com a *Serenata Gran Partita* de Mozart em sua apresentação de quatro anos atrás. Não foi um Beethoven memorável, talvez por ter servido de aperitivo, o que amplificou seu caráter introdutório no próprio cânone beethoveniano e como que liberou os israelenses para uma leitura pouco atenta aos ímpetos do compositor de 29 anos, saudando mas já deixando para trás o mundo de Haydn.

Jornal do Brasil, 9 de agosto de 2001

Sortilégios do romantismo tardio

Sibelius, Max Bruch, Chabrier... Um devaneio em parte imprevisto mas fascinante por músicas do romantismo tardio na passagem do século mostrou sexta-feira, no Teatro Municipal, a solidez e o estilo bem lapidado da **Filarmônica de Liège**. Começando e terminando no romantismo mais central dos irmãos musicais Wagner (*Tannhäuser*) e Liszt (*Os Prelúdios*), o passeio deveria ter culminado num dos cavalos de batalha da orquestra dirigida por **Pierre Bartholomée**, a *Sinfonia* do filho mais ilustre de Liège, César Franck. Teríamos ouvido mais fundo o som único e intransferível do conjunto, um dos que reconhecidamente preservam uma tradição *francófona* da música sinfônica.

FILARMÔNICA DE NOVA YORK COM KURT MASUR

Assim não quiseram os deuses da intendência, que na mudança de última hora lançaram ao público uma pepita bruta sem a cortesia da apresentação no texto do programa. Foi *Trenmor*, do belga menos ilustre Adolphe Biarent, que ao morrer prematuramente em 1916 deixou nesse poema sinfônico de ambição nitidamente narrativa um apanhado de influências e reminiscências (Franck, Saint-Saëns, Richard Strauss...) e um quase-vade-mécum dos sortilégios orquestrais do gênero e da época.

Foi o especial esforço de eloquência da orquestra, mas em música *estudada*, que ambicionava e queria aliciar a atenção sem voar alto. As alturas foram alçadas, como sem querer, no *Idílio* de Chabrier oferecido como bis: transparência e delicadeza da textura orquestral, enlevo e poesia da cena pastoral banhada num muito francês distanciamento, sem a clara palpitação rítmica da versão original para piano — uma especialidade de Magdalena Tagliaferro.

O rei da noite foi o violino. **Boris Belkin**, que felizmente tem sido ouvido aqui com certa frequência, e Bartholomée, que nem sempre superava os desafios cabeludos do acompanhamento cheio de rupturas e contratempos, não terão dado a versão mais coesa do deslumbrante *Concerto em ré menor* de Sibelius. Houve quedas na armadilha maior da partitura: a fragmentação no *momento-a-momento*. Mas o violinista está naquela fase de maturidade em que o domínio técnico e a firmeza da elocução convidam a assumir riscos. Deu, assim, o essencial nessa obra terna e emocional mas escarpada, intransigente: o senso do arrebatamento inesperado, sem perder a linha, mas sem medo de vincar ranhuras expressivas na sonoridade. Destemido nos ansiosos recitativos do *Allegro*, ele expôs todo o longo período cantante inicial do *Adagio* com o fervor intenso que se repetiria no *Adagio* do *Concerto nº 1* de Bruch, dado em extra. Aqui, em clima de sonho melódico, o violinista liberou como um grande a luminosidade de seu arco, que soubera refrear devidamente no Sibelius.

Jornal do Brasil, 19 de abril de 1998

Esplendor sonoro e terror bruckneriano

As sinfonias de Bruckner são música árdua e intratável de um crente-quase-beato que oferece a Deus sua gratidão por dispor da orquestra pós-romântica. A forma serpenteante, os contrastes dinâmicos violentos e a prevalência dos blocos e massas sobre a linha, os padrões rítmicos pesados em seus *ostinatos* e a insistente incandescência dos metais deflagrados em glória da Criação exigem do regente a visão da grandeza espiritual — e do terror metafísico — por trás da orgulhosa heterodoxia formal.

Kurt Masur e a **Filarmônica de Nova York** deram quinta-feira no Teatro Municipal uma versão esplendorosa mas não terrível da problemática *Sinfonia nº 3*, conhecida como a *Wagner* por ter sido dedicada ao autor de *Tristão e Isolda*, o outro deus de Bruckner, e por citar obras suas. Apesar de usar a edição abreviada de 1889, Masur chegou perto dos sessenta minutos de execução, duração comum em gravações que utilizam a versão mais íntegra de 1877. Mas se respirou com amplidão, não pareceu assombrado com os mistérios abissais e o tremendo poder telúrico do primeiro movimento.

O messiânico tema inaugural do trompete sobre as figurações repetidas das cordas entrou sem ameaça, quase apagado, e a seguir as asperidades e ângulos rítmicos arredondados pagavam tributo à suntuosidade da Filarmônica. Concepção voltada para a modelagem flexível e sedutora das sonoridades e o encaminhamento discursivo majestoso, mais que arquitetônico. Mas o *Andante* cresceu, mais intrigantemente esculpido e disposto à reverência. E até o fim, no intrépido *Scherzo* ou no maravilhoso embalo vienense do ritmo de polca mundana contraposta no *Finale* ao coral dos servos de Deus, a grandeza musical, senão espiritual, da interpretação deslumbrou a plateia: capacidade de refinar as seduções tímbricas em meio aos portentosos volumes brucknerianos, homogeneidade dos *cellos*, disciplina dos naipes tocando como um só homem, espetacular potência dos metais. Qualidades que nos faziam perguntar, nas aberturas dos *Mestres cantores* e de *Tannhäuser* que abriram a noite, como pode a música de Wagner ter sido composta para ruminar em fossos de teatro. Mas que predispuseram ainda mais o público *applause-happy* a se precipitar em festa sem que acabasse de ressoar o último acorde do Bruckner. Celebração musical e humana, mais que mística, mas celebração.

Jornal do Brasil, 21 de junho de 1997

Richard Strauss às portas da poesia

Muscularidade e volume, mas também agilidade, brilho e clareza de contornos. O virtuosismo coletivo da **Filarmônica de Nova York** estava a mil na segunda metade do concerto Richard Strauss de quinta-feira no Teatro Municipal. *As alegres travessuras de Till Eulespiegel* foram mais que nunca eletrizantes, *Morte e transfiguração* raramente terá mostrado assim como Strauss era capaz de dar coesão a um poema sinfônico. Vieram então os extras para confirmar a demonstração: um episódio cheio de facúndia e perfume cigano do *Háry János* de Kodály, uma abertura dos *Mestres cantores de Nuremberg* de esfuziante solenidade e a sensacional adaptação para metais do hino à América de *West Side Story*, de Bernstein.

Foi um típico fim de concerto de turnê: público mundano e facilmente excitável, profissionais de primeira cumprindo o contrato com sobras. O que não significa que faltou musicalidade. *Till* é provavelmente a mais perfeita ilustração do que é contar em música, e **Kurt Masur** soube ser mais deliberado na excitação que Zubin Mehta com a Filarmônica de Israel há quatro anos no mesmo Municipal. É uma música excessiva, um pouco sem alma mas irresistível. E o sucesso não se deveu apenas à impudência dos nova-yorkinos quando a partitura exige ostentação; havia propósito e direcionamento, um *timing* narrativo cheio de deliciosas demoras e o magnífico trabalho de diferenciação das camadas no tecido orquestral.

O mesmo fluxo e refluxo confiante e a mesma exploração meticulosa dos naipes já haviam tornado mais afirmativa que agoniada a recapitulação filosofante de *Morte e transfiguração*. A falta de propensão de Masur para divagar e seu empenho de construir uma progressão ajudaram a ver como Strauss — mais que seu inspirador Liszt, ainda tão presente nesse ensaio de juventude — é capaz de organizar um relato orquestral sem digressões.

Terá sido por falta de aquecimento, no palco e na plateia? O fato é que *Don Juan*, no início da noite, não teve a mesma força. Aqui a convicção decorre menos da pintura de um cenário ou do relato de uma cena: o ímpeto e a paixão juvenis, ensombrecidos por pulsões de morte, pareceram distantes da imaginação do maestro, numa leitura algo *matter of fact*. Mais eficiência que aventura, suspense, sim, mas risco, quase nenhum, apesar das irisações sapientes das cordas, do heroísmo da trompa na projeção do tema varonil.

As *Quatro últimas canções* foram o rude anticlímax do concerto. A soprano Christine Brewer, que cantou aqui uma *Ifigênia em Táuris* em 1997, tem uma emissão sã e um ataque claro que no classicismo de Gluck prestaram serviço leal. A cor do registro médio é cálida, apesar das falhas de homogeneidade do timbre. Mas no testamento vocal de Richard Strauss o soprano paira em vaporosa melancolia sobre crepúsculos pós-românticos. A poesia tem nome liberdade de expressão. Com a voz colocada muito atrás, a dicção *afogada* e quase todo o investimento concentrado na projeção reta, Brewer não pisou estrelas. Na terceira canção, *Beim schlafengehen*, o violino de Glenn Dicterow cantou mais livre e reverberou mais resplandecente. Puro contrassenso, nesse monumento de intensa emoção vocalizada.

Jornal do Brasil, 23 de junho de 2001

Rotina russa de luxo

Yuri Temirkanov e sua **Filarmônica de São Petersburgo** voltaram ao Rio depois de sete anos com um programa inteiramente dedicado ao século XIX russo, na vertente brilhante e exteriorizada de Borodin e Rimsky-Korsakov e na interiorização melancólica de Tchaikovsky. A orquestra exibiu para um Teatro Municipal lotado e maravilhado, mas não eletrizado, toda a sua fenomenal plasticidade e — apesar da descrença declarada de seu diretor na sobrevivência de uma sonoridade *nacional* nos dias de hoje — um timbre que ainda parece intermitentemente próprio, especialmente nas madeiras.

A clarineta profunda mas com laivos de acidez, o oboé *grande*, goticamente abobadado e cheio no grave começaram a cativar já na *Dança das jovens* das *Polovitsianas* de Borodin, desenroladas com o brilho robusto esperado. Na *Suíte* do *Galo de ouro* de Rimsky-Korsakov, outro diamante multifacetado das artes orquestrais tipicamente russas, eram as transparências e fulgurações dos violinos a chamar a atenção.

Esse movimentado mundo de surpresas narrativas, orientalismos e coloridos deslumbrantes era percorrido pelo maestro com desenvoltura, embora modulando com a devida calma, por exemplo, o suspense antes do início da batalha do czar rimskiano. O desembaraço, autorizado por uma orquestra que nesse repertório tocaria sozinha, já pareceu *détachement* na *Sinfonia nº 5* de Tchaikovsky.

Ainda estava na memória a fulgurante *Sexta* da primeira visita, à beira do histrionismo mas arrebatadoramente abarcada, romântica por excesso e nisso *patética* a sua maneira, apesar do ressaibo de superficialidade. A *Quinta* de anteontem foi mais cursiva, buscando o caminho à frente, sem destino trágico antes de chegada a hora. Era esta a impressão no *Allegro* inicial: um maestro russo e sua orquestra num Tchaikovsky que não precisava de firulas, idiomaticamente russo e ponto. Mas aos poucos Temirkanov evidenciou — de uma forma diferente da ouvida em 1991 — sua inclinação para o trabalho formal como mensagem em si. Num passo lesto, os equilíbrios e rompantes agógicos, a distribuição e invenção dinâmica dos andamentos, preparada com esmero e oferecida como sem esforço, faziam as vezes de alma da interpretação. À falta de uma concepção clara e sentida, *necessária*, tínhamos *ralentandi* esculpidos com sabedoria, controle fenomenal das massas e vozes, plenitude e lustre das cordas oscilando do metal ao veludo em questão de segundos. Ficava por conta quase exclusivamente de Tchaikovsky o vento de loucura mansa soprando nas contramelodias aqui cientificamente individualizadas do *Andante cantabile*, vento que voltou a varrer a orquestra no *Vivace* final, tocado no entanto com a pressa sem ansiedade dos calculistas.

Jornal do Brasil, 26 de abril de 1998

"A música devia estar nas escolas"

Lorin Maazel tem fama de ter um ouvido absoluto, de ser um prodigioso técnico da regência orquestral, que abordou muito cedo, e de ter esperado mais do que deveria ser escolhido o sucessor de Herbert von Karajan na Filarmônica de Berlim, em 1989. Como a escolha recaiu em Claudio Abbado, ele ficou ausente dez anos, e só recentemente voltou em triunfo. Mas é com a outra orquestra de luxo da Europa central, a **Filarmônica de Viena**, que se apresenta hoje no Teatro Municipal do Rio, num programa substancioso que abarca a *Rapsódia espanhola* de Ravel, a segunda suíte do *Pássaro de fogo* de Stravinsky e a *Sinfonia nº 4* de Brahms. Hoje atuando sobretudo como maestro convidado, Maazel já esteve à frente, como diretor musical, de orquestras como a de Cleveland, a da Rádio Bávara e a de Pittsburgh, sua terra natal. Muito prezado nos repertórios brilhantes, em Ravel ou nos russos por exemplo, é também um homem de outros instrumentos, violinista e compositor. Foi por escrito que ele respondeu às perguntas do JB.

— *O senhor rege a Filarmônica de Viena há várias décadas. Como definir o que é próprio dessa orquestra e de nenhuma outra, do ponto de vista da sonoridade e da musicalidade?*
— São vários os motivos que situam a Filarmônica em um patamar diferente das outras orquestras. Primeiro, a maneira como os músicos são escolhidos, o estágio de anos que têm que fazer na orquestra da Ópera, antes de poder pleitear uma vaga na orquestra de concertos, o fato de ela ser também uma orquestra de ópera, o que dá uma flexibilidade muito grande a toda concepção musical, o fato de muitos instrumentos serem fabricados e tocados de forma diferente e até o fato de nunca ter tido um diretor musical, dando importância à forma como a própria orquestra decide seus objetivos e caminhos musicais.

— *O senhor voltou recentemente a reger também a Filarmônica de Berlim, depois de quase dez anos ausente. Como estabelecer um paralelo entre as duas orquestras?*

— São duas orquestras espetaculares, talvez as melhores do mundo. Digamos que são duas orquestras tecnicamente perfeitas, com uma capacidade extraordinária de fazer um som redondo, profundo. Sinto que Viena talvez tenha uma personalidade mais forte como conjunto e Berlim se adapte melhor a novas investidas de um mesmo convidado, por exemplo.

— *Quais os novos desafios que se apresentam às orquestras sinfônicas nesta época de consumo de massa da música e dificuldade para a aceitação do que é novo e menos fácil?*

— Acho que todos têm uma grande admiração pela música clássica, mas em geral há pouco conhecimento do público de hoje em dia, o que faz com que ele deixe de perceber e apreciar mundos musicais que só parecem ao alcance de quem tem um certo aprendizado. Falta a instrução musical que deveria ser dada nas escolas. Mas acho que a Internet pode ser um instrumento muito importante sob este aspecto e ser usada como veículo para popularizar a música clássica e instruir as pessoas, principalmente graças a suas possibilidades de áudio.

— *Neste sentido, que tipo de trabalho o senhor desenvolveu em seu período como diretor da Sinfônica de Pittsburgh?*

— Os Estados Unidos têm características completamente diferentes da Europa em matéria de música clássica e orquestras. Lá existe todo um trabalho de marketing que acaba incentivando o desenvolvimento da orquestra, angariando patrocínios e fomentando a atividade cultural. O único problema é que existe sempre uma preocupação comercial também. Eu me amoldo, na verdade, porque esta é a regra, e também há um lado muito satisfatório, os músicos são muito empenhados. Mas meu trabalho principal nos Estados Unidos é transmitir essa emoção que vem de dentro, a necessidade de se respirar música, de fazer com que ela venha de dentro — o que torna meu trabalho muito mais interpretativo que técnico.

— *O senhor está compondo uma obra por encomenda da Filarmônica de Viena. Como será ela?*

— Estou muito orgulhoso de ter recebido essa incumbência, e tenho certeza de que não vão se decepcionar. Este *Movimento sinfônico*, como decidi chamá-lo, deve estar pronto para a estreia em 27 de fevereiro em Viena. Mas por enquanto ainda estou guardando segredo sobre a peça. Coisas de compositor...

— *O senhor costuma ser descrito como um grande técnico da regência. Que diz disso?*

— Para tudo que queremos fazer bem, precisamos do necessário embasamento técnico, completamente dominado, para nos preocuparmos somente com o lirismo e o significado da música. Mas prefiro que os outros analisem meu trabalho a ficar dizendo que me acho assim ou assado.

— *É possível transmitir a técnica de regência ou o essencial é um talento inato que o candidato pode ter ou não?*

— Claro que é possível aprender. A aplicação nos estudos e a pesquisa incessante fazem um bom maestro, independentemente do talento, que serve para diferenciar os bons regentes dos artistas que deixam sua marca na história. Duas qualidades, porém, são necessárias para que um aspirante a maestro pense em seguir a carreira: um ouvido excepcional e uma memória muito acima da média. Sem isso, é melhor nem começar.

— *Como violinista, como o senhor trabalha com os violinos das orquestras que rege?*

— Sim, claro, não só com os violinos, mas tenho um conhecimento profundo sobre todos os instrumentos, o que não chegou a ser vantagem depois de tantos anos.

— *Como foi feita a escolha do repertório da apresentação no Rio?*

— Quis dar uma ideia do repertório romântico, com Brahms, primeiro porque a orquestra é autoridade neste compositor e segundo porque é o que mais fala ao meu coração. Então, quando a orquestra apresentou as opções, não tive dúvidas.

— *Em uma carreira de sucesso como a sua, que momentos recordar?*

— Tive muitos momentos maravilhosos — e espero ter muitos mais ainda —, como reger *Aida* pela primeira vez no Scala de Milão, gravar a ópera de Ravel *L'Enfant et les sortilèges*, ser solista de minha composição *Music for Violin and Orchestra* e muitos outros.

— *E uma grande influência?*

— Uma personalidade que me influenciou de forma definitiva foi o grande maestro e compositor italiano Victor de Sabata.

— *Como é sua agenda hoje em dia? Quais seus planos?*

— Hoje participo de cerca de 130 concertos e récitas de óperas por ano. Ano que vem vou participar de um projeto muito bonito chamado Maazel aos 70, quando terei a honra de ser convidado por várias orquestras para reger composições minhas e atuar como violinista. Já estão confirmadas as Filarmônicas de Nova York, Viena e Berlim, a Orquestra de Paris, as Sinfônicas de Londres, Chicago e Sidney e muitas outras. A partir de 2003, dedicarei mais tempo à composição.

Jornal do Brasil, 5 de outubro de 1999

A Academia manda notícias

O maravilhoso *standard* da **Filarmônica de Viena** passou pelo Teatro Municipal na terça-feira com o perfume das grandes noites de luxo orquestral, mas sem todo o *frisson* do melômano. **Lorin Maazel** já esteve no Rio com grandes orquestras americanas e europeias (e com a OSB); seu amor pela demonstração — hoje bem mais discreto — e também sua musicalidade requintada são conhecidos. Mas é sempre o espírito da programação das turnês que priva o público do Rio, no contato com conjuntos como este, de um certo espírito de aventura. Pensar, por exemplo, que a Filarmônica toca Berio em Salzburgo...

Em pelo menos duas outras vezes em que aqui esteve, com a mesma Filarmônica de Viena em 1984 e com a Sinfônica Mundial reunida pela ONU anos depois, Maazel propôs o *Pássaro de fogo* de Stravinsky. Com ele nessa peça, o senso de aventura nunca faltaria. O mistério do passo melífluo do pássaro e a singeleza de contador de histórias do corne-inglês criavam o clima narrativo, ao lado dos debussismos refinados e das deflagrações jazzificantes calmamente estudadas.

E se as cordas se deixassem acanalhar um pouco na dança infernal? A claridade macia e lustrosa, a transparência quase camerística da Filarmônica devem ter sido inventadas para Ravel. Maazel e seus professores erguiam subitamente, nas cordas, miríficas poeiras de seda, e se era possível esperar uma sinuosidade erótica menos professoral que a de um Theodore Gushlbaeur há dois anos com a Filarmônica de Estrasburgo, a leitura de Maazel pareceu ao mesmo tempo saudavelmente — galicamente — contida, algo mole às vezes no ritmo.

Que os dois cavalos de batalha do colorismo sinfônico tenham ficado para a segunda parte é revelador do espírito da noite. Na primeira, a *Quarta* de Brahms já perdia de entrada um certo propósito brahmsiano: o da introspecção sentida. Mas ouvir Brahms com a Filarmônica de Viena será sempre um ato de música viva e de cultura. O temperamento discretamente solar e as cores e dinâmicas mais amenas da orquestra relativizam a profundidade germânica da tradição interpretativa central. O fraseado dos violinos nos *tutti* parece zombar da gravidade sem perder o peso e a firmeza, os *crescendi* surgem necessários e se arqueiam sem hesitar nem ofegar. Maazel passeou pela meditação lendária mergulhada em individualismo romântico sem parecer anelante ou muito sonhador. Houve graça, plenitude e constante esplendor instrumental e musical, das *messe di voce* impalpáveis da clarineta à naturalidade com que uma frase longa é conduzida ao seu destino. Mas a respiração curta capaz de *despreocupar* Brahms um pouco dava no início do primeiro movimento, por exemplo, a impressão de mecanismo funcionando à perfeição, nem especialmente dramático nem cativantemente lírico.

A outra maravilha da noite foi, em extra, uma *Dança geral* espetacular mas elegante de *Daphnis et Chloé*, de Ravel. Uma *Valsa do imperador* capitosa, uma polca completamente entregue ao prazer de fazer música, e todos ficaram felizes.

Jornal do Brasil, 7 de outubro de 1999

Senhor e servidor de uma tradição

Ele é considerado um dos esteios do germanismo na música sinfônica: o maestro **Wolfgang Sawallisch**. Ela, um dos mais luxuosos instrumentos dentre os quatro ou cinco grandes conjuntos da galáxia americana: a **Orquestra de Filadélfia**. Os dois, casados há quatro temporadas, estarão juntos pela primeira vez no Teatro Municipal do Rio de Janeiro no próximo dia 23, com um programa que associa as tradições europeia (a *Sinfonia nº 8* de Dvořák) e americana (a *Sinfonia nº 1* de Samuel Barber). Será uma oportunidade de verificar o que a solidez do *Kapellmeister* associado a alguns dos mais importantes teatros e orquestras do Velho Mundo (Ópera de Munique, Scala, Concertgebouw, Dresden, Leipzig, Berlim...) tem obtido com o som americano forjado em opções preferenciais de brilho e suntuosidade por Leopold Stokovski e Eugene Ormandy.

Hoje com 74 anos, Sawallisch deu nos últimos anos uma virada espetacular em sua carreira, ele que nunca foi muito de cultivar o *star system*. Em 1993 vencia seu contrato em Munique, onde dirigia a ópera desde 1971, e ele resolveu — em parte por ter repassado praticamente todo o repertório operístico importante, em parte desencantado com o rumo tomado pelas artes cênicas no caso da ópera — assumir a sucessão de Riccardo Muti em Filadélfia. Mas Sawallisch é uma celebridade há algumas décadas entre os discófilos do mundo inteiro, gratos por não poucas gravações que em certos casos parecem insuperáveis: óperas de Richard Strauss, especialmente *Capriccio*, as quatro *Sinfonias* de Schumann com a Staatskapelle Dresden, as missas de Schubert, o oratório *Elias* de Mendelssohn... Personalidade afável e informal, o maestro conversou com o JB por telefone pouco antes de embarcar para o Brasil, onde se apresentou também (pela segunda vez) em São Paulo, em dois concertos.

— *O senhor por assim dizer se reconciliou com o repertório sinfônico ao assumir a direção da Orquestra de Filadélfia em 1993, depois de mais de vinte anos à frente da Ópera de Estado da Baviera em Munique. Como resumir o trabalho na Pensilvânia?*

— Minha primeira experiência com a Orquestra de Filadélfia foi em 1966, quando fui convidado por Eugene Ormandy, e desde a primeira vez tive um relacionamento muito bom com os músicos, tanto no campo musical quanto no pessoal. Sinto-me hoje muito feliz por ser o diretor da orquestra, estar contratando jovens e em contato com novas peças, novos rumos e ao mesmo tempo continuando o trabalho de dois grandes maestros de nosso século, Stokowski e Ormandy.

— *O que singulariza sua orquestra entre os grandes conjuntos americanos e europeus?*

— Não poderia falar sobre outras orquestras americanas, pois não tenho tido muito contato. Mas tenho trabalhado com maravilhosas orquestras europeias, como a Filarmônica de Viena, a Filarmônica de Berlim, a Sinfônica de Londres e muitas outras. Mas como diretor musical é bem clara minha ligação com a Filadélfia, mesmo porque trabalhamos juntos dezesseis semanas por ano, o que é muito diferente de trabalhar durante uma semana para dar dois ou três concertos. Vejo um profissionalismo muito grande nos músicos americanos, uma noção muito clara de que precisam estabelecer um contato com o público. Eles tocam para o público, não para eles mesmos, e a reação da plateia é extraordinária, bem diferente da europeia.

— *Como são planejadas as temporadas?*

— Temos uma administração artística e um comitê artístico formado por membros da orquestra e por mim, e temos muitas reuniões ao longo do ano para decidir quantas encomendas faremos a novos compositores, que rumos tomaremos nos próximos anos, que espaço daremos à música contemporânea, que maestros e solistas serão convidados... Enfim, tudo é feito muito cordialmente. Em geral planejamos com três anos de antecedência, como acontece na maioria das orquestras.

— *Além do profissionalismo e da perfeição técnica, os músicos americanos também são conhecidos por um som coletivo próprio, distinto em certas características dos europeus...*

— Sim, é verdade. Acho que geralmente a educação de jovens músicos é bem melhor na América do que em outras partes do mundo, com exceção do Japão, que é *hors-concours*. O que acontece na América é que todo instrumentista sabe tocar cem por cento seu instrumento e tem extenso conhecimento da história da música, o que lhe dá uma visão muito boa do contexto geral. É claro que para uma orquestra esse tipo de formação é maravilhoso. Sinto por exemplo, aqui na Filadélfia, muito mais do que com outras orquestras, que os músicos leem música de uma maneira muito, mas muito rápida, o que me permite preparar peças com facilidade e rapidez que me deixam às vezes estupefato. São muito bons, muito bem preparados.

— *O senhor também é respeitado como pianista, camerista e acompanhador de cantores ilustres. São atividades relegadas ultimamente?*

— Eu nunca esqueço desta parte de minha vida. Sempre preparo três a quatro concertos com músicos de Filadélfia e sempre me apresento com eles, tanto nos Estados Unidos quanto na Europa. É muito gratificante para mim, adoro tocar piano e fazer música de câmara.

— *E o que há do Sawallisch pianista no Sawallisch regente, e vice-versa?*

— Desde cedo eu senti que aquilo de que mais gostava era fazer música de câmara, na qual também incluo os *Lieder*. É uma forma muito importante de música, muito íntima, muito pessoal, diferente da música sinfônica. Acho que a parte mais importante de trabalhar com cantores como Schwarzkopf, Fischer-Dieskau ou Hermann Prey é a possibilidade de participar de sua respiração. A voz humana precisa respirar, as frases são curtas em relação a certos instrumentos. Esta necessidade de acompanhar a respiração pode ser transportada para uma orquestra inteira, e com o passar dos anos pude perceber quão importante para a orquestra é saber respirar. Creio que foi esse conhecimento o que mais me ajudou, e seria a ligação mais forte entre as atividades.

— *Muitos de seus discos gravados a partir dos anos 1950 e 1960 são companheiros inseparáveis de muitos de nós, especialmente os do repertório austro-germânico. O senhor tem favoritos?*

— Escolher minhas próprias gravações? [Risos] Bem, entre todas, digamos que há uma muito especial porque reuniu um time de primeira, com a mais perfeita execução da ópera *Capriccio*, de Richard Strauss, em gravação. Gravei-a em 1955 com um elenco incrível, os maiores cantores da época, entre eles Elisabeth Schwarzkopf — um elenco que hoje seria difícil reunir.

— *Quem são os donos das vozes mais belas com que já trabalhou, cantores e cantoras?*

— Por favor, não faça isto comigo. Eu poderia, mas imagina se esqueço alguém... Assim, de repente... [Risos] Trabalhei com algumas das maiores vozes do século, tive experiências maravilhosas com vozes líricas dramáticas como Birgit Nilsson, Elizabeth Schwarzkopf... Veja, já comecei a citar nomes, e não quero...

— *Richard Strauss é talvez o compositor mais identificado com sua imagem. O que o faz especial para o senhor, como músico?*

— Regi todas as óperas de Strauss em cena, menos a primeira [*Guntram*], e, por incrível que pareça, *Salomé*. Comecei a estudar a partitura de *Salomé* em 1947, ensaiei muitas vezes, gosto muito da ópera, mas nunca tive a oportunidade de regê-la em público. Regi no entanto todo o resto de sua obra — todos os poemas sinfônicos, sinfonias, concertos. Sinto-me muito próximo dele, somos ambos de Munique. Sinto uma grande ligação com esse grande compositor, e sua música sempre fez parte da minha vida. Desde a infância e a juventude eu ouvia magníficos maestros regendo suas obras. Foram para mim as melhores experiências dessa época. Strauss é um compositor que desde suas primeiras composições nunca mudou seu estilo de fazer música, sempre foi fiel àquilo em que acreditava. É o melhor exemplo de como escrever música de modo pessoal, sem mudar de estilo, voltando-se para a música dodecafônica. Richard Strauss sempre manteve seu estilo, seu conhecimento da voz humana, com todos os *Lieder* maravilhosos que compôs, seus poemas sinfônicos. Ler as partituras de Strauss é como ler livros de histórias policiais, cheias de vida, de mistérios, de surpresas. Ele é, sem dúvida, um dos meus compositores favoritos.

— *Fale um pouco de sua longa colaboração com a Ópera da Baviera. O que havia de especial nesse teatro, que o fez tão famoso?*

— Digamos que a Ópera de Munique é baseada em três grandes compositores, Mozart, Wagner e Richard Strauss. E em todos os tempos os melhores maestros, os melhores cantores, os melhores diretores foram contratados para fazer os espetáculos fantásticos que forjaram esta casa. Sem esquecer os compositores italianos também, pois Munique é muito próximo da Itália. Isto deu a essa casa a aura de perfeição que mantém até hoje. É um polo do que há de melhor em música.

— *Desde que trocou Munique por Filadélfia, o senhor tem dito que não suporta mais encenadores com ideias estapafúrdias, e especialmente determinando cortes nas partituras.*

— Realmente, acho que hoje em dia os encenadores de ópera sabem muito pouco de música e isto tem feito com que as montagens percam qualidade. Não se pode dissociar a música do que está no palco. Quando alguém compõe uma ópera, tem em mente uma história, uma imagem. É absurdo o que certas montagens fazem, modernizando totalmente a ambientação de uma ópera. Há naturalmente óperas — penso em especial no *Anel dos Nibelungos*, de Wagner — que comportam e até requerem uma modernização: seria impossível pensar no *Anel*, hoje, ignorando a bomba atômica e o colapso dos países comunistas. Mas, de modo geral, se você quiser trazer a vida moderna para o palco, tem que escrever música moderna. Acho que se deve respeitar a inspiração inicial dos compositores. É uma combinação entre palco e música, um dando suporte a outra. Não tenho visto nada de bom nesse campo. Foram só experiências tristes.

— *Há algum compositor consagrado que o deixe indiferente ou lhe pareça superestimado, quando examina suas partituras?*

— Absolutamente não. Eu jamais poderia ter esse tipo de atitude com uma obra de arte, mesmo que não me envolva emocionalmente com ela.

— *E algum compositor cuja causa considere necessário defender, que lhe pareça subestimado?*

— Sim, muitos. Esta pergunta é muito interessante. Acho que o caso que mais me toca é o de Hindemith. Considero-o um compositor maravilhoso, que compôs obras-primas do século XX, como as *Metamorfoses sinfônicas*, a *Música de concerto para cordas e metais*, uma maravilhosa sonata para órgão, concertos para violino, concertos para piano, para violoncelo. Suas obras são certamente muito, mas muito mais importantes do que o mundo hoje consegue enxergar.

Jornal do Brasil, 16 de maio de 1998

Prado florido num Cadillac

A **Orquestra de Filadélfia** não esqueceu nenhum departamento na esplêndida demonstração que deu sábado, no Teatro Municipal, das virtudes que a celebrizaram: suntuosidade sonora, disciplina e precisão (nos ataques, nas reações), timbres arredondados nas madeiras e polidos nos metais, cordas homogêneas no veludo e na cintilação. Passeou também, majestosa, pelas esferas inacessíveis do equilíbrio nas grandes e nas infinitesimais oscilações dinâmicas, na proliferação controlada das vozes e camadas. Estava no pódio o maestro **Wolfgang Sawallisch**, um dos grandes, hoje, no terreno da força interior simples e sem truques.

Foi possível, assim, travar conhecimento em condições ideais com duas obras raras. A *Sinfonia nº 1* de Samuel Barber foi a primeira delas. Barber é uma espécie de mascote da Philadelphia Orchestra, tendo nascido na Pensilvânia e estudado no Curtis Institute, que ainda hoje é um dos esteios da instituição. Sua *Sinfonia*, composta em 1936 num só movimento, é obra de um neorromântico vivendo numa época de conflitos que não poderiam ser ignorados em música de alguma ambição. Temas

ORQUESTRA DE CÂMARA DA FILARMÔNICA TCHECA

torturados, expostos *sostenuto* em tensos *tutti*, passagens afirmativas e pujantes tratadas conflitivamente, um gosto bem americano pelas deflagrações em contratempo e os ritmos em *ostinato*. Bernard Herrmann e sua música para os filmes de Alfred Hitchcock não parecem longe em certas passagens do *Vivace*; um *Andante tranquilo* explora em clima apaziguado e linhas longas um dos temas iniciais, confiado nessa volta ao oboé, sobre colchão macio de cordas. Mas será que o tema é marcante o suficiente para ficar na memória, mesmo num retorno? (Uma melodia aparentada do movimento lento do *Concerto para violino*, recém-lançado em gravação de Joshua Bell, chega muito mais perto desse objetivo.) E não parece um pouco laborioso demais o *crescendo* em que culmina a obra?

O *Concerto para trompete* de outro contemporâneo, Henri Tomasi (morto em 1971), tem ambições menores e resultado mais próximo delas. É peça de leveza e ludismo caracteristicamente franceses, e foi liderada com brilho pelo solista da orquestra, David Bilger.

O melhor viria na segunda parte, com uma *Oitava* de Dvořák em que Sawallisch respondeu musicalmente a questões por ele mesmo levantadas numa entrevista há alguns anos. Nela, o maestro falava da dificuldade de dar conta dos delicados equilíbrios e perfumes eslavos da música de Dvořák — sem puxá-los demais para o lado de Brahms — com uma orquestra que não fosse europeia. Pois no concerto de sábado a profusa (de imaginação) e bem construída *Sinfonia em sol maior* parecia um prado florido acomodado com todas as cores e texturas num Cadillac deslizante e iluminado. Lá estavam todas as possibilidades expressivas sem gordura, a impulsividade e a suavidade alternando em transições de naturalidade desarmante, a relojoaria dos detalhes sem prejuízo da construção sinfônica, com propósito e alma. Uma impressão suplementar; os músicos de Filadélfia, cujo profissionalismo é lendário, conseguem ao mesmo tempo tocar como um só homem, quando necessário destacar um naipe inteiro e escutar uns aos outros como se fossem cameristas.

Jornal do Brasil, 26 de maio de 1998

Moderato cantabile eslavo

Noite de prazeres intensamente moderados, anteontem, com a **Orquestra de Câmara da Filarmônica Tcheca** no Teatro Municipal. Dessas que afinam a escuta em vez de encher o ouvido. Não houve em todo o concerto um gesto excessivo, não se forçou a mão sequer para os arrebatamentos mais líricos da alma eslava, mas não *faltou* nada.

ORQUESTRA DE CÂMARA DE GENEBRA COM THIERRY FISCHER

Em ambiente de alta cultura das cordas e refinamento dos arcos, os gracejos neoclássicos da breve *Serenata* de Martinů passaram rápido. Mais plenas em sua despretensão foram as paisagens descortinadas pelas duas peças mestras da noite, começando ambas com um *Moderato*. O Janáček foi a grata surpresa. Compositor a que nos afeiçoamos no patético das óperas ou no rasga-coração dos quartetos de sexagenário apaixonado, ele tinha 23 anos ao compor em 1877 esta *Suíte*, de bela mas sutil variedade de climas. Nada, em seus seis movimentos, das asperidades do Janáček tardio. E para começar, justamente, um *Moderato* cheio de elã, seguido de um *Adagio* de lirismo perdido, anelante, sinuoso.

A paixão contida do morávio foi revivida pelos doze músicos como se fossem um quarteto. Mal pareciam alçar-se em algum momento acima do *piano* ou do *mezzo forte*. Terá havido quem quisesse mais vibração, mas a sintonia com o espírito da música estava perfeitamente calibrada. A entrada no outro *Moderato*, o de Dvořák, abriu um universo sonoro de perfumada doçura melancólica. A *Serenata* dispensa apresentação, culminando no *Larghetto* elegíaco em que nossos tchecos — já agora diante de maior variedade rítmica — tiveram seu momento supremo de trabalho filigranado na dinâmica e no entrelaçamento das vozes. Apoteose discreta, quase *sotto voce. Chapeau!*

Jornal do Brasil, 2 de maio de 1997

Beethoven e Martin aquém da imaginação

A música do suíço Frank Martin (1890-1974) é uma das reservas gulosamente cultivadas, depois de descobertas, por quem gosta de explorar veredas mais laterais mas não menos luxuriantes da imaginação sonora do século. Feita de tensões, na fronteira entre o legado germânico e as influências latinas, entre a tentação serial e a distensão tonal, ela é sempre elegante, rítmica e harmonicamente focada, com uma sensibilidade muito pessoal para as combinações instrumentais. Mais ou menos como se Stravinsky, convencido por Berg de que nem tudo na vida é burla, relaxasse mais um pouco na veia lírica e meditativa, sem deixar de piscar para Honegger e até Manuel de Falla.

O maestro **Thierry Fischer** brindou há cinco anos o público com um disco exemplar de obras de Martin (DG), em que constava o maravilhoso *Concerto para sete instrumentos de sopro, tímpanos, percussão e cordas* de 1949, anteontem apresentado no Teatro Municipal com a **Orquestra de**

190

Câmara de Genebra. Mas dispunha, então, da Orquestra de Câmara da Europa, uma das melhores do mundo. Seu conjunto suíço é uma formação jovem, entusiástica e mais modesta — mais também que a Orquestra de Câmara de Lausanne ouvida este ano na Cecília Meireles com Jesús López Cobos. O *Concerto* começou sem clara resolução rítmica nem uma consequente modelagem dos planos sonoros e fusões tímbricas. Evoluiu e concluiu melhor, apesar de quedas de tensão e de um certo nervosismo, com solistas plenamente à altura nos sopros, mas sem convencer muito os convertidos à música de Martin nem provavelmente conquistar novos adeptos.

Os violinos da OCG já haviam traído uma certa acidez e dureza na *Serenata KV 239* de Mozart. Esperados na *Heroica* de Beethoven, confirmaram esse *handicap*, mais encorpados e eufônicos na região média e grave quase onipresente na *Marcha fúnebre*, mas antes vigorosos e dinâmicos que finos. Era um pouco o perfil do maestro, que deu um *Allegro con brio* apressado, claro demais, mais agitado que animado por real tensão interna. Não tínhamos a plenitude sonora ou o sopro épico de uma interpretação *à antiga* nem um burilamento convicto dos detalhes para compensar a pretensão de maior leveza e mais clara articulação. *Rendez-vous manqué*.

Jornal do Brasil, 9 de outubro de 1997

Sobre mistérios e milagres

Existe um mistério Haydn. Como se dá que esta música de proporção e equilíbrio, escrita porque o mundo é simétrico e as simetrias se rompem e restabelecem, seja tão aventurosa, esfuziante, emocionante? Será a inexplicável necessidade da melodia? O feitiço da construção, perfeita mas imprevisível? A vida dos ritmos? O senso de humor misturado ao drama e ao afeto? A amabilidade? Mistério maior: como é que Haydn não está em todas as salas de concerto, em todos os toca-CDs, nos currículos escolares e na formação juvenil em todo país civilizado, *a fortiori* nos que se civilizam?

Para desabrochar em sua complexa e delicada economia, a música de Haydn requer condições quase miraculosas de reprodução/interpretação. O Teatro Municipal do Rio não tem as dimensões boas para essa aristocracia da escuta. As cordas da **Orquestra de Câmara Inglesa** tampouco cultivam no caso a ideal textura fina e transparente — questão de cultura

ORQUESTRA DE CÂMARA INGLESA COM PINCHAS ZUKERMAN

sonora, mais que de inadequação estilística. Mas o belíssimo conjunto londrino tocou anteontem a *Sinfonia Oxford*, uma das mais ricas e hipnóticas do mestre austríaco, com a familiaridade e a arte de toda uma tradição britânica de interpretação desse repertório. Só que a fluência, justamente, parecia um pouco *branca*, na fronteira da sonegação. **Pinchas Zukerman** regia com sabedoria clássica de sobra, mas sem dar chance ao risco nem muito revolver os contracantos, sem toda a calma dos silêncios dramáticos, sabendo um pouco demais confiar Haydn a si mesmo, como se menos fosse necessariamente mais no alto classicismo. Houve, sim, a modelagem amorosa dos solos (flauta, oboé), o vigor do *Minueto* e especialmente o elã irrepreensível do *Presto* final. Neste, verdadeiro manifesto das virtudes haydnianas — leveza saltitante mas arroubo e empuxo, imaginação harmônica, audácia e sortilégio da orquestração, riqueza do contraponto, graça e facúndia, *pathos*, suspense e canto aberto —, orquestra e maestro se aproximaram de uma perfeição. Foram ajudados pelo compositor.

Zukerman era esperado no *Concerto para violino* de Beethoven. Ele é um violinista de sonoridade pura e robusta, brilhante e timbrada até o derradeiro *pianissimo*, *vibrato* discreto e incisivo, com uma liberdade de rapsodo elegante e disciplinado nos arpejos, sem nunca desmentir o caráter orgânico do virtuosismo nesse concerto. Todo um charme que não é de bruxo do arco, mas de músico desenvolto e inspirado, com técnica e escola para dar e vender. Nenhum excesso, nem de imaginação. O entendimento com a English Chamber foi de todos os momentos, deixando desabrochar a humanidade e plenitude de seu canto no *Larghetto*, a revigorante lealdade da expressão, a simples afirmação do lirismo.

Puro e grande Beethoven. Tanto mais que o som coletivo da orquestra é mais naturalmente afeito à música do mestre de Bonn: nobreza arredondada das madeiras, comandadas pela lendária Thea King na clarineta, suavidade sedosa das cordas ao entrarem no *Larghetto*, peso e homogeneidade dos graves. O violinista iniciara a noite retomando a fértil tradição barroca da regência de instrumento em punho, num concerto de Vivaldi, *Il Sospetto*. Encerrou-a mostrando que no primeiro romantismo beethoveniano a força tranquila da convicção de um solista, à frente de um conjunto altamente calibrado, pode operar o milagre que não se deu em Haydn.

Jornal do Brasil, 7 de agosto de 1997

Ardor magiar

Dois programas de cultivada simetria, uma orquestra de apaixonados e um maestro com uma instigante combinação de rigor e estilo flamejante fizeram a delícia do público nos concertos de abertura da temporada da Sociedade de Cultura Artística, esta semana, na Sala São Paulo.

A **Orquestra do Festival de Budapeste** — que, ao contrário do que afirmei aqui dias atrás, não fazia sua estreia brasileira, pois já se apresentara em São Paulo em 2004 — toca com uma transparência e um *blend* de naipes que combinam idealmente com a acústica luxuosamente espaçosa da Sala São Paulo.

Esse caráter macio da sonoridade parecia às vezes curiosamente defasado em relação à energia dos ataques solicitados pelo maestro **Iván Fischer**, por exemplo no vigor com que regeu a *Sinfonia n° 5* de Beethoven.

Nos acordes iniciais da *Sinfonia concertante para oboé, clarineta, trompa e fagote* de Mozart, que abriu o primeiro programa, o numeroso efetivo orquestral e o tempo de reverberação amplo da Sala, potencializado pelo embasamento fundo dos graves no palco de madeira, pareciam *muito* para a alegre intimidade da música.

Mas a OFB se orgulha de ser um conjunto de solistas, e ficou claro por que Fischer escolheu esta obra e a *Peça de concerto para quatro trompas e orquestra*, de Schumann, no segundo programa, para demonstrar a excelência de seus músicos.

Nos dois casos, os solistas tocaram com essa mistura de virtuosismo instrumental, prazer do diálogo e expressividade aventurosa que dão vida a uma partitura. Na rara peça de Schumann, que em sua época eplorava as possibilidades das recém-inventadas trompas de pistões, foi arrebatador reencontrar, nesse nível, o lado festivo do "som renano" do compositor, matizado por suas inescapáveis quedas em colorações mais sombrias.

Fischer dispõe a orquestra com os segundos violinos à direita e as cordas graves ao fundo. Foi um elemento a mais na modelagem de um espectro sonoro extremamente legível que, associado ao trabalho minucioso de individuação e fusão dos naipes, contribuiu para a clareza de sua concepção da ciclópica *Sinfonia n° 7* de Bruckner.

Não sou um bruckneriano, mas não identifiquei particular sintonia do maestro com a fé pasmosa destilada pelo grande campônio austríaco em seus serpenteantes maciços sinfônicos. O que se ouviu foi uma certa recusa de excessos de *pathos*, que se traduzia na insaturação dos planos sonoros, na suavidade das clareiras harmônicas, numa calibragem mais musical que mística das reiterações cumulativas e num agenciamento nada sobressaltado dos contrastes.

À intensidade estirada de Bruckner respondeu, no dia seguinte, a força hercúlea da *Quinta* de Beethoven, regida por Iván Fischer — elétrico, estatura mediana — com um gestual que fazia lembrar Leonard Bernstein, mas um engajamento expressivo que não mostrava menos o rosto por dispensar arroubos excessivos.

Foi um Beethoven de enorme energia propulsiva e andamentos rápidos, mas tanto mais magnético por equilibrar o ímpeto com a maleabilidade — por exemplo, num *Andante cn moto* de ampla respiração.

Um toque especial desses concertos foi a *Serenata* do compositor húngaro Léo Weiner (1885-1960) — em cativante idioma pós-romântico algo straussiano, com típicas colorações magiares —, que permitiu à orquestra confirmar as qualidades de liberdade rítmica e riqueza tímbrica que a tornam um instrumento privilegiado.

Opinião e Notícia, 20 de abril de 2007

Lições de candor e transparência na música do alto classicismo

Razão na euforia, excitação em perspectiva de serenidade, brilho que não ofusca, força sem ostentação, emoção sem autocomplacência, fantasia proliferante mas organizada. Os delicados equilíbrios da música do alto classicismo estão na base — ou no centro — da música ocidental dita, justamente, "clássica". Mas hoje parecem quase uma quimera, tão distantes e tão desejáveis, tão difíceis de cultivar.

Num programa como o da **Orquestra do Mozarteum de Salzburgo** no último sábado, na Sala Cecília Meireles, a questão da atitude dos intérpretes diante desse desafio aflorou com clareza inesperada e resultados ao mesmo tempo didáticos e esfuziantes — uma mistura apropriada, no caso. **Leopold Hager** e seu conjunto, chegados com a fama pouco *in* de zeladores compenetrados de uma tradição, longe das modas e dos revisionismos mais imediatamente titilantes, saíram com o saldo da mais completa e inatacável interpretação de Haydn e Mozart ouvida no Rio em algum tempo. Se parecem renunciar a voos ousados de imaginação, esses músicos demonstraram que no caso de uma música tão rica e que fala tanto por si mesma a candidez e a transparência podem ser as primeiras virtudes, e a tradição não é incompatível com vigor e frescor.

Se Haydn é energia concentrada, drama rapidamente esboçado e resolvido, surpresa, Hager soube revolver mais calmo e amoroso a *Sinfo-*

nia Milagre do que foi capaz Pinchas Zukerman com a Orquestra de Câmara Inglesa na *Oxford*, ano passado. Se Mozart favorece mais as melodias longas e procura mais explicitamente a emoção, sua *Sinfonia Linz* saiu, sem perda de uma certa ânsia expressiva, muito mais vívida que a *Júpiter* de apolíneo generalismo oferecida por Jesús López Cobos com a Orquestra de Câmara de Lausanne na temporada passada.

O melhor, para quem tem sempre o que ouvir de novo, procurar e rebuscar nesse repertório inesgotável, foi poder contar com a perfeição modesta em lugar dos avanços de intérpretes muito intervencionistas. Longe estávamos da brutalidade curiosa mas no fundo superficial de um Harnoncourt em algumas de suas gravações de sinfonias de Haydn. Há muitos anos-luz haviam ficado as interpretações das sonatas de Mozart por um Glenn Gould tratando-as como se fossem Scarlatti, em frenesi de *continuum* barroco.

Um estranho oboé desentoado não chegou a arranhar o esplendor dos salzburgueses. No *Andante* de Haydn, era possível perguntar se tanta falta de truques não significaria que estávamos em piloto automático. Mas o desmentido vinha a cada passo na espontaneidade escorada em seriedade, música brotando de solo fecundo.

Hager tem um temperamento gestual de nitidez e variedade que devem falar especialmente a seus músicos, que deram tudo como que sem esforço: clareza do contraponto, em vozes que pareciam apanhadas em buquê, como no *Andante* da *Linz*, prodígios de dinâmica, respiração e abandono, saltitância e articulação, gosto do inesperado, pausas e silêncios densos, senso da frase e da modelagem agógica.

A relativa decepção foi o desempenho acanhado de **Till Fellner** no *Concerto nº 25* de Mozart, um dos mais felizes e afirmativos, com seus temas que evocam a *Marselhesa* ou o *Finale* do segundo ato das *Bodas de Fígaro* ("*Per finirla lietamente, e all'usanza teatrale...*"). O pianista parecia levar a extremos um certo desejo de elegância e proporção, mas ao mesmo tempo resvalava para escapadas de langor ou dureza, em contexto de pouca imaginação sonora.

Jornal do Brasil, 3 de junho de 1998

Mozart na fonte

Composta na maturidade de Mozart em 1786, a *Sinfonia nº 38, Praga*, é um resumo — sobretudo no emocionante primeiro movimento — do que pode ser a perfeição na música do período clássico: equilíbrio das proporções sem prejuízo da fantasia, drama organizado que também resvala por desvãos misteriosos, variedade de cores e sentimentos. A introdução lenta lembra as terríveis ameaças de *Don Giovanni*, o *Allegro* passeia pelo mundo de fantasia ingênua da *Flauta mágica*; no *Adagio* de melodiosa serenidade, escurecida por constantes modulações em tonalidade menor, são os lamentos da Barbarina das *Bodas de Fígaro* que vêm à lembrança, assim como Cherubino parece estar escapando pela janela no irrequieto *Presto* final.

Sob a regência de **Martin Sieghart**, foi com uma interpretação amorosamente trabalhada dessa *Sinfonia* que a **Orquestra do Mozarteum de Salzburgo** chegou ao ponto alto de sua apresentação de sábado na Sala Cecília Meireles. Como em sua visita anterior, há umas três temporadas, foi bom respirar Mozart no centro da tradição austríaca, preservada sem preocupação com a inovação pela inovação. A ortodoxia feliz e o justo meio-termo em momento algum significaram renúncia ao vigor e ao frescor. E lá estavam os infinitos detalhes, modestos e vívidos, para desmentir qualquer impressão de rotina de especialistas: o tímpano afirmativo sem ostentação no *Allegro* inicial, os oboés e flautas caracolantes no *Adagio*, a limpeza dos *tutti* e o deslizante fluir do *Presto* conclusivo.

A mesma clareza das vozes orquestrais apanhadas em buquê e a mesma franqueza da respiração e da dinâmica sonora dariam um sabor vienense irresistível à *Polka* de Johann Strauss oferecida como um dos extras. Se a parte final do programa foi, assim, mais *carnuda*, os salzburgueses vinham de percorrer caminhos mais delicadamente próximos do rococó com duas obras do Mozart mais jovem na década de 1770. No *Divertimento em si bemol maior*, mais conhecido nesta versão para orquestra de cordas, embora concebido para quarteto, o trabalho multifacetado das camadas fazia esquecer que só ouvíamos instrumentos de arco; passou plenamente a quintessência mozartiana das dinâmicas que brotam por si mesmas, dos *tutti* que não clamam, dos suspiros e paradas saboreados, da narratividade pastoral.

No *Concerto para violino nº 5*, a jovem solista alemã **Viviane Hagner** optou por uma interpretação de contido recato, sem exaltar particularmente a alegria dançante mas sem esquecer os relevos e o senso de constante relançamento do discurso. Com graça na condução da frase, um timbre puro e doce — e mesmo adocicado no registro médio —, ela transmitiu os momentos de intensidade sem forçar a linha, tratando as transições e quebras dramáticas sem ênfase excessiva e tirando calmamente o máximo das incursões pelo quase-silêncio do *Adagio* central. No *Finale* em forma de *Rondò*, com o tema retornando sob diferentes roupagens, seu talento para diferençar os episódios e, por exemplo, retornar ao delicado tema principal depois das inocentes "emoções fortes" da música *turca* foram uma mostra de maturidade na juventude.

Jornal do Brasil, 17 de setembro de 2001

A elegância camerística da paixão

A música de Manuel de Falla está tão associada em nosso espírito ao vermelho-paixão e ao *rasgueado* rouco das danças espanholas que tendemos a esquecer a concisão (neo)clássica e a precisão raveliana que são seu fundo e alento. Nem sempre lembramos que o *Amor feiticeiro* e *O chapéu de três pontas* são partituras de clareza meridional compostas para montagens de balé, alegóricas e *naïves*, e destinadas a teatros pequenos. Tanto mais que, nas habituais tentações technicoloridas do disco, aquela convivência de aparentes opostos — que não é a da água com o óleo, mas de uma austeridade rochosa com sua chama secreta — costuma dar lugar a uns calores e exuberâncias mais latino-americanos que ibéricos.

Não foi assim, segunda-feira, no concerto de fina estirpe da **Orquestra Nacional da Espanha** regida por **Rafael Frühbeck de Burgos** no Teatro Municipal. Sem elevar o tom uma só vez, nem mesmo nas culminâncias festivas, mas nem por isso renunciando ao colorido encantatório das evocações ciganas e andaluzas, os visitantes fizeram uma opção — que lhes parecia deliciosamente natural — pelo que há de aristocrático e quase camerístico no rumor muito próprio dessa música. Seu poder de sugestão foi tanto mais potencializado pela elegante contenção narrativa.

No balé do *Amor brujo*, composto na Paris de 1914 sob influência de Ravel e Debussy, a voz é um elemento importante, e foi pena que a suíte viesse abreviada dos episódios em que intervém a *cantaora* (e de vários outros, numa versão condensadíssima). Frühbeck de Burgos regeu com o relevo milimetrado e o senso rítmico de quem estivesse do fosso acompanhando dançarinos no palco, sem excessos de dinâmica nem forçada solicitação expressiva. Todo o concerto se desenrolaria assim, como se os fortíssimos e a ênfase não fizessem parte do vocabulário de Falla. A própria *Dança ritual do fogo*, longe dos destemperos descritivos e das *espanholices* de cinema, foi rigorosamente musical.

Nas duas suítes extraídas pelo compositor de seu outro balé ilustre, o *Sombrero de tres picos*, a altiva contenção ficou ainda mais patente. Seria possível imaginar mais fogosa fantasia nas fabulações burlesco-amorosas (às vezes stravinskianas) do corregedor e da moleira, mas a constância e unidade das escolhas feitas no pódio e passadas com gesto preciso e batida clara às estantes eram em si admiráveis. Na segunda suíte, a orquestra se encorpa e colore, mas a *seguidilla* da comemoração na vizinhança, a ingênua apoteose da festa na aldeia e até o flamenco temperamental da *Dança do moleiro*, ao mesmo tempo que evitavam as texturas espessas do óleo, mantinham sua firmeza de cores, sem cair na diluição da aquarela para buscar a elegância do traço.

Essa rarefação sem perda de substância chegou, muito apropriadamente, às fronteiras do som em vários episódios do *Concerto de Aranjuez*, de Joaquín Rodrigo. São conhecidas as dificuldades da projeção sonora do violão acompanhado de orquestra numa sala de concerto. Já no *Allegro con spirito* inicial, Pepe Romero, o solista, beneficiou-se dos milagres de microdinâmica que se operavam ao seu redor, na delicadeza e na transparência da orquestração plenamente valorizadas. Ele e o maestro talvez não tenham ousado o desejável em termos de vivacidade rítmica, nessa busca dos equilíbrios infinitesimais. Mas o clima algo religioso do célebre *Adagio* e a liberdade do violão em suas cadências e no extra — uma *Fantasia* de Celedonio Romero — preencheram todos os espaços de silêncio.

Nos extras orquestrais — um *intermezzo* da ópera *Goyescas*, de Granados, e outro da zarzuela *La Boda de Luis Alonso* — a elegância do conjunto madrilenho (que não tem, é verdade, as cordas de Viena) chegou ao extremo, dando leveza ao *pathos* da primeira e nobreza às sacudidelas da segunda.

Jornal do Brasil, 25 de novembro de 1998

Alta dignidade num picadeiro

O vento do desespero autocomplacente de Gustav Mahler passou pelo Municipal no sábado domado com punho firme e luvas de pelica, numa concepção da *Sinfonia n° 5* que se diria de um *Kapellmeister* bafejado pela inspiração, se o termo não tivesse caído num desuso pejorativo injusto com a grande arte de **Marek Janowski** (aluno aliás de Wolfgang Sawallisch, o rei dos *Kapellmeister*).

A *Quinta* é das obras mais populares do compositor por ter, dentro de seus habituais excessos expressivos, um plano dramático e tonal claramente distinguível do negrume lasso da *Marcha fúnebre* inicial ao triunfo algo factício do *Finale*, passando pelo tumulto frenético do segundo movimento, a deriva mundana do *Scherzo* e o momento de contemplação do célebre *Adagietto*. Essa música de coração na mão e alma saindo pela boca, afresco apocalíptico tisnado de paródia estilística, trágica e vulgar, é um parque de diversões metafísico que atrai vertiginosamente ou repele horrivelmente: são os terrores escatológicos... do trem fantasma, os dilacerantes abismos anímicos... da montanha-russa, o humor rústico e choramingas do palhaço, a retórica ostentatória do malabarista, os riscos calculados do tiro ao alvo, o logro espetacular do engolidor de fogo, a majestade precária do homem da perna de pau, o melisma meloso do realejo, a excitação das trombadas provocadas — no picadeiro da orquestra moderna em sua plenitude, toda a agitação superficial que o século chama de angústia.

À frente da esplêndida **Orquestra Sinfônica Alemã de Berlim**, Janowski percorreu este "mundo inteiro numa sinfonia" equidistante da tonificante simplicidade de um Bruno Walter e dos derramamentos dos colegas que extraem o último sumo da paixão escarrada. Foi uma *Quinta* quase da justa medida, se um tal conceito cabe no contexto, de expressão mas também construção e integração dos elementos disparatados, de respiração plena e articulação orquestral exigente sem prejuízo do impulso, do vigor e de uma projeção sem complexos das explosões de frenesi. Já na *Marcha fúnebre*, dando tudo, *moltissimo dolente ed pesante* com desvarios belicosos, ficou claro que o percurso não seria indiferente por ser mantido sob estrito controle, no contorno das frases e no delineamento dos detalhes em meio às texturas mais congestionadas. O "atormentado, agitado" do segundo movimento não ficou sem toda a expressividade dos episódios lentos, o *Scherzo* soube extrair o som dos silêncios e brincar com as caricaturas de música de café. Mas no *Adagietto* Janowski quis ostentar uma "concepção" que até ali crescia orgânica: lentidão na fronteira da imobilidade, não era a recuperação de forças antes da vitória, mas quase desistência, o que contribuiu para ressaltar o artificialismo da exultação do *Finale*.

A noite começara com uma grata revelação, na interpretação — viva e séria em sua jovialidade — do *Concerto nº 2* de Beethoven pelo jovem californiano Jon Nakamatsu, recém-laureado do Van Cliburn. Real animação e naturalidade, imaginação sonora e agógica associada a pureza clássica — o *Allegro con brio* no piano dialogava com a jubilação lépida e os *tutti* sem sombra de estridência da orquestra; pausas habitadas, canto sentido e interrogativo e sempre a perfeita fusão com as estantes no *Adagio*; e um *Rondò* cheio de invenção matreira e engajamento, que botou o maestro para correr atrás, mas dentro das exigências do estilo.

Jornal do Brasil, 30 de junho de 1997

Mozart, Mahler e música com prazer

As alegrias robustas da música ao ar livre para instrumentos de sopro mas também inimagináveis requintes de modelagem sonora e interpretação sofisticada de uma partitura. Foi assim a *Serenata Gran Partita* de Mozart com que **Simon Rattle** abriu na noite de sábado sua passagem tonificante pelo Teatro Municipal com a **Orquestra Sinfônica de Birmingham**, que em mais de três lustros de trabalho e fidelidade ele transformou em conjunto de categoria internacional.

Nem Mozart, numa época em que os músicos podiam tocar sem um regente nas tardes empoadas dos jardins palacianos, terá ouvido nesse padrão de refinamento a substancial serenata para doze instrumentos de sopro e contrabaixo (reforçado aqui por um contrafagote) que é a culminância de sua produção no gênero. Nela, a combinação de exultação e mistério e a profusa irradiação colorística da *harmonie* (oboés, clarinetas, fagotes, *basset horns* aos pares, mais quatro trompas) ganham outra dimensão numa interpretação moderna bem ensaiada e obedecendo a uma concepção inspirada, como aconteceu anteontem.

Ágil e feliz, Rattle vibra com a música, sem economizar energia nem dar a impressão de que a autoridade tem primazia sobre a cumplicidade com seus músicos. Os ares primaveris dos trios do primeiro *Minueto*, a lepidez rústica do segundo, os prodígios de agógica no *Allegro molto* e a festa de microdinâmicas da elegíaca *Romanze*: a cada passo os abençoados instrumentistas de Birmingham esculpiam ou investigavam desvãos e refrações insuspeitados das geniais alquimias mozartianas, dando às frases acabamentos de amante que acaricia. O *Adagio*, que é o céu na terra, não parecia querer voltar para ela.

A vitalidade e o espírito inquieto de Rattle refletiram-se na própria composição do programa, opondo a esses perfumes de inocente sensualidade a cacofonia envenenada da *Sinfonia nº 5* de Mahler. Globalmente um pouco mais rápido nos andamentos que Marek Janowski com a Sinfônica Alemã de Berlim há dois meses, Rattle foi apesar disso mais elástico, saboreando o derramamento dessa música, menos preocupado em manter o pulso firme e lembrando-se menos de Wagner e Bruckner.

Janowski dizia-nos depois do concerto de junho que não compartilha a visão hoje comum de que a paixão é o elemento principal numa interpretação mahleriana. Mais conflituada e neurótica, sua *Quinta* foi construída com rigor e uma impressionante (porque contida) força catastrófica, mas o *Adagietto* muito ostensivamente *expressivo* fez parecer ainda mais falaciosa a gesticulação da música no *Finale*.

Rattle pintou um afresco mais dionisíaco e fluente, com o maravilhoso castanho-avermelhado de suas disciplinadas cordas. A entrega visceral, numa música que a pede, rendeu dividendos de convicção, inclusive nas oscilações de andamento. Um Mahler em que o desespero do mundo não afrontou de cara, mas foi sendo crescentemente evocado, das impetuosas fulgurâncias da *Marcha fúnebre* às suspensões do *Adagietto*, passando pela veemência pós-romântica do segundo movimento. O admirável foi a ausência de ênfase desproporcionada dentro dessa opção ao mesmo tempo mais sanguínea e mais fresca.

Jornal do Brasil, 1º de setembro de 1997

O último romântico

Ievgueni Svetlanov e sua **Orquestra Sinfônica de Estado da Rússia** oferecem hoje no Teatro Municipal um programa modelo e rotineiro para artistas desse calibre vindos de tão longe: são as contingências das turnês internacionais, que nossos empresários parecem relutar em remediar. Não faz mal. Ainda que devamos ouvir apenas e mais uma vez o *Concerto para Piano nº 1* (com Vladimir Ovchinikov) e a *Terceira Suíte* de Tchaikovsky, certamente os ouviremos como nunca. O homem, no caso, é a mensagem. Aos 68 anos, Svetlanov é um dos últimos grandes regentes do circuito internacional mais conhecidos pelo carisma e vibração que pela perfeição às vezes indiferente de certos colegas. Especialista do repertório sinfônico russo, que há décadas grava extensivamente, o maestro — também compositor, pianista e camerista — trabalha com sua orquestra desde 1954, desde 1965 como regente titular. Mas rotina é uma sensação absolutamente ausente de um concerto desses parceiros escolados. De São Paulo, onde se apresentou no fim de semana, Svetlanov respondeu a algumas perguntas por escrito.

— *O senhor trabalha há mais de trinta anos com uma orquestra fundada por seu mentor Alexander Gaouk. Em 1989, no Teatro Municipal do Rio, deixou o pódio por longos compassos, enquanto os músicos tocavam sozinhos. Num casamento tão longo, o entendimento é perfeito?*
— Claro que sim. Temos um entendimento perfeito. Além do mais, falamos a mesma língua emocional, temos o mesmo coração russo. Somos um conjunto único.
— *A exuberância plástica é uma das coisas que mais chamam a atenção na sua arte. A música quase pode ser vista saindo dos seus gestos. E o*

senhor afirma que desde os 3 anos quis reger. Considera-se um regente e um músico instintivo?

— Acho que o bom músico tem uma parte instintiva e natural muito forte, que o fez, inclusive, dedicar a vida à música. Sem essa vocação, não é possível dedicar-se à carreira musical. Sou, portanto, muito intuitivo e natural. Mas há uma parte técnica, proveniente de muito estudo, de muita pesquisa, que complementa a outra. Nós, russos, somos muito emocionais e muito técnicos ao mesmo tempo. Acho que essa junção nos distingue como músicos no cenário internacional.

— O senhor já se disse uma "alma cansada", referindo-se ao trabalho física e espiritualmente exaustivo da direção de sua orquestra. E as alegrias e compensações? São menores ou apenas diferentes de interpretar uma obra sua e sentir a reação do público?

— Quando me expressei assim, referia-me mais ao acúmulo de experiências que a um cansaço físico propriamente. Entro na alma de cada compositor que interpreto. Isto não é fácil e é essa soma de experiências que torna a minha alma cansada. Gostaria de ter mais tempo para pesquisar, mas, ao mesmo tempo, existe em cada músico uma compulsão de estar tocando ou regendo sempre, cada vez mais. Estou realizado com minhas atividades musicais. Também acho que cada concepção musical é uma experiência única, não importa que seja sua composição ou não. No concerto, o que importa é a visão da obra e como você mostra isso à audiência. Se a obra é sua, creio que você se reveste de certa autoridade maior que a normal, mas só isso.

— O senhor também já se definiu como um romântico...

— Sim, é realmente como me sinto. Identifico-me muito com o período romântico, as obras são fabulosas. Creio que nasci num tempo errado, fora de minha época, num mundo de estresse e correria. Meu ritmo é outro.

— Onde entra a inspiração do momento depois dos ensaios com a orquestra?

— Eu concebo a interpretação de uma obra antes mesmo dos ensaios. Durante o período de troca com a orquestra, existe toda uma interação que acaba por moldar técnica e interpretativamente a obra. Mas durante as apresentações há um elemento de troca com a audiência também. Isso às vezes é muito sutil, uma questão de energia, que os músicos mais experientes conseguem captar. Por isso cada apresentação é diferente da outra, por causa dessa interação, digamos, energética, com o público.

— Qual a contribuição da chamada escola russa de regência? Existe uma subescola moscovita?

— Não creio que se possa falar, especificamente de uma escola russa, mas talvez de uma reunião de aspectos comuns em vários regentes russos. Isto tem mais a ver com nossa maneira de encarar a música do que propriamente com uma escola em termos formais.

— *O senhor identifica uma estandardização internacional do som das grandes orquestras? É algo que se sente na Rússia? Os discos são culpados?*

— Não vejo as coisas assim. Talvez exista uma nivelação em termos de trabalho, até por causa da enorme facilidade de comunicação que existe em hoje em dia, e as gravações fazem parte desse processo. Mas sempre existirão diferenças acentuadas entre as orquestras e seu tipo de som, porque as pessoas que as integram são também muito diferentes.

— *Como vai a composição?*

— Eu me realizo como maestro, pianista e compositor. Sou antes de tudo um músico. O meu lado compositor é o que está mais prejudicado, por causa de minhas intensas atividades. Mas é a porção que mais me interessa e tendo a mergulhar cada vez mais nela.

— *E a música na Rússia pós-soviética?*

— Acho que é uma questão de readaptação. Havia uma realidade que mudou e as pessoas têm que se adaptar a uma nova ordem. É claro que o momento não é muito fácil para nós, a instabilidade econômica é muito grande e isso dificulta qualquer planejamento. Uma das soluções que a maioria das instituições artísticas está tomando é a realização de turnês e gravações para suprir as deficiências monetárias.

— *E seu projeto de gravar todo o grande repertório sinfônico russo?*

— Creio que já gravei muito esse repertório, quase cem gravações em 25 anos de trabalho. Quero dar continuidade a isso. É um dos meus desejos ter sempre como carro-chefe da orquestra o repertório russo, principalmente o romântico.

— *Quais seus compositores prediletos?*

— Ultimamente descobri uma grande afinidade com Mahler, e estou debruçado totalmente em sua obra. Mas existem muitos outros, como Tchaikovsky, Rachmaninov, Brahms e Prokofiev.

Jornal do Brasil, 8 de agosto de 1997

Um conjunto jovem plenamente embebido de uma tradição cultural

Fundada apenas em 1993, a **Orquestra Sinfônica de Milão Giuseppe Verdi** ganhou impulso em 1999 com a contratação de Riccardo Chailly como diretor musical e a inauguração de uma sede própria — um antigo cinema reformado em condições ideais, com 1.400 lugares. É hoje o principal organismo sinfônico da metrópole do Norte italiano, com uma temporada de mais de trinta programas e mais de noventa concertos na cidade, turnês pelo exterior e um início de colaboração com a gravadora Decca. Tudo sobre a "Giuseppe Verdi" no site www.orchestrasinfonica.milano.it.

O conjunto passou nesta segunda-feira pelo Teatro Municipal, na série de concertos Dell'Arte, tendo a sua frente o maestro **Oleg Caetani**, que substituía Chailly, acidentado. O programa não podia ser mais óbvio — mais uma daquelas vezes em que temos a impressão de que a vida musical no Rio está sempre recomeçando da estaca zero, como se seu público não tivesse uma história nem um perfil. (Será que os tem?) Mas o concerto foi belíssimo, e a orquestra mostrou que juventude (inclusive na idade média de seus músicos) não é necessariamente sinônimo de falta de profundidade.

Foi o caso numa *Sinfonia em dó menor*, de Brahms, de tempos amplos e explorando plenamente o fundo rumor brahmsiano. A *Primeira* é música dramática e empolgante que parece resumir uma civilização. Ouvindo-a, a gente se pergunta se o sinfonismo europeu chegou mais alto em algum outro momento e se o homem foi mais longe ao fazer música.

Caetani — que é filho de Igor Markevitch e, tendo feito carreira sobretudo na Alemanha e na Itália, assumirá em 2005 a direção da Sinfônica de Melbourne — deu *gravitas*, palpitação e inocência ao *Allegro* inicial, cultivou o limiar do silêncio e a untuosidade das cordas no *Andante sostenuto*, desfraldou efusivamente as sinuosidades do *Poco allegreto grazioso*. Foi, o tempo todo, senhor tranquilo das transições e da respiração, do fraseado consistente e da transparência das camadas sonoras.

A orquestra, que começara com uma abertura dos *Vespri siciliani*, de Verdi, cheia de vibração e plasticidade, acompanhou **Nelson Freire** no deslumbrante *Concerto em fá menor* de Chopin. Nelson, claro, é o grande pianista que conhecemos melhor aqui no Rio. Acompanhamos sempre fascinados a liberdade e a volubilidade de seu estilo sem igual de fazer música; seu jeito de rapsodo perdidamente dado ao risco e às deflagrações agógicas — o que criou alguns problemas para a orquestra no *Maestoso* inicial e privou de clareza a dicção no *Finale*; sua maneira de sonhar que parece encobrir o sentimento sob a proteção da fantasia sonora, como no *Larghetto*.

Nelson não é um pianista da *construção*. Aquela mesma volubilidade de poeta meio suicida diante da beleza sonora do piano parece conspirar contra a ideia do acúmulo da experiência no tempo. É às vezes como se, na cornucópia de felicidades — o *perlé* do *Larghetto*, com a magia de seu recitativo e o *legato* de violino, como se não houvesse espaço entre as teclas do piano —, só sentíssemos o presente e olhássemos incontrolavelmente para a frente, sem lembrar o que veio atrás nem ganhar com a vivência na duração. Uma arte (requintadíssima) para ansiosos?

Opinião e Notícia, 10 de junho de 2003

DOIS GIGANTES DA BATUTA EM DISCO

A força do maestro filósofo

O maestro romeno **Sergiu Celibidache**, morto há dois anos, entrou para o panteão do século pela densidade e sofisticação de suas interpretações, por seu trabalho de pedagogia e apreensão conceitual da experiência musical, pela intransigência artística e as tiradas contestadoras em relação a outros regentes. Mas paradoxalmente terá ficado famoso sobretudo por se negar a entrar em estúdios de gravação. Celibidache considerava que os discos, frios e repetitivos, tornam passiva a escuta musical — além de serem contrafação mecanizada de uma experiência que segundo ele (convencido pela fenomenologia de Husserl) só pode ser *vivenciada* nas condições psicoemocionais e acústicas de um concerto.

Por um outro paradoxo, seus herdeiros autorizaram a gravadora EMI a lançar dezenas de registros de concertos que ele regeu à frente da Filarmônica de Munique, o conjunto que nos últimos dezessete anos de vida transformou num rolls-royce de padrão mundial. A primeira leva de dez CDs chega agora ao Brasil, com repertório *básico*. Zen-budista, Celibidache provavelmente não ficaria indignado, como não ficava com as transmissões radiofônicas de que foram tiradas essas gravações; e aliás ele mesmo acedeu nos últimos anos a registrar em vídeo e áudio alguns concertos, especialmente sinfonias de Bruckner. A qualidade sonora desses CDs gravados entre 1986 e 1995 e o cuidado editorial de sua apresentação são de primeiríssima; a vontade de se aproximar do celibidachiano "fluxo verdadeiro" de um concerto chega ao requinte de preservar em faixas próprias os aplausos iniciais e finais, além das interrupções entre os movimentos.

A escuta dessas gravações é uma revelação. O que primeiro chama a atenção é uma certa elasticidade meio estática do decorrer musical. Celibidache tinha uma concepção muito própria do *tempo*, quase invariavelmente estirado. Para ele, o andamento não era função de uma quimérica velocidade física estabelecida na partitura pelo compositor, com ajuda do metrônomo, mas a vivência, no contínuo da consciência, das coordenadas musicais, de seu significado e sua mensagem espiritual. O maestro gostava de citar uma carta em que Mozart descrevia o ato de compor, falando do momento em que "vejo a obra não em sua sucessão [de partes isoladas], mas como um todo, como uma escultura ou uma pintura".

Essa concepção voluntarista reflete-se em interpretações tecnicamente impressionantes (ensaios de altíssimo padrão de exigência) nas quais o esmiuçamento, estranhamente, contribui para dar coesão e presença à visão global das partituras. Solicitada, a atenção do ouvinte trabalha, constrói. A plasticidade delongada das frases é preenchida com um luxo de detalhes às vezes nunca ouvidos (os gritos alucinados da clarineta ecoando o tema da *Renana* de Schumann). A mistura de elegância supremamente calma do fraseado, revelação analítica das camadas sonoras e requinte das intervenções instrumentais é particularmente reveladora nos *Quadros de uma exposição* e nas obras de Debussy. Nesses casos, é maravilhoso perceber como a arquitetura sinfônica prevalece sobre o programa literário, mas ao mesmo tempo iluminando o seu sentido profundo.

A mesma suntuosidade de intenções, dosagens dinâmicas, coloridos e expressividade milimetricamente trabalhada pode desconcertar em outras partes. O burilamento infinitesimal, numa quase-passividade zen do estar orquestral, não é exatamente o que se tende a esperar quando a música está toda voltada para o movimento e a progressão, seja otimista (Haydn) ou ansiosa (Schumann). O primeiro pode sair amplo e solene demais (mas não, por exemplo, no *Presto* final da *Oxford*); o segundo, quase sonambúlico.

Em todos os casos, no entanto, a marca de uma vontade e de uma personalidade dão uma vida e uma força de atração incomparáveis a esses discos, numa combinação intrigante de latinidade e germanismo. Não deixa até de ser interessante para os neófitos no repertório começar com Celibidache, entrando nessa música tão central e amada por portas que não conduzam ao ramerrão das interpretações musicalmente corretas e nada mais.

Jornal do Brasil, 31 de março de 1998

Schubert em estilo e sintonia

A Warner Classics está inaugurando uma política de importação de CDs simultaneamente com o lançamento internacional, e começa com um disco revelador: a *Missa em lá bemol D 678* de Schubert, regida por **Nikolaus Harnoncourt** à frente da Orquestra de Câmara da Europa e do Coro Arnold Schönberg, com um fino plantel de solistas (Teldec). Se o baixo Anton Scharinger, o tenor Deon van der Walt e a *mezzo* Birgit Remmert são pura musicalidade e harmoniosa fusão no conjunto, é a soprano eslovaca Luba Orgonasova, sobrepairando como é natural, quem brilha nos episódios em que os solistas intervêm, com sua voz cremosa sem prejuízo do foco preciso, a suavidade de um oboé, a delicadeza com que ascende ao agudo ou o ataca diretamente.

Mas se há uma *estrela* aqui é Schubert. Não vou dizer que Harnoncourt, famoso pelo estilo *intervencionista* e por certas brutalidades em Mozart ou Haydn, se apague por trás desta música apaziguadora e — não há porque temer o adjetivo — sublime. Mas a trata com a benignidade que ela pede. Veja-se o clima de mistério e recolhimento que confere ao *Domine Deus* do *Gloria*, com sua repousada alternância de coro e solistas vocais e instrumentais. Quando há seções ou vozes internas da orquestra a destacar, Harnoncourt não o faz com a mão pesada de uma estrela da batuta se afirmando, mas com o amor de um austríaco que tem Schubert nas veias. Não há rompantes nem exageros, tudo flui no estilo — o que não quer dizer que o rebanho, quase sempre pedindo em tranquila adoração, também não saiba exultar e proclamar. A escolha da orquestra contribui para a impressão de "missa de câmara" e para a clareza dos planos sonoros, numa gravação primorosa — à parte as sibilantes um pouco cortantes dos solistas.

Schubert compôs seis missas latinas, mas só as duas últimas — esta e a seguinte, a *Missa em mi bemol D 950* — chegam às alturas do melhor de sua produção em outros gêneros. Se a palavra Missa assusta, no entanto, comece por este disco a mudar de opinião. Schubert não era especialmente religioso, e criava missas para firmar-se como compositor e chefe de coro numa Viena onde suas óperas fracassavam. Esta que ouvimos agora, apesar do título de *Missa solemnis*, está cheia do seu lirismo muito particular, ao passo que ficou para a seguinte e derradeira o que pode haver de distante ou intimidante numa obra litúrgica: tom grave e solene, fugas e tonalidades nos lugares rigorosamente prescritos, presença dramática da ideia de morte. Enquanto na última predomina o coro, nesta *Missa em lá bemol* o tom é mais íntimo (o que é ressaltado pelo tratamento leve dado aqui à massa coral), os solistas, mais solicitados. Começamos com um *Kyrie* que é como entrar numa nave banhada em luz serena de vitrais, terminamos num *Agnus Dei* de doce pacificação. No *Credo*, onde a figura de Jesus é evocada, os trombones se fazem patéticos face aos tímpanos que ressaltarão dramáticos no mesmo episódio da missa seguinte. De ponta a ponta, as colorações modulatórias que fazem a glória de Schubert dentro da tradição da música *vertical*, ricamente harmônica, do primeiro romantismo austro-germânico. E ainda, de quebra, prenúncios do mundo sonoro de Bruckner na oposição das figurações de cordas agudas em uníssono às *chamadas* dos trombones no *Et resurrexit* do *Credo*. Imperdível.

Jornal do Brasil, 4 de março de 1997

NIKOLAUS HARNONCOURT

Musicologismo: 10; poesia...

Desafio para os músicos, a renovação da interpretação dos esteios do repertório virou ovo de Colombo da indústria do disco. Como existem dezenas de gravações das *Sinfonias* de Brahms, não é mau que a Teldec possa apresentar uma integral sob a chancela do inquieto e interessante **Nikolaus Harnoncourt**. Um dos dínamos da interpretação *de época* da música barroca e anterior, como regente ele vem vindo de longe no cultivo de uma arte muito pessoal — e na evolução cronológica de seu próprio repertório: os antigos, Monteverdi ou Bach no início, logo Haydn e Mozart, que ora tornava mais instigantes ora brutalizava um pouco. Até então, apresentava-se sobretudo com a orquestra de instrumentos antigos Concentus Musicus de Viena, de sonoridade algo ácida, por ele fundada em 1953. Chegando a Beethoven, Schubert, Schumann e Bruckner, Harnoncourt aprofundou um belíssimo e renovador trabalho com a Orquestra de Câmara da Europa, de instrumentos modernos mas estilo na ponta da língua, e a Concertgebouw de Amsterdam.

Mas foi a Filarmônica de Berlim que o maestro escolheu para registrar, em concertos ao vivo (1996 e 1997), as quatro *Sinfonias*, as *Variações sobre um tema de Haydn*, a *Abertura Festival Acadêmico* e a *Abertura Trágica* (esta gravada em estúdio) — reunindo em três CDs o essencial da obra orquestral do mestre de Hamburgo, à parte as duas *Serenatas*. O impacto é certo do início ao fim. Para começar, não temos aquele som constantemente denso e lustroso cultivado nesse repertório e totemizado por Herbert von Karajan à frente da mesma orquestra. Harnoncourt, que foi aos manuscritos e às primeiras partituras impressas anotadas por Brahms, foge da fusão homogeneizante da massa orquestral como o diabo da cruz. *Camerizando* as seções instrumentais, ele revigora as articulações e ressalta o contraponto, revê a microeconomia do *legato/staccato*, induz seus instrumentistas de cordas a um uso moderado do *vibrato* e a arcadas que tornam a linha menos opulenta mas mais clara. Os contrastes e gradações de dinâmica e toda a *oratória* musical também são repassados nesse crivo desengordurizante, que resulta num Brahms mais conversador que heroico ou monumental.

Há contrapartidas. O esforço de desempoeiramento-quase-literalismo pode beirar a secura e o prosaísmo para ouvidos acostumados a leituras românticas, na acepção predominante. Falta às vezes o desejado senso de acumulação de forças, de progressão do drama sinfônico. Harnoncourt, com dificuldade para descortinar horizontes enquanto esculpe com amor cada passagem, entra quase invariavelmente de maneira contida, como quem diz: a expressão profunda desta música não está na retórica, mas deve ressaltar da própria partitura. Daí não raro a impressão de falta de elã, e mesmo de fleuma algo pedante. Quantas vezes a música, burilada mas expedita, parece carecer de sinceridade e expressão — de coração! Às vezes um primeiro movimento pode tender a simples sucessão de episódios, e os clímaxes, destacados do que antecede sem dar a impressão de desdobrar-se organicamente, saem mais agressivos que exultantes — como na *coda* do *finale* da *Primeira* —, embora esta mesma irrupção brusca do entusiasmo surta um efeito estimulante no *Allegro energico e passionato* da *Quarta*. Em outro movimento final, o da *Segunda*, a força tranquila a que nos acostumamos em Brahms mais se parece com a muscularidade beethoveniana.

Nesse inusitado sinfonismo timorato, que se recusa a forçar a expressão, os achados de fraseado, nuança, sobreposição de vozes, textura e colorido são maravilhosos. Também tem uma espécie de efeito mesmerizante a tensão entre o lirismo másculo da música e a retenção operada pelo maestro em seus derramamentos. É uma estranha mistura de *music making* estudado e fluente. Um Brahms de músico visionário mas não de poeta, às vezes sem eco emocional, mas sempre interessante e convidando à reaudição. Quem tem em casa o seu Brahms por Bernard Haitink, Wilhelm Furtwängler, Bruno Walter ou o esplêndido coringa que é Adrian Boult, por exemplo, pode dar aos ouvidos e ao espírito (mais que à alma) um banho de frescor com Harnoncourt. Quem pretende comprar uma primeira integral Brahms tampouco incorrerá em erro: afinal, como lembra o maestro em entrevista reproduzida no folheto do estojo, as obras-primas perduram porque pedem ser reinterpretadas. Além do mais, é claro que tudo aqui se passa em elevadíssimo padrão de execução instrumental e *accomplishment* orquestral. A engenharia de som é boa, mas com certo achatamento dos timbres e algumas estridências nos *tutti*.

Jornal do Brasil, 11 de novembro de 1997

ORQUESTRAS BRASILEIRAS

Novo elã na OPPM

Das tristes profundezas de algum fim de mundo brasileiro, chega nos violoncelos o tema lancinante da *Modinha* das *Bachianas brasileiras nº 8*. Seja o que for o que se pense do contraponto (que pode ser laborioso) ou das massas orquestrais (não raro espessas demais) em Villa-Lobos, o canto da alma brasileira está irresistivelmente presente em vários momentos destas *Bachianas* e também das de nº 1, a outra peça da primeira parte do concerto em que o maestro **Isaac Karabtchevsky** regeu pela primeira vez neste sábado, no Teatro Municipal, sua nova orquestra no Rio, a **Petrobras Pró-Música** (OPPM).

A escolha do programa — a primeira etapa de uma integral conjunta das *Bachianas* e das *Sinfonias* de Tchaikovsky — fala ao mesmo tempo de seriedade de propósitos e apelo popular. O público parece ávido de mostrar reconhecimento pelo investimento que é feito. E como é bom ver o Municipal lotado! Mas este primeiro concerto ficou até certo ponto refém de uma ambiguidade também tipicamente brasileira: se a autoridade do diretor musical (bela contenção gestual) promete uma nova fase auspiciosa, os resultados ainda podem levar algum tempo para se refletir em maior maleabilidade da orquestra.

Seria quimera esperar que Karabtchevsky logo de saída infundisse à OPPM, acima da simples coesão, já assegurada, um grau mais elevado de virtuosismo. Nas *Bachianas nº 1* para violoncelos, de um Villa-Lobos que aos 43 anos voltava da Europa criando temas hoje confundidos com nosso inconsciente coletivo, a eloquência organizada do discurso, o trabalho das nuanças e a plena impregnação musical dos silêncios esbarravam em dificuldades de entonação e déficit de segurança expressiva. Eu também diria que no *Prelúdio* o maestro forçou um pouco na languidez. No *Scherzo* da *Sinfonia nº 2* de Tchaikovsky — inspirada, como as *Bachianas*, num fundo musical popular, desta vez da Ucrânia —, a OPPM foi mais aplicadamente alerta do que realmente solta na leveza caprichosa.

As *Bachianas nº 8* — já aqui com toda a orquestra, e destaque para as percussões — foram o ponto alto. Nelas, a inspiração de Villa-Lobos é mesmo muito alta, inclusive na *Fuga* final, tão bem resolvida quanto pode parecer árdua sua irmã das *Bachianas nº 1*. A equação, nesse Villa-Lobos mais maduro, é de pleno domínio de uma linguagem muito própria, para dizer coisas que ninguém soube dizer como ele. E os músicos sintonizaram belamente com o coração na mão do nosso índio branco.

Um pouco diferente do que encontramos no jovem (32 anos) Tchaikovsky da *Pequena Rússia,* como era conhecida a Ucrânia onde foi composta esta *Sinfonia n° 2.* Aqui, a carpintaria sinfônica está bem esboçada e a animação é garantida, e mesmo excessiva, mas uma ausência de real estofo parece decorrer da escolha muito contingencial (para Tchaikovsky) da ambientação nacionalista e da própria ausência de um movimento lento. Karabtchevsky levou suas forças com entusiasmo e brilho, especialmente no *Allegro* final, com sua alternância de festança popular e intermédios adocicados de balé.

Deu para captar a mensagem que o maestro e sua orquestra quiseram transmitir com este concerto cheio de gás de uma nova colaboração. Bem-vindos, e bom trabalho!

Jornal do Brasil, 13 de abril de 2004

Beethoven abre o apetite?

Curioso diálogo entre o previsível e o inesperado no concerto inaugural da temporada da Sala Cecília Meireles. Com seu talento, os músicos da OSB e o maestro **Yeruham Scharovsky** responderam no diapasão do segundo elemento (a surpresa) aos ditames de uma certa modorra imposta pelas circunstâncias. Haverá quem se excite com a perspectiva de sair de um jejum musical de vários meses ouvindo a *Quinta* de Beethoven. Haverá até quem raramente ou nunca a tenha ouvido inteira. Não é o caso da porção mais exigente do público, que seria aquela a cortejar num subir de cortinas realmente excitante.

Tudo bem: não havia condições de preparação propícias aos voos da imaginação. Até as últimas semanas prevaleciam interrogações sobre a pura e simples participação da **Orquestra Sinfônica Brasileira** no concerto. A vários de seus músicos, sem receber salários há meses, não podia ser negada a possibilidade de deixar a Sala mais cedo para ir cumprir outro compromisso profissional. Primeiro resultado inesperado: a *Sinfonia* no encerramento da primeira parte do programa, e o *Concerto n° 4* de Beethoven, com José Carlos Cocarelli, empurrado (por precisar de menos músicos) para o fecho da noite.

Mas a OSB é um conjunto confiável, de músicos capazes de se superar. Mesmo sem um verdadeiro senso de urgência, a *Quinta* começou com vigor, mais para George Szell que para Sergiu Celibidache. É uma sinfonia de afirmação e dramático arrombar de portas. Apesar da batida algo uniforme, sem respirar muito, parecia que o tônus rítmico dava conta do recado. O *Andante con moto* permitiu às madeiras burilar *con amore*. No heroico *Finale*, o pulso sempre expedito já convivia com uma modelagem mais atenta das vozes interiores. Não foi uma *Quinta* de concepção personalíssima ou de descobertas, mas a integridade da mensagem passou.

A associação com o *Concerto em sol maior* foi a outra mensagem coerente da noite. São obras de um Beethoven inovador e agressivamente surpreendente no meado da primeira década do século XIX, estreadas ambas no mesmo concerto (ao lado da *Pastoral*). Elas dialogam, respondem-se, há mesmo semelhanças temáticas, para não falar dos comuns elementos titânicos contrapostos às clareiras de doçura. Cocarelli tocou com a concentração e o desvelo que lhe são característicos, ocupando todo o espaço necessário de opulência tímbrica e expressividade nas passagens de recitativo ou cadência. Foi interessante ouvir a estranha convivência do verdismo da fase intermediária com uns cromatismos quase parsifalianos na abertura *Maria Tudor* de Carlos Gomes. Um *Ponteio para cordas* de Cláudio Santoro completou o programa com a mensagem mais pura da música brasileira de concerto: o cheiro da terra na marcação rítmica confiada às cordas graves nas passagens extremas e a escrita instrumental requintada do sereno movimento intermediário.

Público feliz, em boa parte de convidados, sem eletricidade especial. Agora é esperar os desdobramentos de uma temporada que não começa sob os melhores auspícios, senão o do amor à arte e da capacidade de superação dos músicos brasileiros.

Jornal do Brasil, 29 de março de 1999

Uma OSB inspirada para sua nova fase

A **Orquestra Sinfônica Brasileira** quis ter nas mãos todos os trunfos ao abrir no Teatro Municipal sua decisiva temporada 2003, aquela que finalmente incorpora o apoio da Prefeitura do Rio, devendo assegurar não só a sobrevivência, mas quem sabe um novo florescimento do conjunto. Reuniu um repertório romântico de apelo imediato e convocou ninguém menos que Nelson Freire para solar. Pois, diga-se logo de entrada, fosse o novo clima de otimismo, fosse a garra renovada ou — naturalmente — o talento dos músicos e a clara capacidade de liderança e o entusiasmo do maestro **Yeruham Scharovsky**, fato é que a grande estrela da noite foi mesmo a dona da casa, numa *Primeira* de Brahms que mostrou do que é capaz nossa mais antiga formação sinfônica quando quer e pode.

A gente sempre se pergunta que misteriosos caminhos levam uma orquestra brasileira a tropeçar ou a alçar voo, hesitante e amarrada ou livre e inspirada. Ensaios suficientes, motivação, trabalho de médio e longo prazo... As explicações podem variar, e ficou evidente nesta quarta-feira que a OSB e Scharovsky ensaiaram com afinco. A *Sinfonia em dó menor* de Brahms tampouco é uma desconhecida de suas estantes. Mas a centelha que passou, magnífica, do palco à audiência deve-se em maior medida, na minha opinião, ao carisma de Scharovsky — que se imprime agora em ânimo e brios reavivados pelas novas condições entre os músicos. O diretor artístico da OSB está completando cinco anos à sua frente. Já é um casamento, e isto é sempre perceptível nos resultados de uma orquestra.

O que ouvimos, nós todos que fomos ao Municipal atraídos em grande parte por Nelson Freire, foi uma *Primeira* com um som brahmsiano inequívoco, uma voz coletiva disciplinada, cordas — e em especial violinos — de uma homogeneidade e beleza raras nessas plagas (apesar de microfalhas uma ou duas vezes). Lembrei-me de outras *Primeiras* no Rio e de outras sinfonias de Brahms por orquestras brasileiras. A OSB desta noite de estreia reluzia gloriosa na comparação.

Scharovsky fez um Brahms claro e viril, eu diria quase latino, sem aspereza nem veleidades de tenebroso germanismo, mas sem prejuízo da ponderação e do fôlego arquitetônico — que teria ganhado ainda mais se a autoconfiança fosse levada a ponto de observar a repetição da exposição no primeiro movimento. Respirando com tranquilidade em sua opção de limpidez mais narrativa que dramática, o maestro soube esquivar os riscos de banalidade textual que podem rondar quando se dá as costas ao lado sombrio do mestre de Hamburgo. A *Primeira* mais enxuta de que se tem notícia recente no Rio, e uma das que ficarão na lembrança.

A noite começara com a suíte da música de cena para o *Sonho de uma noite de verão* de Mendelssohn, sem a mesma altitude, mas grácil e modelada com amor. No *Concerto em lá maior* de Schumann, que não me lembro de ter ouvido antes em seus dedos, embora lhe seja tão congenial, Nelson Freire operou essa maravilha que não está ao alcance de todo mundo: espelhar uma obra-prima em seu universo pessoal.

E que obra-prima! O *Concerto* de Schumann é um prodígio de invenção inesgotável no diálogo, vazada em linguagem sinfônica de colorido e leveza por vezes camerísticos. Ideal, em sua ondulação perene que nunca chega a ser rebentação, para o temperamento de rapsodo de Nelson. Despreocupado da projeção pela projeção, simples no fraseado e por isto mesmo tocando a fibra mais pura da música, fiel a seus arroubos e precipitações de poeta livre do teclado, Nelson Freire foi intimíssimo-sentimento-quase-silêncio no fim do *Andantino grazioso* mas também orgulhoso tigre de elasticidade no *Allegro vivace* final, sem quase ultrapassar o *mezzo forte* em meia hora de canto sem freios.

VivaMúsica!, 19 de março de 2003

Rachmaninov sinfônico

O melos irresistível de Serguei Rachmaninov tomou conta do Teatro Municipal do Rio de Janeiro neste sábado, e não era um concerto para piano, mas uma obra sinfônica pouco executada por aqui.

Graças à **Orquestra Sinfônica Brasileira** e ao maestro **Roberto Minczuk**, a *Sinfonia n° 2* do grande melancólico russo foi apresentada em condições ideais. Mas saí desse primeiro contato ao vivo com a obra com uma impressão menos intensa que a deixada pelo convívio com certas gravações.

Minczuk expusera na véspera, em palestra no Centro Cultural Banco do Brasil, sua visão sobre o compositor. Nada de muito novo ou revelador, à parte a sinceridade de um músico impregnado de música, falando do que conhece muito bem.

O maestro enfatizou a incompreensão de que a música de Rachmaninov esteve cercada durante muito tempo — e ainda é, em círculos que chamou de "intelectuais". Falou também de si e de sua filosofia artística e humanística, que parece a de um intuitivo perfeitamente capaz de se identificar com o "sentimentalismo" rachmaninoviano, e que poderia resumir-se nessa resposta aos que contestam a "validade" de uma música que consideram secundária: "O que me interessa é saber por que uma música é tão bonita e por que sou tão impactado por ela."

Mas o mais interessante, claro, foram suas considerações propriamente musicais sobre a *Segunda*, a sinfonia que ficou conhecida particularmente pela envolvente e dolorida cantilena de seu *Adagio* — que era muito usada, lembra-me um amigo, nas novelas da antiga Rádio Nacional.

Minczuk mostrou ao público do CCBB duas gravações da introdução do primeiro movimento: Ormandy com a Orquestra de Filadélfia e Temirkanov à frente da Filarmônica de São Petersburgo. Com razão, chamou a atenção para a maior liberdade do segundo em relação à barra de compasso, enfatizando o caráter fluido e pouco vertical dessa música que vem do fundo da alma e mesmo das vísceras, e que se desenrola em períodos longos e numa abundância melódica nem sempre propícia à dialética sinfônica tradicionalmente considerada.

No dia seguinte, pudemos ouvir Minczuk regendo o primeiro movimento sem a batuta, ao contrário do que fez nos demais. Seguindo-se à busca anelante e desconsolada da introdução, foi efetivamente um *Allegro moderato* de ondulante fluência, quase leve em sua espontaneidade, não obstante o clima mais para o trágico do teor musical.

A OSB comportou-se com o brio que vem desenvolvendo no trabalho com Minczuk, com especial destaque para os solos de Michel Bessler no violino e Cristiano Alves na clarineta. As cordas nunca foram tão homogêneas e sedosas, ressalvado um ou outro pequeno incidente, e os metais estão num ponto de bala que me faz pensar com uma espécie de orgulho retrospectivo naqueles tempos em que as entradas de trompa sempre davam calafrios de preocupada antecipação ao público das orquestras cariocas.

O que, paradoxalmente, me deixou um pouco frustrado foi exatamente o nosso *Adagio* supersentimental, uma dessas invenções musicais que tiram lá de dentro a exclamação que não quer calar: "Mas que compositor!"

Esse movimento de caráter plangente, mas contendo na tristeza um anseio de elevação indizível, pode ser considerado o paradigma daquele Rachmaninov que se expande em linhas melódicas profusas e às vezes repetitivas (difícil resistir à tentação de repetir quando se inventam temas assim!). Mas o *melos* aqui se enriquece de texturas polifônicas que eu gostaria de ter ouvido mais voluptuosamente exploradas.

Resultado: apesar do passo lesto de adágio-quase-andante, o trabalho relativamente tímido com certas vozes internas gerou uma queda de tensão na segunda metade. Não se afastar muito da superfície, nessa música, pode dar razão aos que a acham açucarada.

O Rachmaninov mais saltitante, épico e combativo do terceiro movimento foi honrado com fulgor. A OSB e Minczuk estarão levando a *Segunda* em sua turnê das próximas semanas por várias cidades brasileiras.

Opinião e Notícia, 8 de outubro de 2007

A refundação da Osesp

Uma orquestra quer ser desejada

Sessenta e cinco concertos na temporada deste ano, músicos tocando numa orquestra sinfônica como é provavelmente impossível ouvir em outro lugar do Brasil, um maestro de energia leonina que quer dar a São Paulo uma instituição sinfônica "de primeiro mundo" — ou de um Brasil que não considere secundário proporcionar a uma parcela da popula-

ORQUESTRA SINFÔNICA DO ESTADO DE SÃO PAULO COM JOHN NESCHLING

ção tão ampla quanto ela mesma desejar um *luxo* que não deveria ser um luxo.

O sonho é alto, mas **John Neschling** lhe está dando forma palpável. Aos 51 anos, o regente carioca — que talvez tenha feito mais nome no Brasil na música de cinema e na MPB do que no *nicho* clássico — parece possuído pela oportunidade imperdível de dotar o Brasil e a si mesmo de um instrumento digno de fazer soar Beethoven, Brahms, Lutosławski ou Nino Rota. E especialmente a música brasileira e americana, partindo da premissa de que o nosso ouvido e o nosso mundo musical precisam de parâmetros próprios.

Um concerto como o que a **Orquestra Sinfônica do Estado de São Paulo** (Osesp) deu na semana passada no Teatro São Pedro, recém-reformado na Barra Funda paulistana, é um exemplo estimulante do que Neschling está fazendo com a instituição que Eleazar de Carvalho não teve, no fim da vida, forças suficientes para renovar. As estantes de cordas tocam com *velouté* e fazem cintilar cores na introdução misteriosa da primeira execução *ever* da abertura *Werther* do paulistano Alexandre Levy, morto em 1892 aos 28 anos. A descoberta desta peça, sua edição e execução são um dos motivos de orgulho do maestro, que na semana passada deu em versão de concerto outra raridade brasileira, a ópera *Jupyra*, de Francisco Braga.

Os músicos têm em média 30 anos, o concerto todo vai muito bem, o público não lota os seiscentos lugares da pequena casa provisória da orquestra mas demonstra seu entusiasmo. Acentuações unânimes de dinâmica, reações simbióticas das estantes às indicações de nuança do maestro, solos amorosamente modelados nos sopros: foi possível perceber a qualidade do trabalho de preparação e o nível de engajamento se refletindo no padrão orquestral. Era um programa de matriz americana *lato sensu*, com o toque felliniano da música de Rota para *La Strada*. Além de Levy, foram duas outras aberturas de compositores brasileiros, os contemporâneos (presentes ao concerto) Gilberto Mendes — minimalista a partir de uma escala japonesa e suavemente paródico em sua *Issa* — e Jorge Antunes, que concluiu recentemente a ópera *Olga*, com libreto seu e de Gerson Valle sobre a vida de Olga Benário; e o *Concerto para clarineta* de Aaron Copland com o francês Michel Portal, um dos muitos nomes de prestígio que vêm tocando com a Osesp.

O entusiasmo de Neschling, convidado em 1996 pelo governo do estado de São Paulo, é contagiante, ele fala sem parar do desafio cheio de adrenalina de redinamizar uma orquestra: proposta aos músicos de se submeter a uma reavaliação, com a garantia de permanência numa segunda orquestra, hoje servindo à Rádio-Televisão Cultura; complementação do efetivo com três concursos no Brasil (os brasileiros, dezesseis dos quais voltaram de Genebra, Londres e Boston, são agora 73 por cento dos 93 músicos), outros na Romênia, na Bulgária e em Nova York.

Conhecido por suas trilhas para filmes como *Pixote* e *O beijo da mulher aranha*, embora também tenha dirigido no Teatro Municipal do Rio e no de São Paulo, Neschling entrou nos anos 1990 apostando numa carreira de regente clássico, e tem marcado presença em teatros de ópera e salas sinfônicas importantes da Europa e do Canadá — atualmente, a Orquestra de Bordeaux, que está deixando, depois de dois anos, para se dedicar à Osesp, e o Teatro Massimo de Palermo, onde rege três óperas este ano como diretor musical. No centenário da morte de Carlos Gomes, em 1996, uma gravação do *Guarany* na Ópera de Bonn, com Plácido Domingo, também chamou a atenção.

Com a agenda cheia e um nome que se consolida, Neschling pôde apresentar exigências ao ser convidado a reformular a Osesp. Além de uma reciclagem e de uma nova motivação para os músicos, com salários triplicados para uma faixa entre R$ 4.200 e R$ 4.800, exigiu uma casa própria para a orquestra. "É algo que dispensa explicação, *ça va sans dire*", frisa, referindo-se ao regimento policial onde a Osesp ensaiava e às más condições acústicas do Memorial da América Latina onde tocava, e invocando os exemplos de grandes orquestras cujo som e a estabilidade musical e institucional estão associados a uma acústica e a um lugar permanente para ensaios e apresentações.

Uma *Sinfonia Ressurreição* de Mahler vai coroar a atual temporada nos dias 22 e 23 de dezembro, com a inauguração da Sala Júlio Prestes, reformulação de uma antiga estação ferroviária: um empreendimento de US$ 50 milhões que Neschling proclama como o "primeiro *symphony hall*" digno deste nome precipuamente construído na América Latina para ser a sede de uma orquestra — à parte talvez o Teatro Teresa Carreño de Caracas. A estrutura original tem a forma *caixa de sapato* que molda tão tipicamente as acústicas do Concertgebouw de Amsterdam e do Musikverein de Viena, e entusiasmou o engenheiro americano Chris Blair com sua relação espaço/volume. O projeto é da Artec de Nova York — responsável pelo tratamento sonoro de salas como as de Birmingham, Lucerna, Dallas e as reformas do Alice Tully Hall em Nova York e da sala da Sinfônica de Boston.

O custo e a ambição da iniciativa têm alçado sobrancelhas. Neschling alinha argumentos: "A raiva de certas pessoas no Brasil vem do fato de termos aproveitado apenas 22 músicos dentre os 260 brasileiros que se apresentaram até agora. Mas eu não estou prejudicando ninguém, estou ajudando muitos, oferecendo aos que querem integrar uma orquestra de primeiro mundo a possibilidade de se submeter aos testes e melhorar de vida." Outra resposta na ponta da língua: gastos como o da construção da nova sala equivalem a "três metros de túnel". "Não é bicho de sete cabeças", diz o maestro, "basta um mínimo de vontade política visando ao lucro cultural e de imagem a longo prazo. São Paulo não pode continuar sem uma orquestra do padrão de tantas realizações da indústria, da economia e da cultura no Brasil. Não podemos ficar para trás na música sinfônica."

Na temporada de 1998, a primeira, a programação, podendo ser ampla pelo número de concertos (sempre às quintas e aos domingos, repetindo nestes o programa daquela), é variada e não parece preocupada em excluir músicas, à parte uma concentração compreensível na música do classicismo vienense para cá. Cláudio Cruz, o *spalla*, interpretou em 13 e 15 de agosto o *Concerto nº 1* de Chostakovich, e os chefes de naipe são convidados a solar, alternando com artistas como Dimitri Alexeiev, Régis Pasquier, Antonio Meneses, Dimitri Sitkovetsky, Nikolai Demidenko.

Neschling quer trazer no ano que vem Viktoria Mullova para o *Concerto* de Berg, Gary Graffman, Shlomo Mintz, Boris Belkin, Lynn Harrell. Vai criar ou programar obras de Edino Krieger, Ronaldo Miranda, Arvo Pärt, Almeida Prado, as estreias brasileiras do *Concerto para piano* de Schönberg, da *Sinfonia Jeremiah* de Bernstein. E pretende criar na pauliceia um hábito que está implantado, justamente, em algumas capitais do "primeiro mundo" que tem em mente: a série Prelúdio será, antecedendo os concertos, um convite para compartilhar com os profissionais da própria orquestra música de câmara que tenha a ver com as partituras sinfônicas que serão executadas pouco depois.

Objetivo, prestar serviço

Osesp também busca criar suas próprias fontes de renda

A orquestra sinfônica é hoje, em qualquer cidade que a deseje realmente, um organismo que não vive sem o concurso da comunidade, dos governos, da iniciativa privada. Sua palavra de ordem é sobreviver em tempos difíceis e correr atrás do próprio sustento. Sua filosofia é a da prestação de um serviço julgado necessário. Sua razão de ser é *sair*: sair do repertório óbvio, sair do convívio exclusivo com um público cativo e que envelhece para formar novos públicos, sair da esfera de uma elite acostumada a ouvir música em busca de classes e bairros onde ela não se faz habitualmente.

John Neschling estudou os regimentos de orquestras como as de Nova York, da Suisse Romande, de Estocolomo e da Tonhalle de Zurique para compor a agenda de "serviços" (ensaios e concertos) prestados pelos músicos da **Osesp**. São, numa temporada, dez períodos de quatro semanas, cada um com 36 serviços. Os ensaios são diários, em alguns dias mais de uma vez. O custo da orquestra para o estado em 1998 foi de US$ 8 milhões, mais será preciso em 1999. Num orçamento que é de US$ 50 milhões na Secretaria de Cultura, a Osesp poderia chegar perto de consumir, em termos ideais, mais de um terço.

É muito, e por isto a orquestra acalenta o sonho de ser declarada "organização social", conforme lei recém-aprovada pela Assembleia Legislativa de São Paulo. Essa lei disciplina instituições privadas geridas por um conselho de administração e ligadas por contratos de gestão ao Estado, que as inclui em seu orçamento mas lhes dá liberdade para colher doações, atrair patrocínios, criar suas fontes de renda.

Neschling, que este ano terá passado pouco mais de dez semanas com a Osesp, pretende ficar quatorze semanas em 1999 e estreitar esse convívio para quatro meses em 2000. Ele tem a seu lado o maestro assistente Roberto Minczuk, que paralelamente inicia uma carreira como assistente de Kurt Masur na Filarmônica de Nova York. Entre os maestros convidados em 1998 estiveram nomes que não são estrelas mundiais de primeira grandeza, mas músicos internacionalmente respeitados e conhecidos: Woldemar Nelsson, Günther Neuhold, Janos Fürst, Alain Lombard, Roberto Duarte, Milan Horvath, Lukas Pfaff, entre outros.

Neschling gesticula ainda mais quando fala de tudo que caberá na Sala Júlio Prestes: além do conforto esperado (camarins, estacionamento, restaurantes e lojas) e dos 1.500 lugares da sala principal, uma estrutura de verdadeira animação musical: sala de música de câmara, salas de ensaio e estúdio de gravação, uma academia de treinamento para profissionais de orquestra e uma editora. Esta pode ser considerada uma pedra de toque do projeto. A edição da música brasileira de concerto é um dos problemas até hoje não solucionados de nossa vida musical, e Neschling sabe que, para estabelecer o padrão sinfônico brasileiro e americano que busca, é preciso ter as partituras à mão. Algumas já foram editadas este ano, e estão à disposição de outras orquestras.

Turnês brasileiras e europeias, contratos de gravação, pontos de venda de discos e *gadgets*, todos os sonhos são possíveis e todas as armas são válidas para encher de brios os paulistanos (e, por que não, o Brasil) e vencer o "muro de esnobismo e desconfiança" que John Neschling quer derrubar para dar à Osesp sua face moderna. Valei-lhe, Santa Cecília.

Jornal do Brasil, 4 de setembro de 1998

Saúde sonora e germinação musical

A **Orquestra Sinfônica do Estado de São Paulo** colheu um merecido triunfo na estreia no Rio de Janeiro de sua nova formação. O maestro **John Neschling**, responsável pela reestruturação do conjunto e por um salto qualitativo que nos chamou a atenção num concerto recente em São Paulo, não resistiu à tentação de um contato "à Eleazar de Carvalho" com o público do Teatro Municipal, na sexta-feira. Explicou o esforço do governo paulista e foi interrompido por aplausos calorosos quando falou de uma novidade importante, a remuneração condigna dos músicos — segundo ele equivalente à de grandes orquestras europeias e quase chegando à das sinfônicas americanas.

Com suas estantes renovadas por concursos, a Osesp está tocando com garra. Duas coloridas demonstrações orquestrais de compositores latino-americanos, uma sinfonia do cânone central: era um programa escolhido a dedo para a vitrina — o início, espera-se, de uma turnê que se estenderá por outras cidades do país (depois da inauguração em dezembro da casa própria, a nova Sala Júlio Prestes na Barra Funda paulistana). Já na abertura *Werther*, de Alexandre Levy (1864-1892), confirmavam-se as qualidades de homogeneidade sonora, de rapidez e unanimidade das respostas e ataques, de plenitude tímbrica e projeção dinâmica (esta última, uma especial preocupação do maestro). Com seus perfumes mendelssohnianos temperados por conquistas harmônicas e de orquestração do romantismo tardio, a *Abertura* é obra de um compositor de 23 anos capaz de sustentar os impulsos da juventude com fôlego longo e talento melódico. Seguiu-se uma execução espetacular da suíte *Estancia*, do balé homônimo do argentino Alberto Ginastera (1916-1983), oscilando entre as danças frenéticas e sincopadas e a placidez descritiva do pampa.

A *Sinfonia nº 4* de Brahms era esperada com expectativa, mas decepcionou. A orquestra excedeu-se na busca da robustez e do volume puro e simples, mais muscular que profunda ou sentida — exigências fundamentais nessa música. Neschling induz a expressividade agógica e ressalta (um pouco demais) os detalhes, como se quisesse mostrar cada veio da partitura; cuida dos acabamentos de frase e os músicos atendem com esmero a seu gestual; mas, se procuram dinamizar plenamente e quase furiosamente o heroísmo brahmsiano, não parecem respirar sua melancolia nem escutar idealmente uns aos outros. Faltou, grande parte do tempo, senso de hierarquização dos planos sonoros. Todas as notas, *tutta forza*, tinha-se a impressão, era a ordem do dia.

Foi um Brahms de superficial jubilação sonora, excitante mas não estimulante, musicalmente — e nisso, afinal, irritante. Pensando bem, devia haver então mistérios ainda mais perfumados que passaram despercebidos na obra de Levy. Houve momentos de beleza inefável, devidos também à excelência dos solistas, como no repouso central (solo de flauta) do *Allegro energico e passionato*, a célebre e difícil *Chacona*. Mas o fluxo e refluxo do caudal brahmsiano foi sufocado. Terá sido em parte o entusiasmo da demonstração. A Osesp tem nas mãos o ponto de partida: qualidade individual dos instrumentistas e disciplina das sessões, afinco, dedicação, tempo de ensaio e um diretor musical com todo o gás. Não será difícil recostar um pouco na cadeira para ouvir também os sons do silêncio, de onde brota a música.

Jornal do Brasil, 26 de outubro de 1998

A vez (e a voz) da orquestra

Quando querem reclamar da reverberação excessiva de uma sala de concertos ou de um estúdio de gravação, os franceses falam de acústica de estação ferroviária — de *hall de gare*. Pois a **Orquestra Sinfônica do Estado de São Paulo** (Osesp) está desafiando essa equação, ao transformar a Estação Júlio Prestes, no chamado centro expandido da capital paulistana, na primeira grande sala especificamente construída no Brasil para ser a sede permanente de um conjunto desse porte.

Os testes acústicos estão em andamento, para a inauguração nos dias 9, 10 e 11 de julho com a *Sinfonia nº 2 (Ressurreição)* de Gustav Mahler. Sob o comando do maestro **John Neschling**, o grande inspirador do projeto, um público de paulistanos fiéis, curiosos e provavelmente meio incrédulos, em grande parte convocado com senhas nos concertos da orquestra no Teatro São Pedro, participou no último fim de semana e na segunda-feira do desabrochar sonoro da nova Sala São Paulo: depois de ano e meio de obras, são agora muito palpáveis 1.509 lugares em ambiente ao mesmo tempo *clean, high tech* e de época; um formato *caixa de sapato* inédito no país e sugestivamente semelhante a alguns espaços sinfônicos lendários da Europa; e uma aura mágica de promessa de horas infindáveis de alta dignidade sinfônica.

Foi um investimento de quase R$ 50 milhões bancado pelo governo do estado de São Paulo, que subvenciona o conjunto e este ano destinará cerca de R$ 8 milhões à Osesp, a orquestra de salários mais altos do país — e provavelmente a melhor, neste terceiro ano de um processo de revitalização iniciado após a morte de Eleazar de Carvalho.

Os trens que continuam chegando e partindo da estação contígua, vistos da entrada principal por trás de uma proteção de vidro helveticamente silenciosa, dão o toque especial de audácia arquitetônica e acústica. O novo *symphony hall* repousa num piso de quinze centímetros de espessura, rebaixado e montado sobre uma imensa placa de neoprene, material amortecedor da vibração, entre duas chapas de concreto forradas com freijó. Completa esse isolamento acústico uma milimétrica calibragem de vedações e materiais isolantes, de absorção ou reflexão sonora, ainda por concluir: faltam os painéis (móveis e permitindo uma regulagem no volume de som) que fecharão lateralmente os balcões superiores, por cujas brechas ainda escapam em parte as frequências mais graves.

O arquiteto Nelson Dupré e o engenheiro acústico Damian Doria, da empresa Artec de Nova York, são os coadjutores do regente nas primeiras celebrações em presença do público. Com um quilômetro quadrado de área e pé direito de 24 metros, o espaço principal, concebido para ser o saguão de passageiros na Estrada de Ferro Sorocabana, oferecia como ponto de partida a estrutura, o formato e o volume ideais para as expansões sinfônicas. Ao seu redor, ainda não estão prontos os dois restaurantes planejados, a cafeteria, todo um ambiente de lojas e serviços no melhor estilo *user friendly*.

Mas um passeio pelo interior do primeiro monumento erguido no Brasil à Orquestra Sinfônica — depois de tantos templos de adoração à Ópera espalhados do Amazonas ao Rio Grande do Sul — já leva aos camarins numerosos; às diferentes salas de ensaio por naipes, para o coro e para a orquestra inteira; às proximidades do forro para ver as entranhas do teto forrado por 45 painéis móveis de altura eletronicamente controlada, encimados por grandes *panneaux* verticais para absorção do som rebatido. São essas placas o elemento principal do controle sonoro, e é a regulagem de sua altura para os diferentes repertórios que Neschling precisa testar. Lá embaixo, escolhido por suas virtudes de estabilidade e refração, como explica Dupré, o marfim das cadeiras na plateia, dos balcões e camarotes reluz na iluminação vívida mas suave, em contraste harmonioso com as 32 colunas do projeto original de Christiano Stockler das Neves no estilo neoclássico eclético dos anos 1920. Um órgão ainda vai chegar. Haverá também uma sala com 250 lugares para música de câmara, um estúdio de gravação.

Neschling dá início aos trabalhos: um quase-ensaio, com direito a conversa com o público e paradas para avaliar resultados, em clima de seriedade *bon enfant* bem paulistana — e de justificado entusiasmo. Aos primeiros compassos da *Sinfonia nº 1* de Beethoven, o *frisson*: um som rolls-royce, amplo e opulento, macio mas de peso. Os violinos, como sempre, mostram mais rápido a que vieram, e o que se ouve é uma seda homogeneamente translúcida. O corpo sonoro vário da Osesp, nitidamente localizado, emana da região do palco, sem a projeção imediata das casas de ópera construídas para favorecer a voz humana sobre o colchão da orquestra. Doria calcula entre 1,8 e dois segundos o tempo de reverberação, que ainda tenta controlar; a título de comparação, são dois segundos no Concertgebouw de Amsterdam, menos de dois no Musikverein vienense, conhecido por sua clareza fenomenal.

O violoncelista Antonio Meneses, entusiasmado, é dos primeiros a trocar a plateia, no Beethoven, pelo balcão, durante dois movimentos do *Concerto para piano em lá maior* de Mozart, solado por Ronaldo Marcondes, para avaliar todas as possibilidades da sala. Ele vem de tocar no Centro Cultural de Lucerna, na Suíça, outra obra recente da Artec. Lá, compara, é a excelência de estrutura de apoio (salas de ensaio, lojas e serviços para o público) que não é tão desenvolvida quanto aqui. Mas é a acústica que interessa. Meneses lembra que no Teatro São Pedro, onde a Osesp se apresentava desde 1997, a maior secura fazia que os violinos soassem individualmente, sem a homogeneidade em que são banhados na nova casa. "As grandes orquestras são em grande parte tão boas porque têm um lugar assim onde podem sempre ouvir o próprio som", lembra.

Só esta conquista — não só inédita no Brasil, mas rara em qualquer parte — justifica a aposta. Graças a ela, a Osesp pode multiplicar exponencialmente suas qualidades nos próximos anos. Depois do concerto que deu no Rio no ano passado, com Neschling, ela voltará nos próximos dias 17 e 18 de setembro ao Teatro Municipal, no encerramento de uma turnê que também a levará a Porto Alegre, Curitiba, Brasília, Salvador e Belo Horizonte. Fundada em 1954 por Souza Lima, consolidada por Eleazar de Carvalho a partir de 1973, depois de um período de turbulências que incluiu sua extinção por iniciativa de Jânio Quadros, essa orquestra, cujos 95 músicos hoje oferecem ao seu público mais de sessenta concertos por ano, vai agora deslizar por desafio fascinante: inventar seu próprio som em condições ideais. Antes, terá de resolver um problema comezinho imediato: impor-se aos que não entenderam nada e já fazem menção de atrelar carga pesada ao rolls, programando na nova joia (mais funcional que luxuosa) espetáculos de variedades e de música eletronicamente amplificada.

Jornal do Brasil, 26 de junho de 1999

Um manifesto brasileiro

Como bom empreendedor, o maestro **John Neschling** sabe que a propaganda é a alma do negócio. Seu produto é de *demonstration quality*, viceja num mercado menos competitivo que recessivo e depende da vontade política, dos brios cívicos e, numa palavra, de investimento alto para retorno a longo prazo. Neschling agarrou com todas as forças uma oportunidade dessas poucas que podem realmente ser consideradas únicas: formar uma grande orquestra sinfônica moderna, operacional, competente e prestadora de um serviço que não é muito difícil perceber como essencial na categoria luxo.

São Paulo está se dando esse luxo, e nunca é demais lembrar o que está acontecendo. O governo do estado quis revitalizar a **Orquestra Sinfônica do Estado de São Paulo** (Osesp), que ronronava no diapasão das orquestras brasileiras problemáticas no momento da morte de Eleazar de Carvalho, e há três anos fez a Neschling um convite que ele aceitou como homem de visão e músico doido para fazer música no nível mais elevado. Num momento em que as cidades se transformam em sorvedores incansáveis e produtores em série de problemas e degradação, Neschling impôs como condições uma equipe bem selecionada e bem paga e — elementar porém quimérico, em qualquer país — uma sede própria para a orquestra.

A ideia não podia ser menos elitista. A Osesp vai muitíssimo bem, obrigado, e o motivo principal é tão simples quanto popular: ela tem um público que a quer. Desde a inauguração em julho da espetacular Sala São Paulo, requintado equipamento cultural e sobretudo musical para lugar nenhum do mundo botar defeito, e com a ajuda indispensável de um esforço de divulgação da Secretaria de Estado de Cultura, os 1.600 lugares têm sido demandados. São mais de sessenta concertos por ano, amplo repertório sinfônico que atende às expectativas mais variadas, viagens ao interior do estado — e, insiste Neschling, turnês que servem de vitrina e realimentação para o projeto, já ramificado em iniciativas como a edição e divulgação de música brasileira esquecida e destinado a expandir-se, idealmente, em gravações.

A história é de Brasil 2000 entrando num milênio novo de vida globalizada e necessidades que só podem ser atendidas com coragem e grandeza. Falando ao público, como gosta de fazer, no primeiro concerto da segunda visita da nova Osesp ao Rio, Neschling chamou a atenção, com razão, para o fato de que um projeto como este tem menos chances de perdurar se permanecer um fato isolado.

A turnê acabou saindo em condições menos que ideais. Prevista para cinco cidades, ficou reduzida, além do Rio, a Curitiba. E a incerteza não permitiu assegurar a tempo o que a qualidade do conjunto e o estado da oferta existente no Rio de Janeiro justificariam: um Teatro Municipal lotado e vibrando com uma orquestra brasileira comparável por todos os títulos às estrangeiras que por ali desfilam para um público informado, exigente e cativo.

A Osesp é sobretudo, hoje, um colegiado de instrumentistas de alto nível tocando com garra, disciplina, homogeneidade e mesmo brilho, o que o repertório escolhido permitiu ressaltar: a música colorística e cheia de peripécias de Rimsky-Korsakov (*Sheerazade*, com esplêndidos solos das madeiras), Glinka (*Ruslan e Liudmila*), Zoltán Kodály (*Háry János*) e Dimitri Chostakovich (a *Sinfonia nº 1*). A acústica da Sala Cecília Meireles, infelizmente, acentuou também a tendência à uniformidade dinâmica e às vezes expressiva na busca da robustez sonora, a um certo déficit de nuançamento na transparência vertical dos planos sonoros e na variedade dos climas.

Apesar disso, *Háry János* soube ser mágico nos momentos mais líricos, envolvente e rico, a partir de certa altura, em sabor narrativo. A mesma tendência a saborear mais a partitura e seu natural desenrolar depois de passados os primeiros movimentos também rendeu dividendos na orgulhosa *Sheerazade* regida na quarta-feira por Roberto Minczuk, diretor artístico adjunto da Osesp. No Chostakovich (Neschling, terça-feira) ficou faltando o sarcasmo angustiado e a rugosidade ciclotímica que no jovem mestre de 19 anos já antecipavam o soviético pessimista da maturidade, mas lá estavam a vibrante compulsão, a precisão rítmica, a beleza coletiva sempre confirmada das cordas.

Em Brahms e Mozart os parâmetros com que a Osesp quer ombrear-se são mais frequentemente altos. Há um déficit de *mellowness*, calma, disposição para o risco e imaginação, com resultados negativos para as exigências menos retóricas e demonstrativas que discursivas e filosóficas da música austro-germânica. Mas não faltou carinho com as frases no *Andante* do *Concerto em si bemol maior* de Mozart, em que Jean Louis Steuerman privilegiou a clareza contrapontística sobre o afeto mozartiano. No *Concerto duplo* de Brahms, o violoncelo sanguíneo de Roman Mekinulov dialogou com o violino serenamente viril de Cláudio Cruz, que soltou mais a imaginação como inebriado narrador na *Sheerazade*. Ambos são chefes de naipe da Osesp.

A maior homenagem que se pode prestar hoje a esta orquestra cheia de sangue correndo nas veias e botando saúde por todos os poros é continuar esperando cada vez mais dela e apostar no tempo. Sua revitalização já é de longe o acontecimento musical da década no Brasil, mas é preciso saber (e merecer) para pensar em termos de décadas.

Jornal do Brasil, 17 de setembro de 1999

Um sucesso de público no Municipal

Uma *Carmina burana* em produção caprichada inaugurou no fim de semana a temporada do **Teatro Municipal** e sua colaboração com o maestro inglês **Lionel Friend**, artesão plenamente confiável com longa experiência em casas de ópera europeias e americanas. A escolha da comunicativa cantata de Carl Orff e a reação entusiástica do público que quase lotava o teatro na sexta-feira enviaram mais um sinal da tônica da nova administração, sem condições de atender a expectativas mais exigentes em sua programação, e optando — em tempos sabidamente bicudos para as artes e a música — por uma política de obras básicas e de grande apelo popular (*Rigoletto*, *Il Guarany*, *Carmen* e *Candide*, de Bernstein, se seguirão este ano). O concerto de abertura deixou a impressão de que se pode, assim, ao mesmo tempo acertar na mosca e errar no cálculo, dependendo do ponto de vista.

É curiosa a relação de *Carmina burana* com sua própria fama. Os que resistem a essa música de força elementar e recursos simplificados nunca deixam de ser surpreendidos por seus efeitos certeiros, sua facúndia rítmica, sua verve erótica, a beleza melódica frequente e o encanto dos modos antigos. A ambivalência é acentuada na justaposição do mundo primitivo e ritualístico evocado nos poemas medievais usados pelo compositor ao contexto da Europa à beira da barbárie hitlerista em que a obra foi composta e estreada com sucesso espetacular.

Os que aderem satisfeitos tiveram motivos de exultar neste fim de semana. Os aplausos (e assobios) delirantes e a evidente expectativa de que

ORQUESTRA SINFÔNICA DO TEATRO MUNICIPAL DO RIO DE JANEIRO COM SILVIO BARBATO

o prazer se prolongasse deixavam claro que os sessenta minutos da duração eram poucos: teria sido sábio compor o programa com algo mais, numa breve primeira parte. Lionel Friend atendeu à expectativa geral com uma leitura eficiente, atenta ao vigor rítmico, ao impacto sonoro e às oscilações de andamento, mas sem maior inventividade: começo bastante mecânico na *Fortuna imperatrix mundi*, uma evocação da primavera inicialmente mortinha, com muito pouco da alegre face da natureza na voz dos campônios. A própria dinâmica da obra contribuiu para felicidades mais nítidas adiante, por exemplo num *Ecce gratum* realmente esfuziante, mas o coro passou batido pela malícia sussurrada das enumerações aliterantes do "*Quando estamos na taberna*".

Não obstante a evidente popularidade do coro, o melhor foram os solistas masculinos. Lício Bruno pode não ter ficado completamente à vontade no registro agudo, às vezes com sons abertos, mas confirmou mais uma vez (depois de um soberbo *Palhaço* dois anos atrás) que é um senhor barítono e um belo ator, insinuante nas modulações de *Omnia sol temperat*. Paulo Mestre foi perfeito no episódio paródico do ganso, um dos grandes momentos da noite — também pela participação do coro e da flauta. Celinelena Ietto tem na voz todas as notas de sua dificílima parte, e pode estar a caminho de dominar suas exigências expressivas.

Jornal do Brasil, 20 de março de 2000

O maduro Berlioz de Barbato

A orquestra e o coro do **Teatro Municipal** e o maestro **Silvio Barbato** estavam realmente inspirados ao abrir a temporada, na sexta-feira, com uma interpretação primorosa, e mesmo carismática, da *Infância de Cristo*, de Berlioz. A escolha desse oratório, de beleza refulgente mas não necessariamente de comunicação imediata, mostrou como a sintonia fina dos desafios artísticos estimula mais os corpos estáveis do teatro do que a mera excitação das apostas popularescas. A casa não estava cheia, os aplausos pareceram aquém da voltagem musical do concerto, mas os ouvidos atentos e os músicos reunidos no palco sabiam que havia sido um belo momento. Se o cônsul da França estava presente, pode dar notícia em seu país das credenciais berliozianas do maestro Barbato.

A *infância de Cristo* se inspira numa tradição clássica e barroca de oratórios sacros, mas foge imaginosamente, graças ao gênio romântico de Berlioz, da religiosidade anódina. Assim como buscou inspiração na música francesa do século XVII (inicialmente ele apresentou o famoso *Coro dos pastores* como obra de um autor anônimo da Sainte Chapelle), o compositor, que longe estava de ser um católico militante, parece ter bebido na fonte da fé simples de sua infância. Mas foi com a expressividade apaixonada que o caracterizava, mesmo num registro mais suave, que deu forma ao relato da fuga para o Egito.

Barbato desde o início soube dialogar com a nobreza misteriosa da música, deixando os enunciados respirarem expressivamente, calibrando com sabedoria a fusão dos timbres. A narração transcorreu coesa, os climas eram evocados com amor. E foi bom sentir a orquestra — delicada nos momentos contemplativos, controladamente eloquente nos descritivos — como um corpo cem por cento imbuído da partitura, fosse no *crescendo* ameaçador da marcha dos centuriões, nas várias fugas ou na transição de enigmático distanciamento para a conclusão: uma sucessão de uníssonos *pianissimo*, alternando violinos e violas com longos silêncios para formar uma espécie de moldura que leva à "moral da história".

O coro também estava em noite de almirante, atento e diferenciado nas vozes, e chegou às raias do superlativo no *Coro dos pastores*, com uma emocionante demonstração de luxo vocal — embora precisasse, para galgar esses cumes, recorrer a uma lentidão que quebrou a coerência do transcorrer musical.

O outro grande momento de canto inspirado foi a intervenção de Celine Imbert na cena do estábulo, no fim da primeira parte. Projetando a voz sem passar do *piano* e do *mezzo forte*, cantando na região mais bonita do seu registro, a meio-soprano — que nos momentos mais dramáticos pode exibir um metal algo agressivo — encarnou com o mais suave *legato*, aqui, a doçura materna de Maria. O barítono Federico Sanguinetti acompanhou-a nas nuvens no dueto subsequente.

O baixo José Gallisa mostrou um timbre atraente, mas de cor uniformemente escura, que não o ajudou na diferenciação dramática dos papéis contrastantes de Herodes e do Pai de família. Sua emissão é um pouco fixa, e a dicção longe está — como aliás nos demais solistas — da nitidez desejável. De modo geral, os cantores não modelaram recitativos e diálogos com a maleabilidade que o maestro soube imprimir ao tecido orquestral. O tenor Eduardo Álvares teve um momento de graça na cena de repouso dos refugiados, no fim da segunda parte, mas também sofreu com elementos de dureza e instabilidade na voz.

Jornal do Brasil, 15 de março de 2004

Mechetti molda seu som

A musicalidade do maestro **Fábio Mechetti**, o novo diretor musical do Teatro Municipal, e sua disposição para modelar cuidadosamente a **Orquestra Sinfônica** da casa ficaram evidentes no belo concerto de sexta-feira, tendo como convidado o **Trio Beaux Arts**. Convidado especialíssimo, com direito a ocupar a segunda parte do programa, o que antecipou para a primeira a peça mais importante da noite, a *Sinfonia em mi menor* de Brahms.

A *Quarta* é uma culminância sinfônica difícil de galgar para qualquer conjunto, mas apesar de certos problemas de *mise en place* ou de sonoridade nos violinos — aos quais talvez só esteja imune, no Brasil, uma Orquestra Sinfônica do Estado de São Paulo —, o percurso valeu a pena. Audivelmente escorado num bom trabalho de ensaios, Mechetti mostrou precisão rítmica, clareza nas transições, calma diferenciação dos episódios e senso do drama.

Depois de um *Allegro* inicial respirando pausadamente mas vigoroso, e lúcido no diálogo das vozes de naipe a naipe, o *Andante moderato* foi particularmente feliz, num passo deliberadamente contido e com esplêndidos solos das madeiras. Um Brahms sem grandes surpresas nem especial robustez arquitetônica, mas de força tranquila, pulsando com garra em suas subcorrentes outonais ou enérgicas.

A orquestra mostrou-se de novo capaz de nuançar, sugerir e sobretudo dialogar no acompanhamento da estreia carioca de um de seus antigos professores — o violoncelista Antonio Meneses — como integrante do Trio Beaux Arts, ao lado do violinista Young Uck Kim e de Menahem Pressler, o já lendário pianista fundador do conjunto. Da rude gravidade do último Brahms voltávamos ao mais ameno espírito vienense do início do século XIX com o Beethoven do *Concerto tríplice*, obra de encantos concertantes certeiros e busca nem sempre bem-sucedida de real substância.

Aqui as cordas da OSTM já entraram fraseando e dosando as dinâmicas com insuspeitada beleza coletiva. Coube a Meneses abrir os trabalhos dos solistas nos três movimentos, com a elegância, o fôlego e o *vibrato* enxuto de sempre. A seu lado, o violinista coreano exibia uma sonoridade fina e sedosa, mas também energia quando preciso. Capazes a todo momento de refinamentos camerísticos e engolfados com Pressler em maravilhosas ondulações agógicas, Meneses e Kim também se deliciaram visivelmente — e ao público — nas justas sensacionais de sangue e fogo inventadas por Beethoven para os dois solistas de cordas.

Como para dar mais água na boca aos cariocas que não puderam ir a São Paulo ouvi-los numa integral dos *Trios* de Beethoven, os três ases do Beaux Arts despediram-se da merecida aclamação com o irresistível frenesi controlado do *Presto* do *Trio opus 1 nº 2* e o *cantabile* irresistível do *Adagio* do *opus 11*, nos quais Menahem Pressler mostrou mais uma vez por que é uma celebridade mundial dos dedos lépidos, das teclas coloridas e do acabamento impecável.

Jornal do Brasil, 16 de agosto de 1999

COMPOSITORES BRASILEIROS

Um *Te Deum* para os coros do Brasil

A celebração começou com o *Nós te louvamos, ó Senhor* em compasso de samba rasgado e irresistivelmente percutido. Era o *Te Deum* de **Ernani Aguiar** com que a Orquestra Petrobras Pró-Música (OPPM) comemorava seus quinze anos de atuação, na Sala Cecília Meireles. Roberto Duarte regia com os reforços muito disciplinados e sanguíneos do Coro da Universidade Católica de Petrópolis e do Coro Municipal de Petrópolis. Na plateia, o compositor vibrava, assim como o público.

Aguiar quis fazer obra popular, e a fez no melhor sentido. Ritmos quentes e índole brasileira dos temas, senso da dramatização orquestral — como nas cordas que acompanham as exclamações do *Sanctus* ou no *ostinato* da percussão sob o coro dos apóstolos. Convertido ao catolicismo há doze anos, o compositor alterna o latim, o português e o hebraico, no texto, e passa a certa altura por uma homenagem crítica ao gosto das igrejas protestantes brasileiras, com uma das partes "americanalhizada", ou gospelizada, com direito a palmas ritmando no coro.

Hoje com 53 anos, Ernani Aguiar é dos compositores brasileiros que com mais gosto cultivam a escrita coral e vocal; em sua produção, destacam-se as obras para coro *a cappella* ou com orquestra. Petrópolis, Niterói, Ravena e Florença são algumas das cidades em que sua experiência nesse terreno floresceu desde os anos 1970. Ele é autor também de canções memoráveis como as deliciosas *Cinco fábulas de Fedro* (em latim) dedicadas a Gilda Ferrara. Este *Te Deum* confirma de forma exaltante sua capacidade de capturar a atenção logo de entrada, com temas pregnantes, e, melhor ainda, de retê-la com estruturas claras e variadas. Tem tudo para fazer, em muitas e muitas execuções, a alegria de cantar e o prazer de louvar, sempre que coros brasileiros se reunirem num palco.

Parceiro constante da OPPM, Aguiar teve gravada pela orquestra, ainda sob a regência de Armando Prazeres, a sua *Sinfonietta prima*, onde ouvimos as mesmas qualidades de comunicação direta e musicalidade espontânea escorada em fino *métier*. Uma *Sinfonietta seconda (Carnevale)* foi estreada em fevereiro último em Villingen-Schweningen, na Alemanha, sob a regência de Roberto Duarte — e seria ótimo poder ouvi-la em breve por aqui (os movimentos são *Samba, Frevo, Marcha-rancho* e *Escola de samba*). Também recomendo o CD *Fraternal*, da RioarteDigital, compartilhado com H. Dawid Korenchendler: contém, de Aguiar, duas *Sonatinas para piano* (com Ruth Serrão), a *Música para quatro violonce-*

los e os três *Cantos natalinos* sobre poemas de Gerson Valle (com Inácio de Nonno).

O concerto de sábado havia começado com o sempre popular *Museu da Inconfidência* de César Guerra-Peixe, um dos mestres de Ernani Aguiar — e outro cultor da comunicação melódica franca de fino tempero harmônico e saborosa modelagem rítmica; a capacidade de construir diversificadamente e interessar é outra virtude que o mestre parece ter transmitido ao pupilo.

Nas mãos de Vera Astrachan, foi bom conhecer as raras *Variações sinfônicas sobre um tema popular brasileiro*, de Lorenzo Fernandez. O fôlego é concertístico, mas a inspiração nem sempre leva longe o dolente sabor de *lullaby* do tema original. Foi uma das últimas, senão a última obra legada pelo compositor, que morreu aos 50 anos sem poder ouvi-la.

VivaMúsica!, 27 de abril de 2003

A solidão do poeta-cientista

A solidão do cientista, visto como um poeta que não só descortina horizontes como deve dar-lhes concretude, mesmo remando contra a maré, está no centro da ópera dedicada a Oswaldo Cruz que o Teatro Municipal do Rio de Janeiro estreou na última sexta-feira.

O belo libreto de Bernardo Vilhena para *O cientista* tem forte poder de evocação à simples leitura (ele é reproduzido no programa da produção do Teatro Municipal). Permitiu a **Silvio Barbato** compor uma partitura de fundo contemplativo — sem prejuízo dos momentos mais dramáticos — que confere um clima de ópera quase de câmara a esse painel sobre a saga sanitarista do Rio na primeira década do século XX.

Trabalhando com um dispositivo cênico centrado na iluminação e em evocações abstratas, Vilhena e o encenador, Eduardo Álvares, contrapõem à batalha pública que levou à "revolta da vacina" temas intimistas como a distância e o isolamento do indivíduo em posição privilegiada (e portanto de responsabilidade) e o transcurso do tempo, que corrige erros e revê conceitos. Os dois, significativamente, encontram expressão vocal através do personagem de Emilia, a mulher do cientista.

Com menos de hora e meia de duração, a ópera, em dois atos, reúne em um todo homogêneo formas e idiomas musicais variados, do atonalismo à melodiosidade da música de cinema e ao verdismo, passando por ritmos e danças brasileiros. Começando com acordes lentos que estabelecem o clima de interioridade, antes do primeiro monólogo de Oswaldo Cruz ("Nas horas que passo sozinho, medito sobre a condição humana..."), Barbato também confia à orquestra a exaltação do fechamento.

O mar, atravessado pelo cientista para se aperfeiçoar na França, mas ao mesmo tempo "túmulo de estrangeiros" e símbolo de desafios a vencer, serve de *leitmotiv* visual e poético.

Um certo estatismo em momentos da encenação não desvia a atenção, na primeira cena, da atraente orquestração do dueto de amor, na qual o oboé, primeiro, e depois a flauta e a trompa acompanham um *crescendo* sustentado alternadamente pelas cordas agudas e graves. Outros momentos em que a imaginação fluente do libreto favorece a inspiração musical são a conversa do protagonista com uma mulher da noite na Lapa; o ritmo de gafieira que remata esta cena; a dança de capoeira que ilustra a rebelião popular contra a obrigatoriedade da vacina (com a harpa e logo também os metais e as madeiras fazendo contraponto à percussão); e sobretudo — cena de maior impacto — o solilóquio em que o presidente Rodrigues Alves afirma sua vontade de fazer valer o desafio do cientista, contra os protestos do coro, representando a população mergulhada na escuridão da ignorância.

O caráter de painel épico-poético em cenas sucintas não propõe propriamente um encaminhamento dramático-psicológico para o conto e os personagens. O barítono Sebastião Teixeira, para o qual o papel foi concebido, mostra como Oswaldo Cruz o melhor de sua presença cênica e de sua voz bem timbrada e projetada. Lício Bruno, como Rodrigues Alves, impõe tranquilamente a bela autoridade de seu baixo-barítono. Luciana Bueno confere a vida e o calor de seu *mezzo* aveludado à ária e dueto da mulher da Lapa. Claudia Riccitelli não supera todas as dificuldades do papel de Emilia, particularmente no registro agudo (no qual as sopranos do coro também são apanhadas em posição difícil e estridente). O tenor Marcos Liesenberg teve alguns problemas de entonação como o amigo Salles Guerra na récita do último domingo.

O cientista é, segundo levantamento do próprio Teatro Municipal, a primeira ópera brasileira a ser ali estreada desde o *Auto da Compadecida*, de José Siqueira, na década de 1960. É portanto uma iniciativa a saudar, além de um sucesso artístico que mereceria ter continuidade. Apesar do tom intimista que pode ter apanhado de surpresa o público popular deste domingo, *O cientista* se comunica muito bem, e tenho para mim que o faria ainda melhor num teatro menor.

Opinião e Notícia, 11 de dezembro de 2006

Como num prisma, sem a dispersão

Prazeres nem só musicais na série **Edino Krieger** do Centro Cultural Banco do Brasil, organizada pela mulher do compositor, Neném. Clima amigo e *bon enfant*, Tim Rescala apresentando o concerto de terça-feira. Intercalando as peças, projeção de fotos sobre o aniversariante, visto ao lado de tantos músicos que marcaram sua trajetória: Koellreutter, Copland, Guerra-Peixe, Santoro, Alimonda... O cineminha não é interessante apenas por situar o artista e o cidadão. Em contexto e perspectiva, fica mais evidente o que o ecletismo da música de Edino Krieger tem ao mesmo tempo de unitário e coerente.

Primeira e mais óbvia constatação: a ausência de amarras estilísticas e formais. É aliás quase uma bandeira de E.K., sem dúvida uma marca. A *art song Tem piedade de mim* (1947, sobre poema de Antonio Rangel Bandeira) e a *Canção do violeiro* (Castro Alves, 1956) fazem suceder uma angulosidade quase serial e o melodismo seresteiro; a linha fluida do *Improviso para flauta* de 1944 contrasta com o virtuosismo fibrilante e sincopado da *Tocata* em seguida atacada (com brilhantismo) por Andréa Ernest Dias. E o que haveria de comum, obras de um mesmo músico, entre as improvisatórias e experimentais *Sonâncias II* de 1981, para violino e piano, e a tão carioca (mas admiravelmente construída) *Sonata para piano a quatro mãos* (1953)?

Mas de uma época a outra, de uma maneira (e influência: Bartók, o Nordeste...) à seguinte, a música de Edino Krieger, em sua multiplicidade, está cheia de fatores de convergência, que lhe dão, mais que sedução, caráter. Primeiro, a infalível aristocracia do som e da eufonia, e uma elegância formal que não lhe diminui a força. Não é injustificada a reputação de Edino como um dos grandes artesãos da música brasileira. Depois, essa suprema polidez de um compositor: ser breve, sem truques nem digressões (viria daí uma possível resistência à arquitetura muito ampla da sinfonia?). E como o espaço, enxuto, é justificadamente preenchido! Um *Allegro* inicial como o da *Sonata nº 2* para piano de 1955 (Laís de Souza Brasil, excelente) é exemplo claro desse tipo de música que sabe aonde vai: clareza de ideias e generosidade organizada dos desdobramentos e veios paralelos, a partir de material sólido. O ponto de partida também pode ser francamente assobiável, como no tema de perfume francês (Poulenc, Satie...) do *Moderato* da *Sonatina* (1957), interpretada com o recorte claro de que é sempre capaz Maria Teresa Madeira.

Pequeno editorial do compositor na hora dos agradecimentos. Edino Krieger considera falacioso afirmar que os músicos relegam a música brasileira — afirmação mais comumente endereçada, é verdade, às orquestras. Ficou, de qualquer maneira, a denúncia de que as edições que melhor façam circular esta música é que são insuficientes, diante do interesse e da demanda dos artistas. Na próxima terça, dia dos 70 anos do maestro, música com pequena orquestra de cordas sob sua regência e de outro ilustre septuagenário (kriegeriano) do ano, Mário Tavares.

Jornal do Brasil, 12 de março de 1988

José Maurício no pulso firme de Morelenbaum

Escrita no idioma europeu universal por um brasileiro vivendo na passagem do "vice-reino" para o "império" independente, quando o alvorecer romântico ainda se irradiava em diferentes direções, a *Missa de Santa Cecília* de **José Maurício Nunes Garcia** é também obra de um homem alquebrado compondo (com pouco tempo) para uma ocasião festiva. Os historiadores consideram que àquela altura (1826) seu estilo próprio, mais elegíaco, estava em parte hipotecado aos ditames do rococó *après la lettre* imposto na corte pelo rival português, Marcos Portugal. Música de encruzilhadas e descentramento, portanto, numa época em que Schubert compunha suas missas inauguralmente românticas, transcendendo as convenções e virando uma página (o pós-classicismo) com a força do gênio.

O eixo unificador, no caso desta *Santa Cecília*, é a arte de um compositor na plena posse de seus recursos. A linguagem é às vezes a de uma época anterior (vocalizações dos solistas); os momentos de maior animação não se destacam propriamente pela distinção ou a originalidade (sensação de vazio, sem mesmo a prodigalidade da acumulação pomposa, na culminância do *Gloria* no *Cum Sancto Spiritu*); faltam de modo geral a esta missa o gesto marcante e o movimento irresistível, aqui e ali a ideia inesperada que dá relevo, um manejo mais desembaraçado no confronto, oposição e fusão de coro, orquestra e solistas, aprofundando o sentimento religioso ou arrebatando a imaginação. Mas não faltam material musical variado (especialmente na orquestração) e fôlego para sustentar o interesse numa obra de hora e meia, com algo de um sopro de serena melancolia.

Onde José Maurício cativa mais diretamente é na sinceridade melódica, não muito profusa, mas tão facilmente assobiável por exemplo no *Hosana* dessa mesma conclusão do *Gloria*, retomado no *Sanctus* (numa das repetições que traem a pressa na composição). Onde melhor se ilustra como compositor é no tratamento privilegiado das madeiras, incumbidas por exemplo de introduzir o *Cum Sancto Spiritu*, antes que as vo-

RONALDO MIRANDA

zes entrem sublinhadas pelos violinos, e constantemente dialogando com os solistas (oboé no *Laudamus Te* confiado ao soprano) e o coro (flauta e flautim no *Hosana*). Onde esta missa de religiosidade algo superficial melhor surpreende é na superação do estilo cortesão encontrada nos momentos de recolhimento e interiorização: o *Gratias* com seu misterioso caminhar harmônico ao fundo, sobre o pulsar das cordas, o *Qui sedes* do coro cantando *piano* nos registros centrais. Apesar das autocitações que a partir do *Credo* também devem ter ajudado a dar conta da encomenda a tempo, é daí em diante que a obra alça voo mais inspirado: expectante temor do *Crucifixus*, força imediata do *Sanctus* com o tema marcante do *Hosana*, um *Agnus Dei*, enfim, de súplica suave e mistério.

O encerramento da temporada da Sala Cecília Meireles na noite de sábado teve um herói: o maestro Henrique Morelenbaum, que colheu uma ovação *particular* da casa quase lotada. Músico respeitado e amado pelos músicos, regente curioso e estudioso que evidentemente ama a música, *pé de boi* com centelha, musicalidade e empatia, ele galvanizou os conjuntos imperfeitos que são a Orquestra Sinfônica Brasileira e o coro reunido na Sala numa leitura de gesto amplo, perfil claro e atenção para os detalhes. Trabalhando no *Gloria* as camadas dinâmicas e as entradas do Coro Pró-Arte e da Associação de Canto Coral preparados por Carlos Alberto Figueiredo, acariciante ou cortante no acompanhamento da soprano no *Domine Deus*, modelando as massas sonoras no *Qui sedes*, Morelenbaum impôs coerência e direcionamento à música. Num país de real demanda musical, ele estaria permanentemente à frente de uma orquestra sustentada com desvelo pela comunidade e o poder público. Os solistas, incumbidos dos trechos em que José Maurício não deu o melhor de si, não estiveram à altura, penando na exigente agilidade das vocalises, emitindo a voz muitas vezes como num teatro de ópera, relutantes em se afastar da área do *forte* e com dificuldades sérias de tessitura em alguns casos.

Jornal do Brasil, 25 de novembro de 1997

Oscilante felicidade de ser brasileiro

Consagradora acolhida na estreia da *Sinfonia 2000* de **Ronaldo Miranda**, cuja música está em *mood* alegre e comunicativo desde a *Suíte festiva* com que homenageou o papa em 1998. Numa fase que define como neotonal e de linguagem livre, o compositor chegou a um domínio fascinante dos recursos de uma orquestra. Junto com isto, uma capacidade muito *na sua* de criar climas e expressar sentimentos. No caso da obra estreada sexta-feira pela Sinfônica do Teatro Municipal, regida por Roberto Duarte, o resultado é, para citar um observador grato, simplesmente hedonista.

Encomendada para celebrar os 500 anos do Descobrimento do Brasil, a *Sinfonia*, em três movimentos, culmina numa citação do tema irresistivelmente *bon enfant* com que Francisco Braga acompanha, no *Hino à Bandeira*, a frase "recebe o afeto que se encerra em nosso peito juvenil". Mas não paga pedágio ao ufanismo. É música ardorosa e positiva, sim, mas nem de longe unívoca, oscilando entre a exaltação rítmica e um melodismo levemente melancólico que em fases anteriores — por exemplo, no *Concerto para piano e orquestra de cordas* — vinha problematizado por buscas atonais e dissonantes. Se Bartók pode ter sido uma referência antes, Bernstein é o que a *Sinfonia 2000* evoca em certos momentos.

Mas é clara, na mudança, a fidelidade a si mesmo. O gosto pela alternância entre *Solene e lírico*, também encontrado na música de câmara de Ronaldo Miranda, está consagrado no título do primeiro movimento. Uma dualidade — exultação de perene substrato elegíaco — que persiste no segundo (*Lúdico*) e nas variações do terceiro sobre a cantiga de roda *Na mão direita*. Este ir e vir entre os *up* e os *down*, entre o festivo e o dubitativo, ao lado da brevidade dos motivos, pode frustrar quem espera de uma sinfonia desenvolvimentos mais continuados ou explorações inesperadas. A *Sinfonia 2000* evita o risco do desconhecido e como que fragmenta a atenção para falar de uma certa felicidade neurótica de ser brasileiro, afã de esperança e procura em perpétuo recomeçar.

Mas é difícil resistir a seu luxuriante cosmopolitismo, rico em saltitâncias dançantes, latinas ou afro, e um poder imediato de evocação, próximo da música de cinema. Sobretudo quando vazado em tão luxuriantes fusões tímbricas e refrações harmônicas. Nesse nível de prazer musical, a sinceridade sobrepõe-se à impressão de dispersão.

Roberto Duarte regeu a *Sinfonia* com esplêndido elã. O programa começara com o enfático exercício de decalque lisztiano do *Prometeus* de Leopoldo Miguez, no qual os violinos da OSTM mostraram que podem ser os mais nuançados do Rio. O jovem pianista Andrés Roig, recente vencedor do Concurso Internacional Chopin em Niterói, tocou com garra, mas ainda verde, o *Concerto nº 1* de Liszt.

Sábado, na abertura da temporada da Sala Cecília Meireles, a Orquestra Sinfônica Brasileira recebeu Dang Thai Son para uma interpretação de elevada voltagem expressiva das *Variações Paganini* de Rachmaninov. O pianista vietnamita exibiu uma sonoridade profunda e uma cultura

RONALDO MIRANDA

agógica de tirar o fôlego. Na *Sétima* de Beethoven, modelada com vibrante eloquência por Scharovsky, os violoncelos mostraram mais uma vez que nas cordas graves são eles os melhores da cidade. Mas a saturação sonora e as confusões de planos confirmaram pela milésima vez que a Sala não tem nada a ver com música sinfônica.

Jornal do Brasil, 3 de abril de 2000

Shakespeare *by* Miranda: Stratford-on-Guanabara

Conto moral e fábula política em tom de *féerie*, A *tempestade*, última peça de William Shakespeare, ganhou pelas mãos de **Ronaldo Miranda** uma adaptação operística alegre e comunicativa.

A música de Miranda tem um pendor para a expressão solar, o elã e a melodia fluente que dilui as tinturas mais escuras ou oníricas dessa especulação sobre o poder e a traição, a pequenez humana e a grandeza do perdão. Mas também é verdade que A *tempestade* é uma obra de claridade e confiança na capacidade do homem de se reinventar na união, com boa dose de humor.

O libreto, adaptado pelo compositor, enxuga necessariamente o entrecho e dá a impressão no início de queimar etapas: os primeiros diálogos vão muito direto ao ponto; as motivações de Próspero (o barítono Homero Velho), o soberano milanês deposto e isolado numa ilha, parecem logo de entrada menos complexas que na figura do mago filosófico do original; o amor de Ferdinando (Fernando Portari, tenor) e Miranda (Rosana Lamosa, soprano) fulmina-os ainda mais fantasticamente instantâneo.

Seriam fatalidades da ópera, ou Ronaldo Miranda teria ganhado com um aumento da duração para dar lugar a mais matizes? O fato é que as virtudes de estruturação dramatúrgica e encaminhamento da ação encontradas em seu trabalho sobre o texto servem muito bem à opção de leveza e humor. E a brincalhona naturalidade vernacular permitiu ao público da estreia entender cada palavra cantada pelos intérpretes, transformando em contrassenso as legendas hoje habituais.

Não terão sido alheios a esse resultado, claro, a acústica propícia do acolhedor Teatro São Pedro, a preparação dos cantores e a bem dosada regência de Abel Rocha à frente da Banda Sinfônica do Estado de São Paulo, que encomendou a ópera. Apesar disso, teria sido bom ouvir mais sombreados e meias-vozes no elenco como um todo.

Destinada a uma banda sinfônica, a partitura prevê apenas metais, madeiras e percussão, sem cordas. Será talvez por isto que a linha vocal volta e meia é levada em uníssono sobre um leito instrumental que parece querer apoiar os cantores?

Não era preciso, pois o instrumentário sem cordas não só soou equilibrado e multicolorido, surpreendendo pelas possibilidades de sugestão e *shading* nos momentos mais líricos, como conferiu certo carisma gaiato às cenas de feitiçaria cômica. Em duas delas, as citações de temas conhecidos de Mendelssohn — compositor por excelência do feérico e alma gêmea de Miranda no *éthos* feliz — se encaixaram com uma naturalidade tanto maior por estar cercadas da equivalente facilidade melódica do compositor brasileiro.

Ronaldo Miranda não se limitou a compor em linguagem eminentemente tonal. Enveredou com deleite pelo universo do musical, com perfumes de Leonard Bernstein — por exemplo, no rasgado dueto de amor de Ferdinando e Miranda ou no esplêndido coro final do "admirável mundo novo" —, mas com decidida coloração brasileira nos torneados de modinha e seresta de várias árias e arietas, assim como no trabalho temático e rítmico com que a orquestra conduz e comenta a ação. O prelúdio do segundo ato, com seu jeito de dobrado, merecerá ser ouvido daqui por diante como peça independente.

Num dispositivo cênico despojado, a encenação de William Pereira converge com esse clima de graça inocente em que a música parece espelhar nas águas de cores vivas da Guanabara o shakespeariano "somos feitos da mesma matéria dos sonhos". Sua opção de tratar a peripécia como fazer teatral, num encantado mundo autorreferencial, tem sua mais engenhosa expressão na casaca e na batuta de maestro envergadas por Próspero no fim do último ato.

O elenco se entrega com garra e vividez, com a ressalva já feita de uma certa uniformidade entre o *mezzo forte* e o *forte* — que também afligia na estreia o metal vocal do melhor cantor em cena, Fernando Portari, cuja voz, tendo ganhado corpo nos últimos anos, era emitida com certa fixidez. Seria uma exigência da vocalidade broadwayana?

Opinião e Notícia, 25 de setembro de 2006

Almeida Prado no Rio, pelos íntimos

O grande auditório da Casa de Ruy Barbosa estava lotado nesta terça-feira na homenagem da Academia Brasileira de Música ao aquariano **Almeida Prado** pelos seus 60 anos — completados a 8 de fevereiro. Além de um público de *habitués* e curiosos, que pôde revisitar ou tomar contato com o refinado universo de fôlego épico e exuberância colorística do autor das *Cartas celestes*, meio mundo musical carioca estava presente: só compositores contei cinco, fora intérpretes, professores, estudantes de música...

É que essas ocasiões permitem ouvir a música viva de criadores desse porte em condições excepcionais (de trabalho dos músicos com o compositor), que podem resumir-se na palavra impregnação. Os pianistas Benjamin da Cunha Neto e Marcelo Verzoni tocavam peças a eles dedicadas ou por eles estreadas. Constanza Almeida Prado, ao violino, e Helenice Audi, acompanhando-a ao piano, são, naturalmente, a filha e a mulher do compositor: têm sua música na fibra emocional.

A entrada se deu pelo acidentado túnel espacial das *Cartas celestes nº 14*, justamente dedicadas a Benjamin da Cunha Neto, que explorou com pleno *retentissement* sonoro as caleidoscópicas vertigens de um dos episódios mais recentes da famosa série de viagens interestelares iniciada pelo autor na década de 1970. Como sempre, Almeida Prado rebusca o infinitamente grande e o infinitamente pequeno com uma hipnótica riqueza de ressonâncias harmônicas e contrastes dinâmicos. Ele costuma trabalhar com referências programáticas, mas não sei que constelações ou planetas contemplava/explorava dessa vez: a ABM poderia caprichar mais nos programas da Série Brasiliana.

A breve *Sonata para violino e piano nº 3*, de 1991, aparentemente num movimento único, alterna um tema melancólico e interrogativo no violino com gestos dramáticos e essas sonoridades eletrizantes — especialmente no registro agudo e em clima de delicadeza feérica ou glacial — que tantas vezes emanam do pensamento mágico do compositor. Um tipo de delicadeza — já agora com um quê orientalizante — que também permeia a *Canción de cuña*, uma das peças curtas (sendo a outra a *Cantiga da amizade*) que as duas intérpretes apresentaram antes da *Sonata*.

Para essa música que pede contemplação extática ou exaltada em plena escrita espetacularmente brilhante para piano, foi de Verzoni a mais livre entrega na liberdade modulatória e dos fraseados, começando com duas peças da série *Cartilha rítmica* sugerida a Almeida Prado pela professora Salomea Gandelman, para fins didáticos. São estudos, mas na tradição (que vai de Chopin a Bartók ou Ligeti) de poetização das tarefas pianísticas mais elementares ou mais complexas.

Na cantante expressividade das *Diferentes articulações* (sobre um *Prelúdio* de Bach) ou na esfuziante sobreposição de ritmos e camadas sonoras de *Catira*, Verzoni tocou com calmo domínio e bela respiração. Como estas duas peças, de 1999, também eram dados em estreia mun-

CRIADORES CONTEMPORÂNEOS

dial dois *Noturnos* (nos 8 e 9) da década de 1980, o primeiro com as duas mãos dialogando em torno de um tema, o outro (*In memorian*) dedicado a amigos perdidos num acidente.

Em dois *Momentos* de 1983, Almeida Prado resvala do túnel cósmico para o do tempo, na escuta de Bach (*Metamorfose de um movimento roubado de sarabanda de J. S. Bach*, o de nº 41) e Wagner (*Metamorfose de fragmentos de Tristão e Isolda*, nº 40). Ao desembocar nas *Divagações oníricas antes de um tema de Brahms*, de 1997, o amor da música assim perscrutada em todas as suas possibilidades não pôde resistir a uma longa e surpreendentemente literal citação — apenas no fim, para calcar mais claramente a homenagem — de um dos mais melancólicos dos *Intermezzi* de Brahms.

VivaMúsica!, 26 de março de 2006

As músicas novas que querem ser ouvidas

No universo sonoro da modernidade urbana, as músicas que se inventam permanentemente têm um lugar tão à parte que quase pode parecer um gueto. Mas não é uma vocação, no máximo, um equívoco. Elas querem sensibilizar ou provocar fora dos padrões culturais e comerciais de massa. Embora levem um jeito de "música culta", ao mesmo tempo vêm da tradição clássica europeia e buscam voar mais longe, sem medo de conviver: a fusão e a *multidimensão* são da sua essência.

Nesse espaço musical dos que se dispõem a aguçar o ouvido, e não apenas a escutar distraidamente, não há lugar para papel de parede sonoro, ritmos repetitivos ou previsibilidade melódica. E se trata também de abrir os olhos, pois a dimensão cênica é um prazer e uma fonte de informação a mais. Os hábitos são coisa desconhecida: inventar é o mote. E desafiar. Mas quantos se dispõem a aceitar o desafio? Será este espaço demandado por poucos ouvintes, ou será apenas que os *poucos* precisam mesmo é ter como chegar lá, para virar *mais*?

Um grupo de músicos do Rio começou este ano a tentar responder na prática a essas perguntas, alargando seu espaço numa associação de nome algo grandioso: o Núcleo de Música Experimental e Intermídia do Rio de Janeiro. A formação *erudita* é um tesouro comum mas não um método ou um fim. Luis Carlos Csekö, compositor e virtuose do *assemblage* e da desconstrução, está com os ouvidos tão ligados na música geral — popular, jazz, os sons da rua — quanto Tim Rescala, outro animador do grupo. Jocy de Oliveira é bastante conhecida como inven-

251

CRIADORES CONTEMPORÂNEOS

tora de espetáculos de música dramatizada; Marisa Rezende, uma das mais finas criadoras musicais do meio.

Unidos ainda a Rodolfo Caesar, Tato Taborda e Vânia Dantas Leite, eles reconhecem que têm em comum, essencialmente, a vontade de experimentação. Marisa Rezende apresentou este ano, na série de eventos programada pelo Núcleo Intermídia no Espaço Cultural Sérgio Porto em Botafogo, um espetáculo de "poesia e música em cena" (*O indizível*), baseado na *Nona Elegia* de Rainer Maria Rilke. Como no caso de seus companheiros de aventura, a preocupação era explorar também as possibilidades de um espaço cênico e visual, a cargo de Bel Barcellos. Um ator, cantores e recitantes, uma seleta de instrumentos — piano, flauta, violino, clarineta, violão, viola caipira, baixo, trombone, percussão —, um trabalho filigranado de materiais e texturas, e uma comunicação de rarefeita sofisticação.

Cerca de quinhentos espectadores foram atraídos em cinco noites. Pouco? Suficiente? Marisa, que há anos lidera jovens músicos no Grupo Música Nova, no contexto da Universidade Federal do Rio de Janeiro, ficou feliz, ciente e zelosa do caráter intimista da proposta. O que a interessa é o *frisson* criativo, entre músicos que são também pesquisadores envolvidos no trabalho integralmente. "Isto é algo importantíssimo, algo a ser estimulado ou resgatado", diz ela: "A gente desenvolve laços afetivos também, além dos profissionais e musicais, um certo ato de doação que não poderia acontecer com pessoas arregimentadas apenas para cumprir uma tarefa." Resultado: a possibilidade de incorrer em riscos, de ousar: "A emoção parece que virou tabu desde os tempos da vanguarda. É bom então a gente voltar a se expor emocionalmente, falando como criador, mesmo correndo o risco de ser taxado de cafona."

Como Marisa, entretanto, seus parceiros da música artesanal e multimídia revelam desconforto com a nomenclatura a que parecem precisar recorrer para explicar sua arte: experimentação, para começar — "Não gosto muito dessa palavra", diz Jocy de Oliveira, completando que "multimídia" também está desgastada. Jocy, que recentemente levou seu espetáculo *As Malibrans* a um teatro modernamente equipado de Darmstadt, na Alemanha, reclama um espaço permanente e bem instalado no Rio para as indispensáveis "condições de continuidade" desse tipo de trabalho. Deixando claro que o Estado tem um dever de direcionar o dinheiro público, em arte, "para o que não é comercial", ela está feliz com os públicos que tem alcançado e sua capacidade de captar, envolver-se, assimilar.

Há mais tempo empenhada na criação multidirecional — teatro, música eletroacústica, instalações, textos, vídeo —, Jocy de Oliveira cita uma

CRIADORES CONTEMPORÂNEOS

frase de John Cage para falar do que significa ser curioso e querer explorar, em música: "Não gostou, ouça outra vez, acabará gostando, aceitando ou entendendo." Para João Guilherme Ripper, amigo dos músicos do Intermídia mas não integrado ao grupo, a questão se equaciona com os mesmos elementos, mas em posição quase inversa. Ripper, que apresentou este ano, no Brasil e no exterior, várias obras concertantes ou orquestrais de corte mais tradicional, além da ópera em um ato *Domitila*, inspirada na figura da marquesa de Santos, não tem um perfil *multimídia*, mas nem por isto é menos um criador multidirecional. Ele não nega a importância de espaços próprios para a criação desafiadora, mas não quer renunciar aos chamados "espaços tradicionais".

A palavra "gueto" desponta em sua fala, ele não quer "partir da premissa de que não vai conquistar um público grande": "A inovação, a busca do timbre, do efeito instrumental, da dramatização — ganhamos um repertório imenso com isto a partir dos anos 1950. O que me preocupa é que, quando temos uma crise de público, e não só na música comercial, seria uma atitude quase egocêntrica criar uma nova limitação de público." Sem saber da invocação a Cage feita por Jocy de Oliveira, João Guilherme Ripper enquadra o mesmo dilema com mais suavidade — e um outro patrono: "As pessoas escutam e gostam do que de alguma forma reconhecem. É o 'amar para conhecer e conhecer para amar' de são João da Cruz. Alienar toda uma possibilidade de reconhecimento prévio dessa audiência é decretar que sua obra levará muito mais tempo para ser compreendida e absorvida. Não tenho qualquer tipo de pudor de dizer que trabalho com ícones musicais que a civilização ocidental veio cultivando no decorrer de séculos, inclusive as inovações mais recentes para fins de intensificação dramática, mas não como um fim em si."

Clivagem? Direções opostas? Não necessariamente. O novo, em música ou em qualquer arte, nunca sairá do nada, de uma *tabula rasa*, e sempre terá fronteiras complacentes. Todos esses músicos, pareçam dar primazia à inovação ou querer torná-la mais palatável, sabem disso. É o que lembra Guilherme Bauer, outro compositor instalado no Rio e que também põe a mão na massa na organização de eventos. No caso de Bauer, que já nos anos 1970 animava o grupo Ars Contemporânea, uma das iniciativas recentes mais felizes foi a série Estreias Brasileiras, que animou no Centro Cultural Banco do Brasil. Bauer também se diz avesso a uma inovação que parecesse finalidade primordial. Mas tampouco para ele constitui problema a busca do que é *outro*: discípulo de Guerra-Peixe, as músicas de rua e dos rituais populares sempre estiveram — sublimadas — em seu cardápio de autor de quartetos de cordas, música

253

sinfônica e de câmara. O que mais o irrita é o conformismo dos programadores em geral, das salas de concerto e orquestras sinfônicas, das estações de rádio e dos meios de comunicação, encerrados num círculo vicioso de divulgação exclusiva do que não reserva surpresas.

Para superar "o entupimento dos canais de comunicação" é que os músicos do Núcleo de Música Experimental e Intermídia tentam criar uma infraestrutura e um ponto de partida permanente. "Bach ou Villa-Lobos também trabalharam com expansão e pesquisa da linguagem, e tiveram contratempos que são parte de criar uma coisa nova", diz Csekö, frisando o ecumenismo do esforço, a vontade de ligação com outros músicos, a associação a polos de criação em Salvador, São Paulo, Belo Horizonte e no Nordeste. Depois de contar no primeiro ano com o patrocínio da RioArte, do governo municipal do Rio, seus planos incluem uma conquista territorial e social mais ampla: "Há espetáculos de massa e espetáculos de bolso, mas isto não significa que a expressão 'de bolso' restrinja a frequência a uma elite", diz Csekö. "Um dos planos do Núcleo é entrar no circuito das lonas culturais; continua sendo pequeno e de bolso, mas se fizermos vários espetáculos a penetração é a mesma de um espetáculo de massa, e conseguimos comunicação maior devido ao tamanho reduzido da plateia. Não percebo no fato de trabalharmos com espetáculos de bolso uma possibilidade de guetização, e sim de ir para outras áreas. Se houver um espaço especial do Núcleo, tudo bem, mas também queremos ir para o subúrbio, a Zona Sul, a Zona Norte."

Resume a tranquila Marisa Rezende: "Quem está dentro não se sente num gueto. Quem está fora é que pode perceber um pouco as coisas assim. Mas encontrar uma maneira de fazer propostas de trabalho em grupo de forma a ser razoavelmente aberto é um desafio, e a gente não quer deixar de fazer nada por medo antecipado de eventuais restrições que venha a sentir."

Jornal do Brasil, 30 de outubro de 2000

Uma compositora

Música orquestral novinha em folha, inventada para você. É raro, é bom e foi o que quatro compositores brasileiros e um português ofereceram nas últimas semanas na Sala Cecília Meireles.

Os estilos eram diversos, mas havia uma temática. Com o patrocínio de Furnas Centrais Elétricas S.A., tendo à frente um político que gosta de música, Luiz Paulo Conde, o diretor da Sala, João Guilherme Ripper, valeu-se do pretexto do bicentenário da chegada ao Brasil da corte portuguesa para lançar o mote da série de concertos sinfônicos "Música para a família real".

Não é a primeira vez em que a Sala Cecília Meireles centraliza esse tipo de oportunidade. Em 1997, vários compositores foram convidados a celebrar a segunda passagem pelo Brasil do papa João Paulo II. Em 2005, o mesmo Ripper encomendou fanfarras para festejar os quarenta anos da casa.

Poder ouvir uma orquestra tocando a música que acabou de compor deve ser um dos prazeres mais espetaculares para um compositor. Em matéria de dificuldades orçamentárias, logísticas e artísticas, o percurso que vai da primeira nota escrita aos aplausos só é superado pela montagem de uma ópera. A complexidade da criação de uma partitura orquestral, na pauta, só tem paralelo na da concretização sonora, no palco, depois da transcrição das partes, de seu estudo pelos instrumentistas e do imenso trabalho de arquitetura que caberá ao maestro para tirar do silêncio a nova criação.

Por isso mesmo o tal espetacular prazer deve ter uma contrapartida de monumental frustração quando o compositor muitas vezes vê o filhote relegado ao esquecimento depois do parto. A Orquestra Sinfônica Brasileira, que nos últimos dias 25 de julho, 23 e 30 de agosto deu a estreia dessas obras de Edino Krieger, Marisa Rezende, Almeida Prado, Eurico Carrapatoso e Ronaldo Miranda (regida sucessivamente por Alex Klein, Flavio Florence e Henrique Morelenbaum), potencializaria ainda mais o serviço prestado ao público se incluísse em seu repertório regular as novas obras, editadas pelo Banco de Partituras da Academia Brasileira de Música.

Cada compositor se inspirou num aspecto do episódio épico da transferência da corte portuguesa. Em suas *Gravuras sonoras a d. João VI*, **Almeida Prado** visita num tema com variações para piano e orquestra as pranchetas de Jean-Baptiste Debret reproduzindo cenas da colônia. De substância profusa e exuberante, como sempre no caso deste compositor, a obra foi solada com heroísmo por Sérgio Monteiro, mas a riqueza da inventiva e a complexidade da escrita de Almeida Prado pediriam pelo menos outra audição para um relato honesto, aqui.

Com seu habitual equilíbrio formal e a pureza das linhas, **Edino Krieger** fez uma saudação de boas-vindas à família real em sua *Abertura solene* de meridiana clareza, alternando momentos de movimentação mais intensa, inaugurados por uma clarinada dos metais, com plagas meditativas que incluem um solo de guitarra portuguesa, evocando uma canção popular do Ribatejo.

Eurico Carrapatoso remeteu-nos à abertura dos portos em seu *Tempus fugit*, partitura de gesto claro e intenção posta com nitidez, na fronteira às vezes da música de cinema e um pouco sistematicamente contrastando a suavidade nostálgica com a efusão rítmica e colorística — um hábito frequente entre os compositores brasileiros também. Sua escrita para cordas é suntuosa.

Ronaldo Miranda compôs a obra mais longa (trinta minutos): uma *Missa brevis* que tem como subtítulo *O sagrado e o profano em celebração da Capela Real*. A comunicabilidade parecendo cada vez mais um atributo de sua arte, a missa cativa pela facilidade melódica, a fluidez do discurso, os ritmos marcados (num Kyrie! num Amém!), o jeito próprio de formar sonoridades — por exemplo, nos amálgamas plangentes de sopros e cordas. Desta vez, pareceu mesmo que Miranda quis tudo a seu favor: uma citação de José Maurício, modinhas portuguesas intercaladas nas partes da missa, o acentuado brasileirismo. Sua *Missa brevis* tem tudo para agradar aos públicos mais diversos, embora os momentos de invenção mais interessante me parecessem precisamente os que se afastavam do espírito cancioneiro predominante — na "seriedade", por exemplo, do *Domine deus* entoado pela solista (a *mezzo* Adriana Clis) e do *Agnus dei*.

Marisa Rezende foi a única dos cinco compositores a não recorrer a temas e torneios extraídos ou evocativos da música ou do fundo folclórico luso-brasileiro da época da transferência da corte — apenas mais um sinal, acessório, da força e da individualidade de sua linguagem e inspiração.

Em *Viagem ao vento*, ela evoca em sopro leve e fôlego longo o Jardim Botânico criado por João VI, com suas árvores "serenas e soberanas, estáticas e prenhes de movimento" (do texto de apresentação). Somos atraídos para uma espécie de grande *sostenuto* ondulante de fragmentos melódicos, irisações harmônicas e colorações tímbricas cujo poder de evocação e transportamento me pareceram mágicos na estreia. Havia ali algo de um apaziguado Sibelius tropical, envolto em cintilante celofane Walt Disney: a imantação da natureza em imagística quase visual, para não dizer cinematográfica, salpicada de fragrâncias suaves.

Em sua depurada sedução, a música de Marisa Rezende, da qual eu só conhecia a vertente de câmara ou pianística, dá uma hipnótica sensação de liberdade e imprevisibilidade em melíflua fluidez, como se não houvesse barras de compasso nem materialidade instrumental ou planos a seguir. As formas brotam em processo, vindas não se sabe de onde nem com que rumo. Anos atrás, eu perguntava, numa resenha, se na sinuosidade de suas metamorfoses e no *éthos* contemplativo e acolhedor, dando tempo ao tempo, seria esta uma música que pudéssemos considerar feminina. Volto a propor o tema. Mas o importante é que seria um crime deixar música assim adormecer nas prateleiras ou bancos de dados de partituras.

Opinião e Notícia, 8 de setembro de 2008

A reserva moral da MCB

Seria improvável uma retrospectiva de música brasileira de concerto que não levantasse mais uma vez a questão do nacionalismo. Mário de Andrade como pensador da nacionalidade na cultura e as "Trajetórias" por ela percorridas pelas mãos de compositores brasileiros estão sendo invocados na **13ª Bienal de Música Brasileira Contemporânea**, que começou semana passada com um memorável concerto da Orquestra Sinfônica do Paraná regida no Teatro Municipal do Rio de Janeiro por Roberto Duarte. Mas é curioso como, em música especialmente, a ideia do nacional é relativa, e o fato de este ano a Bienal ter-se voltado para o passado, sem tempo hábil para organizar o habitual apanhado da criação imediatamente contemporânea, favoreceu umas aproximações que confirmam a relativa diluição desse tipo de conceito na era pós-moderna.

No instigante texto de apresentação da mostra, Flávio Silva alimenta novamente o debate, lembrando a hoje antiga relação entre os nacionalistas e os koellreutterianos, assim como a evidente dificuldade dos músicos brasileiros de abraçar a gramática schönbergiana: naquele final dos anos 1940 protagonizado por Guerra-Peixe, Santoro, Camargo Guarnieri e Edino Krieger, entre outros, são tão constantes as defesas exaltadas do novo método quanto as dissidências radicais ou maleáveis, as simples desistências e as adaptações. Hoje, é claro, o debate parece superado, e a liberdade como principal parâmetro do ato de fazer música fica mais uma vez evidente na mostra — com buscas e experimentações que não se limitam, para ficar com os *nichos* que constituem a programação da Bienal, à música eletroacústica ou à cênica, mas também ressaltam num trabalho de coerência e continuidade como o do Grupo Música Nova na música de câmara.

Que têm de sabor nacional para um público brasileiro, hoje, o *Garatuja* de Alberto Nepomuceno (1904) ou o *Ave libertas* de Leopoldo Miguez (1890), dois poemas sinfônicos de sabor tipicamente europeu *fin de siècle*? Talvez uma certa inclinação para o ritmo e a dança, mais bem estruturada no bom humor de temática carioca de Nepomuceno que nas enfáticas reiterações da alegoria republicana de Miguez. No concerto da Orquestra Petrobras Pró-Música regida sexta-feira na Sala por Ernani Aguiar, os dois pareciam água translúcida, inclusive na orquestração, ao lado do robusto Lorenzo Fernandez da suíte *Reisado do pastoreio* (com o célebre e barulhento *Batuque*) e de uma daquelas obras sem grande inspiração em que Heitor Villa-Lobos gostava de desenovelar intrincadamente o contraponto, a *Ciranda das sete notas* — solada no fagote por Noël Devos com a altivez aristocrática de sempre.

Mas as duas grandes noites de orquestra vieram antes. Na quarta-feira, a Sinfônica do Paraná abriu os trabalhos com os metais e a percussão da *Fanfarra e sequência* que Edino Krieger começou a escrever em 1970 e vai livremente *sequenciando* com o passar dos anos. Houve um *Concertino* de Radamés Gnattali para sax alto e orquestra (1964), com Dilson Florêncio, evocando irresistivelmente os climas e paisagens do Rio das comédias de Oscarito... E houve grande música, dessa que dizem rara na produção brasileira. Esperado já era que a *Sinfonia nº 11* de Cláudio Santoro, composta numa espécie de pós-exílio alemão em 1984, e *remetida* "da casa de Brahms" com palavras de angústia e nostalgia, exibisse o propósito musical e o senso de direcionamento intelectual que se espera do compositor amazonense (além da esplêndida escrita para cordas) — embora tanto sentimento trágico concentrado em apenas vinte minutos possa parecer factício. Notável interpretação de Roberto Duarte, que criou a obra com a Orquestra Sinfônica Brasileira na Bienal de 1987. Mas para muitos a surpresa agradável terá sido o *Concerto para orquestra* composto em 1980 por José Siqueira, paraibano cheio de terra nas veias musicais e ao mesmo tempo fino manipulador dos sortilégios orquestrais — como nas cordas, percussões e harpa do intenso *Adagio*.

Siqueira, que parece acenar para Messiaen no *Allegro moderato* final desse *Concerto*, é um dos compositores que em sua *História da música no Brasil* Vasco Mariz apresenta como grandes artesãos da coisa musical em alto nível, em oposição aos *autodidatas* malvistos em certos meios e certa época. Outro compositor de estatura mas pouco conhecido, mesmo do público de concertos, é Osvaldo Lacerda — como Siqueira, um músico digno de ser um autêntico nome nacional, e que as grandes orquestras brasileiras só teriam a ganhar, junto ao público, em programar com frequência, embora sua produção seja eminentemente camerística. É música substanciosa e saborosa, com admirável poder de sustentação do interesse. Em sua *Abertura nº 2*, o compositor paulista — aluno de Camargo Guarnieri e Aaron Copland, hoje com 72 anos e presente no concerto — não demora a adotar ritmos dançantes e neles se conduz

BIENAL DE MÚSICA BRASILEIRA CONTEMPORÂNEA

com constante inventividade e convicção. Sua peça abriu a noite em que Henrique Morelenbaum deu mais uma de suas demonstrações de amor detalhista e inspirado pelas partituras na regência da OSB, como sempre galvanizada por ele.

Essas mesmas qualidades, acrescidas de garra numa complexa ginástica digital e de volumes e dinâmicas, também marcaram a interpretação de Laís de Souza Brasil na estranhamente denominada *Seresta para piano e orquestra* de Camargo Guarnieri, compositor de que ela tem sido inspirada intérprete também como exegeta. A obra tem o habitual elã guarnieriano, a mesma capacidade de capturar a atenção e a imaginação e de seguir um rumo adotado — mas podendo às vezes, no *Sorumbático* central, parecer longa para a substância, como Santoro parecera curto para a inspiração. Uma das demonstrações da imbricação nacionalistas/koelrreutterianos foi a presença, nesse mesmo concerto "Em torno de Mário de Andrade", de César Guerra-Peixe, um dos compositores que tranquilamente evoluíram a cavaleiro das duas *escolas*. Suas já famosas *Assimilações* de 1971 (que nada têm de schönbergiano, a esta altura) são um episódio notável daquela história "paralela" feita de "grande música brasileira": temperamento, ritmos e cores, contornos longamente delineados das melodias, fenomenal talento da orquestração e capacidade de fazer a orquestra formigar como um todo — como soa esta música!

Violinista como Santoro, e ao contrário do violoncelista *autodidata* Villa-Lobos, Guerra-Peixe é um fino conhecedor das cordas, também como entidade coletiva. Seu aluno Guilherme Bauer, outro violinista, criou nas *Cadências para violino e orquestra* de 1982 uma visão torturada de ameaça e gravidade centro-europeias, com raros vislumbres de alívio consonante, tão magnificamente explorados por Erich Lehninger quanto os angulosos recitativos em que o instrumento solista interroga ou interpela a orquestra, ofegante ou afirmativo.

Como sempre iniciativa da Funarte e este ano com financiamento do Ministério da Cultura e da Prefeitura do Rio, a Bienal bem que poderia, sem prejuízo da sua vocação de revelar a criação novíssima, incorporar definitivamente ao seu formato esse olhar para trás. Em matéria de novidades, sempre se poderá esperar revelações como os esplêndidos e quase epigramáticos *Seis poemas de Helena Kolody* musicados por Henrique Morozowicz, que Ruth Staerke e o pianista Luiz Senise incluíram em seu recital de sexta-feira no CCBB. Se o objetivo for *resgate da memória*, quem sabe Henrique Morelenbaum não se anima a recuperar originais como os do poema sinfônico *Caramuru*, composto por um Francisco Mignone de 20 anos e iniciado com uma deliciosa descrição de um naufrágio. No departamento confirmações mais ou menos recentes, tivemos o talento de Marisa Rezende (em *Ginga*, de 1994) e Pauxy Gentil-Nunes (em *Músicas*, de 1995) para revitalizar a música para conjuntos instrumentais; e uma peça notável de outro desses "grandes pouco conhecidos" da música brasileira, o delicioso *Divertimento para sopros* composto em 1962 por um José Vieira Brandão decididamente inspirado: frescor rítmico e melódico, sumarenta fusão de sonoridades e variedade de climas dentro da unidade de propósito. O magistral Quinteto Villa-Lobos — que mantém sua *confiabilidade* através da mudança de quadros e conta agora com um esplêndido flautista em Marcelo Bonfim, ao lado dos valores já conhecidos de Luís Carlos Justi (oboé), Paulo Sérgio Santos (clarineta), Philip Doyle (trompa) e Aloysio Fagerlande (fagote) — também mostrou do que é capaz (agilidade dos contracantos, frenesis de velocidade, capacidade de tocar *piano*) no igualmente sólido e inspirado *Quinteto* de José Alberto Kaplan (1994).

Jornal do Brasil, 26 de outubro de 1999

Sintonia feliz na música brasileira de concerto

Um concerto feliz foi o que marcou domingo, na Sala Cecília Meireles, a estreia das obras encomendadas pelo prefeito e a cidade do Rio de Janeiro para presentear o papa João Paulo II na recente visita. Os compositores, falando brevemente sobre cada peça, exultavam por apresentar sua música em condições de alta dignidade. O público, numeroso, descobriu ou confirmou, além da variedade de talentos e direções, que a música brasileira de concerto pode ser e *é também* comunicativa, um muito maduro objeto de desejo.

O melhor é que foi sem renúncia à riqueza do material musical ou à exigência de seu tratamento que cada um deu seu recado. Edino Krieger e Dawid Korenchendler tiveram o reflexo de recorrer à música sacra coral. O primeiro, com um *Te Deum Puerorum Brasiliae* em que a ação de graças dominical é tratada como homenagem às crianças brasileiras. Com uma orquestra de metais e cintilante percussão acompanhando um coro gregoriano e coros infantil e juvenil, o clima é de festivo louvor, no estilo claro e formalmente elegante que o compositor gosta de temperar com toques nacionalistas (recorrendo aqui discretamente a cantorias nordestinas e ao modalismo indígena). Ecumênico, Korenchendler trabalhou em seus *Psalmi Tehilim* textos em hebraico e latim para coro misto — as frescas vozes do Canto em Canto — envolto em madeiras, percussão, dois violões e contrabaixos. Já na primeira intervenção do canto coral, após breve recitativo *marcato*, um real sentimento de imploração ("Senhor, inclina teu ouvido"). Depois de uma parte central em que o colchão sonoro das madeiras é tratado com enlevada imaginação, o coro — burilado como poucos, no Brasil, por Elza Lakschevitz — deu vazão a sua expressividade numa conclusão ritmada pelos tímpanos.

Dois compositores recorreram a solistas acompanhados de orquestra — a mesma Sinfônica Brasileira, regida por Roberto Tibiriçá já agora em formação mais completa, e em noite de garra e inspiração. Ricardo Tacuchian pensou, em sua *Terra aberta*, no drama multimilenar da terra e nos sem-terra do Brasil, confiando a Ruth Staerke textos do Gênese, de Tiago e de d. Pedro Casaldáliga. Sobre o lembrete recorrente do soar de uma bigorna, o clima é áspero e sombrio. "Eis que vos tenho dado" ainda soa pousado sobre cordas eufônicas, depois de uma entrada dramática e discordante. Mas na parte central confiada à orquestra, tensas figuras repetitivas opõem-se a outras como que rastejantes, entrecortadas por acordes duros dos metais — que retornarão no lamento final da soprano sobre a "terra de latifúndio, terra de sepultura". Música contundente e retórica para um tema trágico.

Almeida Prado preferiu entoar uma espécie de oração cheia de hesitações através do violino — confiado a sua filha, Constanza Prado, que tocou com segurança e projeção clara, mas sem especial imaginação sonora. *Fantasia* é uma peça às vezes agitada, na variada paisagem orquestral que acompanha os impulsos do solista, mas predomina uma compungida luminosidade harmônica. Em frases eminentemente curtas, o violino — inquieto, violento ou apaziguado — parece resistir a levantar voo, como se a esperança só pudesse ser plena no acorde maior que conclui, triunfante, depois de um breve *fugato*. Triunfante também, mas em outro tom, é a *Suíte festiva* de Ronaldo Miranda, para grande orquestra sinfônica. Nenhum sentimento religioso explicitamente invocado, mas uma agilidade rítmica, uma maleável densidade das cordas em diálogo e uma movimentação alegre que deixaram, sem necessidade de apelo programático, a sensação de plenitude e agradecimento. Foi aqui que a OSB e Tibiriçá mais valorosos se mostraram, no nuançamento das texturas e dinâmicas e do jogo rítmico da *Toccata* final. Se a orquestra integrar essas peças a suas séries, duvido que um assinante, por acomodado que seja, levante-se insultado ou dormite de tédio numa tarde de sábado do Municipal.

Jornal do Brasil, 3 de dezembro de 1997

COMPOSITORES BRASILEIROS EM DISCO

O piano segundo Villa e Lorenzo

Da escassa e preciosa discografia de **Nelson Freire**, a Teldec relança o programa Villa-Lobos gravado em 1973 para a Telefunken. É um disco obrigatório em qualquer estante villa-lobiana. Com sua aliança única de domínio técnico e intuição musical, Nelson oferece versões magistrais da primeira *Prole do bebê* e do áspero e fascinante *Rudepoema*, além de interpretações não menos soberbas do *Prelúdio* das *Bachianas n° 4* e das originais *Três Marias*, série de pecinhas curtas em que o compositor passeia por estrelas com música de vidrilhos no alto do teclado.

A *Prole* é uma das obras mais justificadamente populares de Villa-Lobos, em sua associação de impressionismo, brasileirismo e escrita pianística incrivelmente inventiva e inovadora para um músico que não dominava o instrumento — mas lera o seu Debussy. Já começa, nesta gravação, com uma *Boneca de louça* (a *Branquinha*) de refinado equilíbrio entre as proezas digitais, a individualização de cada peça e a beleza tonal. O quarto infantil de Nelson é mais inquieto e inquietante que o de Artur Rubinstein em sua famosa gravação ao vivo no Carnegie Hall (com a ordem invertida e a omissão de duas peças). Estamos mais perto do temperamental menino de *L'Enfant et les sortilèges* de Ravel que de uma faceira garotinha brasileira do entre-guerras. O famoso *Polichinelo* é um concentrado de fogos de artifício (precipitações, dinâmica, clareza dos polirritmos). Em sua abordagem menos aerodinâmica e contrastada, o pianista polonês é que ficava mais perto do chamego brasileiro nas passagens de abandono e interiorização. Mas além desse aspecto de neurótica imprevisibilidade a interpretação de Nelson Freire tem um colorido, uma vividez e, para dizer tudo, uma autoridade pianística inigualáveis. O mesmo se aplica ao *Rudepoema*, no qual a sensação de magistral transcendência estimula o retorno a esta peça difícil, em sua profusa acumulação de ideias e sonoridades.

* * *

É interessante comparar o universo infantil em Villa-Lobos e na obra para piano de Oscar Lorenzo Fernandez, reunida em sua quase integralidade no CD duplo que **Miguel Proença** gravou nos anos 1980 e está relançando a propósito do centenário deste outro compositor carioca. Aqui os únicos senões são alguns esparsos desacertos da engenharia de som (reverberação, saturação) e a ausência de um texto de apresentação da música.

Onde Villa-Lobos já incluía em sua *Prole* os elementos de variedade de climas e recursos expressivos tão bem personalizados por Nelson

Freire, Lorenzo Fernandez é um talento menos versátil e um temperamento predominantemente lírico. Boa parte de seu *corpus* pianístico é dedicado ao mundo infantil, em séries de miniaturas compostas entre 1922 e 1944: *Historietas maravilhosas, Presentes de Noel, Recordações da infância, Visões infantis, Minhas férias, Pequena série infantil, Bonecas, Boneca Yayá*, além de peças isoladas. Música despretensiosa e agradável, calcada quase sempre em formas binárias ou ternárias simples, de melodia cativante e predominância de ritmos dançantes — com algumas valsas deliciosas, entre elas a famosa *Suburbana* de 1932. Grieg é uma lembrança frequente, nos devaneios harmônicos que enriquecem o nacionalismo dessas peças de gênero.

Há achados de cativante simplicidade, como as *Bonecas* de 1932, identificadas por diferentes ritmos típicos (italiano, espanhol, baiano...). Deixando para trás as crianças, temos novamente nos *Três estudos em forma de sonatina*, de 1929, a alternância de certos recursos harmônicos e até melódicos que lembram irresistivelmente o antecessor norueguês e de uma arte musical comparável à dos pintores ingênuos, nas cores primárias, nos ritmos e acentuações fortemente marcados. Na peça mais ambiciosa, a *Sonata breve* (1947), passa a lembrança de Bartók, mas é com as três *Suítes brasileiras* de 1936 e 1938 que o pianista acertadamente começa seu apanhado: um brasilismo improvisatório mas de sofisticada arte que não se ostenta, um sentimento elegíaco, uma beleza — mais uma vez — simples e melodiosa, o mesmo talento para a encenação musical encontrado nas miniaturas infantis. Música para degustar em pequenas doses, *ao pé da lareira*, percorrida por Proença com deleitável talento para entrar nos climas, paleta variada (mais que a do compositor, eu diria) e evidente carinho.

Jornal do Brasil, 18 de novembro de 1997

Batuque brejeiro com o fino tempero do cravo

As vozes internas do *Batuque* de Ernesto Nazareth são ressaltadas com inesperada mas natural opulência e como que aprofundadas na riqueza harmônica do cravo. A beleza tonal converge com a vitalidade rítmica, a clareza e a precisão se encontram com a ginga. Nas belas cores da cópia de um instrumento Taskin realizada em São Paulo, em 1987, por Abel Vargas, mais ainda que o violão — parente próximo do antigo instrumento de cordas pinçadas — é o próprio cavaquinho que ouvimos pulsando e cantando, reintegrado a uma antiga genealogia musical.

Esse *Batuque* surpreendentemente sublimado é uma das muitas delícias do CD *O cravo brasileiro*, com que **Rosana Lanzelotte** revitaliza um instrumento antigo e abre alas para a criação contemporânea. Começando pela *Sonata* composta em 1975 por Osvaldo Lacerda, a mais ativa e inquieta cravista brasileira grava aqui obras compostas especialmente para ela por músicos como Ernani Aguiar, Antonio Guerreiro e Caio Senna. E passeia ainda por adaptações da suíte *Momentos brasileiros* de Dawid Korenchendler, de três *Prelúdios* de Cláudio Santoro e de outros favoritos de Nazareth.

Em dois deles (*Odeon* e *Escorregando*) e em dois outros movimentos das suítes de Guerreiro (*Forró urbano*) e Korenchendler (um *Allegro ma non troppo*), o percussionista Fernando Maciel de Moura acentua a marcação rítmica com um pandeiro. Mas esse reforço nem era tão necessário: entre a linguagem clavecinística tradicional, que abarca até uma invenção a duas vozes em outro momento da peça de Korenchendler (*Folias em Eisenach*), e as contribuições tipicamente brasileiras, são estas que prevalecem em sua multicolorida variedade: ritmos e seresteirismos caracteristicamente urbanos, como nos violões chorões que nitidamente perpassam o *Andantino com moto* da *Sonata* de Lacerda, modalismos ou pedais nordestinos, como na *Viola sem rabeca* com que Aguiar homenageia Guerra-Peixe em suas *Peças de ocasião*.

A captação sonora da gravação Uni-Rio é excelente, e a fé que Rosana Lanzelotte leva nessa música ao mesmo tempo tão familiar e tão inovadora não deixa margem a dúvida. Menção especial para as *Convulsões delicadas* de Caio Senna, quatro minutos e meio — como indica o título — de um instigante exercício de aposição do filigranado da índole natural do instrumento a um enunciado de persistente obstinação rítmica.

Veredas, março de 1999

Paisagens brasileiras em quarteto

Um CD do Quarteto Moyzes, da Eslováquia, traz os dois *Quartetos* do carioca **Guilherme Bauer** (nascido em 1940) e o quarteto *Na perfumada luz, em plano austero* do mineiro **Harry Crowl** (nascido em 1958). Bauer é violinista de formação, pupilo de outro violinista-compositor, Guerra-Peixe. Domina com naturalidade a escrita para cordas e trabalha basicamente — como Crowl — material de livre pós-serialismo, matizado em seu caso de toques como o ritmo de baião que irrompe duas vezes no *Quarteto nº 1*, de 1983. Este, num único movimento de dezesseis minutos, expõe um motivo interrogativo de três notas que alternará e convergirá com desenhos freneticamente ritmados em escrita mais densa. Composto no silêncio brumoso de Petrópolis (subtítulo do quarteto), é música de discreto figurativismo mas atenta à articulação do discurso; estamos longe da fragmentação cultivada por alguns dos mais brilhantes compositores contemporâneos nesta área (Ligeti, Kurtág), mas tampouco temos, deles, o vigor conceitual que delineia com clareza mais imediata a forma e o direcionamento.

Também num único movimento (doze minutos), o *Quarteto n° 2*, ouvido ano passado no projeto Estreias Brasileiras do Centro Cultural Banco do Brasil, pode parecer menos nitidamente articulado, mas exala maior maturidade em sua entrega mais solta à exploração dos terrenos ·que descortina, pelo prazer de enveredar sem obrigação de retornar ou recapitular. Mais *involuntariamente* misterioso e por isto mais *naturalmente* paisagístico, o segundo quarteto de Bauer trabalha no entanto com rigorosos padrões de melodia e contraponto, em mais outro paradoxo gerador de interesse.

No *Quarteto* de Crowl (1993) são ainda mais afirmados o empenho de pesquisa sonora em várias direções e a ambientação figurativa. A inspiração, aqui, é um poema de Murilo Mendes (*Montanhas de Ouro Preto*), pretexto a uma sucessão de imagens instigantes em seu quase-imobilismo, mas que podem exceder a expectativa em seus 25 minutos de duração. O Quarteto Moyzes, gravado este ano em Bratislava em esplêndidas condições acústicas, está a todo momento à altura das propostas e desafios dos dois compositores brasileiros.

Jornal do Brasil, 17 de novembro de 1998

O piano de Mignone por Maria Josephina é a felicidade feita som

Se o centenário de **Francisco Mignone** tivesse servido apenas para descobrir/reencontrar sua música de piano nos discos de Maria Josephina, já teria sido uma cornucópia. Se essa música, assim tocada, se aureolasse de prestígio europeu ou se propagasse em rolo compressor americano, estaria nos ouvidos de mundo e meio, envolvente e *imediata* sem prejuízo da sofisticação. Que ambas, a música e a interpretação, se projetem arrebatadoras sobre as vacilações da engenharia de som — reverberação de saguão ou acústica de caixa de sapato, canais stereo disparatados, imagem sonora inconstante, microfones como que instalados dentro do piano — é mais um milagre brasileiro.

Bom, não se deixem dissuadir por este catálogo de misérias da técnica de gravação, aqui exagerado para protestar por não estar tanta beleza embalada em ouro (a coloração artificial adquirida pelo registro médio-para-agudo do piano, no disco das *Valsas*, não era o que merecia a beleza tímbrica da arte de Maria Josephina). Mignone foi, no nível mais alto de inspiração, o temperamento mais naturalmente pianístico da música brasileira. A riqueza e a variedade de sua produção (e não só nas formas populares aqui tratadas) decorrem de um transcendente domínio técnico e improvisatório do instrumento, com o qual mantinha uma relação até fisicamente privilegiada, com sua grande altura, os braços longos, as mãos grandes e finas. Além disso, a música tem, irrigando a brasilidade patente, uma cultura e um refinamento que a eximem de certas características menos gratas encontráveis em outros compositores brasileiros (uma quadradice rítmica aqui, uma assimilação do nacional ao primário ali...).

Aos fatos. Maria Josephina, viúva do compositor e pianista requintada, está com três discos na praça. O favorito será possivelmente o das doze *Valsas-choro* e doze *Valsas de esquina*, a porção mais conhecida do piano de Mignone. Quem começa pensando em ouvir aos poucos, quatro ou cinco valsas de cada vez para "não enjoar", não consegue mais parar de devorar/saborear. Como cantam, devaneiam e mexem com a alma! O que a linha melódica clara e marcante põe, a ornamentação caprichosa dispõe, entre o lirismo sonhador e a mundanidade requebrada ou marota, passando pela verdadeira "valsa da dor" que é a *Valsa-choro nº 5*. A linha sinuosa, o dengo elegante e a vivacidade conversadora, os suspiros e a sensualidade: tudo é capturado por Maria Josephina com uma opulência sonora, um luxo de hesitações e cores, uma sinceridade do sentimento e uma versatilidade técnica que enamoram — embora as *Valsas de esquina*, gravadas este ano, não tenham toda a mesmerizante perfeição das *Valsas-choro* registradas em 1976. Um disco de cabeceira, apesar dos mencionados tropeços da reprodução sonora, logo esquecidos.

Mignone foi um grande influenciável e um grande transformador de influências. De imaginação fértil e veia fácil ("devo controlar a minha qualidade melódica", escreveu, "para não cair no banal ou no demasiado fácil"), deixava-se fecundar como um Liszt, o grande provedor do pólen da "admiração criadora". Uma dessas admirações-amizades foi Ernesto Nazareth, sob cuja égide vem o segundo disco de Maria Josephina: *17 choros para piano* de Francisco Mignone, reedição pela Funarte de uma gravação de 1987. Alguns títulos já dizem muito: *Deixando-se ir*,

Encontro tão amável, Este é bem Nazareth (um pastiche delicioso), *Chorinho mesmo.* Mais uma vez fascina e prende essa convergência de alta sofisticação e variedade numa música de inspiração popular. A pianista, num som que não chega a ser problemático, mostra a mesma adequação estilística e a soberania instrumental que lhe permite dar asas à imaginação. Um prazer a mais é o texto de apresentação de Alceo Bocchino, descrevendo com sabor e autoridade peça por peça.

As quatro últimas são as partes para um segundo piano que Mignone compôs para choros de Nazareth (aqui tocadas *puras*, sem o *acompanhamento* dos choros originais). O terceiro disco é de gravações feitas entre 1970 e 1984 pelo duo que Maria Josephina formava com Mignone. Reencontramos quatro das *Valsas-choro* em versões para dois pianos que não acrescentam nada de especial aos originais; há dois tangos e duas valsas de Nazareth, três adaptações de peças de Waldemar Henrique. Mas o melhor se deve inteiramente a Mignone mesmo: a saborosa *Suíte campestre* composta para orquestra em 1917 e adaptada pelo compositor; os dois primeiros movimentos (*Dança* e *Scherzo*) têm muito do embalo dialogante da música para dois pianos de Brahms, o quarto e último (*Na feira da aldeia*) evoca um certo Poulenc *avant la lettre*. Nesta *Suíte* e na idílica *Paulistana nº 1* que se segue, o som — gravado ao vivo num Concerto para a Juventude na TV Globo em maio de 1970 — é o da já mencionada caixa de sapato, mas a música é grande, e a caravana passa. Uma deliciosa descoberta.

Jornal do Brasil, 16 de dezembro de 1997

Um mundo na ponta dos dedos

Mário de Andrade dizia que a escrita polifônica de **Camargo Guarnieri**, com sua sobreposição "difícil" de linhas melódicas, impedia que ele fosse "amado à primeira vista". Os cinquenta *Ponteios* para piano, cuja gravação de 1979 para a EMI Laís de Souza Brasil está lançando em CD (Funarte), têm muito desses entrelaçamentos estranhos para os ouvidos distraídos em busca da melodia convidativamente harmonizada. Mas não é só pela complicação às vezes dissonante que precisam ser desejados para ser apreciados: é o devaneio intelectualizado sob a aparência do tom confidencial que faz dessa música uma aventura intrigante.

Pontear, ensina o *Aurélio*, é dedilhar, tanger, tocar. Foram, entre os 24 (1931) e os 52 anos (1959), momentos de conversa do compositor com o seu instrumento, improvisos combinando diferentes horizontes expressivos com técnicas e formas em grande parte brasileiras. Os climas variam do afirmativo ao melancólico, passando pelo sorridente, com os andamentos indicados por expressões como *Raivoso e ritmado, Apaixonado, Fervoroso, Sentido, Alegre* ou *Esperto*. Os contrastes e meandros pedem atenção alerta mas também recompensam o enlevo e a entrega.

Outros pianistas têm palmilhado o terreno seletivamente. Há alguns anos, Marcelo Verzoni incluiu em seu esplêndido CD *O piano brasileiro* (Orpheus, 1997) um apanhado de seis *Ponteios* que pode servir de aperitivo ideal para os que hesitarem ante a integral. Verzoni tem um toque mais esculpido e de mais projetada variedade dinâmica e agógica que Laís, mais intimista e voltada para os desvãos harmônicos e contramelódicos, ele mais afirmativo onde ela se mostra mais misteriosa.

Não é de hoje que Laís de Souza Brasil se identifica com a música de Camargo Guarnieri. Conviveu com o compositor, estreou obras suas, conhece a fundo seu trabalho e é autora do capítulo dedicado a suas peças para piano e orquestra no recém-lançado vade-mécum (*Camargo Guarnieri, o tempo e a música*) editado na mesma Funarte pelo musicólogo Flávio Silva, seu marido. O texto de apresentação de seu disco, escrito por ela, é um roteiro a um tempo erudito e familiar — um maná para quem gosta tanto de ouvir quanto de *ler* a música.

Alguns segredos são revelados — o *Ponteio* 48, de 1959, reflete o enamoramento de Guarnieri pela terceira mulher, o 44 foi uma improvisação capturada em fita cassete e passada tal qual para a pauta, outros evocam a história de um bêbado ou um diálogo entre avô e neto em estilo nordestino. Laís destaca com razão a inspiração brahmsiana do nº 13, chama a atenção para os decalques de Ernesto Nazareth e sua ginga dengosa em três outros ou para a homenagem a Scriabin do nº 50, um dos mais belos e tocados.

Mas seu conhecimento de causa ressalta mesmo é no domínio de toda a gama técnica e musical desse universo miniaturizado, mesmo se ela às vezes passa um pouco corrido pelas possibilidades expressivas, como se a visão de conjunto diluísse o relevo do fraseado e a respiração em certos momentos.

Os *Ponteios* são um clássico do piano brasileiro, talvez comparável às *Peças líricas* de Grieg. Não cantam tão livremente como estas, Guarnieri tem uma queda por motivos curtos, interrompe e evita o canto para só depois conquistá-lo, ambiguamente atraído pela dissonância. Passam por aqui correntes e perfumes fortes de aboios e danças nordestinas, das

PIANO BRASILEIRO

charangas e violas da música caipira paulista, de batuques e emboladas. Mas os favoritos podem muito bem ser os de mais introspectiva meditação. Há momentos mágicos de quietude e contemplação, como no *Íntimo* nº 46, delicado e sonhador, no *Vagaroso* nº 20, de enigmática elegância, ou no *Saudoso* nº 29, com sua evocação hipnótica de uma viola caipira assuntando meio perdida debaixo de um sol parado. A abordagem pode não ser imediata, mas o convívio é gratificante.

Jornal do Brasil, 12 de junho de 2001

Dos salões à campina num teclado

Não se deixe dissuadir pela capa chocha. *O piano brasileiro*, o CD que **Marcelo Verzoni** gravou há dez anos na Alemanha e que a Orpheus está lançando aqui, é um agradável passeio por uma das partes mais ricas do nosso repertório e também uma bela demonstração de pianismo robusto, nuançado e adaptado aos estilos diferentes que aborda.

O piano modernista de Villa-Lobos nos anos 1920, o nacionalista *temperado* (de influências várias) de Camargo Guarnieri e o carioca *saloneiro* de Ernesto Nazareth: foi assim que Verzoni escolheu introduzir o público europeu nessa arte aqui às vezes relegada, num disco originariamente produzido pela Koch na Alemanha. A seleção dentro da produção de cada autor pode parecer arbitrária, mas não deixa de ser representativa. Villa-Lobos comparece com dois números da segunda *Prole do bebê*, a menos popular (*O gatinho de papelão* e *O boizinho de chumbo*). Ângulos salientes, polifonia áspera mas também aquele lirismo que parece não saber onde meter seu excesso de derramamento. Verzoni *ouve* com empatia essa música difícil e a transmite com convicção e uma técnica poderosa e flexível.

Com um apanhado de apenas seis dos cinquenta *Ponteios* de Camargo Guarnieri, passamos a território mais convidativo. Quem ainda tem na estante e nos ouvidos a admirável integral gravada no fim dos anos 1970 por Laís de Souza Brasil verá que Verzoni, sem esquecer que toca música de caráter *íntimo*, tende a se preocupar mais com a projeção e a dinâmica dos contornos melódicos, ao passo que Laís explorava com mais finura certos recantos harmônicos e contramelódicos, ele mais afirmativo, ela mais misteriosa. Verzoni escolheu, na classificação consagrada por Marlos Nobre, um *Ponteio* lento, dois "nazarethianos", um "nordestino", o famoso nº 49 de inspiração scriabiniana — que interpreta com *gusto* e sonoridade suculenta — e o improvisatório *Ponteio* final. Dá vontade de ouvir mais: não seria mal que ele voltasse a este repertório, ou que a Polygram relançasse os discos de Laís de Souza Brasil.

De Nazareth, o autor mais generosamente representado, são seis tangos, uma valsa (*Faceira*) e uma polca (*Apanhei-te, cavaquinho*). Se Arthur Moreira Lima, o *redescobridor*, tocava a música irresistível de nosso *pianeiro*-mor com um luxo de *rubati* e *ritardandi* que hoje parece às vezes maneirista, Verzoni não se sai menos inspirado por se mostrar mais sóbrio — não há mais o que *provar* quanto à maravilha que é esta música. E como é bom ouvir Nazareth *prestando atenção*, não como se fosse música de fundo, mas como o intérprete privilegiado que é de um mundo desaparecido, lirismo e sacolejo, melancolia e sensualidade num mesmo enlevo.

Jornal do Brasil, 25 de fevereiro de 1997

Villa verde e maduro

Antonio Meneses e **Cristina Ortiz** equacionam luminosamente neste CD, gravado em estúdio na Suíça, o dilema dos "dois" Villa-Lobos — o aprendiz de feiticeiro dos anos 1910 e o mago do universalismo brasileiro na maturidade, a partir da década de 1930. Com sua simbiose eletrizante, os dois instrumentistas mostram que se trata na verdade de um falso dilema. Villa não nasceu genial, mas já tinha o que dizer desde cedo — quando não se sentia na obrigação de tatear por caminhos avessos ao seu temperamento.

Com gênio improvisatório e um senso do diálogo que rebusca amorosamente a música, Meneses e Ortiz revisitam o Villa-Lobos memorável que conhecemos bem — o do rasga-coração mais brasileiro — e exploram veredas menos percorridas. O que ressalta, de cara, é o talento do jovem compositor para as peças curtas e líricas, a invenção melódica e a carga emotiva, e sua dificuldade com formas mais definidas, como a sonata.

As *Sonatas para violino* — também gravadas recentemente, por Cláudio Cruz e Nahim Marun (*Violin Music in Brazil*, do selo italiano Dynamic) — podem ser música gesticulante e exterior, quando não banal. Não é o caso, aqui, da *Sonata nº 2 para cello e piano*. Ela tem no *Andante cantabile*, por exemplo, um tema atraente, embora desenvolvido com mais afinco que imaginação. Mas fica longe da "necessidade" e do propósito discursivo que prendem a atenção numa sonata.

MÚSICA DE CÂMARA MÚLTIPLA

Em seu texto de apresentação, Luiz Paulo Horta toca na ferida, ressaltando que Villa, em vez de "desenvolver", picota sua narração em associações e contrastes, além de assumir na harmonia riscos que o levam ao limiar da falta de tonalidade. A forma é tentativa, o interesse devaneia.

Não é, assim, música imperdível. Mas dificilmente terá tido intérpretes mais inspirados e convidativos. A comparação com o CD que a cellista Tânia Lisboa e a pianista Miriam Braga gravaram para a Meridian inglesa — uma integral do Villa cellista em dois volumes — evidencia como um clarão a maleabilidade expressiva, o engajamento e a superioridade instrumental de Meneses e Ortiz.

Enquadrando a *Sonata*, portanto, não estão apenas as virtudes já muito conhecidas da versão *cello*/piano da *Bachianas nº 2* (com o "Canto do capadócio", o "Canto da terra" e o "Trenzinho do caipira"), dos anos 1930. Há delícias altamente desejáveis da década de 1910, como a *Pequena suíte*, que nem por cumprir à risca o ritual da alternância de movimentos rápidos e lentos deixa de cativar a atenção com o mistério das *Harmonias soltas*, o segundo movimento, ou uma *Gavotte-Scherzo* final que também dá vontade de voltar a ouvir. No mesmo *mood* afrancesado — César Franck, Vincent d'Indy e até Saint-Saëns, um toque de pós-impressionismo —, é um prazer reencontrar ou descobrir o *Canto do cisne negro* de 1917, *Sonhar* (1914) e *Prelúdio* (1913): Villa-Lobos verdinho mas inspirado, quando divaga e canta. Era uma época de viagens de descoberta pelos enormes Brasis e além, mas de escrita comportada ou moderadamente aventurosa. A todo momento, Antonio Meneses e Cristina Ortiz mostram o que é um duo instrumental saltando soberanamente da disciplina para a imaginação, ela com a conhecida volubilidade felina e o gosto do colorido, ele com seu *legato* firme, a agilidade que regala e a elegância da caracterização.

Veredas, dezembro de 2002

Música de câmara brasileira através das épocas

Do romantismo tardio de Francisco Braga (1868-1945) às experimentações mais quentes do momento, a música de câmara brasileira está variadamente representada em cinco CDs do Laboratório de Acústica Musical e Informática (Lami) da Universidade de São Paulo patrocinados pela Petrobras. Entre o brasileirismo do gaúcho-nordestino Radamés Gnattali (1906-1988) e os fascinantes voos livres da carioca Marisa Re-

MÚSICA DE CÂMARA MÚLTIPLA

zende e seus/nossos contemporâneos, a série também renova nosso contato com Gilberto Mendes e Mario Ficarelli, mestres consagrados da Pauliceia. O concerto de lançamento, centrado na música de Marisa Rezende, Marcos Lacerda, Fernando Iazzetta e Roberto Victorio, reúne hoje às 20h no Centro Cultural Sérgio Porto, no Humaitá, uma formação de violoncelo, flauta, clarinete-baixo, piano e percussão.

Para começar pelo mais tradicional, o CD do Trio Brasileiro (dos veteranos Erich Lehninger/violino, Watson Clis/violoncelo e Gilberto Tinetti/piano) reúne quatro compositores muito diferentes em suas técnicas e estilos de época. É bom conhecer o refinado *Trio* (1930) de Francisco Braga, com o elã schumaniano, o luxuoso conforto harmônico e a elegância fim de século de seu primeiro movimento. Seguem-se dois *Trios* breves compostos em 1941 e 1970 por Radamés Gnattali e Osvaldo Lacerda, ambos de filiação modernista e veio até certo ponto nacionalista — Gnattali bem despreocupado em seu jeitão emprestado de cantador nordestino ou seresteiro urbano, Lacerda mais angustiado na liberdade formal e no vigor imaginoso com que trata seu material. Mas o ponto alto aqui é o *Trio marítimo* — criado em 1983 pelo próprio Trio Brasileiro — em que Almeida Prado (nascido em 1943) nos atrai para as paisagens de forte imantação poética de seu universo fora do tempo, cheio de refinamento, beleza sensorial e mistério cósmico.

Dos dois outros compositores paulistas vivos, Gilberto Mendes (nascido em 1922) comparece com séries de miniaturas para piano que remontam ao início dos anos 1950. A cargo da pianista Terão Chebl, as dezesseis *Peças para piano* e os cinco *Prelúdios* já prenunciavam o pós-modernismo eclético pelo qual Mendes ficaria conhecido. É música de proposital brancura emocional, criada por um pianista cheio das lembranças de uma prosódia popular que beira o piano-bar. O espírito paródico das reminiscências meio distorcidas e da livre associação de ideias e citações é ainda mais patente em *Rimsky* (2000), para piano e quarteto de cordas (com Lídia Bazarian e o excelente Quarteto de Cordas da Cidade de São Paulo, presente também nos outros discos da série). Aqui, a homenagem ao russo admirado, na mesma linguagem de distanciamento e fingida inocência, acrescenta à ostensiva evacuação dos afetos uma quase ausência de ritmo. Uma música de colagem e perfumes gelados que apesar de tudo parece querer muito ser levada a sério.

Seriedade é o ponto de partida de Mario Ficarelli (nascido em 1937), que em seu disco de *Quintetos* de cordas e sopros remói sua visão de mundo pessimista e mesmo desolada através de uma linguagem de alta

MÚSICA DE CÂMARA MÚLTIPLA

sapiência em que o contraponto cerrado e as células motívicas fugidias ganham vida através do ritmo. Imaginem o negrume de Sibelius (tema do doutoramento de Ficarelli) revisto pela angulosidade de Stravinsky, em clima de abandono brasileiro: tristeza descolorida intercalada por irupções de violência motorística do *Quinteto para trompa e quarteto* (com André Ficarelli), âmbito expressivo quase depressivo do *Quinteto para oboé e cordas* (com Alexandre Ficarelli, o outro filho do compositor). Essa estética pode ter produzido uma obra-prima no *Quinteto* para cordas, inspirado num caso de "exclusão social" próximo do compositor, e que chega a ser épico em seu emocionante esforço por encontrar beleza no desespero e na desvalia.

Com Marisa Rezende, é a sensação de aventurosa liberdade que prima, envolta em constante sedução sonora. Seu disco de música para formações diversas composta entre 1983 e 2001 vai do desafio abstrato lançado ao cravo (*Elos*, com Marcelo Fagerlande) e à flauta (as virtuosísticas *Variações*, com Cássia Carrascoza) ao vibrante movimento único de quarteto *Vórtice* e às *Cismas* para cordas e piano, passando por algumas das peças para piano mais interessantes do pedaço. As *Ressonâncias* de 1983 são interpretadas pela autora: vertiginosa exploração das possibilidades dinâmicas e tímbricas do piano, num rasgado gesto improvisatório sem delimitação métrica. Em sua atração pelas metamorfoses sinuosas e sua aposta no decorrer que acolhe e contempla, seria esta uma música eminentemente feminina?

No CD *Duos e trios contemporâneos*, reunindo oito compositores das últimas gerações, um favorito absoluto pode ser *O pássaro da chuva*, de Eduardo Seincman: o clarinete-baixo (o fantástico Luís Eugênio Montanha), a marimba e o vibrafone (Carlos Tarcha) recontam um conto infantil com irresistível vigor narrativo e imaginação sonora, em linguagem próxima da música de desenho animado. Todo o disco é feito de extrema abstração e liberdade experimental, mas também de beleza musical quase tátil: para citar outras preferências pessoais, a "abundante invenção gráfica" e o "som como matéria plástica" (segundo o texto do encarte, excelente, como o de todos os CDs da série) da superdramática *Modelagem XIII* para piano e percussão de Edson Zampronha ou o misterioso *Noturno* que Eduardo Guimarães Álvares confiou ao clarinete-baixo e à percussão como "um interlúdio para acompanhar uma paisagem noturna". Um CD para prolongado deleite, peça por peça.

Jornal do Brasil, 11 de maio de 2004

A canção redescoberta

As paisagens ribeirinhas mais modestas ou pastel da canção brasileira de arte tendem a ser encobertas pelo caudal amazônico da MPB, mas é claro que não precisa ser assim. O humo é o mesmo, e não há por que deixar que a floresta luxuriante distraia dos arbustos, árvores e ramagens menos vigorosos ou seivosos mas delicadamente caprichosos e perfumados. Quantas vezes a vitalidade menos imediatamente atraente é compensada pelo mais completo casamento, a mais fina articulação do poema com a música, ou pelo trabalho sugestivo do piano. É o que mostram os discos de **Maria Lúcia Godoy** cantando Heitor Villa-Lobos agora relançados pela Polygram.

As quatorze *Serestas* compostas em 1925-1926 não têm uma unidade temática clara, senão a de uma certa brasilidade — que pode ser, segundo os poemas, rústica ou modernista, sentimental ou elegíaca. A inspiração melódica induzida por uma *Modinha* (Manuel Bandeira) ou por *Na paz do outono* (Ronald de Carvalho) pode dar lugar, em *Desejo* (Guilherme de Almeida), aos impossíveis intervalos típicos de um certo Villa-Lobos, passadas às vezes largas demais para o conforto do cantor; o piano se faz imaginoso e inesperado para acompanhar os sarcasmos dengosos de Bandeira (*Anjo da guarda*), debussista para o espanto quieto dos elementos depois da chuvarada em *Abril*, de Ribeiro Couto, descritivo na maravilhosa miniatura que é o *Realejo* de Álvaro Moreyra; mas o compositor também cai em certas armadilhas, na languidez banal das *Saudades da minha vida* (Dante Milano) ou no derramamento prolixo da *Serenata* de David Nasser.

Nesse caleidoscópio desigual mas fascinante, é bom reencontrar a voz cálida e doce de Maria Lúcia Godoy, a feminilidade e o tom como que maravilhado que impregnam o timbre e suas cores, registrados em 1983 com uma reverberação algo ingrata (também para o pianista, um pouco distante), mas logo esquecida. Acompanhada com zelo e inspiração por Miguel Proença, suas possibilidades de variação expressiva ressaltam na passagem do sentimento profundo da *Redondilha* de Milano para o dizer miraculosamente límpido e próximo do *Realejo*. O início da *Serenata* mostra a beleza da voz cheia desenrolando-se em *legato* hipnótico.

Com 34 minutos de duração, este CD poderia perfeitamente fazer unidade com o outro, que dura não menos escassos 36 minutos — tanto mais que são vários os elementos de complementaridade, ficando difícil recomendar um em detrimento do outro. *Maria Lúcia Godoy interpreta*

Villa-Lobos foi gravado em 1977 com acompanhamento de conjunto de violoncelos regido por Alceo Bocchino ou com Sergio Abreu ao violão, inclusive numa adaptação para o instrumento das três canções da *Suíte para canto e violino* de 1923. O disco começa com uma *Bachianas brasileiras nº 5* de antologia, andamento lépido, sentimentalismo deixado para trás, flutuação envolvente do *cantabile*, dicção clara, segurança nos saltos na *Dança*. Um frescor adicional da voz é percebido nesse recuo de seis anos, mas se a *Modinha* vai bem com o violão, não se pode dizer que as três outras *Serestas* aqui repropostas — *Na paz do outono, Desejo* e *Cantiga do viúvo* (Drummond) — ganhem com a adaptação para os *cellos*. Um outro *hit* imperdível: o *Lundu da Marquesa de Santos*, da peça de Viriato Correia.

Jornal do Brasil, 3 de maio de 1997

Santoro sinfonista

A música sinfônica de **Cláudio Santoro**, que compôs quatorze sinfonias, finalmente chega a um público maior, com a gravação da *Quarta* e da *Nona* por John Neschling à frente da Orquestra Sinfônica do Estado de São Paulo (Osesp). Os únicos registros até agora disponíveis em CD, da *Quinta* e da *Sétima*, não me haviam conquistado — culpa em parte de captações ao vivo muito deficientes, em 1957 e 1964, apesar de estarem no palco a Filarmônica de Leningrado e a Sinfônica da Rádio de Berlim regidas pelo compositor. Desta vez, o luxo sonoro se alia à excelência do conjunto sinfônico numa experiência bem mais convidativa.

Santoro foi um músico profícuo de muitos estilos e experimentações, o que refletia uma biografia movimentada, cheia de reviravoltas e aventuras, e um temperamento que diziam expansivo e generoso. No último dia 31 de agosto, recebeu da Universidade de Brasília — onde criou em 1962 o Departamento de Música e à qual retornou em 1978, depois de ser expulso pela ditadura em 1965 — o título póstumo de Doutor *Honoris Causa*. Em seu discurso de saudação, Ricardo Tacuchian, falando como presidente da Academia Brasileira de Música, evocou sua própria tese de que esse caráter multifário da produção e das orientações de Santoro faria dele um precursor da pós-modernidade na música brasileira de concerto: "Atonalismo, aleatoriedade, nacionalismo, neoclassicismo, eletrônica, neotonalismo, experimentalismo iconoclasta: todos estes caminhos eram trilhados pelo mestre com a maior desenvoltura."

Nascido em Manaus em 1919, fulminado por um enfarto em Brasília em 1989, Santoro formou-se em violino, composição e regência, aperfeiçoou-se, entre outros, com Nadia Boulanger em Paris, e já compunha com elementos de serialismo quando mergulhou na primeira juventude, em 1940/41, no Rio de Janeiro, no aprendizado sistemático da linguagem dos doze sons com Hans Joachim Koellreutter.

Era seu jeito de dizer, logo de cara, que buscava o novo e o revolucionário, acompanhando nisto uma tendência da época, claro: parecia então que não havia mais o que inventar no sistema tonal desenvolvido a partir do Renascimento, e muitos músicos estavam deslumbrados com a alternativa criada por Schönberg. Algumas das composições de Santoro nessa época — como as primeiras *Sonatas para violino e piano* — traduzem esse empenho desbravador no árido idioma serial, que hoje nos parece um exercício tão cerebrino e limitador.

Essas *Sonatas*, disponíveis em CD em excelente interpretação de Marianna Salles e Laís de Souza Brasil (1999, reunindo as cinco que o compositor criaria até 1957), fazem pensar no masoquismo que é renunciar totalmente a qualquer referência tonal! São de uma dureza sonora já indicando um risco que me parece recorrente na música de Santoro, mesmo quando são descortinados outros horizontes menos rígidos: música intelectualmente interessante na pauta, mas nem sempre se oferecendo acolhedora ao ouvido.

Outro problema que a escuta repetida das *Sinfonias* agora gravadas me pareceu confirmar: não obstante toda a ciência da composição e o gênio da orquestração, as ideias melódicas não são propriamente memoráveis (ao contrário do que acontece em muitas de suas canções) e persiste uma impressão de falta de continuidade e senso de direcionamento e construção nas ideias e no discurso. Questão que talvez não se colocasse se Santoro tivesse esquivado o gênero sinfônico. Seria, no caso dele, um preço do pós-modernismo *avant la lettre*?

Na trajetória em zigue-zague do compositor, esse primeiro período já apresenta características próprias. Entre elas — como frisa Vicente Salles no encarte do disco das *Sonatas para violino e piano* —, a introdução de elementos temáticos na ortodoxia serial, utilizando a série "não como célula geradora, mas [como] resultado de um pensamento musical anterior, que tem significado tanto melódico como harmônico e/ou rítmico já definido". O brasileiro sentimental tentava abrandar a severidade germânica...

Mas abraçaria logo em seguida a soviética. As ideias socialistas de Santoro levaram-no a uma primeira reviravolta no fim dos anos 1940. De-

CLÁUDIO SANTORO

pois de participar em 1948, em Praga, do congresso internacional de compositores em que o *diktat* do realismo socialista jdanovista era disseminado para os comunistas do mundo inteiro, ele se compenetrou do desejo de falar às massas e aos corações.

A aventura da siderurgia brasileira iniciante já o levara a compor em pleno período serial suas *Impressões de uma usina de aço* para orquestra. Sucedendo também a um famoso *Canto de amor e paz* para orquestra de cordas, de 1950, a *Sinfonia nº 4* foi composta em 1953, em plena floração de sua fase nacionalista/socialista, incluindo no movimento final um coro de exaltação da paz, tema stalinista por excelência.

Já no início do breve primeiro movimento, proclamando em tom festivo um tema enérgico e propulsivo de forte caráter rítmico, encontramos o voluntarismo hercúleo tão característico dos *Allegros* sinfônicos de Santoro. Vasco Mariz pondera, em sua biografia do compositor (*Cláudio Santoro*, Civilização Brasileira, 1994), que "seu idioma musical na época [da *Quarta*] repousava na construção da linha melódica: Santoro usou frequentemente temas longos, longuíssimos mesmo, ao passo que Villa-Lobos era mais rapsódico e Camargo Guarnieri se inclinava para as variações." Mas se a índole do sinfonismo santoriano é eminentemente melódica, são antes células temáticas curtas ou motivos breves que se sucedem e enfileiram em constante e inquieta mutação.

Esse princípio da alternância, levado também à estruturação dos movimentos principais, desta como de outras obras, configura-se no *Allegro* inicial da *Quarta* com a introdução periódica de seções mais líricas que abrem espaço para as madeiras, ao passo que nos momentos de expansividade os metais e a percussão é que têm o apoio das cordas. Aplicado também no *Allegro molto* que abre a *Nona*, ele priva a música daquela sensação de exploração proliferante e inesperada que está na índole da forma sonata — ou, simplesmente, na imaginação do compositor.

O *Lento-Allegro-Lento* central da *Quarta Sinfonia*, seu movimento mais longo, é uma bela e serena meditação de leve tonalidade melancólica, em que um curto interlúdio de marcada acentuação rítmica brasileira confere caráter saltitante ao mesmo tema trabalhado desde o início. O discurso verticaliza-se, a paleta instrumental é trabalhada finamente e o tema retorna no fim em clima de rasga-coração, até uma conclusão *morendo*.

O *Allegro moderato e deciso* final, partindo de um enunciado em uníssono — outro recurso favorito de Santoro —, retoma o temperamento proclamatório e propulsivo antes de introduzir, com um *fugato* nas cordas, o coro que justifica o título de *Sinfonia da Paz*: um poema de Antonieta Dias de Morais e Silva, antecedido por uma frase tomada de empréstimo a Stálin: "Os homens tomaram em suas mãos a defesa da Paz" (este empréstimo é mencionado em declaração de Santoro a sua primeira mulher, Carlota, em manuscrito citado pela professora Cláudia Caldeira Simões em sua dissertação de mestrado na UFRJ sobre a *Sinfonia nº 10*, 2004).

Deixo ao leitor a curiosidade de avaliar o clima e as belezas desse canto apoteótico, bem típico de um estilo de época. Entre uma e outra intervenção do coro, alguns melismas bem brasileiros e um tema tipicamente villa-lobiano, após a segunda estrofe do poema.

A *Sinfonia nº 9* foi composta em 1982, depois de um longo hiato sinfônico (a *Oitava* é de 1963) e de um período em que Santoro enriqueceu seu cabedal com experimentações eletroacústicas e de micropolifonia no exílio musical-político na Alemanha (onde ensinou entre 1970 e 1978 em Heidelberg-Mannheim). No encarte desta gravação lançada aqui pela Biscoito Clássico (sobre captação feita em fevereiro de 2002, na Sala São Paulo, pela BIS sueca), o maestro Silvio Barbato, discípulo de Santoro, lembra que a abertura política iniciada quatro anos antes no Brasil o motivara a voltar ao empreendimento sinfônico; mas, por via das dúvidas, "após refletir sobre o poder simbólico das *Nonas Sinfonias*" (a última do cânone de vários compositores, depois de Beethoven...), Santoro resolveu encetar a composição simultaneamente com a da *Sinfonia nº 10*, "para enganar a morte".

Uma reiterada citação da *Nona* de Beethoven marca a conclusão da obra, em quatro movimentos. O *Allegro molto* inicial é antecedido de um breve *Andante* (à maneira de Haydn, lembra Barbato) de caráter soturno, preparando em clima de suspense e expectativa o torturado corpo central do movimento, no qual se renova a alternância da afirmação conflituosa, entre frequentes *martelatos*, com paisagens mais serenas. Uma certa impressão de gesticulação sem rumo é interrompida, depois de aparente citação de Prokofiev (6:39 da faixa 5), por um *fugato* que conduz a uma interrogação agoniada em *crescendo* no *tutti*.

Nova introdução em uníssono das cordas (graves) para o *Andante* do segundo movimento, também banhado num clima agônico voltado para um "por vir" que não chega ou passa rápido. O interregno de animação prokofieviana do *Scherzino* seguinte não engana: continuamos imersos num sentimento atormentado, com seus ritmos e ostinatos obsessivos e a retomada dos *martelatos* percussivos.

O *Allegro* final reforça a impressão geral de angústia inconformada da *Sinfonia* como um todo. Interpretação magistral da Osesp, captação sonora ideal. O CD é completado por duas manifestações do Santoro mais leve e animado: o bem brasileiro *Ponteio* para orquestra de cordas, de 1953, e, do mesmo ano, o sensacional *Frevo* para piano que seria orquestrado em 1982.

Opinião e Notícia, 11 de setembro de 2006

ÓPERA

Bellini, irrelevante?

— *Ué, você não tinha desistido de ópera no Rio de Janeiro?* — pergunta o melômano *relax*, na saída do Municipal, ao dar com o amigo ranheta, que há muitos anos não se conforma por não encontrar ali a matéria-prima incontornável do gênero: grandes vozes.

— É, mas eu tenho esse fraco por Bellini — ou essa curiosidade sempre renovada: como é que ele consegue tocar fundo com recursos tão simples... E há a pureza do canto e da melodia... eu quase ia dizendo infinita.

— *Você sempre teve queda por compositores subestimados.*

— Pelos compositores felizes. Prefiro ser surpreendido pela inocência à primeira vista menos densa de um Haydn, um Mendelssohn ou um Johann-Christian Bach do que arengado por Mahler e Wagner... Questão de clima anímico.

— *E então?*

— Bom, esses **Capuleto e Montéquio** nunca me convenceram muito. Você sabe que são um remanejamento de uma ópera que fracassara um ano antes, *Zaira*. Falta alguma coisa. Pode ser inspiração, pura e simplesmente.

— *Mas Romeu e Julieta raramente foram retratados com tanta finura. Tudo que a soprano e a* mezzo *cantam...*

— É sublime, concordo, e o dueto do primeiro ato renova o milagre belliniano da emoção brotando inesperada de uma linguagem convencional. O do último trabalha com material inovador, com o uso dramático dos silêncios. Mas falta aquele *frisson* do inesquecível, a pungência da *Sonâmbula* ou da *Norma*, a força dos *Puritanos*. Faltam as árias que pegam pelo pé e dão um nó no gogó — da gente, não dos cantores!

— *O coro tem um papel bem interessante.*

— Verdade, e o do Municipal sempre dá conta do recado. É um prazer ouvi-lo e poder contar com ele, um dos valores sólidos da casa.

— *O teatro está apostando nos cantores novos da terra. Isto é bom.*

— Muito melhor que as vozes importadas cansadas ou provincianas que estavam virando rotina.

— *A Celinelena Ietto em Giulietta mostra que é uma belcantista fina, apesar de um timbre de pouca distinção.*

— A entrada dela no "*Oh, quante volte*" do primeiro ato foi esplêndida. Cantou num *pianissimo* impalpável, num registro mavioso que compunha lindamente a fragilidade do personagem. Entonação firme também, sentimento verdadeiro da textura emocional...

LA SONNAMBULA

— *E não faltaram os agudos...*

— Nos quais o Romeu da Carolina Faria mostrou certa dificuldade. Mas é ela a minha favorita, uma linda cantora, com um registro médio opulento e cheio de refrações harmônicas, uma vibração e um engajamento que já são boa parte do caminho andado. Bela presença física e de palco também.

— *Como aliás o Tebaldo de Marcos Paulo, que no entanto tem problemas de homogeneidade e tende a gritar um pouco.*

— Valeu mais a pena do que em qualquer outra montagem de anos recentes. A encenação também é feliz, acompanhando com sensibilidade e sem pretensões delirantes a índole cênica e musical da ópera. Belas soluções dessa Ana Kfouri, como o dimensionamento do drama em todo o espaço ao redor do público e a "cena do balcão" (o camarote presidencial) inventada no primeiro ato, com as projeções dos rostos de Romeu e Tebaldo.

— *Quer dizer então que voltamos a te encontrar por aqui de agora em diante?...*

— Uma coisa é certa: as vozes estão aí, nascendo, sendo cultivadas, o que no mínimo demonstra que Bellini e Verdi e *tutti quanti* são relevantes hoje. Continuo achando que, só três ou quatro vezes por ano, a ópera não tem como florescer numa cidade. Vendo o público eminentemente curioso e sem tradição que estava no Municipal neste sábado, podemos pensar duas coisas: que é bom que novos públicos venham e que é ruim que eles não possam ser verdadeiramente seduzidos pela regularidade e a qualidade transcendente...

— *É, você não se corrige mesmo..*

— !...

Opinião e Notícia, 24 de julho de 2006

Melhor de ver que de ouvir

O enredo é ingênuo, os personagens são silhuetas, a peripécia é linear e o drama, raso. *La Sonnambula* não sacode paixões nos teatros, mas não é à toa que ficou no repertório. Tem uma tão encantadora leveza melódica e dá tão generoso espaço ao canto italiano mais puro que convida civilizadamente à *suspension of disbelief.* Na nova produção do Teatro Municipal que estreou sexta-feira, o convite ficou irresistível: com admirável talento para instigar sem ser invasivo, o encenador inglês Aidan

Lang visita o mundo de porcelana de Vincenzo Bellini e seu libretista Felice Romani com imaginação pudica incrustada num empenho de conceituação psicanalizante que redimensiona discretamente a obra sem violentá-la.

A história da mocinha de uma aldeia da suíça italiana do início do século XIX que quase arruína seu casamento por ser apanhada em divagação sonambúlica no quarto de um estranho tinha na época da criação, em 1831, uma conotação de curiosidade quase científica. No texto do programa, Lang expõe sua visão dos anseios e frustrações que impregnam o imaginário dos aldeãos pelo viés dos postulados freudianos e do inconsciente coletivo junguiano. Interessante, nada absurdo, mas o principal é que seu projeto cênico funciona fluentemente.

Lang e seu cenógrafo e figurinista Lez Brotherston sofisticaram viscontianamente o visual da aldeia e de seus pequenos-burgueses. Embora a referência invocada seja o pintor Paul Delvaux, com suas figuras humanas hieráticas em espaços misteriosos, é antes no mundo de inquietante banalidade de outro surrealista belga, René Magritte, que parecemos ver os homenzinhos acanhados e cheios de sustos, com suas roupas convenientemente escuras e seus chapéus-coco. O tratamento cênico inteligente dado ao coro, coisa rara, completa o quadro de feliz recuperação da relativa inanidade dramática da ópera.

Mas há, claro, os protagonistas: Amina, soprano *coloratura*, seu noivo Elvino, tenor, a despeitada Lisa, soprano, o conde Rodolfo, o baixo em cujo quarto (leito, na atual montagem) Amina é encontrada. Seu *habitat* é a cantilena elegíaca, o floreio *belcantista* e sobretudo o *arioso* — o jeito cantante de conversar, a um passo da ária que vem a qualquer momento, geralmente introduzida por um arpejamento instrumental de simplicidade que espelha o papel secundário atribuído à orquestra. A meticulosa joalheria vocal é que dá humanidade a esse mundinho. Bellini transformou as exigências do *star system* de sua época em meio expressivo: compunha para cada personagem de acordo com as possibilidades dos cantores previstos. Em troca, o que as Pasta, os Rubini, as Malibran e as Grisi lhe davam era o céu do poeta musical, e no céu não importa se Elvino duas vezes traído e o sonambulismo numa ponte quebrada fazem sorrir.

No elenco reunido no Municipal ninguém chega perto do céu, e globalmente a aventura, se pode ser envolvente para os menos exigentes, chega a ser penosa para quem conhece a defasagem entre a aparente simplicidade dessa música e as capacidades técnicas e expressivas gigantes-

ACIS E GALATEIA

cas que requer dos cantores, a serem manifestadas além do mais como se sussurrassem descuidadamente. Os homens se sobressaem. O argentino Raúl Giménez, tenor lírico de brilhante carreira internacional, faz um Elvino maduro e nada ingênuo na aparência e na atitude, mas vocalmente nuançado, tecnicamente seguro, embora nos momentos de projeção mais forte o timbre tenha endurecido um pouco. Seu canto *piano* é um prazer. O jovem baixo uruguaio Erwin Schrott vem despontando desde sua sensacional vitória no Concurso Carlos Gomes na Escola de Música da UFRJ no Rio, em 1998, seguida do primeiro prêmio no importante Operalia do mesmo ano. Produz um som cheio, firme e quente que ajuda a delinear psicologicamente a figura do conde. Rosana Lamosa é uma Amina cenicamente atraente, mas muitíssimo distante, nos recursos vocais e na capacidade de nuançar, da aura mágica do *bel canto*. Se pensarmos que o espetáculo repousa em seus ombros... Nenhum deles saboreou os recitativos e *ariosos* como gostaria de ouvir um belliniano, nem a orquestra regida por Luiz Fernando Malheiro exagerou na delicadeza.

Jornal do Brasil, 27 de agosto de 2001

A ópera barroca como festa

Se a música existe para emocionar, elevar, aproximar e fazer felizes as pessoas, a abertura da temporada Concert Hall na Sala Cecília Meireles, no sábado, superou toda expectativa. A casa cheia esperava naturalmente, de William Christie e seus Arts Florissants, uma versão impecável, amorosa e criativa de **Acis e Galateia**, a pequena joia de pastoralismo operístico composta por Händel em 1720, para um salão aristocrático do Middlesex inglês. Talvez ainda não tivesse constatado com tanta gratidão que o movimento dos músicos *barroquizantes* iniciado há uns quarenta anos, decisivamente impulsionado nos anos 1970 e com o advento do CD, está no limiar de uma terceira geração. Tal como encarnada no regente americano-francês e em sua equipe, esta nova etapa significa, além da aventura já em si exaltante de revivificar músicas e estilos, a transformação desse desafio num prazer.

Christie e seus instrumentistas e cantores incendiaram a sala com luz, cores e plenitude musical não vistas ali desde a passagem há um ano de outro mestre do barroquismo. Daquela vez, em outro diapasão, era Philippe Herreweghe com a *Paixão segundo João* de Bach. Anteontem, foi a vez de um compositor que costuma ser contraposto a Bach pelos

ACIS E GALATEIA

que consideram caber a este a profundidade, ao outro, a pompa superficial. Mas *Acis e Galateia* ocupa uma posição especial na obra de Händel. Entre o esplendor solene e o drama rebuscado das quase quarenta óperas e numerosos oratórios, o *Caro Sassone* detinha-se aqui num "idílio arcádico" (Carpeaux) de proporções menores e certeira mira nos objetivos almejados de suave expressividade.

Uma história da mitologia siciliana, adaptada, através de Metastasio, por John Gay entre outros — o mesmo Gay cuja *Beggar's Opera* contribuiria alguns anos depois para a desgraça empresarial do produtor de óperas Händel. O pastor Acis ama a ninfa Galateia, que é voluptuosamente cobiçada pelo gigante Polifemo. Esmagado por uma pedra lançada pelo poderoso rival, Acis será transformado por Galateia em fonte de água eternamente corrente.

Nesse clima de graça inocente, a sucessão de árias *da capo* (retomada da primeira parte depois de cantada a segunda), coros e algum dueto ou trio combina em tonalidades pastel ternura e tragédia (os amantes), sensualidade e humor (o gigante). Händel já caracteriza com precisão os personagens no andamento, no ritmo e no tom das árias introdutórias de cada um. E incumbe a pequena orquestra de um descritivismo encantador: Galateia dirige-se aos pássaros e as flautas trinam, os violinos gorjeiam; o gigante se aproxima, e o coro se agita como se seu passo sacudisse o solo que pisa.

Ficou famosa a reorganização mais colorística do efetivo orquestral de *Acis e Galateia* feita por Mozart. Do original anteontem ouvido na Sala, foram-se as clarinetas que tornam mais pungentes ainda as intervenções em que Galateia compara seu amor ao dos pombos ou lamenta a morte do amado; a trompa que torna mais heroico o desafio do pastor ao gigante (*"Love sounds th'alarm"*). Mas não havia espaço para lamentar ausências, tal a suculenta vividez do espetáculo montado pelos Arts Florissants.

Dois violinos, duas flautas doces, dois oboés, um fagote, dois *cellos*, um contrabaixo, uma tiorba e o contínuo no cravo e eventualmente no órgão. Sete cantores no coro, entre eles os solistas. Christie organizou esses efetivos reduzidos em função da clareza da articulação e da informalidade imaginosa. A parte vocal, em especial, impressionou. Por um lado, a leveza, o colorido, a transparência, a vivacidade rítmica e a precisão de ataques das vozes reunidas. Por outro, o engajamento dos solistas, destacando-se a beleza radiosa e o senso de *wonderment* de Sophie Daneman como Galateia, o tenor claro e límpido de Paul Agnew (Acis) e Alan Ewing como Polifemo, voz volumosa e bem projetada sem pre-

IFIGÊNIA EM TÁURIS

juízo da palavra e da nuança. Aplausos delirantes, felicidade de ouvir músicos tão felizes.

Jornal do Brasil, 20 de abril de 1998

Ao largo da nobre emoção

Clareza e compreensão (primazia, até) do texto, força do drama e da emoção através da música. As metas de Gluck em sua diamantina mas ardente *Ifigênia em Táuris* não têm primazia no espetáculo de Wuppertal apresentado no Teatro Municipal do Rio e centrado em coreografia de Pina Bausch: escolha da versão alemã de uma ópera que é a culminância da tragédia lírica francesa reformada, cortes abundantes (inclusive de personagens) em nome da fluência. E, naturalmente, a atenção concentrada no olhar: se o tempo em decurso é o elemento da música, a dança quer apreendê-lo ou dispersá-lo no espaço. Dessa sarabanda do azeite com a água, o Municipal não sai podendo dizer que quebrou a dieta exclusiva de *Orfeu e Eurídice* em seu repertório gluckiano.

Também ficam devendo os intérpretes musicais. *Ifigênia* maravilha o mais distraído observador pelo equilíbrio prodigioso entre o classicismo marmóreo e a intensidade da expressão. É uma ópera de fervor e nervuras, heroísmo e ternura. Não existe sem submeter o espectador (ou seria o ouvinte?) a este impacto do gelo que queima sob o fogo que chamusca. É preciso um coro — especialmente feminino — focalizado sob a transparência: os sopranos do Municipal estão espessos, e gritam quando Ifigênia tem seu arroubo de autocomiseração ("Oh, desgraçada Ifigênia!") no primeiro ato. É necessária uma orquestra ágil, presente, aparteadora, que só ouvimos anteontem aqui e ali (a tempestade inicial prometia coisas melhores). É preciso um andamento, um passo, um elã que parecia contido pelo regente Jan Michael Horstmann para atender delicados equilíbrios que se desenrolavam no palco. E solistas de emissão heroica mas maleabilidade expressiva, cantores capazes de comover em alexandrinos — paradoxo que é a essência deste apogeu do classicismo-quase-romantismo. Os de Wuppertal têm o estofo de dignos artistas de província alemã (o que pode ser muito), com alegrias proporcionadas pela Ifigênia de Christine Brewer, sã de voz e clara no ataque, dentro de uma tessitura proibitivamente alta quase o tempo todo, mas sem a vulnerabilidade do personagem. Sem sua humanidade, à imagem de um espetáculo do ouvir vampirizado pelo ver, em detrimento do sentir.

Jornal do Brasil, 16 de agosto de 1997

A mãe de todas as óperas

Imagine-se uma corte italiana em 1607, uma música que ainda tem um sabor antigo, com um pé no Renascimento, mas já se articula e projeta de uma forma que é *moderna*, entrando no barroco. Por trás das coxias, um cenáculo de poetas e músicos que decidiu oferecer, num palco, algo mais vívido e próximo da audiência que uma série de cenas alegóricas emaranhadas em contraponto e polifonia vocal, que eram então o hábito. A época é do teatro de Shakespeare ou Lope de Vega, e, na música, dos madrigais, do funcionalismo religioso ou palaciano, da festa, da dança e quase só. A música ainda hesitava em viver e alçar voo por si mesma, pelo prazer da fruição e do intelecto, ou pelo gosto do teatro. E apenas engatinhava na arte de refletir as emoções humanas — os afetos, como se dizia então. O tema escolhido para a ocasião, nesse nascimento da ópera (nome que só surgiria trinta anos depois), não podia ser mais apropriado: um dos mitos mais antigos da imaginação ocidental, a história do bardo Orfeu e sua descida ao inferno para recobrar das sombras a amada Eurídice — morta —, graças ao poder de sua lira, a música.

Orfeu, a "fábula em música" de Claudio Monteverdi (1567-1643), primeira das óperas que ficaram no repertório, sobe amanhã e no sábado ao palco da Sala Cecília Meireles. Rara iniciativa de uma montagem de ópera barroca no Rio de Janeiro, a produção da Funarj chega em condições altamente convidativas. Quem está à frente é um músico há alguns lustros convivendo intimamente com as músicas antigas, o cravista Marcelo Fagerlande, que já montara ano passado um *Orfeu* com equipes da Escola de Música da Universidade Federal do Rio de Janeiro, e em outras temporadas um *Dido e Eneas* de Purcell. No primeiro ensaio geral, anteontem, ele parecia calmamente eufórico, se é possível, e sintonizado com a delicadeza do universo sonoro a que dá materialidade — "grande música de câmara", diz. "Se o italiano fosse uma língua morta poderia ser reconstituído", entusiasma-se Fagerlande, falando do íntimo casamento da palavra e do canto — algo em que *Orfeu* é um primeiro marco histórico. E explica: quando um personagem fala dos *"amorosi affari"*, as mínimas e semínimas caem no lugar preciso para dizer a beleza da língua italiana pelos séculos dos séculos.

Os cantores precisam muitas vezes afinar sua arte para *descer* a essas delicadezas, e o papel do diretor musical é calibrar aqui o *vibrato*, ali a ornamentação. Fagerlande vibra com as manifestações do instinto dramático na música de Monteverdi, trançada em uma malha de motivos que retornam em diferentes momentos, associados por exemplo ao personagem de

Eurídice, e em meio a um meticuloso trabalho de timbres instrumentais que também respondem às inflexões do drama. Sentado ao cravo, que divide com Sula Kossatz, ele dá as entradas aos cantores em estreita associação com o *spalla* dos violinos (antigos, como todos os demais instrumentos). Este é Luís Otávio Santos, o homem das terminações de frases.

Terminações, cadências, repouso, trabalho com o ritmo para alcançar o "cantar falando" monteverdiano. Todos os cuidados infinitesimais fazem o maestro lembrar-se de um mestre, Gustav Leonhardt, também ele cravista e regente, que deixou algumas lições em conversa no Rio de Janeiro ano passado: "Leonhardt costuma dizer que reger é fácil, tocar cravo é que é difícil. Para mim, ele quer dizer que no cravo temos o controle de tudo, da mente para os dedos, ao passo que lidando com tanta gente numa montagem cênica é preciso mais, é preciso contagiar os outros. Este é que é o bom maestro: aquele que é capaz de transmitir sua visão e seu entusiasmo."

A reconstituição do clima cênico e poético daquela distante corte de Mântua cabe a Alberto Renault, que ano passado montou A *violação de Lucrécia*, de Benjamin Britten, na mesma série Ópera na Sala. Ele dispõe, num espaço que não nasceu para o teatro mas se adapta a ele, de um elenco de quinze personagens, um coro e músicos com seus instrumentos em grande parte exóticos, hoje: dois cravos, um violoncelo, um contrabaixo, um órgão e uma tiorba fazendo o baixo contínuo, mais cordas e sopros reunidos para algumas sinfonias e *intermezzi* festivos ou melancólicos, e em fanfarras de típica efusão barroca. Mas o efetivo total é menor que o dos trinta e tantos músicos reunidos por Monteverdi na primeira encenação.

Renault, um perfil mais nervoso ao lado da fleuma quase leonhardtiana de Fagerlande, dispôs os músicos no palco e projetou parte da ação na plateia. Um pouco para superar um certo estatismo que poderia derivar das dimensões pequenas da cena, mas também, precisamente, para evocar o ambiente palaciano original, no qual a presença dos instrumentistas tem sua própria beleza e teatralidade. Olhando para trás em direção ao pastoralismo às vezes "moralizante" do tema, ele quis também sacudi-lo um pouco, expondo a carga ritual do mito primitivo. Neste sentido, aponta os "contrastes barrocos" de que todos ouvimos falar desde os tempos da escola, e que na obra-prima de Monteverdi têm nome "profano e sacro, Deus e carne, culpa e prazer — paralelamente ao limite tênue entre madrigal e oratório, entre recital e teatral".

Algum sangue vai rolar no palco, mas o clima deverá ser de envolvimento suave, não fosse a música o que é. Renault também fala da inutilidade de violentar a ópera com interferências brutais ou inopinadas. O que não quer dizer que seus pastores, ninfas e deuses não ofereçam (e sejam apanhados em) surpresas. À frente deles, vocalmente, estará o tenor inglês Joseph Cornwell, veterano de duas montagens desta ópera, em Oslo e Boston. Ele se diz perfeitamente à vontade na tessitura de tenor baixo em que assenta o papel. E feliz com a maior variedade expressiva do estilo "recitar cantando" em Monteverdi, comparado com o antecessor Jacopo Peri, autor, sete anos antes, de uma *Euridice* que Cornwell também já incorporou a seu repertório. Eurídice será Carol McDavit, uma das sopranos mais procuradas e, em seu registro, uma das vozes mais puras em atividade no Brasil. Os sopros do conjunto canadense Les Sonneurs completam a equipe de onze músicos brasileiros.

Jornal do Brasil, 29 de julho de 1998

Monteverdi honrado. Transcendido?

O *Orfeu* de Monteverdi é uma obra de equilíbrios delicados, resumidos no misterioso encanto de uma música que se submete às inflexões do texto e do drama para melhor dizer as emoções. Ao mesmo tempo protagonista e servidora, ela evolui em fronteiras oscilantes, entre a harmonia modal e a tonal, o *arioso* e o recitativo, o tempo narrativo e o dramático; a principal das indecisões — entre o "recitar cantando" e o "cantar falando" — era na realidade uma escolha, geradora de tantas matrizes na história da ópera. Para nós, além disso, o mito do bardo que desce ao inferno para resgatar a amada é evocado com intensidade trágica por meios que eram extremos e inovadores naquele alvorecer barroco em 1607, mas hoje requerem um esforço de readaptação da sensibilidade.

O milagre necessário para este resgate é aflorado, sem ser proclamado, na montagem da Sala Cecília Meireles. Num dispositivo cênico simples e eficaz, que renova sem poder transcender muito os mesmos desafios (de espaço) da *Violação de Lucrécia* do ano passado, Alberto Renault colore de toques telúricos as etapas iniciais da felicidade de Orfeu e o pastoralismo festivo dos primeiros atos. Mas seu maior desafio, vencido com uma espécie de contida irreverência, era sustentar um interesse crescente nos três últimos atos (reunidos após o único intervalo na produção da Funarj). Depois do anúncio da morte de Eurídice, a trajetória atormentada do herói desce a tonalidades e orquestração mais escuras, acompanhando solos às vezes longos; o cravo cintilante dá mais espaço ao órgão dolente no baixo-contínuo — um dos achados infinitesimais da

COSÌ FAN TUTTE

direção musical de Marcelo Fagerlande. Essa interiorização da emoção sustenta-se bem no desempenho de Joseph Cornwell, sem especial carisma vocal mas claro na projeção e na articulação, heroico na presença. Renault tece uma solução surdamente impressionante para o ponto culminante da ópera, a intervenção das fúrias separando o herói da amada na volta dos abismos. A trajetória de busca e sublimação descrita desde o confronto com Caronte culmina, na subida ao regaço de Apolo, com um remate sexuadamente *aberto*.

Os desafios a serem vencidos por Marcelo Fagerlande na regência e no contínuo não eram menores. Ele alinhou um efetivo orquestral modesto em comparação com os trinta e seis músicos reunidos por Monteverdi, mas nessa música o rendilhado sonoro é tão importante quanto o *éclat*; este estava assegurado pelos sopros deliciosamente ácidos do conjunto canadense Les Sonneurs, festivo mas elegante nas fanfarras; aquele mereceu um trabalho de preparação que fala musicalmente de homogeneidade, coerência e velada emoção. O comentário tristonho da *sinfonia* após a intervenção funesta da Mensageira no segundo ato, as ondulações encantatórias da harpa no acompanhamento da ária central de Orfeu, *Possente spirto*, e no *ritornello* que se segue, ou a simples força sonora do baixo em tantos momentos dão testemunho da intuição monteverdiana de Fagerlande. Pena que a pausada solicitude evidenciada nos *intermezzi* instrumentais e em tantos fins de frase não se incorporasse também à vocalidade dos solistas. A modelagem voluptuosa da declamação cantada não está presente a maior parte do tempo, tem-se a impressão de um tempo mais cursivo que o desejável. Imposição das necessidades cênicas? Insuficiente familiaridade dos cantores com o idioma? Num elenco coeso sem ser brilhante, a Mensageira de Joana Thomé e a Esperança de Paulo Mestre foram particularmente notadas. Contribuição sólida e burilada das vozes do Coro Calíope, talvez o prazer menos ambíguo deste *Orfeu*.

Jornal do Brasil, 1º de agosto de 1998

Mozart sem o seu subtexto

Símbolos cariocas da transitoriedade, o Copacabana Palace e o marrulho volúvel das ondas do mar predispõem favoravelmente para as inconstâncias amorosas de **Così fan tutte**, na encenação ambientada em 1913 que o americano Leon Major propõe no Teatro Municipal com o maestro Fábio Mechetti, em seu primeiro passo efetivo como diretor musical da casa. A superfície frívola da obra-prima de Mozart-Da Ponte, em monta-

COSÌ FAN TUTTE

gem originada na ópera de San Diego, é elegantemente perlustrada no cenário único de Marcos Flaksman, nas cores suaves da iluminação de Maneco Quinderé, no humor sem ênfase de uma direção cênica apenas funcional. Mas *Così* não vive sem seu inquietante subtexto sob a paródia farsesca, e esse equilíbrio delicado dificilmente poderia ser honrado nas condições de semi-improvisação da atual contingência brasileira.

Não obstante as qualidades da produção — que em alguns *ensembles* e duetos se somam e fundem numa verdadeira entidade teatral —, é sempre dolorosa essa impressão de eternamente recomeçar do zero, no Rio operístico, para plateias sem referencial permanente. A orquestra do Teatro, para início de conversa, estava letárgica e espessa na estreia. Mechetti pôde aqui e ali rebuscar nas maravilhosas texturas dos sopros a carne viva da emoção, mas não teve espaço para murmurar os perturbadores segredos mozartianos. Quantas vezes a hesitação rítmica ou na pura e simples marcação do tempo se sobrepôs ao sonho de uma inflexão sutil ou surpreendente? Como sondar Mozart assim, quando é a música, aqui, que exprime o inexprimível?

Se o drama dos corações feridos pouco chega a ser sugerido, a comédia é bem levada por um elenco homogêneo, sem relevo. Este se manifesta mais claramente no Ferrando vocalmente nuançado do tenor Fernando Portari, na segura presença cênica do barítono François Loup como Don Alfonso, na Despina divertida sem exageros de Kathleen Brett. Stephen Powell faz um Guglielmo mais apagado; é ao lhe dar a réplica em *"Il cor vi dono"*, momento culminante da verdade sob a ironia, que Regina Elena Mesquita confere dimensão à sua jovial e perplexa Dorabella, desconfortável nos grandes saltos de *"Smanie implacabili"*. Barbara Shirvis, Fiordiligi igualmente *ajudada* por Mozart no seu dueto revelador com Ferrando, é um soprano agradável no meio da tessitura mas aquém das exigências vocais e passionais de *"Per pietà"*.

Como a ópera no Rio parece sempre buscar a "popularização" junto a plateias sem história nem memória, eu não desejaria dissuadir ninguém de ir ver este *Così*. A música e as vozes unidas num quinteto como *"Di scrivermi ogni giorno"*, transpostas do ideal da pauta para a realidade de uma cena, nunca deixam de pelo menos evocar a possibilidade do sublime — ou lembranças de outros carnavais. Mas quem ama nesta ópera a quintessência do que há de mais requintado em camadas seculares de arte ocidental terá de se contentar com mais Da Ponte do que Mozart no palco do Municipal.

Jornal do Brasil, 11 de junho de 1999

Uma *Flauta* sem ressonância

A figura muda e atenta de um Mozart quase-menino passeia pelas cenas da montagem da *Flauta mágica* estreada este fim de semana no Teatro Municipal. Compassivo ou divertido, desvelado sem interferir, ele encarna e resume, na concepção do encenador Moacyr Góes, o ideal de sabedoria respeitosa do livre-arbítrio desta sublime parábola maçônica — ou "a lembrança do que realmente sabemos", na feliz formulação (em outro contexto) de Bruno Furlanetto no programa da ópera.

O que sabemos: que A *flauta mágica* é a quintessência da maturidade na jovialidade (na biografia do compositor e na história da música), da beleza musical mais espiritualizada e das aspirações humanísticas mais elevadas num teatro do mundo que evolui alegremente no limiar da imaturidade e do erro. O que a presença da criança sábia nos lembra: que temos consciência, memória e discernimento; que já passamos por isto mas sempre retornamos ao ponto de partida; que queremos nos divertir como Papageno, mas aspiramos a mais e melhor, como Tamino e Pamina.

Nossa porção Papageno é razoavelmente contemplada no Municipal. O próprio passarinheiro era vivido na estreia por um barítono, Homero Velho, que foi uma das raras presenças vocais e cênicas felizes (a outra, o Tamino belamente mozartiano do tenor Luciano Botelho). Visualmente alegre, a montagem brinca com a colorida mistura estilística contida na própria obra. A fantasia briga um pouco, é verdade, com o tamanho do palco, tão certo é que a candura séria da *Flauta* — como a delicadeza filigranada da música de Mozart — pede espaço mais íntimo. Mas se a ingenuidade brincalhona ganharia com uma direção mais solta (e menos presa a atores-cantores sem grandeza), não é aí que reside o problema.

Ele está no nosso lado Tamino, que se lembra e espera. Ópera é teatro mas é a música sua razão de ser — e a voz humana no auge da glória catártica. Há cinco anos, um *Così fan tutte* neste mesmo Municipal já mostrava que, sobretudo em matéria mozartiana, recomeçar sempre do zero — orquestra sem leveza nem muito menos vividez, brigando com os cantores, vozes muito aquém do compatível — pode atender a plateias distraídas, mas não serve sequer às virgens. Estas, sobretudo, é que precisam da excelência para acreditar. Quando voltarem, vão de novo vibrar com as gracinhas de Papageno e Monostatos ou os agudos certeiros (mas horríveis) da Rainha da Noite, mas o elo não terá sido (re)estabelecido, porque o sublime e sua imantação passaram ao largo.

Jornal do Brasil, 19 de abril de 2004

Um *Baile* descartável

Com a nova produção de **Um baile de máscaras** que subiu ao palco nesta quarta-feira, o Teatro Municipal do Rio de Janeiro parece chegar ao fundo do poço da mediocridade e do estranhamento com as obras-primas do canto lírico. Nos últimos anos, mais de uma vez eu me senti compelido a ressalvar aqui a imperdível grandeza de maravilhas como o *Don Carlo* de Verdi (em 1998) ou *Così fan tutte*, de Mozart (1999), estimulando o público a comparecer, mesmo diante de prestações musicais e vocais aquém do esperável numa arte tão sofisticada. Desta vez, não escapam nem as duas garantias que há lustros constituem as migalhas salvadoras em nossa casa de ópera: a mensagem estética e emocional da própria obra, laboriosamente rebuscada pelos espectadores com mais memória, cultura ou imaginação, e a encenação, com os prestígios mais fáceis de cultivar dos cenários e figurinos que cativam os olhos e da função teatral.

A coisa chegou a um ponto tão desolador que cabe perguntar a quem se pensa estar enganando. Ao público, a julgar pelos aplausos muito chochos da outra noite, é que não. Como envolver e transportar com uma Amélia que mal dá conta da ária "*Morrò, ma prima in grazia*", no último ato, porque é a única que fica quase toda no registro vocal que ela consegue gerir em padrão aceitável? Como despertar o interesse e prender a atenção com um Riccardo hesitante, pálido e dado a destimbrar e desentoar, um Renato tão distante da grandeza em sua vociferação?

Os três principais solistas eram estrangeiros. Cúmulo da ironia, o quarto e o quinto papéis em ordem de importância e os dois comprimários de destaque eram defendidos na estreia com dignidade artística e encanto musical por cantores que podemos presumir brasileiros, mas sobre os quais não se encontra, além do nome, uma linha sequer no programa magro, incipiente e indigno vendido ao público da produção da Secretaria de Estado de Cultura. Rita Cammarano tem toda a leveza vocal, o colorido saltitante e os agudos certeiros de Oscar. Silvia Pasini percorreu com envolvente segurança, em seu timbre quente, os saltos desafiadores e o dramatismo visceral de Ulrica. Douglas Hahn e José Jeller foram sonoros e musicais como Samuel e Tom. Mas desde quando os coadjuvantes fazem uma ópera?

Se a direção musical passou a muitos quilômetros da emocionante riqueza da partitura de Verdi — para não dizer da pura e simples *mise en place* —, a encenação é de uma inanidade desconcertante, em sua opção pela abstração — ou antes, a inexistência — do cenário, na confu-

DON CARLO

são dos figurinos e da movimentação cênica, na monotonia chapada da iluminação...

Para o jornalista, é triste cair assim na pura e simples valoração, e tão negativa. Mas o espetáculo oferecido no Municipal desta vez passa longe demais do que é uma ópera de Verdi apresentada com um nível artístico que possa ser considerado mínimo.

Jornal do Brasil, 25 de junho de 2004

Beleza que encobre imperfeições

Don Carlo é obra da grande maturidade de Verdi, composta passados os 50 anos e antecedendo apenas *Aida*, *Otello* e *Falstaff*. Em sua orgânica integração de elementos de grandeza dramática e musical, é também um dos orgulhos do teatro lírico italiano em face das altas exigências da obra musical total wagneriana. A tragédia de Schiller que serviu de ponto de partida dá ao compositor amplo espaço para enveredar por temas que lhe são caros: o significado do poder e seus reflexos na personalidade humana, a tirania e a defesa dos oprimidos, a religião, o amor filial (ou a revolta contra o pai), a amizade viril, o amor-paixão. Compondo no molde da *grand opéra* francesa, Verdi transcende suas convenções de fausto e grandiloquência com uma riqueza na caracterização dos personagens e uma *necessidade* dramática que azeitam como raras vezes no gênero a desejada *suspension of disbilief*. Os protagonistas alinham todo o espectro das tessituras: soprano lírico-dramático, *mezzo-soprano*, tenor, barítono, baixo-barítono, baixo — todos com amplas possibilidades de solar, dialogar e *concertar* e se beneficiando de uma prodigiosa sabedoria na arte do *conversar cantando*. A riqueza melódica e os sortilégios orquestrais e harmônicos ostentados pelo compositor completam um quadro de envolvimento arrebatador que torna difícil explicar a relativa impopularidade da ópera.

Importada do Colón de Buenos Aires, a produção estreada anteontem no Teatro Municipal escora-se numa requintada concepção tradicionalista de Hugo de Ana. O universo da corte quinhentista espanhola é traduzido em cenários e figurinos realistas de esplêndido pictorialismo, refletindo em matizes velazquianos o claro-escuro da partitura. Colunas de altura imperial e imagens esmagadoras do Cristo dominam personagens que a encenação não se esforça por revitalizar por conta própria e subtrair ao quadro convencional do drama, pelo contrário. Seria uma montagem plenamente vitoriosa em sua proposta se nesse convencionalismo

DON CARLO

magnificente os intérpretes tivessem desde logo a necessária estatura vocal e cênica.

Não é o caso. Na estreia, com uma orquestra muitas milhas aquém dos esplendores verdianos, a chama custou a pegar. Fabio Armiliato, o Carlo, não transcende o físico pouco romântico com sua emissão dura e as quebras na voz (e, ao que parece, um resfriado pérfido). Giovanna Casolla (Eboli) confirma a impressão ingrata de seu metal agressivo e de sua empostação à antiga deixada na *Cavalleria Rusticana* do ano passado. Leona Mitchell, contida em seus excessos veristas em relação ao recital Verdi de 1997 no mesmo Municipal, ainda é uma Elisabeth aprisionada em posturas de diva. Só Roberto Servile entra em cena com garantias, não de carisma, mas de um barítono sintonizado com a nobreza de Rodrigo. Nos dois primeiros atos, as cenas de coro e multidão, nos jardins da rainha ou na praça do auto da fé, são manejadas com uma sofisticação e um senso do espetáculo que contrastam com o desenrolar sem real fibra dos duetos e cenas concertadas.

Até que entra em cena James Morris no papel central de Filipe II, num momento de inflexão decisiva da obra rumo a seus grandes transes. O baixo-barítono americano se afirma em cena magnificamente a partir do *"Ella giammai m'amò"* do terceiro ato, apesar de um timbre hoje menos soberano. A ópera evolui então (não obstante os decisivos encontros anteriores de Carlo e Rodrigo e de Rodrigo e Filipe) para os grandes confrontos que nos fazem voltar a ela sempre com tanto prazer e expectativa: Filipe em face do Grande Inquisidor (Dimitri Kavrakos, correto apenas), Carlo e Rodrigo no quadro seguinte, Carlo e Elisabeth no último ato. São cenas em que o jorro infindável do *melos* e da vocalidade mais verticalmente explorada, a flexibilidade expressiva e a força emocional das árias, duetos e *ensembles* e a capacidade de fazer da música e de sua estruturação concertante um *alter ego* dos personagens parecem resumir a magia de um gênero. Nessa dinâmica renovada, as regiões mais suntuosas da voz quente de Leona Mitchell ressaltam melhor, inclusive num *"Tu che la vanità"* de belos contornos.

Os doncarlianos convictos, em jejum no Rio de Janeiro desde 1951, não deixarão de conferir. Se você não conhece *Don Carlo*, não perca esta oportunidade. Neste mundo imperfeito em que a ópera é um luxo, vale a pena chegar cedo, tomar conhecimento do libreto (embora haja legendas em português) — lendo depois, em casa, o primoroso ensaio de Pola Suárez Urtubey que consta do programa —, esquecer as imperfeições e deixar-se levar. Se o idealismo do marquês de Posa, o frêmito louco da princesa Eboli arrependida, os elãs de anseio e sublimação de Carlo e

Elisabeth ou os embates de consciência de Filipe não lhe disserem nada, a culpa não é de Verdi, que construiu aqui um dos maiores monumentos à perenidade da ópera e ao gênio italiano.

Jornal do Brasil, 22 de agosto de 1998

A robusta seriedade do jovem Verdi

Os verdianos convictos relegam **Nabucco** à categoria das relíquias mais mencionadas que ouvidas, mas uma visita como a que o Teatro Municipal propicia desde quarta-feira é um passeio refrescante pela infância do gênio. O coro do Teatro agarra sua oportunidade magnificamente (e repete o *Va' pensiero*), robusto mas nuançado — nesta que é, ao lado de um *Moisés*, de Rossini, ou do *Boris Godunov* de Mussorgsky, uma das óperas corais por excelência. A produção, com figurinos de Paolo Bregni para uma montagem de 1982 (um raro remanescente do acervo da casa), enche os olhos e flui na encenação funcional de Iacov Hillel. Mas se o elenco de solistas fica em boa parte aquém das exigências heroicas da escrita do jovem Verdi, a pujança desordenada da invenção musical é uma constante redescoberta.

Nabucco é uma pepita ainda não lapidada, e sua irradiação principal é extramusical. Composta em 1842, é apenas a terceira ópera de Verdi, e mais que seu primeiro sucesso: um músico de 28 anos, sem muito tempo para a política, capturava instintivamente o *éthos* nacional de uma Itália dividida e dominada, invocando a submissão dos hebreus pelo monarca da Babilônia (inevitável lembrança do Salão Assírio do Teatro Municipal nos cenários de Hélio Eichbauer). A obra que se converteria em símbolo de um *Risorgimento* anunciado brotou como conquista pessoal depois do fracasso aniquilante de sua segunda ópera, a comédia *Un Giorno di regno*. Que ainda no último pós-guerra *Nabucco* tenha sido uma das óperas mais montadas na Itália — como, na Alemanha, o *Fidelio* de Beethoven, outro hino à liberdade — é um testemunho fulgurante de perenidade, considerando-se as asperezas da pedra bruta.

Não que as belezas não se ofereçam. Verdi orquestra como Rossini, desfia cantilenas como Bellini, cumpre à risca o *ra-tim-tum* de acompanhamento donizettiano e tem Mozart nos ouvidos ao abrir o segundo ato. Mas já traça com prenunciadora convicção um desses *ensembles* de fim de ato (o quarteto do mesmo II) que eram obrigatórios na época e que ele mesmo transcenderia — a partir dos anos 1850, como em *Macbeth* —, aprofundando e ao mesmo tempo diluindo sua estrutura e sua função na arquitetura dramática. Os próprios delírios de poder de Nabucco antecipam os de Macbeth (devaneio favorecido pela semelhança física do sólido Giancarlo Pasquetto, na produção do Municipal, com Sherril Milnes, o Macbeth da gravação de Riccardo Muti), e o dueto Nabucco/Abigaille no III já é puro Verdi na elocução autoritária e no empuxo irresistível.

Mas a força incontida da expressão é também o calcanhar de aquiles de *Nabucco*. Tanto heroísmo unidimensional — e com um libreto tão estapafúrdio — cansa rápido. Verdi pensa em convocar o *cello* para acompanhar liricamente um personagem, mas não se lembra de mantê-lo fiel, repartindo-o entre as imprecações de Zaccaria e as divagações paranoicas de Nabucco (pouca diferenciação vocal, por sinal, entre Pasquetto e o Zaccaria mais encorpado e também confiável de Carlo Striuli). As árias não têm o poder de caracterização e a individualidade que viriam mais tarde, amarradas às *cabalettas* e outras fórmulas cadenciais. E que pensar do *patchwork* desconchavado da abertura?

Os ataques e agudos expostos e a declamação prepotente de Abigaille não estão ao alcance da inglesa Susan Stacey, com sua voz sem distinção. O *mezzo* da chilena Mariselle Martinez tem zonas cheias e quentes na tessitura média, apesar do *vibrato* um pouco invasivo. O tenor brasileiro Ricardo Tutmann, que faz carreira na Alemanha, mostra presença e um timbre atraente como Ismaele. A Orquestra do Teatro Municipal é empunhada com convicção por Reinaldo Censabella.

Jornal do Brasil, 5 de novembro de 1999

Matar a sede de Wagner

Ópera que enche os olhos e os ouvidos, ópera-afresco com movimentos de massa abrindo alas para o coro — tido internamente como o grande trunfo do Teatro Municipal do Rio — e suntuosa movimentação cênica. Este tem sido um critério central da direção do TM nas últimas temporadas, com as montagens de *Don Carlo, Nabucco, Simon Boccanegra* e já agora, pulando da Itália de Verdi para a Alemanha de Wagner, *Tannhäuser*, que estreia sexta-feira para cinco récitas.

A prioridade *Grand Opéra* coral é tão arraigada, ante a dificuldade de reunir grandes solistas e obter os melhores resultados na orquestra, que há quem jure que a montagem de *Nabucco* em 1999 foi "decidida" pela corporação coral. Eram eles, os membros do coro, que dias atrás entravam disciplinados no palco para ensaiar o pomposo fim do segundo ato

TANNHÄUSER

de *Tannhäuser*, com trompetes nas coxias e harpa num camarim acompanhando as vozes maciçamente trabalhadas (e ainda por nuançar) e os solistas masculinos do concurso de menestréis da mitológica fábula medieval wagneriana.

É esta apenas uma das várias cenas de magnificência teatral e vocal a revestir música que ainda é, por assim dizer, quase wagneriana. Em *Tannhäuser*, obra de um compositor de 31 anos, o recitativo apenas aspira a integrar-se no fluxo musical, sem chegar a fazê-lo, o drama (já estático, ou eminentemente *interior*) ainda se divide em árias, duos e conjuntos bem tipificados, a coloração orquestral já é inconfundível sem tocar ainda as franjas do cromatismo tristanesco que viria vinte anos depois. Para caracterizar ainda mais a opção pelo jovem Wagner, é a "versão de Dresden" que estará sendo apresentada no Municipal, explica o maestro suíço Karl Martin.

Composta em 1845 para a ópera de Dresden, *Tannhäuser* sucede aos primeiros ensaios wagnerianos (*As fadas*, *Proibição de amar*, *Rienzi*, *O navio fantasma*, sua última obra ouvida no Rio, em 1986) e antecede *Lohengrin* e a revolução de *Tristão e Isolda* (1865) e do *Anel dos Nibelungos*. Mas, assim como no prolongado e reiteradamente revisto caso de amor entre Verdi e *Simon Boccanegra*, a montagem francesa de *Tannhäuser* dezesseis anos depois, em 1861, levou Wagner não só a incluir a cena de dança que era tradicional na Ópera de Paris, embora no primeiro e não no segundo ato, como a burilar e aprofundar uma obra a que se havia afeiçoado particularmente.

Essas modificações direcionam os trechos alterados na versão parisiense para sofisticações harmônicas e orquestrais que os aproximam da nova música contida em *Tristão*, que estava sendo gestado. É uma versão que pode ser mais apreciada precisamente por este enriquecimento. Mas Karl Martin se alinha entre os que veem aí uma heterogeneidade estilística que deixa saudoso da maior pureza da versão original. "Prefiro a versão de Dresden porque a música da versão parisiense foi escrita muitos anos depois. É uma música magnífica, mas podemos sentir muito forte a presença de *Tristão*. Quando termina a segunda cena com Tannhäuser e Vênus, o retorno à música de Dresden é um choque estético muito forte", diz o maestro.

Martin frisa também os reflexos da prematuridade do compositor na complicação de sua escrita orquestral ("tonalidades difíceis para as cordas"), comparada ao domínio adquirido mais adiante em óperas que, embora soem mais complexas, chegam a este resultado por meios técni-

TANNHÄUSER

cos mais simples. Mas é curioso que chame também a atenção, no contraste com a maior riqueza da música de *Tristão*, para o caráter "de corte abrupto e linhas claras e secas, de música protestante" encontrado em *Tannhäuser* versão 1. Associada ao maniqueísmo da oposição experiência sensual/amor espiritualizado do libreto do próprio Wagner, está dada aí a chave para a encenação preto no branco que o cineasta Werner Herzog concebeu em 1997 para o Teatro da Maestranza de Sevilha e o Municipal importou.

Instalado desde sábado num hotel em Copacabana, Herzog — conhecido por uma vasta filmografia que inclui *Aguirre, a cólera dos deuses* e *Fitzcarraldo* — chegou à encenação operística em 1986 com a disposição de contrariar uma certa tendência a impor visões cênicas descabeladas, que ele chama de *ego trips*. Sua prioridade, diz, é dar espaço à música — ainda mais no caso de Wagner, "um visionário cuja música já está cheia de imagens". Em *Tannhäuser*, Herzog enxerga "um drama espiritual de almas em comoção e tormento" a que quis dar uma configuração desmaterializada: o branco das vestes representando a espiritualidade em contraste com o negro dos cenários e o vermelho, cor exclusiva, para a volúpia encarnada no personagem de Vênus, catalisadora dos dilaceramentos de Tannhäuser.

Tannhäuser estreou no Rio de Janeiro no extinto Teatro Lírico em 1892. Já esteve no palco do Municipal em 1914, 1921, 1945 e 1953 — nas duas primeiras vezes, esclarece Bruno Furlanetto, da Divisão de Ópera do Teatro, em italiano, nas duas últimas com o coro persistindo na língua de Petrarca enquanto os solistas cantavam na de Wagner. Desta vez, claro, todos estarão articulando as muitas consoantes do original, entre eles cantores brasileiros consagrados nos papéis de Vênus (Celine Imbert), Wolfram (Lício Bruno) e Walther (Fernando Portari) e o promissor barítono Paulo Szot no de Biterolf. No papel-título alternam-se o alemão Wolfgang Neumann e o finlandês Heikke Siukola. Mas a grande atração da minitemporada é a americana Cheryl Studer, a primeira estrela lírica mundial ainda perto do apogeu a pisar o palco do Teatro para uma produção em muitos anos.

Entre o meado dos anos 1980 e o dos 1990, Studer era capa de todas as revistas, estava em todos os grandes teatros, gravava todos os discos nas *majors* com os melhores elencos e maestros. Soprano lírico-dramático de voz cristalina mas forte na projeção, era admirada pela versatilidade dos papéis que abraçava e criticada por essa mesma superficialidade onívora de escola americana. Donizetti, Bellini, Rossini, Verdi, Puccini, Mozart,

TANNHÄUSER

Wagner, Strauss, Gounod, Massenet: nada parecia escapar a sua bulimia. A voz se teria ressentido? Aliada ao desgaste da presença constante em todas as capitais, essa onipresença no repertório foi considerada por alguns causa principal da ruptura que significou em sua carreira, em 1997, o rompimento pela Ópera de Estado da Baviera em Munique, uma das mais importantes da Europa, do contrato que mantinha com ela.

O episódio terminou num acerto judicial que inclui a proibição de falar a respeito, explica Studer, sentada em seu camarim no Municipal, o rosto redondo dominando uns olhinhos azuis brilhantes do Michigan. Seu problema, diz, não foi excesso, mas desacompanhamento. "Meu erro foi não ter tido um professor de canto que me acompanhasse permanentemente, que me ajudasse a reconhecer os problemas vocais quando iam surgindo, já que a nossa técnica tem que evoluir sempre com as mudanças do corpo", diz ela, congratulando-se pelo apoio de que desfruta agora na pessoa de Alexandra Parris. Hoje Studer é uma profissional ainda na força da idade, e "feliz não só porque posso me valer dos dons que sempre tive como por me orgulhar de saber usá-los com o suporte correto, que compensa a perda da energia da juventude".

Será bom ouvi-la num papel, Elisabeth, dos mais frequentados de seu repertório, coincidentemente aquele que a lançou internacionalmente, em 1985, numa produção em Bayreuth.

Maniqueísmo e emoção

Tannhäuser é uma obra de transição para Wagner: ainda tem certas características da ópera histórica tradicional sob influência italiana e francesa, com a separação em números (árias, duetos, *ensembles*), mas já enata vereda por conquistas típicas da vindoura maturidade do compositor, como o uso de *leitmotiven* (temas que se repetem e reformulam para tecer uma unidade musical e dramática) e uns começos de interligação dos números num discurso musical contínuo e de integração da expressão vocal no fluxo sinfônico. Tratando-se de Wagner, não poderia deixar de ser uma ópera longa, com mais de três horas de duração em seus três atos, e de provocar reações intensas de atração e repulsa.

A história (cavaleiro medieval hesita entre a sedução da deusa Vênus e o amor da casta Elisabeth) é de um maniqueísmo antigo, com sua oposição de instinto sexual e paixão sublimada, de prazeres pagãos e ideal ascético. A construção dramática é estática, próxima do ritmo de um oratório, com a verbosidade cheia de si dos recitativos e a lentidão hierática dos cortejos de peregrinos ou caçadores.

Será interessante conferir a encenação de Werner Herzog, optando pela simplicidade e uma interferência discreta que pretende apenas potencializar a expressão musical, à maneira das montagens de simbolismo depurado de Wieland Wagner no templo wagneriano de Bayreuth: poucos elementos cênicos, visual de força evocadora direta, toda a atenção voltada para os cantores/atores.

A música, claro, pode ser tão gloriosa — a começar pela célebre abertura — quanto interminável: por exemplo, nas prédicas tão germânicas do senhor feudal que preside os trabalhos ou no concurso de canto que opõe Tannhäuser aos demais menestréis no fim do segundo ato. Mas como resistir à intensidade musical crescente no desenrolar solene das entradas do coro?

E por longos que sejam certos quartos de hora, não faltam momentos dessa prodigiosa fusão de elementos — intensidade dramática e musical pulsando num palco — que explica por que gostamos de ópera: o conturbado dueto Vênus/Tannhäuser do primeiro ato, o encontro Tannhäuser/Elisabeth no segundo, a oração pungente da heroína no terceiro e a épica narrativa pelo herói de sua ida a Roma em busca do perdão do papa, um dos grandes momentos de prefiguração do Wagner genial dos anos futuros.

Detalhe que não é apenas um detalhe: mais que qualquer outra, uma ópera de Wagner requer cantores de entonação milagrosa e capacidade fenomenal de articulação da palavra com a emissão vocal em fôlego longo. O que significa que só nas melhores condições uma montagem wagneriana pode satisfazer minimamente. São propriamente heróis (Tannhäuser é um *Heldentenor*: tenor heroico) os solistas capazes de elevar a voz sobre o coro no fim do primeiro ato (Tannhäuser), sobre o *ensemble* que encerra o segundo (Elisabeth, soprano lírico), ou ainda de declamar as ameaças e sussurrar a sedução de Vênus (*mezzo-soprano* dramático).

Jornal do Brasil, 20 de junho de 2001

Dieta magra depois de jejum prolongado

A fatal atração entre **Cavalleria Rusticana** e **Pagliacci** pelos palcos do mundo (estamos na 39ª temporada acasalada no Teatro Municipal do Rio, informa Bruno Furlanetto) mostra as incompatibilidades de gênio entre as duas óperas-manifesto do verismo, por trás da coabitação semiforçada. São claras as simetrias, é verdade: além dos sentimentos *básicos* e do san-

CAVALLERIA RUSTICANA E PAGLIACCI

gue que corre nas coxias, numa, e noutra em pleno palco, há o cheiro de tragédia grega revista pelo passionalismo peninsular, o tenor-que-ama-o-soprano-e-dá-no-caminho-com-o-barítono, as cenas centrais de amor-re-pulsa entre Santuzza e Turiddu, Nedda e Silvio... Mas *Cavalleria* é um rascunho, *Pagliacci*, uma confirmação. A concentração de recursos im-posta pela limitação a um ato (e talvez a pressa de compor em uma se-mana) inspirou a Mascagni e seus libretistas, com base no conto e na peça de Giovanni Verga, uma ópera crua, secarrona, direta. É essencial, nela, a ideia de que a ação transcorre por assim dizer em tempo real, sem explicações, contextualizações nem psicologismos: fatia de vida mesmo. Leoncavallo, trabalhando sobre libreto próprio, expandiu-se numa cons-trução mais complexa, graças em grande parte ao expediente do teatro dentro do teatro. E dotou-a de música muito superior aos bosquejos bru-tais de seu contemporâneo, até na escrita vocal e na potencialização do drama.

A desigualdade de ambições e resultados nessa semelhança de pro-postas está cruelmente exposta na montagem que vai até o dia 23 no Municipal, depois de longo jejum de ópera. *Cavalleria* em sua nudez de recursos próprios requer uma sinceridade e convicção de que não dá prova o simbolismo forçado da encenação de Bia Lessa, com seu despo-jamento de quase-oratório. Aprisionados numa concepção cenográfica que limita a movimentação cênica, exclusivamente lateral, os cantores enrijecem suas expansões. O coro desfila, entra e sai. Os espasmos e suspenses da fatia de vida enregelam-se, sem eco emocional. A noite pro-metia ser tanto mais longa porque os protagonistas decepcionam. Gio-vanna Casolla (Santuzza) e Lando Bartolini (Turiddu) são cantores à an-tiga: volume garantido, expressividade *standard* — e não parecem ter sido dirigidos. Ela, numa interessante fronteira de soprano com *mezzo*, com-pensa um metal ingrato no timbre e um esgarçamento ameaçador na tex-tura com uma teatralidade... de cantora de ópera. Ele, a emissão mais frontal mas o timbre sem distinção, e não menos carente de imaginação e carisma, também arrasta seu ranço de teatro de província italiana. Iná-cio de Nonno (Alfio) era o melhor cantor em cena, com seu barítono leal e educado.

A prata da casa também sobressai fácil nos *Pagliacci*. Aqui a encena-ção responde inspirada, livre, a uma obra que lhe oferecia matéria-pri-ma mais maleável, em vez de um desafio que parecera intransponível (na *Cavalleria*) sem as ferramentas do realismo a que Lessa corajosamen-te renunciou. Confinado a suas arquibancadas, medroso por trás de abanos que viram antolhos, o público calabrês da pantomima do segun-

306

CAVALLERIA RUSTICANA E PAGLIACCI

do ato materializa no palco, contundente, a dialética que forma a espinha dorsal do drama: a inquietante convivência e interpenetração vida real/teatro da vida desde logo enunciada nas tensas advertências de Canio, ameaçado de traição e chacota. O preto-branco-cinza do cenário e dos figurinos paradoxalmente dá dimensão a essas paixões e conflitos crassos. Mas se já há aqui algo mais parecido com uma direção de atores, a longa explicação entre Nedda e Silvio (Sebastião Teixeira, aquém do papel) cai em vazio, logo ela que sintetiza a superioridade dos recursos de Leoncavallo, na comparação com a cena simétrica de Santuzza/Turiddu na ópera anterior. Nedda, o único personagem próximo da tridimensionalidade no programa duplo, empalidece nas mãos de Elisabeth Holleque, óbvia na caracterização, arduamente *americana* na dicção, voz confiável mas chapada. Lembrar o que Renata Scotto fazia com esse personagem... Fernando Portari (Beppe) está perfeito com seu tenor lírico de projeção clara, mas a noite, para quem vai à *ópera*, é do Tonio de Licio Bruno, já a partir de um sonoro *Prólogo* de presença e propósito, bela italianidade e autêntico *slancio* verista sem mau gosto. A orquestra tocou quase como tocaria sem um maestro.

Jornal do Brasil, 18 de setembro de 1997

DIVI

Uma grande atriz sem o seu drama

Nacos ensanguentados. É como os ingleses reclamam quando árias ou trechos de óperas são extraídos à força de seu contexto. A violência tende a parecer irreparável em Wagner, o rei do drama musical integral. Mas como, neste Brasil deserdado da ópera, haveríamos de ouvir **Hildegard Behrens**, uma das wagnerianas eminentes da época, se não fosse num concerto de trechos escolhidos como o de segunda-feira no Teatro Municipal?

Frau Behrens não tem um volume heroico mas dispõe ainda intacto, na voz, do metal wagneriano ideal. O timbre não é dos mais gratos, e a *tragédienne* que nela é saudada nos quatro cantos do mundo tampouco podia expandir-se idealmente entre as estantes das cordas e o pódio do maestro. Mas o Rio não tinha em memória de muitos lustros heroínas como Isolda e Brünnhilde declamadas e cantadas num padrão como esse irretocável.

Na breve ária de Elisabeth (*Tannhäuser*) e na imolação de Brünnhilde (*Crepúsculo dos deuses*), a voz já mostrava a projeção saudável e sempre focada, os graves cultivados embora baixos e o *vibrato* sob esplêndido controle. Também ficava clara a concepção *contida*, de tamanho pequeno. Mas parecia difícil aderir plenamente ao drama musical isolado de suas vigas e irradiações dramáticas, e a *performance* não era espetacular o suficiente para compensar.

A segunda parte aproximou-se mais do eletrizante que se esperava, em música toda ela orgástica por dilação: uma morte de Isolda tratada como cena de amor que é, interiorizada, expectante; uma cena final de *Salomé* (Richard Strauss) extática pela pura força do canto concentrado, deixando-se levar, mais que induzindo as arrepiantes irisações da orquestra.

Vamos ficar, a rigor, com uma lembrança mitigada de uma cantora que o mundo (e mesmo o disco) conhecem como atriz vocal transcendental. Em compensação, guardaremos na memória o desempenho da Orquestra do Teatro Municipal, empolgada com autoridade por Gabor Ötvös. Se na *Abertura* de *Tannhäuser* e na Viagem de Siegfried pelo Reno ouvíamos apenas uma orquestra de fosso subindo ao palco sem complexos, às vezes vigorosa demais, os refinamentos cromáticos e a força cumulativa de *Tristão* e *Salomé* mostraram do que o conjunto é capaz quando bem dirigido.

Jornal do Brasil, 6 de maio de 1998

TERESA BERGANZA

Era música por todos os poros

A classe, a sobranceria e a musicalidade de **Teresa Berganza** — e o vestido vermelho de aparato — investiram o Teatro Municipal no domingo, em fogo brando inicialmente, mas crescendo até o incêndio declarado. Desta vez o público sempre pronto para as *standing ovations* tinha por quê. Uma das cantoras do século chegava tarde mas em plena forma ao Brasil. Berganza costuma dizer que saberá perceber quando uma única nota não sair mais à sua altura. O recital de anteontem pôs entre parênteses o tempo e aperfeiçoou a *nossa* escuta.

Para maior felicidade, ela evoluía em rara simbiose artística com um pianista de garbo e finura. Sugestivo, modelando a matéria sonora, Juan Antonio Alvarez Parejo mostrava como a música de Rossini é inteligente até no comentário pianístico de suas miniaturas-pecados de juventude ou velhice; chamava cameristicamente a atenção para a riqueza musical de uma canção como *La niña que se va al mar* de Ernesto Halffter, cuja parte instrumental é tão fascinante quanto a vocal; para o ritmo irresistível na *Jota* em vários episódios das *Sete canções populares espanholas* de Falla. E na natural sintonia dos cúmplices ficava evidente a maneira como Berganza é uma cantora que *ouve*.

A *mezzo-soprano* começou com um cavalo de batalha que gravou há vinte anos, a cantata *Arianna a Naxos* de Haydn — e apesar do brio dos recitativos e do *cantabile* soberbo nas árias, o agudo parecia descarnado quando atacado de frente. Alvarez Parejo, enquanto isso, mostrava que deveria ser ouvido nas sonatas do mestre austríaco. Mas já no pequeno apanhado rossiniano que se seguiu, o timbre cálido, a pelica bronzeada e o cobre lustroso do registro médio, o senso de estilo que é uma segunda natureza e o temperamento convivendo com as meias-tintas eram os mesmos de sempre. E o sorriso, o humor, o afeto.

Na segunda parte, a árvore genealógica ibérica, com a grata revelação de três das *Seis canciones castellanas* em que o basco Jesús Gurridi dá um requintado passeio erótico-sentimental por outra terra espanhola. Numa delas, *No quiero tus avellanas*, um dos momentos em que Berganza produziu seu *piano* mais flutuante e inefável, a emissão serenamente assentada ao longo de toda a coluna sonora. Nos singelos *Cuatro madrigales amatorios* de Joaquín Rodrigo, *Vos me matasteis* mostrou a plenitude da voz nunca chapada. O Manuel de Falla foi eletrizante em sua intensidade simples.

Teresa Berganza estava ainda com todos os recursos e toda a singularidade de sua Carmen na *Seguidilla* e na *Habanera* exemplares, depuradas mas ardentes, *chatiées*, que ofereceu em extra. E percorreu o terreno minado dos bis arrasa-quarteirão como a artista que é, incapaz de falsear o tom ou arranhar a aura de elegância em que evolui. Radiosa depois de começar cautelosa, ela fez o teatro vir abaixo com a impossível *"tarantula dañina"* — o *zapateado* da zarzuela *La Tempranica*, de Giménez —, a ária da bêbada da *Périchole* de Offenbach e o *Engenho novo* de Ernani Braga, para encerrar com um *"Cruda sorte"* da *Italiana em Argel* em que a graça, a malícia e a facilidade de integração dos ornamentos e *roulades* no fluxo musical fechavam na tarde um círculo mágico.

Jornal do Brasil, 8 de julho de 1997

Lembranças de um passado lendário

Os telefones celulares nunca estiveram tão desembestados no Teatro Municipal, em memória recente, quanto no recital de **Montserrat Caballé** no último sábado. Mas também são poucas as lembranças de um silêncio tão denso quanto o que acolheu a *"Canção do salgueiro"* e a *"Ave Maria"* do *Otello* de Verdi. Foram momentos mágicos para quem não tinha a melhor lembrança do recital com piano de cinco ou seis anos atrás e temia o aumento da distância entre o apogeu da grande soprano e seus atuais 66 anos.

Muito bem-humorada e feliz por estar cantando, apesar de obrigada a locomover-se com uma bengala em seus suntuosos vestidos de cores gritantes, Caballé também cantou na primeira parte do programa uma ária de *Gabriella di Vergy*, ópera rara de Donizetti, e o *"Di tanti palpiti"* do *Tancredi* de Rossini. Desde o início, a grande senhora da técnica vocal convocava todas as suas reservas, lembrando claramente que foi ela nos anos 1960 — ao lado de Sutherland ou Horne — uma das reinventoras, depois de Callas, dos prazeres proporcionados pelo canto estilizado, na coluna sonora trabalhada com elegância, na projeção da voz pelo alto da máscara.

Sempre capaz de encher um teatro sem esforço com seus pianos e seus agudos flutuados, e com amplas áreas de preservação considerável ou evocação fiel do melhor de seu timbre inconfundivelmente lustroso e plangente, a diva preencheu essa primeira parte com um repertório favorável, na tessitura e na expressão. Descansou também sem complexos nas idiossincrasias conhecidas de todos nós, seus eternos fãs — lentidão fenomenal, dicção mole, placidez intransigente —, hoje aumentadas por dificuldades nas passagens de registro e no portamento das notas. Tudo

ELIANE COELHO

em honra e benefício do canto extático e angelical que a celebrizou, com a cantilena lendária e o *legato* de sonho, e essa capacidade de moldar e projetar a voz perfeitamente plena na maviosidade, ou maviosa na plenitude — como no *"Cantiamo"* do *"Salgueiro"*. Em Rossini, no entanto, sua dificuldade para articular e tornar *significante* a ornamentação era a mesma de sempre.

Mas Donizetti e sobretudo o Verdi ficarão, hipnóticos, na memória de quem sabe quem foi Caballé e o que representou a ressurgência do canto enfim liberado dos vícios veristas nesta segunda metade do século. Em tom bem menor, a segunda parte do recital — com Cilea (*"Io son l'umile ancella"*), Massenet (*"Il est doux, il est bon"* da *Hérodiade*) e árias de zarzuelas (entre elas uma *"Tarántula"* de *La Tempranica* completamente fora de propósito para seu estilo e seus recursos) — não terá bastado para apagar a emoção do reencontro inesperado da primeira.

Jornal do Brasil, 8 de novembro de 1999

Glorioso Strauss, estupenda Eliane Coelho

O concerto da Orquestra Sinfônica Brasileira no último sábado foi um acontecimento, por vários motivos. Primeiro, a música. As *Quatro últimas canções* de Richard Strauss são um dos maiores monumentos do século XX à música vocal acompanhada de orquestra. Sobre poemas de Hesse e Eichendorff que falam de crepúsculos naturais e humanos, de vontade de repouso e da noite que chega, a riqueza harmônica, a beleza melódica e a opulência orquestral evocam na realidade a confiança inabalável de um compositor octogenário em valores humanos eternos, terrivelmente afrontados na Europa em guerra em que ele compunha.

Acontecimento número dois: que a beleza dessas peças, sempre renovada, ainda tenha sido engrandecida como poucas vezes, e por uma cantora brasileira. **Eliane Coelho** pode ser incluída tranquilamente, hoje, entre as grandes intérpretes desse ciclo. Raras vezes as *Quatro últimas canções* terão sido ouvidas em tal nível de *accomplishment*. Lembro-me por exemplo de uma leitura por Cheryl Studer com Zubin Mehta e a Filarmônica de Londres no Royal Festival Hall, milimetricamente preparada mas sem a clara e emocionante conjunção de qualidades ouvidas desta vez na Sala Cecília Meireles: robustez capitosa da voz, homogeneidade e plenitude do timbre em toda a tessitura, equilíbrio miraculoso entre o volume serenamente projetado e a delicadeza das inflexões.

E alma, presença, convicção. Coelho ofereceu uma interpretação como que onírica desse passeio pela tristeza outonal banhado em poeira dourada de esperança. As resplandecentes reverberações straussianas requerem da cantora uma altivez expressiva quase olimpiana, que ela soube no entanto temperar com humano desvelo. Era como se a eternidade fosse capturada fugazmente numa voz de mulher sobrepairando os naipes. Henrique Morelenbaum e a OSB ainda ameaçavam desequilibrar a paisagem sonora com um volume maior que o desejado na *Frühling* inicial, mas logo se calibraram, sem dúvida inspirados por uma arte tão rematada. A voz, de qualquer forma, se alçava sem dificuldade nem necessidade de forçar nos agudos, suntuosamente nuançada nas terminações, generosa na linha e na condução sobre o fôlego. Existe em Eliane Coelho, cantora de ópera, uma camerista requintada. Sua estreia em concerto no Rio de Janeiro merecia ter sido gravada, mas ficará de qualquer forma na memória e na fibra emocional de quantos estavam presentes.

A OSB começara com uma *Consagração da casa*, de Beethoven, pela qual tem incompreensível queda, mas que se justificava dessa vez: era — novo acontecimento — a comemoração do décimo aniversário da Associação dos Amigos da Sala Cecília Meireles, sem a qual a melhor casa de concertos do Rio poderia hoje não estar mais de pé. Justa e calorosa homenagem a Morelenbaum, seu idealizador, ao empresário Georg Herz, sua alma, e a quantos estão por trás da iniciativa. O idílico *Episódio sinfônico* de Francisco Braga, espécie de *intermezzo* operístico dominado pelas cordas, e uma sanguínea e bem ritmada *Francesca da Rimini*, de Tchaikovsky, foram na segunda parte uma amostra do que a OSB rende quando toca motivada por pulso firme.

Jornal do Brasil, 18 de agosto de 1998

Uma diva brasileira

Ela é a maior soprano brasileira desde Bidu Sayão. E é, praticamente, uma ilustre desconhecida no Brasil. O que isto quer dizer, deixo aos leitores concluir. O principal é que **Eliane Coelho** vai cantar neste sábado, dia 28, na Sala Cecília Meireles, no Rio.

Contam-se nos dedos das duas mãos as vezes em que nossa diva exilada se apresentou por aqui desde sua estreia brasileira, na Rainha da Noite da *Flauta mágica*, no Teatro Municipal do Rio de Janeiro, em 1982. Depois, uma *Viúva alegre* em português nesse mesmo ano, Donna Anna do *Don Giovanni*, Mimi e Butterfly nos anos 1990, e já no novo

ELIANE COELHO

milênio uma Amelia de *Simon Boccanegra* em 2000, seguida novamente da Butterfly em 2002 (também em São Paulo), a Gioconda em 2006, em Manaus, e, ano passado, de novo na capital amazonense, a *Lady Macbeth do distrito de Mtsensk* de Chostakovich.

Eliane Coelho perdeu a conta dos papéis que já desempenhou (embora uma coisa tenha na ponta da língua: 150 vezes Salomé, de Richard Strauss, desde 1986), mas puxando um pouco pela memória conseguiu enumerar as heroínas vividas em solo nacional. Ela está sentada no salão do apartamento que alugou para uma temporada de férias com os filhos e para a apresentação deste sábado. Com vista para o Arpoador, estamos na fronteira de Ipanema e Copacabana, que foi onde ela se criou antes de partir para a Alemanha aos 20 anos, em 1971.

Até então, haviam sido três anos de aprendizado vocal e musical no Rio — onde chegou a iniciar o curso de arquitetura — com Solange Petit-Reneaux, que não acreditou muito em suas possibilidades, diz ela hoje. O "bicho" do canto a havia mordido, aos 16 anos, graças a um tio-avô que a levou a uma *Traviata* no Municipal ("Aquela mistura de música e teatro...").

A ida para a Alemanha conduziu à Escola de Música de Hanôver, onde ela concluiu seus estudos em 1976. Daí para a frente, foi o crescendo de uma carreira daquelas que só são possíveis nos países germânicos, onde toda cidade maiorzinha tem seu teatro de repertório operístico, às vezes mais de um: Detmold em 1976, o Stadttheater de Bremen entre 1978 e 1984, depois a Ópera de Frankfurt e a partir de 1991 a de Viena, onde recebeu em 1998 o título de *Kammersängerin*, homenagem aos cantores que prestam bons e leais serviços em caráter permanente nesse que é um dos maiores templos do gênero.

Para quem não sabe, todo santo dia do ano tem ópera em Viena. Mais que um viveiro ou uma escola, parece mesmo uma necessidade. Vem de uma cultura muito própria, e nela é possível o desabrochar dos cantores — para não falar da orquestra, que é a Filarmônica...

Eliane não gravou discos, e embora se apresente nos principais teatros europeus, fixou mesmo residência na capital austríaca. Pergunto se existe um risco de queda na rotina, num teatro que roda incessantemente produção atrás de produção, remontagem sobre remontagem. Ela lembra apenas que, com uma orquestra desse quilate, os cantores, maestros e encenadores que por ali circulam (todos os "três tenores" foram seus parceiros) e o nível de exigência e expectativa do público local e cosmopolita da casa — além de uma crítica profissionalíssima, que não deixa sem comentário uma única récita! —, não há espaço para descansar nos louros.

Frau Coelho começara com um soprano mais delicado que, oscilando entre o lírico e o *coloratura*, a encaminhava para papéis como Nannetta (*Falstaff*), Gretel, a Susanna das *Bodas de Fígaro*, Liù em *Turandot*, Konstanze no *Rapto do serralho*. Mas a voz foi ganhando corpo, enquanto se dava gradualmente a passagem para papéis mais dramáticos, ou *spinto* — Tosca, Gioconda, Salomé e sua "prima" Lulu, de Berg ("Preparei ambas como se fossem puro *bel canto*, com alguns momentos apenas de efeitos no grave"), uma galeria propriamente panorâmica de heroínas verdianas...

Quem teve a oportunidade de ouvir Eliane Coelho conhece a textura suntuosa e refratada e as colorações capitosas do seu registro médio, e não deixou de reparar a maneira como isto se combina com a facilidade e a pureza do agudo. Percebeu também que existe um grave, bem acessado quando necessário, e terá saboreado sobretudo, a par da arte da nuança e do *slancio* vocal, o *gusto* cênico com que ela se atira numa interpretação — mesmo num recital, como aquele em que ofereceu aos cariocas em 1998, com a mesma orquestra que a acompanhará desta vez (a Sinfônica Brasileira), uma versão inebriante das *Quatro últimas canções* de Richard Strauss.

Ainda no início da carreira, a voz foi ficando mais escura no registro médio, o que se acompanhava de uma facilidade natural para a voz de peito — a que vem das *entranhas*, saindo com mais peso e dramaticidade. À Alemanha, ela chegara com um "buraco" na tessitura: "No início", explica, "ainda no Brasil, eu tinha um registro médio muito bom, bem redondinho, uma voz delicada e muita dificuldade nos agudos, provavelmente por tentar imitar a voz mais pesada da Solange. Em Hanôver, descobri a voz de cabeça, ia para agudíssimos que não acabavam mais. Mas de repente vi que minha voz estava esburacada: agudos e graves bem trabalhados, e no meio uma espécie de vazio".

A decisão foi suspender o aprendizado da técnica e se concentrar no trabalho da interpretação. Ela enveredou pelo repertório moderno (Schönberg, Berg...), "brincando" com a voz, cultivando o *legato* e os *pianissimi*, mesmo em música atonal, "aprendendo a me ouvir". Até que, em 1978, o encontro com a *mezzo* romena Maria Sandulescu lhe permitiu, começando do zero de novo, igualar a voz, reformar a respiração, "abrir a boca", articular o texto fora da garganta: "Como dizem os italianos, aprendi a suspender a voz e deixá-la soar, sem ficar empurrando."

Hoje professora no Conservatório de Viena, Coelho não tem, claro, poucas recordações de uma carreira tão intensa e movimentada. Em matéria de grandes parceiros, cita Zubin Mehta, Donald Runicles e Peter Schneider como especiais acompanhantes na *Salomé* ("Aquele tapetinho", diz, referindo-se à orquestra conduzida por Mehta), e Colin Davis por um *Idomeneo* inesquecível ("Um músico maravilhoso, levando os cantores musicalmente para onde queria, com muita classe"). As parceiras femininas de voz mais grave particularmente lembradas são Dolora Zajick e Agnes Baltsa.

Mas uma lição talvez fique como a principal para quem, sintonizado com essa arte mágica e envolvente que é o canto lírico, observa o caso de Eliane Coelho: o valor da regularidade e da seriedade. Quando ela lembra que, em seu primeiro ano em Detmold, o primeiríssimo e ainda modesto porto profissional, foram oito estreias e 110 récitas, a gente entende a parte que o artesanato cultivado a fundo tem na grande arte.

Depois, ao longo de todo o percurso, foram desde sempre papéis importantes: Eliane Coelho não passou pelos pequenos, sua formação na prática foi com heroínas em teatros pequenos, para começar. "Isso educa", explica ela. "A gente passa a saber controlar o que está fazendo, não brinca com a voz, esquenta antes de entrar no palco. Desde o começo, aprendi, assim, a economizar forças no palco, a me concentrar, a desenvolver um personagem — o que era possível com a Traviata, e não o seria com papéis coadjuvantes."

Opinião e Notícia, 23 de julho de 2007

Eliane Coelho com a OSB

Eliane Coelho era esperada nas *Nuits d'été*, de Berlioz, mas foi especialmente em três canções orquestradas de Henri Duparc que mostrou neste sábado, na Sala Cecília Meireles, a voz magnífica e a cantora fina que é. Ainda por cima, era acompanhada por uma Orquestra Sinfônica Brasileira que anda voando em céu de brigadeiro.

Foi um programa de música francesa, começando com a suíte *Ibéria*, de Debussy, em que o maestro belga Ronald Zollman cultivou com a orquestra uma delicadeza de toque e uma transparência de fusões timbrísticas que honraram a leveza mediterrânea dessa música de sensuais celebrações.

Esquecemos até que a Sala não tem dimensões adequadas para música orquestral romântica ou posterior. A OSB, além do mais, está dando mostra de uma cultura sonora coletiva e de um engajamento nas nuanças de que não se tem notícia há tempos no panorama orquestral carioca.

Os *Perfumes da noite* do segundo episódio de *Ibéria* mereceram das cordas todas as irisações e a maleabilidade necessárias. Na *Manhã de um dia de festa* final, o camerismo bem azeitado da conversa entre os naipes nos fazia perguntar se o senso de calibragem do maestro ou a ciência debussista das justaposições é que impediam qualquer excesso nos decibéis.

Na *Valsa* de Ravel que encerrou a noite, infelizmente, Zollman deixou a música correr solta, sem uma concepção nem a sombra sequer do trabalho de modelagem que imprimira ao Debussy.

Terá sido porque o público e a noite já haviam chegado ao auge, após a passagem pelo palco da grande Eliane Coelho, talvez a única cantora de ópera completa nascida no Brasil depois de Bidu Sayão, e não por acaso estabelecida — como a antecessora — num grande teatro do circuito internacional, a Ópera de Viena.

O que impressiona de entrada em Coelho é o volume da voz, que se projeta soberana e sobrepaira uma orquestra inteira com naturalidade. É verdade que Duparc e Berlioz trabalham com texturas delicadas, e umas oscilações melódicas e harmônicas que desenrolam um tapete aveludado para a cantora.

Segundo elemento de sedução de nossa diva: os densos harmônicos do registro médio, que adquirem colorações variadas conforme as necessidades expressivas. Já na *Chanson triste* de Duparc com que ela abriu os trabalhos, o mel espesso e refratado se derramava com firmeza e brandura, encantador. Na *Invitation au voyage*, era no agudo que se exibia a arte envolvente da *messa di voce*, esse jeito de encher aos poucos a coluna sonora depois de atacar uma nota.

A plenitude dos *pianos* sobressaiu no terceiro e último Duparc, uma *Phidylé* conduzida por Eliane Coelho com um senso narrativo e um sutil envolvimento emocional que também se desdobrariam na coleção de seis canções de Berlioz. Aqui, no entanto, a magia operou menos, na minha expectativa, talvez porque a empostação operística de *Frau* Coelho, empenhada em conquistar e afirmar, tivesse deixado menos espaço para o cultivo dos desvãos da confissão e do abandono. Uma reserva ínfima num recital glorioso.

Opinião e Notícia, 30 de julho de 2007

Fabulações de uma voz privilegiada

O gosto do recital de canto no Brasil pode tomar um impulso de que está precisando há algum tempo se a soprano **Gilda Ferrara** continuar abrindo espaços como o que ocupou na quinta-feira no pequeno auditório do Instituto de Cultura Hispânica. Com o maestro Roberto Duarte

GILDA FERRARA

ao piano, ela forma um duo que tem excursionado pelo exterior, mas há alguns meses vem-se apresentando com mais frequência no Brasil. Uma coisa, para começar, era evidente na outra noite: o prazer de montar um programa para homenagear a voz humana e percorrer com ela alguns compositores que a elevam, exploram e fazem feliz.

Gilda Ferrara tem a voz de soprano lírico que talvez melhor case, no nosso imaginário urbano, com a vertente lírica do cancioneiro brasileiro. A beleza colorida do timbre, a facilidade da condução da linha e uma certa doçura deixam-na em seu elemento especialmente em canções elegíacas como a *Modinha* que foi no recital uma das três *Trovas* de Marlos Nobre. Mas a franqueza da emissão e a capacidade de torná-la plástica (e a sustentação rara no fôlego) também impressionam, e logo depois ela estava alerta e vibrante na animação mais contrastada do Mignone de *Berimbau*, com seus difíceis desafios à entonação e à precisão dos saltos em distância, e da *Festa na Bahia*, com a longa variedade dos climas.

A pureza cristalina do agudo e a capacidade de desenhar um arco mostraram-se na primeira das *Duas paisagens* de Heitor Villa-Lobos (*Manhã na praia*), mas já na segunda (*Tarde na Glória*) a robustez um pouco insistente do piano confirmava a impressão de que a cantora saberia refinar certos acabamentos, modulando o volume sonoro, se pudesse repousar sobre um acompanhamento mais afeito a meias-tintas.

O melhor de tudo, pela graça intrínseca da invenção e o privilégio de ver uma pequena obra-prima nascendo, foram as *Quinque fabulae Phedri* compostas por Ernani Aguiar a pedido do Duo Ferrara-Duarte. Usando o texto original latino, as canções parecem tanto mais saborosas por isto mesmo, no relato das fábulas da raposa e das uvas, da mosca e da mula, da raposa e do corvo... Aqui, sim, a química indizível se deu, quando a voz e o canto mais se honraram por dar passagem à música pura e simplesmente. Os encantos vocais (como a precisão dos ataques) eram potencializados pelo charme de narradora e vice-versa, nessas cinco miniaturas cheias de humor e da imaginação musical mais simples e verdadeira.

A primeira parte havia sido de exploração valorosa mas menos convincente em territórios hispânicos, com Granados, Rodrigo e Falla. O recital como um todo deixou uma sensação de incompletude. Talvez tenham faltado, na composição do programa, uns recantos mais tranquilos e sombreados. Mas é um prazer ver uma artista com esses recursos pisando um terreno infelizmente pouco frequentado por aqui.

Jornal do Brasil, 15 de novembro de 1998

Mirella, enfim, no Brasil

Existem cantores que marcam época, por diferentes motivos. No campo dos sopranos de repertório italiano e francês, Rosa Ponselle foi um clarão de força vocal e técnica imaculada, Maria Callas revolucionou a abordagem estilística e personificou a tragédia lírica, Montserrat Caballé deslumbrou com a elasticidade de seu fio feminino de mel. A introdução é para dizer aos moços que **Mirella Freni** está entre as grandes do século, e avisar aos que *sabem* que esta semana ela pisa pela primeira vez um palco brasileiro. Em sua carreira iniciada em 1955, centrada em Mozart, nos românticos italianos (Bellini, Donizetti), em Verdi, Puccini e nos franceses, Freni não operou nenhuma revolução, mas um *aprofundamento* que pode ter sido o último de uma era, nesse nível estratosférico de consumação. Sua linhagem é a de Renata Tebaldi, com quem compartilha, em registro mais delicado, a beleza opulenta do timbre, o vertiginoso espectro harmônico, a variedade de cores e a maleabilidade típicos da italianidade. Uma voz de pureza translúcida mas firme e carnuda, com plangências de viola e o sorriso da flauta; uma expressividade sincera e totalmente desestudada, mas calcada em trabalho de formiga e no instinto do *legato* e da modulação. Modesta intensidade, sublime visceralidade. "Voz de oblação", escreveu alguém. Mimi, Butterfly, Manon, Elisabeth de Valois, Desdêmona, Margarida e Amélia ofertadas à imortalidade. Fedora de Giordano ano passado em sua estreia sul-americana, com Plácido Domingo no Colón de Buenos Aires, de volta há um mês à capital Argentina, para cinco récitas daquela que pode ter sido sua última *Bohème*, Mirella Freni apresenta-se dias 4 e 6 próximos no Teatro Municipal de São Paulo num recital de árias de Rossini, Verdi, Puccini, Massenet e Tchaikovsky, com a orquestra da casa regida por Stefano Ranzani. Dias atrás, ela conversou com o JB por telefone.

— *Giordano é um nome muito presente em sua agenda nos últimos anos...*

— Foi o maestro [Gianandrea] Gavazzeni quem insistiu para que eu cantasse Fedora. É um papel difícil, e o mantive por muito tempo em observação até encontrar a chave: não só na questão da voz, mas para criar um personagem, as cores da voz, a expressão. Meu sistema de trabalho consiste em conviver por um tempo com a partitura, avaliar se a tessitura corresponde à minha, e também se me agrada. Começo então a trabalhar lentamente, paro por um tempo, retomo, aprofundo... Nesse processo, trabalhei em *Fedora* durante quase um ano e meio.

— *O que a tem atraído nas óperas de Giordano?*

— Ambas são perfeitas para mim. Tanto *Madame Sans-Gêne* quanto *Fedora* requerem uma voz redonda, com paixão, com emoção. *Madame Sans-Gêne* me dá uma satisfação incrível também porque é tipicamente uma ópera para ser representada, e não só cantada.

— *Do seu início como soprano lírico até os papéis mais dramáticos, quais os momentos decisivos de transição?*

— Trabalhei durante muitos anos o repertório lírico, exemplificado na *Bohème*, e depois fui gradativamente passando para *Otello, Don Carlo*, o *Réquiem* de Verdi, *Aida*. Isto me deu a possibilidade de desenvolver outros atributos da minha voz. Mas mudei lentamente, e sempre ouvindo muito, estudando, vendo se os novos papéis podiam trazer-me problemas. Se havia esse risco, eu dizia não. A Freni sabia frear. Com isto, salvei meu instrumento.

— *Herbert von Karajan foi quem mais a impulsionou?*

— Karajan foi o primeiro que me pediu para mudar porque tínhamos uma colaboração, um *feeling* extraordinários. Ele me propôs muitas coisas, e eu levava sempre algum tempo: "Maestro, espere um pouco, vou ver se posso..." Eu dizia sempre: "Se chegarmos ao ensaio geral e eu achar que é muito pesado para mim, direi: *Addio, maestro.*"

— *Como descrever sua voz?*

— É difícil. Por um lado, não ouço nunca os meus discos. E quando canto, não ouço a qualidade, a cor da voz, só a sensação de estar cantando, a colocação, se a técnica está adequada.

— *Quais os atributos específicos de uma voz italiana?*

— Acho que talvez a língua ajude, pois é muito doce, suave. Talvez ela ajude a ter uma voz mais arredondada, mais *morbida* [flexível]. Mas cantoras latinas, como as da América do Sul, têm as mesmas características das italianas. É difícil encontrar uma voz com essas características na Rússia. Entre as americanas, que são fantásticas, também é difícil encontrar a cor e esse arredondado dos latinos.

— *Como vê as novas gerações?*

— A impressão que tenho é que hoje muitos jovens têm uma bela técnica e cantam bem, mas são um pouco superficiais, talvez não trabalhem para aprofundar o *legato* das frases, que é a base do canto, a expressão que há na música — que não é uma matemática.

— *Como foi sua formação técnica?*

— Tive a sorte de nascer com uma voz natural, fácil. Mas não quis me basear só nisso, fiz questão de conhecer bem meu instrumento e comecei a trabalhar sozinha a técnica. Naturalmente, o maestro Campogalliani, em Mântua, me ajudou com o fraseado, as possibilidades de *piano*, mas o essencial da técnica eu aprendi por mim mesma.

— *Como foi aprender o papel da Tatiana de* Ievgueni Onieguin, *de Tchaikovsky?*

— Quem me convenceu foi o maestro Bruno Bartoletti, em Chicago, onde eu cantara Marguerite, de *Fausto*. Hesitei muito, ainda mais por ter de aprender foneticamente o russo, mas ele achava que o papel era perfeito para mim e me deu a partitura. Fui a San Francisco para minha primeira *Manon* de Puccini [1983], e uma maestrina de Leningrado que lá trabalhava, Susana Limbeskaia, acabou de me convencer, dizendo que a linha do canto russo parecia feita para mim.

— *Seus parceiros tenores foram todos os grandes...*

— Sim, Corelli, Del Monaco, Plácido, Kraus, Carreras, Pavarotti, todos tão *bravi* com suas diferentes personalidades. Faltou-me apenas Bergonzi, talvez por falta de coincidência de nossos repertórios...

— *E das grandes montagens de que participou, quais as grandes lembranças?*

— A *Bohème* do Scala com Karajan, naturalmente, em 1963: a primeira vez que trabalhei com ele, em produção de Zefirelli. Mas também o *Simon Boccanegra* com Strehler e Abbado, o *Otello* com Kleiber, a *Traviata* de Luchino Visconti em Covent Garden, o *Fausto* com Jean-Louis Barrault no Scala...

Jornal do Brasil, 1º de agosto de 1999

Na maturidade, o frescor da eterna Mimi

A cena de *Ievgueni Onieguin* em que Tatiana escreve uma carta confessando seu amor ingênuo a um aristocrata *blasé* é uma das glórias da ópera russa, e um desses momentos que contêm como num ícone todo o fascínio do gênero: sentimentos à flor da pele, drama e paixão, cada impulso, cada frêmito, cada hesitação expressos em música inspiradíssima e *colada* à respiração humana; a orquestra induz, comenta e envolve a voz do soprano, explorada em todas as suas possibilidades, e a beleza da língua russa faz o resto.

O grande *tour de force* de Tatiana na ópera de Tchaikovsky foi o coroamento do recital da tardia estreia brasileira de **Mirella Freni**, quarta-feira, na programação dos Patronos do Teatro Municipal de São Paulo.

Freni, o grande soprano lírico-dramático italiano da segunda metade do século, ao lado de Renata Scotto, incorporou este papel a seu repertório num estádio adiantado da carreira, no início dos anos 1980, e mostrou para um público em delírio que ainda o traz sob domínio soberbo.

A intensidade emocional dessa cena casa admiravelmente com os registros de tessitura e as possibilidades vocais que continuam as mais favoráveis à cantora. O milagre do instrumento de Freni, que em sua pureza, delicadeza e firmeza lembra esses bibelôs de cristal maciço reluzindo em mil efeitos espelhados, é o de conter na maturidade expressiva, ainda, o frescor da juvenilidade. A mesma complementaridade se dá no convívio da dicção finamente trabalhada com a franqueza da emissão e da expressão.

Não houve nem sombra, em Tatiana, dos pequenos problemas — menos de *vibrato* que de fôlego e *portamento* — que tiveram de ser sublimados em outros momentos do recital, de corte tradicionalíssimo e acompanhado não propriamente à altura pela Orquestra Sinfônica Municipal, sob a regência de Stefano Ranzani. Freni também já encontra dificuldades para os últimos agudos, mas o *menos*, nessa voz que o disco tornou universal e que é das mais fonogênicas que se conhecem, não parece contar, completamente exorcizado pelo *mais*, que é muito.

No "*Ritorna vincitor*" da *Aida*, iniciando o recital, que felicidade constatar a integridade, em toda a extensão, de seu timbre tão rico em harmônicos, embora a afirmação do volume ainda não tivesse *esquentado* até a plenitude que contribuiria para fazer do Tchaikovsky um momento especialmente mágico. Nas duas árias da *Bohème*, a cultura natural da modulação e do *legato* hipnotizava. Quando Freni fala de coisas "que têm nome poesia", não é da boca para fora. Sua maneira de esfumaçar um *piano* e cair esquecidamente em colorações maviosas lá estava, para evocar o fim do inverno parisiense ("*Quando vien lo sgelo*") ou no simples "*Bada*" de "*Donde lieta uscì*". Na "*Umile ancella*" da *Adriana Lecouvreur*, a mesma arte de pôr assombro e expectativa na voz, contrastando com a vocalidade mais puramente narcísica de uma Kiri Te Kanawa dois anos atrás no Municipal do Rio.

Mirella Freni passou também pela "*Petite table*" da *Manon* de Massenet, plangente e num francês límpido, e retribuiu a ovação final com "*Mio Bambino caro*" e uma canção de Rachmaninov, *Água de primavera*, cheia de cores. Ela volta a cantar no Municipal de São Paulo hoje às 21h. É pena que só no fim da carreira se esteja apresentando no Brasil, e um recital de *pedaços* de óperas não terá sido o contexto ideal. Mas foi feita a prova de que o outono contém primaveras, quando o caminho vale a pena.

Jornal do Brasil, 6 de agosto de 1999

Finas combinações

Com a convergência fortuita de um maior número de concertos nesta semana, houve quem pensasse que o Rio, mesmo de longe, lembra Viena. Mas não, continuamos basicamente presos às convergências fortuitas, aos heroísmos sem fôlego, à falta de investimento e de continuidade e às divas em fim de carreira. A exceção notável este ano tem sido a série de música de câmara patrocinada no Teatro da Maison de France pelo BankBoston, que depois de uns dez anos de sucesso em São Paulo resolveu trazer para cá artistas de primeira no cenário internacional. Nesta segunda-feira, o capricho chegou a ponto de transcrever no programa, no original e em português, os textos dos poemas cantados por **Barbara Hendricks**.

A grande soprano americana enquadra-se na mencionada categoria de divas, e o engraçado, na outra noite, foi sentir no ar a surpresa do público muito *society* com o meticulosamente sofisticado programa escolhido pela cantora e seus esplêndidos asseclas suecos: o violinista Christian Bergqvist, o violoncelista Torleif Thedéen e o pianista Love Derwinger. Noite de canto distante das árias de ópera e dos sucessos fáceis. Fina musicista, Hendricks montou, em torno dos sufocantes *Sete poemas de Alexander Blok*, de Dimitri Chostakovich, um programa que abraçou também algumas das dezenas de canções folclóricas europeias harmonizadas por Beethoven com acompanhamento de trio.

Nesses dois extremos de leveza despreocupada e opressiva desolação, a sensibilidade e a empatia da intérprete chegaram mais perto de fazer justiça ao casamento da poesia com a música. Hendricks nunca foi uma favorita no *Lied*, e as cinco canções de Schubert com que iniciou o recital também expuseram mais os limites atuais de sua voz, que continua lindamente timbrada em certas regiões; além disso, com os braços pendendo ao longo do corpo, a expressão facial denotando o esforço, a dicção como sempre embolada no palato, esfarelavam-se em decibéis as filigranadas melancolias de Margarida na roca, de Mignon ou Suleika.

A amostragem das canções populares arranjadas por Beethoven foi da Escócia à Rússia, passando pela Itália, a Suécia, o Tirol e a Espanha.

Cores primárias, inocência, delicadeza saltitante do acompanhamento, e uma Hendricks mais à vontade, próxima de suas *songs* natais, menos intrusivo o esgarçamento do tecido vocal. Não direi que sua interpretação do tenebroso universo poético de Blok/Chostakovich foi uma revelação; mais uma vez, interpunha-se a dificuldade da cantora de trazer a palavra para a máscara facial; mas aqui a música, toda voltada para a evocação poética em permanente tensão, *passa* essas paisagens tão russo-soviéticas de terror e absurda esperança com uma força inversamente proporcional à economia de meios.

Nada econômico foi o trio instrumental, na garra com que atacou o terceiro e menos imediatamente convidativo dos *Trios* de Brahms, com sua máscula alternância de rude exaltação e lirismo contido. Thedéen, Bergqvist e Derwinger felizmente levaram o arrebatamento ao limiar de vários riscos, mas o pianista e o público teriam ficado mais felizes com um instrumento menos avaro de luxo harmônico e profundidade de campo.

Jornal do Brasil, 24 de setembro de 2003

Felicidade de cantar

Felicity Lott passou por São Paulo semana passada, no encerramento da temporada do Mozarteum, com as tonalidades pastel de sua voz doce, as artes de *diseuse* e a presença radiosa que fizeram dela uma favorita na ópera e na canção no mundo inteiro.

O DVD de um recital de quatro anos atrás no Châtelet, em Paris, fazia temer, nos agudos, uma certa dureza que não se confirmou. Pode haver já algum esbranquiçamento nessa região, mas a ascensão e os ataques saíam com a delicadeza de sempre.

O programa, acompanhado com desvelo e discrição por Maciej Pikulski, era daqueles que dão testemunho da versatilidade dessa artista ímpar: só o repertório italiano não é terreno seu. Tivemos, num vestido vaporoso claro, um apanhado de um Schumann de suave melancolia, sem maiores neuroses, uma série Richard Strauss de sensualidade contida e, numa segunda parte em *décolleté* salmão, a malícia francesa e quatro longas canções de cabaré de Noel Coward.

O espaço da Sala São Paulo, amplo demais para um recital com piano, engolia um pouco a projeção recatada e de *vibrato* esplendidamente controlado da cantora, mas lá estavam, no efusivo *Er ist's* schumaniano, todas as cores e inflexões que fazem o senso de maravilhado espanto dessa canção. E com que simplicidade foi dita a enlevada *Meine Rose*, com suas terminações flutuantes!

Em Strauss, todas as paragens misteriosas e os silêncios que entrecortam as modulações harmônicas de *Das Rosenband* falavam de entrega e devaneio. No *Wiegenlied*, o *legato* longo, as ondulações da *messa di voce* e a linha infinita do *sostenuto* efetivamente eram para ninar.

O humor apenas sugerido e o prazer da língua alemã, nas vogais profundas ou nas consoantes nítidas, não precisavam aventurar-se acima da dinâmica piano — o que não é para qualquer cantor(a).

Depois da lição de fulgor straussiano, a voz continuava percorrendo livre e soberana todas as regiões da máscara, mas também inesperados recônditos mais recuados, nas *mélodies* da segunda parte. O domínio do francês não é menos encantador e transparente na narração.

A canção picante sofisticada é terreno de eleição de Felicity Lott, e os versos que pedem asas de Reynaldo Hahn não podiam mostrar-se mais inconsúteis, nem mais cativantes os acentos e insinuações da comediante no *J'ai deux amants* de Messager. Se as peripécias da brejeirice pequeno-burguesa de Coward solicitavam menos a atenção, a culpa não era da intérprete, uma artista que exala prazer e o proporciona até nos sombreados e iluminações da paisagem expressiva do rosto.

Opinião e Notícia, 30 de outubro de 2006

Nas esferas agudas

O contratenor é essa entidade estranha: um homem que pôde preservar e cultivar, depois da muda na puberdade, um timbre aflautado em tessitura equivalente à dos contraltos femininos; e também um cantor com voz e estilo de uma outra era, mais especificamente barroca, diante de nós em presença física. É como se voltássemos no tempo sem fechar os olhos.

Daniel Taylor, um canadense de 37 anos, domina esse paradoxo com proficiência técnica e um jeito divertido de comunicador. No recital com que abriu na sexta-feira a série dos Concertos BankBoston, na Sala Cecília Meireles, introduziu com verve, falando em inglês, as *lute songs*, os *Lieder* e as árias italianas de Händel em que foi acompanhado pelo alaudista Sylvain Bergeron e o pianista Julian Wachner — que poderia ser mais aguçado.

Tendo formatado um programa variado e atraente, ele aproveitou para introduzir uma pupila em início de carreira, a soprano Marie-Eve

Munger, dotada de uma dessas vozinhas de lírico-ligeiro que raramente (Rita Streich?...) convidam a audição prolongada, e que percorreu, novo paradoxo, três canções da *Viagem de inverno* composta por Schubert para voz masculina.

Taylor tem, de saída, vários trunfos: o timbre não é estridente; tem corpo, delgado mas firme, sobretudo cor. O agudo é atacado com segurança certeira, a emissão sai com zelo tranquilo, o *pianissimo* é buscado com delícia. A delicadeza melancólica das canções antigas de Dowland e a dor contida do *Ich bin welt abhanden gekommen* de Mahler se beneficiaram muito desse canto de expressão suave repousada com esmero na coluna sonora.

O mundo do *Lieder* é outra coisa. Pode ser que nossos hábitos tenham a ganhar com uns sacolejos de vez em quando. Mas como ouvir o raivoso *Ich grolle nicht* de Schumann sem o peso de uma voz feita para expressar sentimentos... como direi, modernos? Daniel Taylor não decepcionou nas árias de Händel, modesto na agilidade e aqui e ali adquirindo uma fixidez branca na emissão de força, mas fino no gosto e na discreta ornamentação.

Os Concertos BankBoston são uma instituição civilizada: excelência dos artistas, claro, mas também essa coisa pouco frequente no Rio: programas redigidos e apresentados com capricho. Neste, suprema e elementar cortesia, os poemas foram reproduzidos e traduzidos com valor literário. *Chapeau* e obrigado.

Opinião e Notícia, 29 de maio de 2006

Plácido esplendor

Kiri Te Kanawa está ensaiando em Londres o programa que apresentará em sua estreia no Rio, no próximo dia 14, com o pianista americano Grant Gershon. Numa conversa por telefone, de sua casa, a impressão é de uma profissional tranquila, no auge de uma correria que já é há algum tempo a da soprano mais popular do mundo. Popular, Kiri pode ser considerada em mais de um sentido. É ela, para a maioria das pessoas hoje em dia, a encarnação do canto lírico. Projeta seu repertório cada vez mais constantemente para o chamado *crossover* — a música clássica ligeira ou popular fina —, fugindo de grandes explorações longe do território já conquistado. E parece ter uma cabeça simples, descomplicada e sem estados d'alma, como diriam os franceses — sem muitas dúvidas ou interrogações nem zonas de sombra.

Aos 52 anos, a neozelandesa Kiri Te Kanawa se diz satisfeita com o que alcançou e se mostra absolutamente despreocupada de cortejar a posteridade com esforços que ultrapassem suas medidas. Estas são claramente delineadas: cantar o que lhe dá prazer, compondo programas de agrado imediato para um público previamente conquistado por sua voz. É que a voz — contendo "os mais belos sons da criação", escreveu alguém — quase se poderia dizer que é a mensagem. Um soprano lírico aveludado e suave, reconhecível entre mil e administrado com uma ciência do *legato*, da nuança e das cores que enche os ouvidos e a alma infalivelmente, embora para muitos deixe a desejar no terreno da expressividade e da transcendência propriamente artística do material que serve.

Kiri tem, vinte ou trinta anos depois, a mesma recepção crítica da outra cantora britânica que marcou, no seu nível, esta metade do século: Joan Sutherland, que também precisava apenas abrir a boca para deslumbrar, mas não escapava de ressalvas persistentes quanto ao casamento desse instrumento maravilhoso com a arte do drama ou da retórica. Plácida mas esplendorosa, Kiri não acha que tenha contas a prestar. Está feliz e sabe que os fãs não pensam de outra forma.

— *Que áreas do repertório está trabalhando mais atualmente?*

— Não me considero uma recitalista de estilos de época, como se diz. Faço recitais de voz e piano que não são como os recitais de Schubert ou as chamadas *Liederabend* (noites de *Lieder*). Gosto de cantar canções muito bonitas numa performance de recitalista, não é o autêntico recital clássico, por assim dizer, de vinte ou trinta anos atrás, pois apresenta novas canções ao público. Talvez na Alemanha meus programas não agradassem muito, mas é o que eu gosto de fazer. Acho as *Liederabend* chatas, o que não quer dizer que sejam chatas para todo mundo.

— *O que ainda se descortina do topo absoluto de uma carreira de soprano? É como sentir-se perto da perfeição ou ainda há lugar para descobertas e surpresas?*

— Estou satisfeita com o que já fiz e não tenho nada mais a realizar em minha vida, em termos musicais, pois considero que fiz praticamente tudo, fui a muitos países e tenho muita gente que aprecia minha música. Estou muito feliz com o que alcancei, realmente.

— *A senhora já deve ter lido e ouvido centenas de referências à famosa textura cremosa de sua voz. Como a descreveria?*

— Não saberia dizer. Quando a gente canta, ouve uma coisa, e depois vem alguém e descreve outra diferente. Não faço conscientemente nenhum esforço para dar a minha voz uma textura cremosa. Simplesmente canto como devo cantar, normalmente. É minha voz natural ou minha estrutura óssea ou o que minha garganta produz.

— *Em que medida a educação vocal contribuiu para essa naturalidade?*

— Muitíssimo, e também para a longevidade. É muito importante ter longevidade no mundo do canto, pois é uma vida tão curta, a gente pode ter uma carreira e no dia seguinte está tudo acabado.

— *Como compararia seu timbre, o corpo de sua voz e também seu estilo aos de Gundula Janowitz?*

— Gundula Janowitz é uma cantora wagneriana, basicamente wagneriana, e eu sou uma mozartiana. Se você dissesse que tenho uma voz muito semelhante à de Victoria de Los Angeles ou Renata Tebaldi, eu poderia concordar em que talvez haja uma semelhança, mas Gundula é completamente diferente do meu padrão.

— *Mas ela foi acima de tudo uma mozartiana e uma straussiana...*

— Tem razão, mas não se manteve muito tempo neste repertório. Pelo que sei, ela passou sobretudo para Wagner. Talvez esteja errada...

— *Foi por temperamento ou vocalidade que a senhora se orientou sobretudo para Mozart, Strauss e Puccini?*

— Acho que foi o aconselhamento de outras pessoas que me orientou nessa direção. Minha professora de canto, Vera Rósza, adorava Mozart. E naturalmente fui influenciada por ela, por Colin Davis, por muita gente que trabalhou comigo, como Georg Solti. Muita gente ao meu redor me estimulou a cantar Mozart. Como aconteceu com Mirella Freni, que cantou Mozart durante muito tempo, o que robusteceu sua voz e lhe permitiu ter uma carreira muito mais longa.

— *Como reage a uma crítica séria?*

— Eu gosto de críticas, acho que é muito saudável, mas quando é um ataque pessoal só posso concluir que o autor da crítica tem prioridades diferentes das minhas. Quando se compara a maneira como eu descrevo o que aconteceu numa performance e o que um crítico acha que aconteceu na mesma performance, e há uma grande semelhança, neste caso acho que ele pode ter razão. Mas quando se trata de um ataque pessoal, não é algo que tenha a ver comigo. Mas tenho tido sorte...

— *E a crítica de placidez ou exclusiva concentração na beleza sonora, em detrimento do drama ou da vibração em suas interpretações?...*

— É que essas pessoas não veem sangue saindo da minha garganta, não me veem assumindo riscos. Quando a gente vive perigosamente, assume riscos e acaba matando a própria voz. Então eles vêm e dizem: oh, ela não devia ter feito isso. De modo que eu canto dentro de mim mesma, dentro dos meus limites. De fato, eu não canto nenhuma dessas grandes personagens dilaceradas e desequilibradas. Muitas das que eu canto são mesmo muito plácidas, e eu tenho de me manter dentro desses parâmetros.

— *É possível descrever a sensação de flutuar sobre uma orquestra com a própria voz, como nas* Quatro últimas canções *de Strauss ou em suas óperas?*

— É realmente uma sensação maravilhosa, e às vezes, nesses momentos, a gente pensa que ninguém pode nos tirar isso. É isso que é maravilhoso: você está fazendo algo tão incomparável e único que às vezes eu sinto como se tivesse feito realmente um bom trabalho, olho para o mundo ao meu redor, e penso: puxa, ninguém poderia fazer isso, mas eu fiz. É um pouquinho egoístico, e é daí que pode vir a inveja, por fazer algo tão único que ninguém pode nos atingir. Mas é mesmo uma sensação maravilhosa.

— *Nosso mundo de ruído e consumismo ainda terá lugar para o refinamento musical?*

— Não tenho por que temer quanto ao que os cantores farão no futuro e como se apresentarão ou como determinados professores de canto educarão vozes maravilhosas. O que me preocupa é a maneira como as casas de ópera são administradas, a maneira como estão sendo destruídas por administradores não muito inspirados. Na maioria dos teatros hoje em dia, eles estão preocupados com a administração e tendem a esquecer que os cantores é que atraem o público.

— *Isto significa menos ópera e mais concertos em sua agenda?*

— Não por este motivo, veja bem. Eu continuo cantando ópera. Mas o fato é que, como em quase todos os setores da vida hoje em dia, os administradores são responsáveis por muita coisa ruim que acontece. A Metropolitan Opera de Nova York é uma das mais bem administradas do mundo, é uma enorme organização, mas tem cantores. Basicamente, eles são o número-um.

— *Como vão as gravações?*

— Há um disco Puccini saindo agora [pela Erato], ontem à noite concluí um disco de árias de óperas alemãs [Wagner, Mozart, Weber, Strauss — EMI] com Julius Rudel e há alguns meses gravei um CD de canções de Irving Berlin com arranjos e regência de Jonathan Tunick.

— *E os planos de garimpar canções brasileiras?*

— Com toda certeza. Será um dos meus principais objetivos, pois quero descobrir música brasileira e sul-americana para compor um novo disco. Não pensei especificamente ainda em nenhum compositor, mas vou começar a procurar com afinco, pois gosto de descobrir compositores que não são muito conhecidos.

Jornal do Brasil, 28 de março de 1997

Um suspiro sem eco

Um programa sem caráter nem espinha dorsal, uma soprano que acredita tanto na beleza da própria voz que julga desnecessário habitá-la e, para completar, uma indisposição. Em matéria de anticlímax, a tardia e muito esperada estreia de **Kiri Te Kanawa** no Rio de Janeiro, anteontem, no Municipal, vai demorar para ser superada. E no entanto...

Esquentar a voz com miniaturas favoritas de Richard Strauss, um dos compositores que contribuíram para a universal irradiação desse timbre de creme denso com calda levemente doce, foi ingratidão. Kiri Te Kanawa já ia quase pelo fim da primeira metade de uma noite que teve pouco mais ou menos de uma hora de música quando chegaram os primeiros momentos em que o teatro superlotado sentiu que se abriam as portas.

Foi com uma canção de Puccini, *Morire*, seguida de *"In quelle trine morbide"* da *Manon Lescaut*. Mas... como? O frio que enregela, a carícia voluptuosa, onde ficaram? Na agoniada *desiderata* dos fãs, apurando os ouvidos e suspendendo a alma em vão. A cantora estava ausente, ou resfriada. Logo depois: *"Adieu, notre petite table"* da outra *Manon*, a de Massenet. *Madame* Te Kanawa sequer finge que está fingindo representar o drama. Mas, ah!, a *messa di voce*, aquele segredo de ir enchendo a voz e dando-lhe corpo, e um veludo mais espesso, para depois recuar no mesmo fôlego... E a suavidade do *pianissimo*, uma uniformidade ainda preservada dos registros, apesar do equilibrismo aqui e ali nas ameaças de esgarçamento da textura, e as refrações encantadoras das cores...

Na segunda parte, *"La delaissando"* dos *Chants d'Auvergne* de Canteloube foi um momento mágico. Já estávamos conformados a desfrutar apenas da Kiri que se acaricia ou se enregela na própria e narcísica capacidade de emitir sons divinos. Já ficava claro também que a escolha do heterogêneo repertório permitia a econômica colocação da voz nos registros mais favoráveis. E veio o clímax do anticlímax. Um *"Signore, ascolta"* (*Turandot*) dificilmente sustentado nos lances e arroubos em que não só a artista mas já também seu instrumento privilegiado sonegam algo; um *"Depuis le jour"* (*Louise*) de requintada cultura do piano, com a bela estabilidade da emissão, e a placidez, sempre ela, orgulhosa. "Minha voz é um suspiro", canta a heroína da *Adriana Lecouvreur* de Cilea, uma atriz, "humilde servidora do gênio criador". Mas seu "frágil instrumento" deveria ser capaz de "tocar os corações com o eco do drama humano". O público do Rio, que há muitos lustros apalpa as grandes vozes quando ainda não se declararam plenamente ou depois que viveram os anos mais felizes, deixou o Teatro Municipal sem esta graça.

Jornal do Brasil, 16 de abril de 1997

Todos os tons do cinza

"Música", diz à esquerda a inscrição no alto do frontispício do Teatro Municipal. "Poesia", responde a da direita. A conjunção mágica deu-se na sexta-feira longe do habitual diapasão operístico, contente com outro tipo de intensidade: a das paisagens da canção de câmara. Era nada menos que **José Van Dam** num recital de *Lieder* e *mélodies* como o Rio de Janeiro não ouvia há lustros. Repertório exigente, o pincel restringindo-se quase sempre a infinitos matizes de cinza, altíssimo grau de concentração expressiva, e um público que pode ter sido apanhado de surpresa, mas deixou-se levar a essas esferas rarefeitas pela arte mesmerizante do baixo-barítono belga.

Foi uma apoteose do *understatement*. Melancólica e reticente, serpenteando por tonalidades menores no registro médio ou grave, a canção de Brahms impõe rude distanciamento ao ouvido não familiarizado com o lirismo abissal dos poemas, por trás da música das palavras. Perfilaram-se cinco momentos de uma concisão de *hai-kai*, até a mais franca expansão no clima lendário de *Von ewiger Liebe* (Do amor eterno). Terá Van Dam, aqui, variado idealmente o tom, fazendo sucessivamente as vezes do narrador, do amante inquieto e da amada apaziguadora? E foi Maciej Pikulski, ao piano, mais que acompanhador atento e fino? O grupo seguinte, de Richard Strauss, culminaria nos *hits* de *Morgen*, sussurrado num arco impecável, e *Zueignung*, longe dos arroubos juvenis que podemos esperar, em sua firmeza algo imóvel de carvalho.

Van Dam era especialmente esperado em Fauré, Duparc e Ravel, cantando em sua árvore genealógica. A voz, aos 59 anos, preserva em grande forma atributos conhecidos como o timbre de um bronze nobre e macio; a linha longa, o *legato* de perfeição que se faz esquecer e a *retenue* bem francesa associavam-se à naturalidade das passagens de um registro a outro. Mesmo na *Sérenade* de Duparc, mais variada a declamação e mais sedutor o engajamento, mantinha-se a postura sem derramamento nem sentimentalismo. O público das árias de ópera foi brindado com uma *Calúnia* rossinianamente matreira, mas entendeu que o principal estava *ailleurs*.

Jornal do Brasil, 21 de setembro de 1999

ALGUMAS VOZES EM DISCO

As canções dos senhores da ópera

O timbre luxuoso, a vocalidade soberana e as artes de *diseuse* e atriz cômica e dramática de **Cecilia Bartoli** já são conhecidos dos discófilos. Esse conjunto é potencializado de forma ímpar pelo irresistível elemento lúdico que a *mezzo-soprano* romana integra a sua arte. A voz é pequena, como pode ser constatado num teatro das dimensões do Metropolitan de Nova York (uma *Cenerentola* crepitante, na temporada passada). Por isto mesmo, o disco é, em seu caso, um veículo ideal, que ela sabe valorizar — especialmente com a liberdade (que o estrelato lhe confere) de sair com certa frequência dos caminhos muito trilhados.

É o caso neste CD com vinte canções de Rossini, Bellini e Donizetti que a Decca está importando. Sem a verticalidade do *Lied* alemão ou os perfumes harmônicos da *mélodie* francesa, a canção italiana pode parecer menos rica e variada: primado da melodia, construção estrófica simples, o piano quase restrito a uma função acompanhadora às vezes rala musicalmente. Mas entre o humor e as *vocalises* sacudidas de um Rossini (que também comparece aqui com um *Réquiem* para sua sogra), o lírico *cantabile* belliniano e o sentimentalismo elegante de Donizetti, há suficiente espaço para relaxar a mente e soltar os sentidos e a imaginação.

Metastasio é um dos poetas mais presentes (inclusive em duas versões rossinianas, uma delas inédita, de *Mi lagnerò taccendo*), mas há também alguns poemas anônimos, dois deles em dialeto napolitano. A língua é já em si uma música, ainda mais dita com a clareza que lhe confere La Bartoli. Uma vívida mistura de expressividade inocente ou sensual e hedonismo sonoro permeia a interptetação musical propriamente. Bartoli revira o fundo de cada canção em busca de tudo que tem a dizer, sem dar a impressão de artificialismo — ou, quando a dá, sem parecer por isto indesejável. Uma cantora exalando prazer de cantar a todo momento. O acompanhamento de James Levine ao piano é requintado. Não é um disco para ser ouvido de enfiada. Mas, degustadas em grupos de quatro ou cinco, essas canções, assim tratadas, conduzem longe, mesmo dando a impressão de não se afastar de praias seguras.

Jornal do Brasil, 23 de junho de 1998

Um rouxinol solto no Carnegie Hall

Dos prazeres ao pé do ouvido passamos às sensações públicas de um recital gravado ao vivo no Carnegie Hall pela soprano *coloratura* coreana

Sumi Jo. Ela é uma estrela, hoje, na galáxia não muito proliferante dos rouxinóis de vocalização estratosférica. Do ponto de vista do corpo da voz, pode ser situada entre o estilete quase desencarnado de uma Edita Gruberová e o timbre mais encorpado e macio de uma Kathleen Battle, com um toque de acidez tipicamente asiático. Seu registro médio tem colorido e plenitude agradáveis, e ela tampouco se confundiria com *coloraturas*-bonecas da escola francesa, como Lily Pons ou Mady Mesplé.

Muito bem apoiada pelo maestro Richard Bonynge e a Orquestra de St. Luke, *Miss* Jo — uma descoberta de Herbert von Karajan, que a lançou como o Oscar de seu *Ballo in maschera* tardio no disco — percorre um repertório eclético cantando em cinco línguas — entre elas o coreano, em três *hits* nacionais. Começamos com uma das árias de concerto mais conhecidas de Mozart, *Vorrei spiegarvi, oh Dio!*, em que a cantora compete lindamente com o oboé (a flauta será o parâmetro instrumental da voz humana em outras faixas, com a entonação magnífica de Sumi Jo mostrando-se perfeitamente à altura). Uma vertente francesa começa em seguida com a ária *Ah! vous dirais-je, maman* do *Le Toréador* de Adam, passando à boneca Olympia dos *Contos de Hoffmann* de Offenbach; a vertente italiana — na qual Jo faz um esforço parcialmente bem-sucedido de escurecimento da voz, em clima mais elegíaco — limita-se às duas grandes árias da Elvira de *I Puritani*; e temos ainda a ária de Adèle no *Morcego* de Johann Strauss II e um apanhado anglo-saxônico (Bishop, Benedict, Bernstein, Herbert). A relativa frieza desse tipo de voz fica mais evidente num contexto como este, de trechos escolhidos, assim como o *no man's land* em que caem as árias mais dramáticas. Mas em todas as circunstâncias a agilidade de *roulades*, saltos e *stacatti*, a segurança dos superagudos, o senso de estilo e de humor não se desmentem, e visivelmente divertem a plateia nova-iorquina.

Jornal do Brasil, 23 de junho de 1998

Um tenor na medida para o *Lied*

Ian Bostridge é um jovem tenor inglês que deslanchou há apenas três ou quatro anos numa carreira que já honra as melhores tradições britânicas de cultivo da canção de arte. Seu disco com *Lieder* de Robert Schumann que a EMI está lançando deve ser ouvido sem hesitação por quem já conhece as infindáveis gratificações musicais desse universo; e é uma oportunidade a ser agarrada por quem quer começar a descobrir do que se trata.

Bostridge tem um timbre e uma empostação característicos dos tenores ingleses, lembrando o lendário Peter Pears — mas com um som mais redondo, menos preso à parte posterior do palato, e uma expressividade maleável que nada tem da contundência para a qual o antecessor às vezes precisava (ou não podia evitar) enfear a voz. Melhor ainda, ele parece destinado a encarnar um ideal e quase quimérico equilíbrio entre duas escolas opostas de interpretação do *Lied*, a da naturalidade e a da expressividade detalhista. Projeta a voz, modula e *diz* como alguém que estivesse falando de sua própria experiência — o que requer um domínio técnico que ele no entanto não ostenta. E nuança tão finamente quanto exige a mais solta imaginação, mas sem parecer afetado, como no *ritardando* carregado de intenções da maravilhosa e melancólica *O seu rosto*.

Aqui está, sem economia nem *overdose*, toda a variedade de sentimentos do universo de Heine — o poeta dos dois ciclos e das sete outras baladas e canções avulsas que compõem o recital. *Dichterliebe* (O amor do poeta) e *Liederkreis* (Círculo de canções) são as duas séries em que a inspiração de Schumann chega provavelmente à perfeição. A inocência machucada mas cheia de aspirações de Schubert, o *inventor* do gênero, dá lugar em seu sucessor a uma espécie de inquietação convulsionada e inconformada que se reflete nos jogos de idas e vindas harmônicas tão característicos da música de Schumann, mais ainda das canções. A expectativa e a desilusão amorosa, a exaltação e a depressão, os terrores e consolos da alma espelhada na natureza se exprimem numa infinita abundância de melodias e gradações tonais e num permanente casamento da palavra com o canto.

Esse casamento é realizado por Bostridge com uma envolvente ambivalência, entre a juventude do timbre de efebo (mas com um grave sólido e cheio) e uma maturidade expressiva surpreendente. Nas passagens heroicas (por exemplo, em baladas narrativas e dramáticas como *Baltazar*, *Noite na praia* e a napoleônica *Os dois granadeiros*), o tenor mostra a plenitude de um *forte* tão bem timbrado quanto os seus *pianissimi* mais impalpáveis. Bostridge tampouco precisa descuidar da beleza vocal — nem parece que a busca a qualquer custo — para percorrer os *frissons* macabros da quarta canção do *Liederkreis* ou o clima estranho de *Meu coche desliza lentamente*, que começa como uma história convencional de nostalgia amorosa num bosque e evolui para irônica fantasmagoria.

A tudo isso soma-se uma pronúncia alemã voluptuosamente vertical, mas — ainda uma vez — de natural fluência. O acompanhamento ao piano de Julius Drake é outra demonstração de casamento expressivo perfeito, com identidade própria e liberdade preservadas. A captação sonora

WOLFGANG HOLZMAIR E ANNE SOFIE VON OTTER

une intimidade e amplo espaço para respiração e convívio do piano e da voz. O folheto traz os poemas originais em alemão com traduções em inglês e francês.

Jornal do Brasil, 7 de abril de 1998

A canção francesa em boas mãos

Ao contrário do *Lied,* que expõe nua a alma alemã, patético, a canção francesa — a *mélodie* — é uma arte meio secreta, de perfumes penetrantes mas diáfanos e meandros misteriosos. Um nasceu com Mozart e os primeiros românticos, a outra, praticamente na segunda metade do século XIX. Escorado na poesia popular e romântica e em música de franqueza melódica e verticalidade harmônica, dir-se-ia mais viril, o *Lied* nos pega pela mão e nos leva irresistivelmente, enquanto a *mélodie,* prosperando em terreno parnasiano ou simbolista e musicada com um refinamento harmônico e uma rarefação melódica mais problematizados, nos contempla, enigmática, e nós é que temos de ir até ela. Quem faz o esforço não quer voltar.

Arte difícil para o ouvinte e para o cantor, eis que um austríaco, o barítono **Wolfgang Holzmair**, surpreende agradavelmente com um disco (Philips) que apresenta um panorama representativo desses tesouros delicados: Fauré, Duparc, Ravel. Fauré é a coluna dorsal do recital, com o grande e maravilhoso ciclo de sua passagem à maturidade e a uma linguagem própria, *La Bonne chanson* (Verlaine); um outro, *Poème d'un jour,* da primeira fase, mais simplesmente melodioso, com a irresistível *Rencontre;* e um terceiro do fim da vida e já da época da surdez, *Mirages,* que é um milagre simbolista-impressionista de eloquência no despojamento. De Duparc, são seis canções de beleza menos diáfana e mais francamente cantantes, e o recital conclui com as muito breves e picantes *Cinco melodias populares gregas* de Ravel.

Holzmair tem feito certo sucesso em Schubert e Schumann, mas sua voz, vemos agora, é incrivelmente *francesa* e apropriada para esse repertório. É ele o que os franceses batizaram de barítono Martin, nome de um precursor célebre: timbre estreito mas claro, a voz colocada em algum lugar indefinível entre o alto do palato e a região propriamente gutural. Nasalidade, bem à francesa, mas em seu caso com projeção fácil e agudos naturais e suaves. E sobretudo um empenho expressivo, uma bela capacidade de modelar as nuanças e um francês impecável, à exceção de um *r* mais traseiro ou algum *e* átono final que ele pronuncia com deliberação, em vez de deixar cair naturalmente. Comparando-o a um Gérard Souzay na mesma *Bonne chanson* e nos *Mirages* de Fauré, vemos que o antecessor, de um barítono mais escuro, exerce uma arte mais natural, aquela que não parece ser arte, enquanto Holzmair, mais rebuscado — e muito bem acompanhado por Gérard Wyss —, não raro fica mais perto da emoção fremente pedida pelas canções.

A mesma *Bonne chanson* faureana está no disco (DG) da *mezzo* sueca **Anne Sofie von Otter**, ainda mais eclética que Holzmair mas com uma voz que, embora mais bela, é também menos naturalmente casada a esse repertório — e com dicção francesa menos perto da ponta da língua e dos lábios. Ela é acompanhada de piano e, conforme o caso, cordas e/ou madeiras, num programa mais amplo e variado de canção de câmara, esta uma tradição tipicamente francesa. É possível preferir à adaptação instrumental de *La Bonne chanson* feita pelo próprio Fauré o original para piano, mas há no disco maravilhas de abordagem da mais difícil e quiçá mais gratificantes depois de algumas escutas: o suspense cinematográfico dos *Três poemas de Stéphane Mallarmé*, de Ravel, a ingenuidade modalizada dos *Três cantos de Natal* de Frank Martin ou os exóticos equilibrismos tímbricos dos *Quatro poemas hindus* de Delage.

Jornal do Brasil, 27 de maio de 1997

Charme andrógino das *mezzi*

O mundo da alta interpretação vocal vive entre surtos de excesso e escassez. Se o soprano wagneriano e o tenor mozartiano em alto estilo rareiam há algum tempo e o tenor rossiniano andou em superoferta, os *mezzi-soprani* estão na crista da onda no mundo do disco. Desde a ascensão fulgurante da italiana Cecilia Bartoli, cantora realmente excepcional, a americana **Jennifer Larmore**, a russa Olga Borodina, a francesa Nathalie Stutzman (esta na fronteira do contralto), a búlgara **Vesselina Kasarova**, a polonesa Ewa Podles e já agora a austríaca Angelika Kirchschlager estão em evidência.

Kasarova e Larmore chegam às lojas em dois cartões de visita importados pela RCA-BMG e a Warner-Teldec, respectivamente. Em ambos os casos a beleza da voz impressiona e seduz de cara. Talvez mais ainda na búlgara, mais jovem, que se concentra no repertório italiano e de *bel canto* com aliciadora garra expressiva: um grupo Händel-Gluck-Mozart, outro Rossini-Donizetti-Bellini. O timbre é profundo e luminoso a um tempo, de perturbadora sensualidade. O agudo é facilmente heroico, a

JENNIFER LARMORE E VESSELINA KASAROVA

coloratura, segura quando não audaciosa, os ataques, na mosca. Kasarova circula com desembaraço pelo repertório e pela tessitura. Mas... Passado o impacto inicial do luxo sonoro, surgem os problemas do *lançamento* de jovens artistas num tipo de recital em que é preciso maturidade e personalidade para encarnar personagens diferentes um atrás do outro. Kasarova consegue sorrir com a voz quando Zerlina diz *"saprò basciar"* (*Don Giovanni*), lança-se com coloração tímbrica apropriadamente modificada num Cherubino jovialíssimo (*Bodas de Fígaro*: *"Voi che sapete"*), estende-se em *legato* estonteante na *Favorita*, mas quase sempre parece mais aplicada que vital, mais estudiosa que força da natureza: sua Rosina (*O barbeiro de Sevilha*: *"Una voce poco fa"*) é fascinante pela presença e irritante pelo maneirismo. E ela tem na emissão uma certa moleza que está bem nos momentos elegíacos mas lhe cria problemas técnicos e resvala no *"Che farò senza Euridice"* de Gluck para oscilações de entonação que não se entende como podem ter passado num disco desse padrão.

Kasarova tem na voz uma androginia que seria bem-vinda no *conceito* escolhido pela mais veterana Larmore em seu CD todo de papéis de travesti — do mesmo Orfeu de Gluck e do mesmo Cherubino mozartiano (*"Non so più cosa son, cosa faccio"*) ao Orlofsky do *Morcego* de Johann Strauss, passando por *trouser roles* de Rossini, Bellini, Donizetti, Meyerbeer, Gounod e Tchaikovsky (*La Pucelle d'Orléans*). O prazer fundamental é parecido — um instrumento de alto coturno — mas os problemas também: monotonia da sucessão de árias nem sempre idealmente individualizadas, melhor adaptação a certos papéis e tessituras que a outros. Larmore é mais experiente, não tem na voz a ambiguidade de efebo de Kasarova, nem sua inocência voluntariosa: é mais *cantora* que travesti (por exemplo num Cherubino sem candura maliciosa). Também transita menos desinvolta nos extremos da tessitura. Se Kasarova chega aos limites do bom estilo em seu ardor um pouco exercitado, Larmore percorre algo indiferenciadamente os recitativos do módulo *bel canto*. Ela se solta mais nas árias francesas, no Tchaikovsky e num *Morcego* (a saudação de Orlofsky, em alemão e em inglês sucessivamente) que também beira o mau gosto no excesso de caracterização.

A soma dos pequenos senões não deve intimidar quem aprecia esse tipo de recital-ônibus e não acha que a maturidade expressiva, a personalidade e a presença e o "ter realmente o que dizer" sejam tudo, especialmente quando o *som* é quase sempre tão belo.

Jornal do Brasil, 2 de setembro de 1997

Pureza e paixão do Leste

Mesmo entre os melômanos, são raros os adeptos da ópera barroca. Quem nunca passou por perto imagina uma gritaria dos infernos, acompanhada de um *firin-fin-fin* de dar nos nervos. Exagero, mas com certo fundo de verdade: questão de sintonia mais ou menos afinada. Há também quem curta, mas com espaçada moderação. Explica-se: emoções muito arcádicas ou trágicas, sequenciamentos repetitivos (as árias *da capo*, retomadas do início depois de chegarem ao fim), recitativos infindáveis, floreios vocais demais...

Mas as belezas podem ser arrebatadoras, sobretudo se abreviadas. É o caso do disco de *Cantatas* de Händel que a meio-soprano tcheca **Magdalena Kozená** lançou este ano pela Archiv, acompanhada por Marc Minkowski e sua orquestra de instrumentos antigos, os Musiciens du Louvre.

Não são óperas, mas quase poderiam ser, embora sem coro e com um solista apenas. Händel, trocando a Alemanha pela Itália, tinha seus vinte e poucos anos naquela primeira década do século XVIII, e uma criatividade estuante — sob certos aspectos (como a audácia) maior que nas obras da maturidade na Inglaterra. Como o papa proibia em Roma a apresentação de óperas — arte de paixões profanas —, ele as compunha para outras cidades da península, mas também cultivava sua variedade expressiva e seus recursos formais nas cantatas escritas para os salões romanos.

Nas três que compõem o disco, a variedade só é sentida mesmo a partir da segunda escuta: a diferenciação (o prazer), no barroco, é uma conquista. Em *Delirio amoroso*, com texto atribuído a um cardeal literato, Pamphili, são as dramáticas etapas de desconsolo, inconformismo e esperança de Clori em busca do reencontro com o amado Tirsi; em *Tra le fiamme*, o mesmo Pamphili está em veia mais pastoral, com uma fabulação irônica em torno da história de Ícaro e dos riscos de chegar perto do fogo, seja ele amoroso; e *La Lucrezia*, com texto de autor desconhecido, é, na primeira pessoa, a tragédia (mais tarde aproveitada por Shakespeare e Britten) da violação de Lucrécia na Roma antiga.

Esse tipo de música vive gloriosamente ou tomba desastroso conforme a arte dos intérpretes. E Magdalena Kozená não é uma glória só no visual de *top model*. Descoberta há uns três anos, depois de uma formação sólida (piano, coro, música barroca), ela tem um meio-soprano doce, luminoso e flexível que lembra Federica von Stade, em sua proximidade da tessitura de soprano, com o agudo fácil mas o grave assegurado. É tam-

MAGDALENA KOZENÁ

bém dona de uma dicção clara, e pisa com vontade o terreno da arte retórica, que está no centro do canto barroco.

Kozená não tem o temperamento flamejante de uma Cecilia Bartoli, a rainha atual do vocalismo antigo. Mas *diz* todas essas paixões, fúrias e langores com naturalidade nas inflexões, vigor declamatório e *dolcezza*, fôlego longo e *vibrato* controlado mas presente. E tem no adocicado de seu timbre uma cor irresistível de mulher-criança. É um prazer ouvi-la passando da sacudida indignação da primeira ária do *Delirio*, na qual dialoga com um solo de violino tão perdido quanto seus gorjeios (seguros e focados), à suavidade implorante da segunda, acompanhada de violoncelo, e à tranquilidade mais alegre da terceira, com solo de flauta doce.

A vibração da performance, sua e da orquestra, parece tanto maior numa gravação ao vivo. Os Musiciens du Louvre têm aquela flexibilidade oscilante das cordas barrocas, um molejo que é só dos instrumentos de arco antigos, além de cores maravilhosamente adequadas à delicadeza desse repertório. Um exemplo é a viola da gamba que ressalta em *Tra le fiamme* — onde as evocações descritivas do ato de voar remetem a trecho equivalente no *Delirio*, alucinadamente rápidas num caso e repousadas no outeiro.

Se a ópera romântica afoga a dicção e o canto barroco a exalta, na canção ela se afirma com simplicidade. É o que Kozená demonstra com as vogais e consoantes estranhamente belas do tcheco num CD (Deutsche Grammophon) todo dedicado, na companhia do pianista Graham Johnson, a repertório de sua terra natal — no qual ficam mais claros os matizes argênteos e transparentes de seu timbre, nisto típico do Leste europeu.

As canções de Dvořák (a série dos *Ciprestes*) são puro melodismo romântico, sem a profundidade do *Lied* alemão, e com certa uniformidade na languidez. As de Janáček e Martinů, da mesma forma, saem quase sempre de um variado fundo folclórico eslovaco, morávio, boêmio; mas no caso dos dois últimos a música comenta e reinventa mais vividamente a ingenuidade dos temas.

Janáček sobretudo mostra, em sete títulos de sua *Poesia popular morávia em canções*, o que é dizer muito com pouco, no imaginoso acompanhamento do piano: um tom enigmático realçado pelos intervalos diferentes e o modalismo, um laconismo aforístico, mais igualmente o gosto da dança, do ritmo e das sonoridades mágicas. As canções de Martinů compostas no exílio francês e americano também conjugam brevidade com uma forte cor local, às vezes dando lugar ao internacionalismo modernista — como na *Canção de ninar*, que poderia ter sido composta por um Lorenzo Fernandez. Um disco mais para os aficionados da canção clássica, mas, para eles, imperdível, graças à arte fina de Kozená e de Johnson, um dos acompanhadores mais requintados, entre os que não chegam a ser também (como um Richter acompanhando Fischer-Dieskau) recriadores.

Jornal do Brasil, 23 de julho de 2001

Índice onomástico

Abbado, Claudio 82-83, 166-170, 180, 323
Abreu, Sergio 278
Academia Brasileira de Música (ABM) 249-250, 255, 278
  Banco de Partituras 255
  Série Brasiliana 250
Academia Granados (Espanha) 58
Academia Marshall (Barcelona) 57
Academy of Ancient Music 159
Adam, Adolphe 338
Agnew, Paul 289
Agostini, Juliana d' 55
Aguiar, Ernani 241-242, 258, 267, 320
  Cantos natalinos 242
  Cinco fábulas de Fedro 241
  Música para quatro violoncelos 241-242
  Peças de ocasião 267
  Quinque fabulae Phedri 320
  Sinfonietta prima 241
  Sinfonietta seconda (Carnevale) 241
  Sonatinas para piano 241
  Te Deum 241
Albéniz, Isaac 25, 44, 57-58, 60, 91, 109
Alberti, baixos de 40
Alessandrini, Rinaldo 149
Alexeiev, Dimitri 225
Alice Tully Hall (Nova York) 224
Alimonda, Heitor 50, 244
Almeida, Guilherme de 277
Almeida Prado, Constanza 250, 261
Almeida Prado, José Antônio de 225, 249-251, 255, 261, 275
  Canción de cuña 250
  Cantiga da amizade 250
  Cartas celestes 250
  Cartas celestes n° 14 250
  Cartilha rítmica 250
  Fantasia 261
  Gravuras sonoras a D. João VI 255
  Momentos 251
  Noturnos n° 8 251
  Noturnos n° 9 251
  Sonata para violino e piano n° 3 250
  Trio marítimo 275
Álvares, Eduardo 235, 242
Álvares, Eduardo Guimarães 276
  Noturno 276

Alves, Antônio Castro 244
Alves, Cristiano 66, 222

Alves, Francisco de Paula Rodrigues 243
Amabile, Elzira 53
Amsterdam 114, 153, 168, 212, 224, 230
Ana, Hugo de 298
Ancerl, Karel 114
Anderszewski, Piotr 21-22
Andrade, Carlos Drummond de 278
Andrade, Mário de 257, 259, 270
Andsnes, Leif Ove 84-87
Angelich, Nicholas 71
Antonini, Giovanni 149-152
Antunes, Jorge 223
  Olga (Abertura) 223
Araguari, Lea 52
Arbós, Enrique Fernandez 57
Archibudelli, L' 137-138
Archiv Produktion 159, 343
Argerich, Martha 22, 33, 35, 38-39, 44, 72, 81-83, 85, 90
Armiliato, Fabio 299
Arrau, Claudio 28, 45, 84-86, 88
Ars Contemporânea 253
Artec (empresa de acústica) 224, 229-230
Arts Council (Reino Unido) 161
Arts Florissants, Les 288-289
Ashkenazy, Vladimir 22-23
Assembleia Legislativa de São Paulo 226
Associação de Canto Coral 246
Astrachan, Vera 242
Audi, Helenice 250
Audin, Gilbert 141
Aurélio (dicionário) 270

Bach, Johann Sebastian 22-23, 28, 30, 32, 44, 63, 66, 68-69, 81, 95-101, 107-109, 112, 115, 125-127, 131-132, 149, 153-157, 159-161, 212, 250-251, 254, 288
Bach, Johann-Christian 285
Bach, Wilhelm Friedemann 102
Bach Akademie 160
Baltsa, Agnes 318
Banda Sinfônica do Estado de São Paulo 248
Bandeira, Antonio Rangel 244
Bandeira, Manuel 277
BankBoston 325, 327-328
  Concertos BankBoston 327-328
Barbato, Silvio 111, 118-119, 234-235, 242-243, 281
  O cientista 242-243
Barber, Samuel 26-27, 184, 188

Barbosa, Antonio Guedes 83-84
Barcellos, Bel 252
Barcelona 57
Barenboim, Daniel 22-25, 86, 114
Barrault, Jean-Louis 323
Bartholomée, Pierre 175-176
Bartók, Béla 23, 82, 171-172, 244, 247, 250, 266
Bartoletti, Bruno 323
Bartoli, Cecilia 337, 341, 344
Bartolini, Lando 306
Battle, Kathleen 338
Bauer, Guilherme 253, 259, 267-268
    Cadências para violino e orquestra 259
    Quarteto n° 1, Petrópolis 267
    Quarteto n° 2 267-268
Bausch, Pina 290
Bavouzet, Jean-Eflam 71
Bayreuth 304
Bazarian, Lídia 275
Beaufils, Marcel 47
Beethoven, Ludwig van 21-23, 26-27, 34, 36-37,
    39, 43-46, 54, 56-57, 60-63, 66, 70-72, 82, 84,
    96, 100, 105-106, 109, 112-113, 115, 117,
    119-120, 127-128, 137, 139-140, 142, 154-
    155, 160, 166, 175, 190-192, 194, 199, 212-
    213, 218-219, 223, 230, 236-237, 248, 281,
    300, 315, 325
Behrens, Hildegard 311
Belkin, Boris 65, 175-176, 225
Bell, Joshua 189
Bellini, Vincenzo 285-288, 300, 303, 321, 337-
    338, 341-342
Belo Horizonte 230, 254
Benedict, Julius 338
Benett, Mark 162
Berg, Alban 139-140, 190, 225, 317
Berganza, Teresa 31, 312-313
Bergeron, Sylvain 327
Bergonzi, Carlo (fabricante de violinos) 116-
    117, 323
Bergqvist, Christian 325-326
Berio, Luciano 183
Berlim 82-83, 166-170, 180-182, 184-185, 199-
    200, 212, 278
Berlin, Irving 331
Berlioz, Hector 96, 165-166, 234, 318-319
Berman, Lazar 83, 85-86
Bernstein, Leonard 178, 194, 225, 233, 247,
    249, 338
Bertagnolli, Gemma 149, 152
Bessler, Bernardo 142
Bessler, Michel 222
Beznosiuk, Lisa 162

Biarent, Adolphe 176
Bienal de Música Brasileira Contemporânea,
    13ª 257-260
Bilger, David 189
Biondi, Fabio 149
Birmingham 200, 224
BIS (gravadora) 75, 281
Biscoito Clássico (gravadora) 281
Bishop, Henry 338
Bizet, Georges 31, 233
Blair, Chris 224
Blanchet (fabricantes de cravos) 95
Blok, Alexander 325-326
Bocchino, Alceo 270, 278
Böhm, Georg 101
Bonfim, Marcelo 260
Bonn 46, 66, 192, 224
Bonynge, Richard 338
Borodin, Alexander 179
Borodina, Olga 341
Boston 39, 224, 293
Bostridge, Ian 338-340
Botelho, Luciano 296
Boulanger, Nadia 279
Boult, Adrian 213
Braga, Ernani 313
    Engenho novo 313
Braga, Francisco 223, 247, 274-275, 315
    Episódio sinfônico 315
    Hino à Bandeira 247
    Jupyra 223
    Trio 275
Braga, Miriam 274
Brahms, Johannes 23, 29-30, 39, 41, 45-48, 54,
    60-61, 65, 72-74, 82, 85, 111, 113-114, 129,
    144-145, 166, 172-173, 180, 182-184, 189,
    203-204, 212-213, 219-220, 223, 227-228,
    232-233, 236, 251, 258, 270-271, 326, 333
Braley, Frank 71
Brandão, José Vieira 74, 260
    Divertimento para sopros 260
    Prelúdios 74
Brasil, Laís de Souza 244, 259, 270-273, 279
Brasília 230, 278-279
Bratislava 268
Bregni, Paolo 300
Brendel, Alfred 81
Brett, Kathleen 295
Brewer, Christine 178, 290
British Council 161
Britten, Benjamin 113, 133, 292-293, 343
Britto, Cláudio de 31
Brotherston, Lez 287

Brown, Jonathan 157
Bruch, Max 114, 126-127, 175-176
Bruckner, Anton 153, 176-177, 193-194, 200, 209, 211-212
Brüggen, Franz 152
Bruhns, Nicolaus 99
Bruno, Lício 234, 243, 303
Bueno, Luciana 243
Buenos Aires 39, 298, 321
Burgos, Rafael Frühbeck de 197-198
Busch, Adolf 144
Busoni, Ferruccio 30
Bylsma, Anner 96
Byron, Lord 36

Caballé, Montserrat 132, 313-314, 321
Caesar, Rodolfo 252
Caetani, Oleg 203-205
Cage, John 253
Callas, Maria 96, 129, 313, 321
Cammarano, Rita 297
Campogalliani, Ettore 323
Campos do Jordão 51, 66
Canteloube, Joseph 332
Canto em Canto 260
Capuçon, Renaud 118
Caracas 224
Carnegie Hall (Nova York) 265, 337
Carpeaux, Otto Maria 289
Carrapatoso, Eurico 255-256
   Tempus fugit 256
Carrascoza, Cássia 276
Carreras, José 323
Carvalho, Eleazar de 223, 227, 229-231
Carvalho, Ronald de 277
Casa de Ruy Barbosa (Rio de Janeiro) 249
Casadesus, Gaby 90
Casadesus, Jean 90
Casadesus, Robert 90
Casaldáliga, dom Pedro 261
Casals, Pau 66
Casolla, Giovanna 299, 306
CBS 39
Celibidache, Sergiu 209-210, 218
Censabella, Reinaldo 301
Centro Cultural Banco do Brasil (CCBB) (Rio de Janeiro) 64, 95, 221, 244, 253, 259, 268
Centro Cultural de Lucerna 230
Chabrier, Emmanuel 165, 175-176
Chailly, Riccardo 46, 168, 174-175, 203-204
Charpentier, Gustave 332
Chebl, Terão 275
Chicago 114, 159, 182, 323

Chicago Symphony Hall 159
Chopin, Frédéric 22-23, 34-36, 38-43, 47-48, 53-54, 58, 63-66, 76, 81-85, 87-88, 91, 132-133, 204, 250
Chostakovich, Dimitri 113, 119-120, 124, 129-130, 144, 167-168, 225, 232, 316, 325-326
Christie, William 288-289
Cidade da Música (Rio de Janeiro) 14
Cilea, Francesco 314, 333
Cine-Teatro Esperança (Boa Esperança, MG) 38
Civilização Brasileira (editora) 280
Cliquennois, Michael 141
Clis, Adriana 256
Clis, Watson 275
Cobos, Jesús López 125, 191, 195
Cocarelli, José Carlos 26-28, 50, 218-219
Coelho, Eliane 314-319
Cohen, Arnaldo 28-34, 65
Collegium Vocale Gand 152-158
Concentus Musicus de Viena 212
Concertgebouw de Amsterdam 39, 114, 153, 155, 168, 184, 212, 224, 230
Concurso Carlos Gomes (Rio de Janeiro) 288
Concurso Chopin de Varsóvia 62
Concurso Internacional Chopin (Niterói) 247
Concurso Internacional de Piano do Rio de Janeiro 38, 75
Concurso Internacional Ferruccio Busoni 26, 30
Concurso Internacional Marguerite Long-Jacques Thibault 26
Concurso Rainha Elisabeth 67, 153
Concurso Tchaikovsky 67
Concurso Van Cliburn 199
Conde, Luiz Paulo 254
Conservatório Brasileiro de Música do Rio de Janeiro 53
Conservatório Tchaikovsky (Moscou) 34, 75
Conservatório de Viena 317
Consort, Leonhardt 97
Copacabana Palace, hotel (Rio de Janeiro) 294
Copland, Aaron 223, 244, 258
Coq, Vincent 145
Corelli, Arcangelo 160
Corelli, Franco 323
Cornwell, Joseph 293-294
Coro Arnold Schönberg 210
Coro Calíope 294
Coro da Universidade Católica de Petrópolis 241
Coro do Teatro Municipal do Rio de Janeiro 234

Coro Municipal de Petrópolis 241
Coro Pró-Arte 246
Correia, Viriato 278
Cortot, Alfred 90
Couperin, François 95
Couperin, Louis 95
Couto, Ribeiro 277
Covent Garden (Londres) 323
Coward, Noel 326-327
Crowl, Harry 267-268
  Na perfumada luz, em plano austero 267-268
Cruz, Cláudio 105-106, 225, 233, 273
Cruz, Oswaldo 242-243
Csekö, Luis Carlos 251, 254
Cunha Neto, Benjamin da 250
Curitiba 149, 230, 232
Curtis Institute (Filadélfia) 188

Da Ponte, Lorenzo 294-295
Dale, Caroline 110
Dallas 224
Daneman, Sophie 289
Darmstadt 252
Darré, Jeanne-Marie 90
Dauelsberg, Myrian 64, 72, 75
Davis, Colin 318, 330
Debret, Jean-Baptiste 255
Debussy, Claude 44, 91, 109, 129, 142-143, 165-166, 169-170, 197, 210, 265, 277, 318-319
Decca 44, 46, 137, 143, 204, 337
Del Monaco, Mario 323
Delage, Maurice 341
Delay, Dorothy 115
Dell'Arte 75, 119, 131, 151, 159, 204
Deller, Alfred 96
Delvaux, Paul 287
Demidenko, Nikolai 225
Derwinger, Love 325
Désert, Claire 71, 73
Detmold 316, 318
Deutsche Grammophon (DG) 24, 50, 81-83, 86, 89, 107, 159, 190, 341, 344
Devos, Noël 258
Diabelli, Anton 21-22
Dias, Andréa Ernest 244
Dicterow, Glenn 179
Disney, Walt 256
Domingo, Plácido 224, 321, 323
Donizetti, Gaetano 300, 303, 313-314, 321, 337, 341-342
Dorensky, Serguei 34-35, 75
Doria, Damian 229-230
Dourado, Henrique Autran 51

Dowland, John 328
Downes, Olin 111
Doyle, Philip 260
Drake, Julius 339
Dresden 184, 302
Duarte, Roberto 226, 241, 247, 257-258, 319-320
Dufour, Mathieu 141
Duo Ferrara-Duarte 320
Duo Lugansky-Rudenko 35-36
Dukas, Paul 75, 171
Dumay, Augustin 106-107, 118
Duparc, Henri 318-319, 333-334, 340
Dupré, Nelson 229
Dutilleux, Henri 165-166
Dutoit, Charles 39, 82
Dutra, Eduardo 32
  Prelúdio 32
Dvořák, Antonin 129-132, 169-170, 184, 189-190, 344
Dynamic (gravadora) 273

Eça, Luiz 63
Eco, Umberto 33
Economou, Nicolas 82-83
Eichbauer, Hélio 300
Eichendorff, Joseph von 314
El Bacha, Abdel Rahman 36-37
Eliot, T.S. 101
Ellington, Duke 167
EMI 38, 90, 114, 209, 270, 331, 338
English Concert, The 159-162
Erato 331
Erben, Valentin 139
Escola de Música da Universidade Federal do Rio de Janeiro 52, 288, 291
Escola de Música de Hanôver 316
Espaço Cultural Sérgio Porto (Rio de Janeiro) 252, 275
Estocolomo 226
Estrella, Arnaldo 31
Europa Galante, L' 149
Ewing, Alan 289, 291

Fagerlande, Aloysio 260
Fagerlande, Marcelo 95, 276, 291-292, 294
Falla, Manuel de 35, 91, 110, 190, 197, 312, 320
Faria, Carolina 286
Fauré, Gabriel 26-27, 90, 333, 340-341
Fellner, Till 194-195
Fernandez, Oscar Lorenzo 242, 258, 265-266, 345

Boneca Yayá 266
Bonecas 266
Historietas maravilhosas 266
Minhas férias 266
Pequena série infantil 266
Presentes de Noel 266
Recordações da infância 266
Reisado do pastoreio 258
Sonata breve 266
Suburbana 266
Suítes brasileiras 266
Três estudos em forma de sonatina 266
Variações sinfônicas sobre um tema popular brasileiro 242
Visões infantis 266
Ferrara, Gilda 241, 319-320
Festival de Páscoa de Salzburgo 167
Festival de Tanglewood 39
Festival Villa-Lobos 74-75
Février, Jacques 90
Ficarelli, Alexandre 276
Ficarelli, André 276
Ficarelli, Mario 275-276
   Quinteto para cordas 276
   Quinteto para oboé e cordas 276
   Quinteto para trompa e quarteto 276
   Quintetos 275
Figueiredo, Carlos Alberto 246
Filadélfia 184-189
Firkusny, Rudolf 61
Fischer, Edwin 23
Fischer, Iván 193-194
Fischer, Thierry 190-191
Fischer-Dieskau, Dietrich 186, 345
Fitzenhagen, Wilhelm 124
Flaksman, Marcos 295
Florença 241
Florence, Flavio 255
Florêncio, Dilson 258
Forlane (gravadora) 36
Franck, César 44, 115, 117, 124, 175-176, 274
Freire, Nelson 33, 35, 38-47, 50, 65, 72, 82, 87, 171-172, 203-205, 219-221, 265
Freni, Mirella 321-325, 330
Fricken, Ernestine von 59
Friedman, Ignaz 85
Friend, Lionel 233-234
Fundação de Artes do Estado do Rio de Janeiro (Funarj) 291, 293
Fundação Nacional de Artes (Funarte) 259, 269-271
Furlanetto, Bruno 296, 303, 305
Furnas Centrais Elétricas S.A. 254

Furniss, Rosemary 110
Fürst, Janos 226
Furtwängler, Wilhelm 23-24, 213

Gabrilowitsch, Ossip 85
Galamian, Ivan 115
Gallisa, José 235
Gandelman, Salomea 50, 250
Gaouk, Alexander 201
Garcia, José Maurício Nunes 245-246, 256
   Missa de Santa Cecília 245
Gardiner, John Eliot 152
Garner, Errol 63
Gavazzeni, Gianandrea 321
Gay, John 289
Gelber, Bruno Leonardo 33
Genebra 190-191, 224
Gentil-Nunes, Pauxy 260
   Músicas 260
Gershon, Grant 328
Gershwin, George 63, 167
Giardino Armonico, Il 149-152
Gilbert, Kenneth 95
Gilels, Emil 45
Giménez, Raúl 288, 313
Ginastera, Alberto 227
Giordano, Umberto 321-322
Gismonti, Egberto 123
   Bodas de prata 123
   Quatro cantos 123
Glinka, Mikhail 232
Gluck, Christoph Willibald 88, 178, 290, 341-342
Gnattali, Radamés 258, 274-275
   Concertino 258
   Trio 275
Godowsky, Leopold 40, 85
Godoy, Maria Lúcia 277
Goebbels, Joseph 143
Goebel, Reinhard 162
Goerner, Nelson 47-48
Góes, Moacyr 296
Goldschmidt, Berthold 143-144
Gomes, Carlos 219, 224, 233
   Il Guarany 224, 233
   Maria Tudor (Abertura) 219
Gorodnitzski, Sascha 53
Gould, Glenn 69, 195
Gounod, Charles 28, 304, 342
Graffman, Gary 225
Granados, Enrique 57-58, 91, 110, 198, 320
Grenoble 158
Grieg, Edvard 64-65, 266, 271

Gringolts, Ilya 107-109
Grisi, Giulia 287
Gruberová, Edita 338
Grupo Música Nova 252, 257
Guarneri del Gesù (fabricante de violinos) 111
Guarneri, Pietro 105
Guarnieri, Mozart Camargo 31-32, 257-259, 270-272, 280
   Dança negra 32
   Ponteio n° 13 271
   Ponteio n° 44 271
   Ponteio n° 48 271
   Ponteio n° 49 31, 272
   Ponteio n° 50 271
   Ponteios 270-273
   Seresta para piano e orquestra 259
Guerra-Peixe, César 242, 244, 253, 257, 259, 267
   Assimilações 259
   Museu da Inconfidência 242
Guerreiro, Antonio 267
   Suíte para cravo 267
Gulda, Friedrich 62
Gurridi, Jesús 312
Guschlbauer, Theodor 171-172
Gutman, Natalia 111-113
Guy, François-Frédéric 71-73, 76

Häbler, Ingrid 48-49
Hager, Leopold 194-195
Hagner, Viviane 195-197
Hahn, Douglas 297
Hahn, Hilary 90, 109
Hahn, Reynaldo 327
Haitink, Bernard 114, 213
Halasz, Débora 75
Halffter, Ernesto 312
Hamburgo 46, 212, 220
Händel, Georg Friedrich 29, 129, 149, 152, 160, 288-290, 327-328, 341, 343-344
Hanôver 316-317
Hänssler (gravadora) 161
Harmonia Mundi (gravadora) 157
Harnoncourt, Nikolaus 82, 96-97, 99, 152, 155, 157, 162, 195, 210-213
Harrell, Lynn 225
Hartmann, Victor Alexandrovich 89
Hawkes, Bill 110
Haydn, Joseph 37, 56, 71, 96, 117, 139, 144-145, 159, 175, 191-192, 194-195, 210-212, 281, 285, 312
Heidelberg-Mannheim 281
Heifetz, Jascha 119, 129

Heine, Heinrich 339
Hendricks, Barbara 325-326
Henrique, Waldemar 270
Herbert, Victor 338
Herreweghe, Philippe 152-158, 288
Herrmann, Bernard 189
Herz, Georg 315
Herzog, Werner 303, 305
Hesse, Herman 314
Heuberger, Richard 110
Hillel, Iacov 300
Hindemith, Paul 188
Hitchcock, Alfred 189
Hitler, Adolf 143
Hoffelé, Jean-Charles 90
Hogwood, Christopher 159
Hölderin, Friedrich 166
Holleque, Elisabeth 307
Holzmair, Wolfgang 340-341
Honegger, Arthur 190
Horne, Marilyn 313
Horowitz, Vladimir 39, 81, 84, 89
Horstmann, Jan Michael 290
Horta, Luiz Paulo 274
Horvath, Milan 226
Hough, Stephen 84-87
Hughes, Allen 39-40
Hummel, Johann Nepomuk 48
Husserl, Edmund 209

Iazzetta, Fernando 275
Ietto, Celinelena 234, 285
Imbert, Celine 235, 303
Indy, Vincent d' 274
Instituto Brasileiro de Administração Municipal (Ibam) 142-143
Instituto de Cultura Hispânica 319
Instituto Goethe 143
Iruzun, Clélia 50

Jacobs, René 155
Janáček, Leoš 56, 190, 344
Janowitz, Gundula 330
Janowski, Marek 165-166, 173, 198-200
Jardim Botânico do Rio de Janeiro 256
Jarrel, Michael 125
Jeller, José 297
Jezovsek, Vasiljka 157
Jo, Sumi 337-338
João Paulo II, papa 255, 260
João VI, rei 256
Johnson, Graham 344-345
Jones, Trevor 162

Jornal do Brasil 13, 17-18, 24-31, 34-36, 38-43,
47-50, 57-62, 65-72, 74-75, 81-91, 95-102,
109-111, 113-118, 124-133, 137-138, 140-145,
149-162, 165-192, 194-203, 209-213, 217-219,
222-237, 244-248, 251-254, 257-261, 265-278,
286-307, 311-315, 319-326, 328-334, 337-345
Josephina, Maria 268-270
Juilliard School (Nova York) 53-55, 115
Justi, Luís Carlos 260

Kacso, Diana 50-57
Kanawa, Kiri Te 324, 328-333
Kaplan, José Alberto 260
Quinteto 260
Karabtchevsky, Isaac 45-46, 217-218
Karajan, Herbert von 83, 168-169, 180, 212,
322-323, 338
Kasarova, Vesselina 341-342
Kavrakos, Dimitri 299
Kempe, Rudolf 41
Kempff, Wilhelm 45, 84
Kennedy, Lauri 110
Kennedy, Nigel 111
Kfouri, Ana 286
Khomiakov, Aleksei 36
Kim, Young Uck 236
King, Thea 192
Kirchschlager, Angelika 341
Kissin, Ievgueni 22-23, 57
Kleiber, Carlos 323
Klein, Alex 255
Klein, Jacques 27, 32
Koch (gravadora) 272
Kodály, Zoltán 132, 178, 232
Koellreutter, Hans Joachim 244, 257, 259, 279
Kondrashin, Kirill 82
Kooij, Peter 157
Korenchendler, H. Dawid 241, 260, 267
Momentos brasileiros 267
Psalmi Tehilim 260
Kossatz, Sula 292
Kozená, Magdalena 343-345
Kraus, Alfredo 323
Kreisler, Fritz 110-111, 119
Krenz, Jan 47
Krieger, Edino 225, 244-245, 255, 257-258, 260
Abertura solene 255
Canção do violeiro 244
Fanfarra e sequência 258
Improviso para flauta 244
Sonâncias II 244
Sonata nº 2 para piano 244
Sonata para piano a quatro mãos 244

Sonatina 244
Te Deum Puerorum Brasiliae 260
Tem piedade de mim 244
Tocata 244
Krieger, Neném 244
Kroese, Myra 157
Kuarup (gravadora) 84
Kurtág, György 268

Lacerda, Marcos 275
Lacerda, Osvaldo 258, 267, 275
Abertura nº 2 258
Sonata para cravo 267
Trio 275
Lakschevitz, Elza 261
Lamosa, Rosana 248, 288
Lang, Aidan 286, 287
Lanzelotte, Rosana 126, 267
Larmore, Jennifer 341-342
Larrocha, Alicia de 57-60
Lassus, Roland de 155
Lazic, Dejan 132-133
Le Sage, Eric 141
Lefébure, Yvonne 90
Lehninger, Erich 259, 275
Leipzig 184
Leite, Vânia Dantas 252
Lenehan, John 110
Leoncavallo, Ruggero 305-307
Leonhardt, Gustav 96-102, 154, 157, 292
Lermontov, Mikhail 36
Lessa, Bia 306
Levine, James 337
Levit, Igor 120
Levitzki, Mischa 85
Levy, Alexandre 32, 223, 227-228
Levy, Luiz 31-32, 223
Coeur blessé 32
Valsa lenta 32
Werther 223
Lhévinne, Josef 64
Liesenberg, Marcos 243
Ligeti, György 155, 165, 250, 268
Lima, Arthur Moreira 273
Limbeskaia, Susana 323
Lincoln Center (Nova York) 53
Lisboa, Tânia 274
Liszt, Franz 23-25, 28, 30, 38-41, 47-48, 50, 54-
58, 63, 76, 81-82, 84-86, 175, 178, 247, 269
Lombard, Alain 226
Londres 29, 32, 65, 82, 138, 182, 185, 224, 314,
328
Longman (dicionário) 73

Los Angeles, Victoria de 330
Lott, Felicity 326-327
Loup, François 295
Lovatelli, Sabine 169
Lucerna 224, 230
Lugansky, Nikolai 35-36, 64, 68, 75-77
Luís XV, rei 149
Luisada, Jean-Marc 84, 91
Lupu, Radu 60-62, 65, 81
Lutosławski, Witold 165, 223

Ma, Yo-Yo 114, 123-124, 127
Maazel, Lorin 180-184
Madeira, Maria Teresa 244
Magritte, René 287
Mahler, Gustav 153, 166, 168, 172-175, 198, 200-201, 203-224, 228, 285, 328
Maisky, Mischa 127
Major, Leon 294
Majorca 43
Malheiro, Luiz Fernando 288
Malibran, Maria 287
Manaus 279, 316
Mântua 292, 323
Marco Polo (gravadora) 75
Marcondes, Ronaldo 230
Mariz, Vasco 258, 280
Markevitch, Igor 204
Marmontel, Antoine François 90
Marsalis, Wynton 167
Marshall, Frank 57-58
Martin, Frank 190-191, 341
Martin, Karl 302
Martin, René 70
Martinez, Mariselle 301
Martinů, Bohuslav 190, 344-345
Marun, Nahim 273
Mascagni, Pietro 299, 305-307
Massenet, Jules 120, 304, 314, 321, 324, 332
Master Class (gravadora) 87-88
Masur, Kurt 176-179, 226
Mattar, Pedrinho 63
McDavit, Carol 293
Mechetina, Katya 75-77
Mechetti, Fábio 236-237, 294-295
Mehta, Zubin 172-175, 178, 314, 317-318
Mekinulov, Roman 233
Mello, Celina Pimenta de 53
Memorial da América Latina (São Paulo) 224
Mendelssohn-Bartholdy, Felix 24, 27-28, 58-59, 106, 114-115, 118, 132, 144-145, 184, 220, 227, 249, 285
Mendes, Gilberto 223, 275

Issa (abertura) 223
Peças para piano 275
Prelúdios 275
Rimsky para piano e quarteto de cordas 275
Mendes, Murilo 268
Meneses, Antonio 65, 124-129, 225, 230, 236, 273-274
Meridian (gravadora) 274
Mesplé, Mady 338
Mesquita, Regina Elena 295
Messager, André 327
Messiaen, Olivier 165, 258
Mestre, Paulo 234, 294
Metastasio, Pietro 289, 337
Metropolitan Opera (Nova York) 331, 337
Meyer, François 141
Meyer, Paul 141
Meyerbeer, Giacomo 342
Michelangelo 33
Mignone, Francisco 31, 259, 268-270, 320
Berimbau 320
Caramuru 259
Choros para piano 269
Congada 31
Festa na Bahia 320
Paulistana nº 1 270
Suíte campestre 270
Valsa-choro nº 5 269
Valsa de esquina nº 1 31
Valsas-choro 269-270
Valsas de esquina 269
Miguez, Leopoldo 32, 247, 257-258
Ave libertas 257
Prometeus 247
Milano, Dante 277
Milão 182, 184, 323
Milnes, Sherril 301
Minczuk, Roberto 221-222, 226, 232
Ministério da Cultura 259
Minkowski, Marc 158-159, 343
Mintz, Shlomo 225
Miranda, Helena Floresta de 70
Miranda, Ronaldo 13, 17, 50, 225, 246-249, 255-256, 261
A tempestade 248
Missa brevis 256
Sinfonia 2000 246-247
Suíte festiva 246, 261
Mitchell, Leona 299
Monk, Thelonius 63
Montagnana (fabricante de violoncelos) 131
Montanha, Luís Eugênio 276
Monteiro, Sérgio 255

Montero, Gabriela 62-64
Monteverdi, Claudio 96, 155, 167, 212, 291-294
Montevidéu 39
Morelenbaum, Henrique 245-246, 255, 259, 315
Moreyra, Álvaro 277
Morozowicz, Henrique 259
Morris, James 299
Moscou 67
Moszkowski, Moritz 85
Moura, Fernando Maciel de 267
Mozart, Wolfgang Amadeus 23, 29, 37, 40, 49, 54, 56-57, 59, 63, 66, 68, 71, 96, 100, 106-107, 112, 117, 119, 125, 129, 154-155, 158, 160, 173, 175, 187, 191, 193-196, 200, 209, 211-212, 230, 232-233, 289, 294-297, 300, 303, 315, 317-318, 321, 330-331, 338, 340-342
Mozarteum 326
Mozarteum Brasileiro 169
Mozzafiato 137-138
Mullova, Viktoria 225
Munger, Marie-Eve 327
Munique 41, 184-185, 187, 209, 304
Museu Villa-Lobos (Rio de Janeiro) 75
Musiciens du Louvre, Les 158-159, 343-344
Musikverein (Viena) 224, 230
Mussorgsky, Modest 88-89, 173, 300
Muti, Riccardo 184, 301

Nakamatsu, Jon 199
Nascimento, Milton 63
Nasser, David 277
Nat, Yves 90
Navarra, André 114
Nazareth, Ernesto 31, 266-267, 269-273
  Apanhei-te, cavaquinho 273
  Batuque 266-267
  Escorregando 267
  Faceira 273
  Odeon 267
  Tangos 270
  Valsas 270
Nelsson, Woldemar 226
Nepomuceno, Alberto 32, 257
  Ária 32
  O Garatuja 257
Nersessian, Pavel 64-65, 75-77
Neschling, John 222-233, 278
  O beijo da mulher aranha (trilha musical) 224
  Pixote (trilha musical) 224
Neuhold, Günther 226

Neumann, Wolfgang 303
Neves, Christiano Stockler das 229
New York Times, The 39
Nilsson, Birgit 186
Niterói (RJ) 241, 247
Nobre, Marlos 272, 320
no.com 22-24
Nonno, Inácio de 242, 306
Nono, Luigi 166
Nordio, Domenico 111-113
Norrington, Roger 152
Nova Fronteira (editora) 91
Nova York 53-55, 75, 84, 109, 115, 170, 177, 182, 224, 226, 229, 331, 337-338
Novaes, Guiomar 38-39, 87-88
Núcleo de Música Experimental e Intermídia do Rio de Janeiro 251, 254

Octeto de Viena 137
Offenbach, Jacques 313, 338
Oistrakh, David 105, 119
Oliveira, Jocy de 251-253
  As Malibrans 252
Ópera de Bonn 224
Ópera de Dresden 184, 302
Ópera de Estado da Baviera 185, 187, 304
Ópera de Frankfurt 316
Ópera de Munique 184, 187
Ópera de Paris 302
Ópera de San Diego 295
Ópera de Viena 316, 319
Operalia 288
Opinião e Notícia 21-22, 32-34, 36-37, 43-47, 50-57, 62-64, 72-77, 105-109, 111-113, 118-120, 123-124, 138-140, 158-159, 193-194, 203-205, 221-222, 242-243, 248-249, 254-257, 278-282, 285-286, 315-319, 326-328
Orff, Carl 233
Organização das Nações Unidas (ONU) 183
Orgonasova, Luba 210
Ormandy, Eugene 184-185, 221
Orpheus (gravadora) 271-272
Orquestra da Rádio Bávara 180
Orquestra da Rádio Belga 156
Orquestra da Rádio de Colônia 47
Orquestra da Radiodifusão Francesa 91
Orquestra da Suisse Romande 226
Orquestra da Tonhalle (Zurique) 226
Orquestra de Bordeaux 224
Orquestra de Câmara da Europa 191, 210, 212
Orquestra de Câmara da Filarmônica Tcheca 189-190
Orquestra de Câmara de Genebra 191

Orquestra de Câmara de Lausanne 125, 191, 195

Orquestra de Câmara Inglesa 191-192, 195

Orquestra de Câmara Orpheus 62

Orquestra de Câmara Villa-Lobos 105

Orquestra de Cleveland 180

Orquestra de Estocolomo 226

Orquestra de Filadélfia 184-189, 221

Orquestra de Paris 182

Orquestra de St. Luke 338

Orquestra do Concertgebouw (Amsterdam) 114, 153, 168

Orquestra do Festival de Budapeste 193-194

Orquestra do Gewandhaus de Leipzig 46, 184

Orquestra do Mozarteum de Salzburgo 194-197

Orquestra dos Champs-Elysées 153-154

Orquestra Filarmônica da Rádio França 165-166

Orquestra Filarmônica de Berlim 82-83, 166-170, 180-182, 184-185, 212

Orquestra Filarmônica de Estrasburgo 171-172, 183

Orquestra Filarmônica de Israel 172-175, 178

Orquestra Filarmônica de Leningrado 278

Orquestra Filarmônica de Liège 175-176

Orquestra Filarmônica de Londres 314

Orquestra Filarmônica de Munique 41, 209

Orquestra Filarmônica de Nova York 176-179, 182, 226

Orquestra Filarmônica de Rotterdam 39

Orquestra Filarmônica de São Petersburgo 179-180, 221

Orquestra Filarmônica de Viena 156, 180-185, 316

Orquestra Filarmônica Tcheca 114

Orquestra Nacional da Espanha 197-198

Orquestra Nacional de Washington 82, 129

Orquestra Petrobras Pró-Música (OPPM) 32, 126-127, 217-218, 241, 258

Orquestra Petrobras Sinfônica (Opes) 45-46, 106-107, 111-112, 118-119

Orquestra Philharmonia 82

Orquestra Sinfônica Alemã de Berlim 198-200

Orquestra Sinfônica Brasileira (OSB) 14, 26, 28-30, 33, 66-67, 183, 218-222, 246-247, 255, 258-259, 261, 314-315, 317-318

Orquestra Sinfônica da BBC 85

Orquestra Sinfônica da Rádio de Berlim 278

Orquestra Sinfônica de Birmingham 200-201

Orquestra Sinfônica de Boston 224

Orquestra Sinfônica de Budapeste 131-132

Orquestra Sinfônica de Campinas 51, 54, 105

Orquestra Sinfônica de Chicago 114, 182

Orquestra Sinfônica de Estado da Rússia 201-203

Orquestra Sinfônica de Londres 82, 182, 185

Orquestra Sinfônica de Madri 57

Orquestra Sinfônica de Melbourne 204

Orquestra Sinfônica de Milão Giuseppe Verdi 203-205

Orquestra Sinfônica de Pittsburgh 181

Orquestra Sinfônica de Ribeirão Preto 105

Orquestra Sinfônica de São Paulo 85

Orquestra Sinfônica de Sidney 182

Orquestra Sinfônica do Estado de São Paulo (Osesp) 14, 33, 105, 222-233, 236, 278, 282

Orquestra Sinfônica do Paraná 257-258

Orquestra Sinfônica do Teatro Municipal do Rio de Janeiro 233-237, 247, 301, 311

Orquestra Sinfônica Mundial 183

Orquestra Sinfônica Municipal (São Paulo) 324

Orquestra Staatskapelle Dresden 184

Ortiz, Cristina 65-66, 27-274

Oscarito 258

Oslo 293

Ospedale della Pietà 149

Oswald, Henrique 32

Otter, Anne Sofie von 340-341

Ötvös, Gabor 311

Ovchinikov, Vladimir 201

Paderewski, Ignacy Jan 85

Padmore, Mark 157

Paganini, Niccolò 28, 73, 110, 247

Palermo 224

Pany, Gabriel 51

Parejo, Juan Antonio Alvarez 312

Paris 91, 138, 153-154, 182, 197, 235, 279, 302, 326

Parra, Violeta 63-64

Parris, Alexandra 304

Pärt, Arvo 111-112, 225

Pasini, Silvia 297

Pasquetto, Giancarlo 301

Pasquier, Régis 225

Pasta, Giuditta 287

Paulo, Marcos 286

Pavarotti, Luciano 323

Pears, Peter 339

Perahia, Murray 22

Pereira, William 249

Pergolesi, Giovanni Battista 149

Peri, Jacopo 293

Perlman, Itzhak 113-118

Petit-Reneaux, Solange 316

Petrobras 274

Petrópolis (RJ) 241, 268
Pfaff, Lukas 226
Philips 38-39, 82, 90, 340
Phillips-Varjabédian, Jean-Marc 145
Piazzolla, Astor 123
Pichler, Günter 139-140
Pidoux, Raphaël 145
Pikulski, Maciej 326, 333
Pinnock, Trevor 159-162
Pinto, Luiz Álvares 31
Pinto, Octavio 32
Pires, Maria João 66-67, 74, 81
Pisarev, Andrei 75-76
Pletnev, Mikhail 68
Podger, Rachel 161-162
Podles, Ewa 341
Pogorelich, Ivo 22-23, 88-90
Pollini, Maurizio 22, 91
Polygram 38, 82, 273, 277
Pons, Lily 338
Ponselle, Rosa 321
Poprugin, Viacheslav 113
Portal, Michel 223
Portari, Fernando 248-249, 295, 303, 307
Porto Alegre 230
Portugal, Marcos 245
Poulenc, Francis 36, 76, 141, 244, 270
Powell, Stephen 295
Praga 280
Prazeres, Armando 241, 244
Prefeitura do Rio 219, 259
Presgrave, Fábio 66
Pressler, Menahem 128, 236-237
Prey, Hermann 186
Proença, Miguel 50, 265-266, 277
Prokofiev, Serguei 52, 82, 109, 119-120, 130,
142-143, 166, 173, 203, 281
Puccini, Giacomo 154, 303, 317, 321-324, 330-
332
Purcell, Henry 99, 152, 291

Quadros, Jânio 230
Quarteto Alban Berg 138-140
Quarteto Amadeus 139
Quarteto Amazônia 105
Quarteto Arditti 139
Quarteto Bessler 142-143
Quarteto Borodin 139
Quarteto Brodsky 139
Quarteto Busch 138
Quarteto Calvet 138
Quarteto Capet 138
Quarteto Chilingirian 139

Quarteto de Budapeste 138
Quarteto de Cleveland 139
Quarteto de Cordas da Cidade de São Paulo
275
Quarteto de Hollywood 139
Quarteto de Praga 139
Quarteto de Tóquio 139
Quarteto Emerson 139
Quarteto Guarneri 139
Quarteto Italiano 139
Quarteto Janáček 139
Quarteto Juilliard 139
Quarteto Kodály 139
Quarteto Kronos 139
Quarteto LaSalle 139
Quarteto Lindsay 139
Quarteto Mandelring 143-144
Quarteto Melos 139
Quarteto Moyzes 267-268
Quarteto Prazak 39
Quarteto Pro Arte 138
Quarteto Rosé 138
Quarteto Smetana 139
Quarteto Takács 139
Quarteto Talich 139
Quarteto Tcheco 138
Quarteto Végh 139
Quinderé, Maneco 295
Quinteto Villa-Lobos 260

Rachmaninov, Serguei 28, 32-36, 39, 64, 68, 75-
77, 82, 203, 221-222, 247, 324
Rádio MEC 46
Rádio Nacional 221
Rádio-Televisão Cultura 224
Ranzani, Stefano 321, 324
Rattle, Simon 174-175, 200-201
Ravel, Joseph-Maurice 35, 65, 75-77, 82, 89-90,
165, 169-171, 180, 182-184, 197, 265, 319,
333, 340-341
Ravena 241
RCA 84
RCA-BMG 341
Rechtman, Ilam 105-106
Remmert, Birgit 210
Renault, Alberto 292-294
Repin, Vadim 118-119
Rescala, Tim 244, 251
Respighi, Ottorino 111-112
Rezende, Marisa 252, 254-256, 260, 274-276
Cismas 276
Elos 276
Ginga 260

357

Ressonâncias 276
Variações 276
Viagem ao vento 256
Vórtice 276
Riccitelli, Claudia 170, 243
Richter, Karl 85, 156, 345
Rihm, Wolfgang 166
Rilke, Rainer Maria 252
Rilling, Helmut 156
Rimsky-Korsakov, Nicolai 110, 179, 232-233
Rio de Janeiro 13-14, 17, 24, 27-28, 32, 35-36, 38-39, 41-46, 50-51, 53, 56-57, 61-62, 64, 67, 69-70, 72, 75-76, 85, 87-89, 91, 96, 101, 105, 111-112, 115-116, 118-119, 123, 126, 128-129, 131, 139-140, 142, 144, 149, 152-153, 156, 159, 161, 165-166, 168-169, 171-173, 175, 177-180, 182-184, 188-191, 194, 197-198, 200-201, 204, 217, 219-221, 224, 227, 230, 232-234, 236, 242-243, 247, 249, 251-254, 257-261, 279, 285-288, 290-292, 294-306, 311-313, 315-316, 324-325, 328, 332-333
Rio Folle Journée 36
RioArte 254
RioarteDigital 241
Ripper, João Guilherme 70, 106, 253-255
Domitila 253
Rocha, Abel 248
Rodrigo, Joaquín 198, 312, 320
Rogé, Pascal 90
Rogers, Jane 162
Roig, Andrés 247
Romani, Felice 287
Romero, Celedonio 198
Romero, Pepe 198
Rónai, Laura 95
Rosenthal, Moritz 85
Rossini, Gioacchino 300, 303, 312-314, 321, 334, 337, 341-342
Rostropovich, Mstislav 82, 114, 126-127, 129-133
Rósza, Miklós 29
Rósza, Vera 330
Rota, Nino 223
Roussel, Albert 142
Rousset, Christophe 95
Royal Festival Hall (Londres) 314
Rubini, Giovanni Battista 287
Rubinsky, Sônia 75
Rubinstein, Artur 39, 52, 57, 64, 84, 129, 265
Rudel, Julius 331
Rudenko, Vadim 35, 36, 67-68, 75-76
Rugeri, Francesco (fabricante de violinos) 107
Runicles, Donald 317

Sabata, Victor de 182
Saint-Saëns, Camille 46-47, 67, 88, 176, 274
Sainte Chapelle (Paris) 235
Sala Cecília Meireles (Rio de Janeiro) 17, 26-27, 29, 34, 38, 47, 49, 50, 55-56, 65, 68-70, 72, 74-76, 87, 96, 101, 105-107, 111, 118-119, 124-125, 128, 132, 138, 140, 153, 156, 191, 194, 196, 218, 232, 241, 246-248, 254-255, 258, 260, 288-289, 291-293, 314-315, 318, 327
Sala Júlio Prestes *ver* Sala São Paulo
Sala São Paulo 62, 193, 224, 226-228, 231, 281, 326
Salles, Marianna 279
Salles, Vicente 279
Salvador 31, 230, 254
Salzburgo 167, 183, 194, 196
San Diego 295
San Francisco 323
Sanders, Samuel 115, 117
Sandulescu, Maria 317
Sanguinetti, Federico 235
Santoro, Carlota 281
Santoro, Cláudio 31-32, 219, 244, 257-259, 267, 278-282
Canto de amor e paz 280
Frevo 282
Impressões de uma usina de aço 280
Paulistana nº 4 31
Ponteio 282
Ponteio para cordas 219
Prelúdios 267
Sinfonia nº 4 278, 280-281
Sinfonia nº 5 278
Sinfonia nº 7 278
Sinfonia nº 8 281
Sinfonia nº 9 278, 280-281
Sinfonia nº 10 281
Sinfonia nº 11 258
Sonatas para violino e piano 279
Santos, Luís Otávio 292
Santos, marquesa de 253, 278
Santos, Paulo Sérgio 260
São Paulo 21, 39, 51, 62, 105, 153, 166, 168-169, 184, 193, 201, 222-231, 237, 248, 254, 266, 316, 321, 323-326
Satie, Erik 244
Savannah, Geórgia, EUA 51
Sawallisch, Wolfgang 184-189, 198
Sayão, Bidu 315, 319
Scarlatti, Alessandro 149
Scarlatti, Domenico 32, 195
Scharinger, Anton 210

Scharovsky, Yeruham 67, 218-221, 248
Schic, Anna Stella 74-75
Schneider, Peter 317
Schönberg, Arnold 140, 166, 225, 257, 259, 279, 317
Schrott, Erwin 288
Schubert, Franz 23-24, 35, 39, 42, 48-49, 58, 60-61, 68, 84, 123-124, 137-138, 172-173, 184, 210-212, 245, 325, 328-329, 339-340
Schumann, Clara 21, 42, 45, 59
Schumann, Robert 21-23, 32, 39-40, 42-43, 45, 47-49, 54-60, 63, 66, 76, 81-82, 88, 91, 96, 113-114, 126-127, 166, 184, 193, 210, 212, 220, 275, 326-328, 338-340
Schütz, Heinrich 98-99, 155
Schwarzkopf, Elisabeth 186
Scott, Cyril 110
Scotto, Renata 307, 324
Scriabin, Alexander 166, 271-272
Secretaria de Estado de Cultura (Rio de Janeiro) 297
Secretaria de Estado de Cultura (São Paulo) 226, 231
Seidlhofer, Bruno 38
Seincman, Eduardo 276
  O pássaro da chuva 276
Senise, Luiz 259
Senna, Caio 267
  Convulsões delicadas 267
Serrão, Ruth 241
Servile, Roberto 299
Sevilha 303
Shakespeare, William 166, 248, 291, 343
Shirvis, Barbara 295
Sibelius, Jean 175-176, 256, 276
Sidney 182
Sieghart, Martin 195-197
Siepmann, Jeremy 81
Silva, Antonieta Dias de Morais e 281
Silva, Flávio 257, 271
Simões, Cláudia Caldeira 281
Sinopoli, Giuseppe 82
Siqueira, José 243, 258
  Auto da Compadecida 243
  Concerto para orquestra 258
Sitkovetsky, Dimitri 225
Siukola, Heikke 303
Sociedade Bach da Holanda 96
Sociedade de Cultura Artística (São Paulo) 21, 158, 193
Solti, Georg 330
Son, Dang Thai 247
Sonatori della Gioiosa Marca 149

Sonneurs, Les 293-294
Sony 109, 137
Souza Lima, João de 230
Souzay, Gérard 341
Stacey, Susan 301
Stade, Federica von 343
Staerke, Ruth 259, 261
Stálin, Josef 281
Starker, Janos 127
Steinway (pianos) 39, 42-43, 47, 53, 74
Steuerman, Jean Louis 69-70, 233
Stokovski, Leopold 184
Stott, Kathryn 123-124
Stradivarius "Rubi" (violino) 118
Stadttheater de Bremen 316
Strauss, Johann 40, 173, 196, 338, 342
Strauss, Richard 40, 173, 176-178, 184, 186-187, 194, 304, 311, 314-317, 326-327, 330-333
Stravinsky, Igor 39, 153, 167, 180, 183, 190, 276
Strehler, Giorgio 323
Streich, Rita 328
Striuli, Carlo 301
Strosser, Emmanuel 71, 73
Studer, Cheryl 303-304, 314
Stutzman, Nathalie 341
Suk, Josef 114
Supraphon 114
Sutherland, Joan 313, 329
Svetlanov, Ievgueni 201-203
Szell, George 218
Szot, Paulo 303

Taborda, Tato 252
Tacuchian, Ricardo 261, 278
  Terra aberta 261
Tagliaferro, Magdalena 90-91, 176
Tarcha, Carlos 276
Taskin, Pascal (fabricante de cravos) 266
Tavares, Hekel 32
  Concerto em formas brasileiras 32
Tavares, Mário 245
Taylor, Daniel 327-328
Tchaikovsky, Piotr Ilitch 67-68, 82-83, 124-125, 166, 173, 179-180, 201, 203, 217-218, 315, 321, 323-324, 342
Teatro alla Scala (Milão) 182, 184, 323
Teatro Colón (Buenos Aires) 298, 321
Teatro Cultura Artística (São Paulo) 60, 158
Teatro da Maestranza (Sevilha) 303
Teatro da Maison de France (Rio de Janeiro) 325
Teatro Lírico (Rio de Janeiro) 303

Teatro Massimo (Palermo) 224
Teatro Municipal de São Paulo 168, 224, 321, 323-324
Teatro Municipal do Rio de Janeiro 13-14, 17, 24, 28, 32, 35, 38-39, 41-42, 44-46, 57, 62, 67, 75, 87-89, 111, 115-116, 119, 123, 126, 129, 131, 144, 159, 161, 165, 168-169, 171-173, 175, 177-180, 183-184, 188-191, 197-198, 200-201, 204, 217, 219-221, 224, 227, 230, 232-234, 236, 242-243, 257, 261, 285-287, 290, 294-306, 311-313, 315-316, 324, 332-333
Teatro São Pedro (São Paulo) 223, 228, 230, 248
Teatro Teresa Carreño (Caracas) 224
Tebaldi, Renata 321, 330
Teixeira, Sebastião 243, 307
Tel Aviv 24, 173
Teldec 23, 82, 86, 114, 149, 210, 212, 265
Telefunken 265
Temirkanov, Yuri 179-180, 221
Théâtre du Châtelet (Paris) 326
Thedéen, Torleif 325-326
Thomé, Joana 294
Thorby, Pamela 162
Tibiriçá, Roberto 28, 32-33, 127, 261
Tinetti, Gilberto 275
Tiutchev, Fiódor 36
Tomasi, Henri 189
Trio Beaux Arts 128, 236-237
Trio Brasileiro 275
Trio Wanderer 144-145
Tunick, Jonathan 331
Turina, Joaquín 57, 60
Tutmann, Ricardo 301
TV Globo 270

Universal Music 38
Universidade de Brasília (UnB)
Departamento de Música 278
Universidade de Indiana 32
Universidade de São Paulo (USP)
Laboratório de Acústica Musical e Informática (Lami) 274
Universidade Federal do Estado do Rio de Janeiro (Uni-Rio) 267
Universidade Federal do Rio de Janeiro (UFRJ) 252, 281, 288, 291
Urtubey, Pola Suárez 299

Valle, Gerson 223, 242
Van Dam, José 333-334
Vargas, Abel 266
Varsóvia 43, 63

Vásáry, Tamás 131
Vaughan-Williams, Ralph 111
Vega, Lope de 291
Velho, Homero 248, 296
Veneza 59
Vengerov, Maxim 110, 119-120, 160-161
Veracini, Francesco Maria 149, 151
Verdi, Giuseppe 22, 154, 173, 204, 233, 286, 297-303, 313-314, 316, 321-323, 338
Veredas 31-32, 266-267, 273-274
Verga, Giovanni 306
Verlaine, Paul 340
Verzoni, Marcelo 31, 250, 271-273
Victorio, Roberto 275
Viena 38, 137-138, 156, 180-183, 185, 198, 211-212, 224, 230, 316-317, 319, 325
Vilhena, Bernardo 242
Villa-Lobos, Heitor 31-32, 39, 74-75, 91, 132, 143, 170, 217, 254, 258-259, 265-266, 272-274, 277-278, 280, 320
Alma brasileira 74
Bachianas brasileiras n° 1 132, 217
Bachianas brasileiras n° 2 274
Bachianas brasileiras n° 4 74-75, 265
Bachianas brasileiras n° 5 170, 278
Bachianas brasileiras n° 8 217
Canto do cisne negro 274
Carnaval das crianças 91
Choros 39
Choros n° 6 32
Ciclo brasileiro 74, 91
Ciranda das sete notas 258
Duas paisagens 320
Guia prático 74, 91
Lundu da Marquesa de Santos 278
Pequena suíte 274
Prelúdio 274
Prole do bebê n° 1 75, 91, 265
Prole do bebê n° 2 272
Quartetos de cordas 143
Rudepoema 75, 265
Serestas 277
Sonata n° 2 para cello e piano 273
Sonatas para violino e piano 273
Sonhar 274
Suíte para canto e violino 278
Três Marias 265
Trenzinho do caipira 32, 274
Valsa da dor 32
Villingen-Schweningen (Alemanha) 241
Virgin 85
Visconti, Luchino 323
Vivaldi, Antonio 149-152, 155, 161, 192

360

VivaMúsica! 64-65, 66-67, 142-143, 219-221, 241-242, 249-251
Vox Box (gravadora) 87-88
Vuillaume, Jean-Baptiste (fabricante de violinos) 109

Wachner, Julian 327
Wagner, Richard 154, 166, 175, 177-178, 187, 200, 251, 285, 301-305, 311, 330-331
Wagner, Wieland 305
Walt, Deon van der 210
Walter, Bruno 199, 213
Warner Classics 210
Warner-Teldec 341
Weber, Carl Maria von 48, 341
Weiner, Léo 194
Wieck, Clara *ver* Schumann, Clara

Wieniawski, Henryk 109
Wispelwey, Pieter 132-133
Wuppertal (Alemanha) 290
Wyss, Gérard 341

Ysaÿe, Eugène 119

Zajick, Dolora 318
Zampronha, Edson 276
   Modelagem XIII 276
Zappa, Regina 13
Zefirelli, Franco 323
Zhu, Nathalie 109
Zilberstein, Lilya 68
Zinman, David 39
Zollman, Ronald 318-319
Zukerman, Pinchas 191-192, 195

Este livro foi composto nas tipologias Electra e Meta,
e impresso em papel off-white 80g/m^2
no Sistema Cameron da Divisão Gráfica da Distribuidora Record